CW01368094

Mónica González

# Chile
# LA CONJURA
## LOS MIL Y UN DIAS DEL GOLPE

EDICIONES B
GRUPO ZETA

Barcelona - Madrid - Bogotá - Buenos Aires - Caracas - México D.F.
Montevideo - Quito - Santiago

1ª edición: septiembre 2000
2ª edición: octubre 2000

© Mónica González Mujica, 2000
© Ediciones B Chile S.A., 2000
Avda. Las Torres 1375-A
Huechuraba
Santiago, Chile

Impreso en Chile
ISBN:956-7510-54-7

Impreso por ANTARTICA QUEBECOR S.A.
Avda. Pajaritos 6920, Santiago

Editor:
Abel Gilbert

Diseño de Portada:
Patricio Miñano
Miguel Angel Cerdeira

Diagramación:
Eduardo Espinosa H.

Fotos: Gentileza archivo revista APSI

Todos los derechos reservados. Bajo las sanciones establecidas
en las leyes, queda rigurosamente prohibida, sin autorización
escrita de los titulares del copyright, la reproducción total o parcial
de esta obra por cualquier medio o procedimiento, comprendidos
la reprografía y el tratamiento informático, así como la distribución
de ejemplares mediante alquiler o préstamos públicos.

# Chile
# LA CONJURA
## LOS MIL Y UN DIAS DEL GOLPE

**Mónica González**

*Cada uno de los días que evocan estas páginas tienen rostro, caricias y aroma de Andrea y Lorena. Y en todos los que siguen está la huella de esas dos hijas y el costo irreparable de la distancia y la ausencia. Cuando la vida renueva su ciclo, surge el rostro de Valentina y Martín, la esperanza y símbolo de mi familia grande, aquella que cobija y se atrinchera en un nido de sólida tela hilado con verdad, amigos, debilidad, sabores, coraje, dignidad, carencias y mucho amor para recuperar lo único que al final nos pertenece y nos hace sólidos: nuestra historia.*

## El principio del fin

Humo y nubes sobre Santiago. El humo como un manto indeleble. La gruesa columna que cubría La Moneda podía verse desde todos los puntos de una ciudad sitiada. Eran pasadas las 14 horas del 11 de septiembre de 1973 y Chile todavía se estremecía por los efectos de las bombas arrojadas desde un cielo plomizo sobre el palacio. Humo y llamas. La Moneda corría peligro de reducirse a cenizas.

Llegaron los bomberos. Un grupo fue a la Cancillería, en el sector sur. El otro, al ala poniente. Un tercero entró por Morandé 80 y subió la escalera en dirección al gabinete presidencial. El único reducto al que no pudieron ingresar fue el Salón Independencia. Soldados en actitud de combate les impidieron el paso. De pronto, un oficial los llamó y les ordenó que traspasaran la puerta. Había que sacar un cuerpo envuelto en un chamanto boliviano. Nadie habló. Se miraron y todos comprendieron de quién se trataba. Bomberos y soldados levantaron la camilla de lona. La bajaron con cuidado y salieron por Morandé 80. Ya en la calle soldados les abrieron camino. Cargaron la camilla hasta una ambulancia del Hospital Militar. Los murmullos llenaron la Plaza de la Constitución. La ambulancia partió velozmente. Cruzó Santiago en el más riguroso de los secretos. Cumplía una orden en carácter de urgente que el almirante Patricio Carvajal recibió a su vez del general Augusto Pinochet:

«Dice el comandante en jefe que es indispensable que a la brevedad posible los médicos jefes del Servicio de Sanidad del Ejército, de la Armada y la FACH, y el jefe del Servicio Médico de Carabineros, más el médico legista de Santiago, certifiquen la causa de muerte del señor Allende con el objeto de evitar que más adelante se nos pueda imputar a las Fuerzas Armadas el haber sido las que provocaron su fallecimiento».

El cadáver llegó al Hospital Militar a eso de las 17.30 horas. De inmediato fue llevado al pabellón de cirugía del Departamento de Otorrinolaringología. Lo dejaron en la misma camilla de lona de campaña. Le quitaron el chamanto. Lo colocaron en posición de cúbito dorsal. Poco después entraron los cuatro jefes de Sanidad de las Fuerzas Armadas. Tenían que ratificar, a instancias de la Primera Fiscalía Militar, que estaban ante el mismo hombre que apenas unas horas atrás había dicho en Radio Magallanes que su sacrificio no sería en vano. Uno de los doctores, José Rodríguez Véliz, representante del Ejército, había sido compañero del presidente en la Facultad de Medicina de la Universidad de Chile. Rodríguez Véliz lo observó en silencio y circunspecto, al igual que Mario Bórquez Montero, director de Sanidad de la Fuerza Aérea; Luis Veloso, de Carabineros y Miguel Versin Castellón, de la Armada.

En otra parte de Santiago, peritos de Investigaciones, al mando de Luis Raúl Cavada Ebel, Jefe del Laboratorio de Policía Técnica, reconstruían la muerte de un hombre en La Moneda sobre la base de croquis y un estudio del cuerpo. El informe fue firmado por Cavada Edele, Jorge Quiroga Mardónez, Carlos Davidson y Jorge Alamazabal[1]. Los autores guardaron notas y registros, pero el informe oficial se guardó en caja de siete llaves hasta llegar, muchos años después, a mis manos.

Puede leerse ahí que:

Al lado izquierdo del cadáver y sobre el sofá se encontraba un cargador de arma automática sin munición y un casco con las iniciales «J.M.F.» en una de las cintas interiores de suspensión[2]. Próximo al cargador y sobre el sofá, hay una porción de masa encefálica. Otra porción se encuentra sobre una alfombra próxima al sofá y pequeños restos de la misma materia dispersos en diferentes lugares del salón. El gobelino colocado en el muro detrás del sofá, presenta dos orificios correspondientes a perforaciones por paso de proyectiles que finalmente inciden en el muro... Estimamos que la posición más probable que pudo haber para el cuerpo y el arma en el momento del disparo, ha podido ser una semejante a la que, en forma esquemática está representada gráficamente en el croquis N° 14. 256, en el cual la persona está sentada en el sofá, con cierta inclinación hacia delante, sosteniendo el extremo superior del cañón con la mano izquierda, la boca del arma casi en contacto con el mentón y accionando el disparador con la mano derecha. Es posible, en consideración a los dos impactos de la pared y la apreciación superficial de la herida de entrada, que haya existido una sucesión rápida de dos disparos.

Por último señala:

3.1. La muerte del señor Salvador Allende Gossens, se produjo como consecuencia de una herida a bala que tiene su entrada en la región mentoniana y su salida en la región parietal izquierda...
3.2. ...El hecho tiene las características de un suicidio. En consecuencia, se descarta la posibilidad de homicidio.

Caía la noche del 11 de septiembre de 1973 en Santiago. Las calles estaban vacías. El toque de queda marcaba el límite de lo posible. En las casas se reía o lloraba. En el Hospital Militar, en cambio, las cosas transcurrían en el más

---

[1] En Anexo N° 1 se entrega el informe en su totalidad así como los croquis y fotografías hasta hoy inéditos.
[2] Era el casco del jefe de escoltas de Carabineros, capitán José Muñoz, quien se lo cedió.

absoluto de los hermetismos. Los doctores Tomás Tobar Pinochet, del Instituto Médico Legal, y José Luis Vásquez iniciaron la autopsia a las 20 horas. Fueron asistidos a lo largo de cuatro horas por el auxiliar especializado Mario Cornejo Romo. Una vez que finalizaron, los cuatro jefes de sanidad de las instituciones castrenses supervisaron la última de las tareas: el cuerpo de Salvador Allende fue depositado en un ataúd y sellado en su presencia. Las conclusiones de la autopsia se conservaron por 27 años como un «Secreto de Estado»:

> Cadáver de sexo masculino se presenta vestido con ropas en relativo orden, estando el abrigo sobrepuesto, el que presenta manchas de sangre e impregnación de substancia cerebral atricionada en su delantero derecho, manga de este lado y en su parte interna posterior. También se observan las mismas manchas en forma de salpicaduras en el lado izquierdo del cuello... Las ropas interiores también se presentan profusamente impregnadas de sangre... Los pulpejos de los dedos de ambas manos se presentan impregnados de tinta morada de tampón para tomar las impresiones digitales...

Luego de una detallada descripción de los daños que provocaron los proyectiles en el rostro, así como su trayectoria, se determinó que:

> La causa de la muerte es la herida a bala cérvico-buco-cráneo-encefálica reciente, con salida de proyectil... El disparo corresponde a los llamados «de corta distancia» en medicina legal... El disparo ha podido ser hecho por la propia persona.

Según la pericia, el cuerpo no presentaba rastros de alcohol. La prensa permitida por los militares insistió sin embargo en lo contrario. Y para graficarlo aludió al hallazgo en La Moneda de botellas vacías y semivacías de su whisky favorito: Chivas Regal.

El 11 de septiembre de 1973 llegaba a su fin. Allende se quedó nuevamente solo en el Hospital Militar.

Afuera, la ciudad se estremecía con los gritos de las víctimas.

Allende estuvo "desaparecido" durante un año y diez meses: su muerte quedó recién inscrita, en el Registro Civil de Independencia, el 7 de julio de 1975 bajo el número 593.

Para entonces la guerra seguía cobrando vidas y parecía no terminar nunca.

Pocos podían acordarse de su principio.

LUGAR DONDE FUE ENCONTRADO EL CADAVER DE DON SALVADOR ALLENDE GOSSENS EN EL SALON INDEPENDENCIA UBICADO EN EL 2º PISO DE MORANDE 80.

CROQUIS Nº 15254

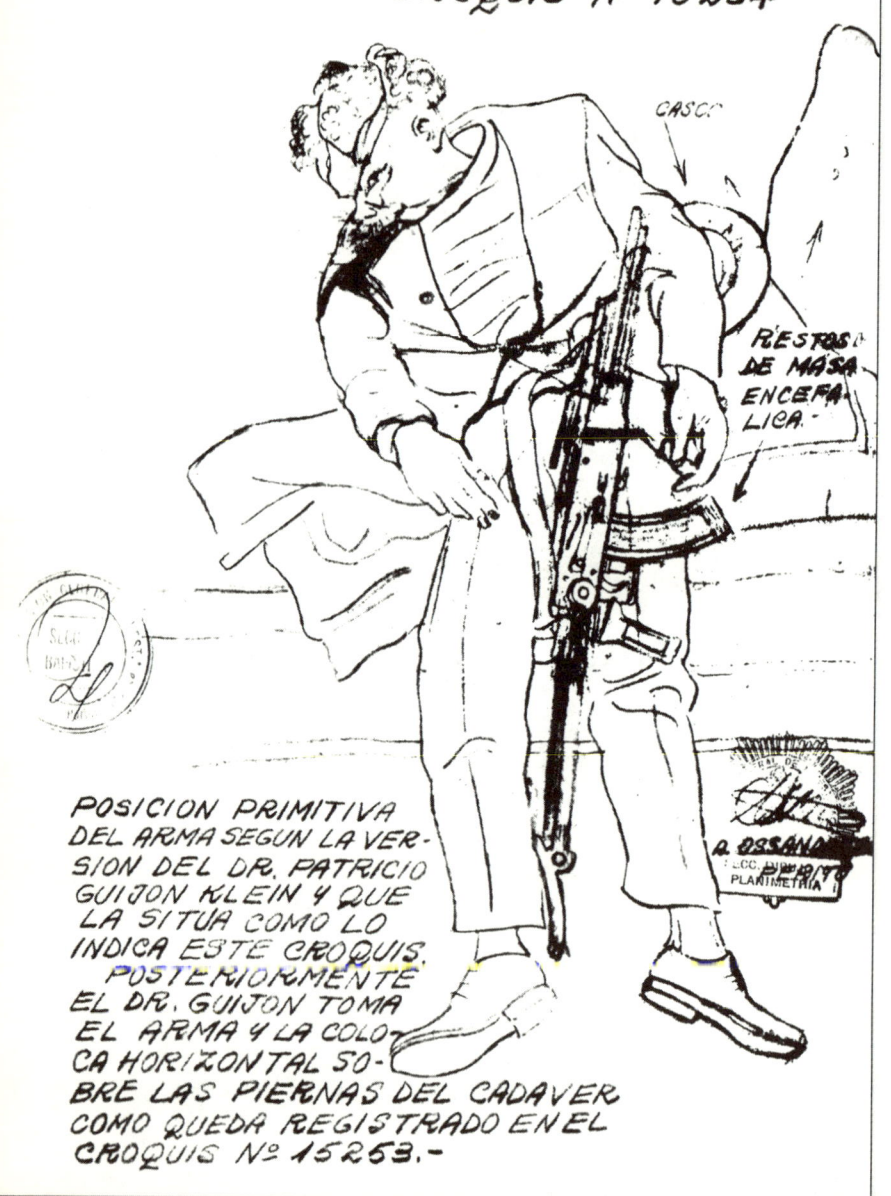

CASCO

RESTOS DE MASA ENCEFALICA.

POSICION PRIMITIVA DEL ARMA SEGUN LA VERSION DEL DR. PATRICIO GUIJON KLEIN Y QUE LA SITUA COMO LO INDICA ESTE CROQUIS. POSTERIORMENTE EL DR. GUIJON TOMA EL ARMA Y LA COLOCA HORIZONTAL SOBRE LAS PIERNAS DEL CADAVER COMO QUEDA REGISTRADO EN EL CROQUIS Nº 15253.-

REPUBLICA DE CHILE
DIRECCION GENERAL DE INVESTIGACIONES
LABORATORIO DE POLICIA TECNICA
CHILE

# CUADRO GRAFICO DEMOSTRATIVO

N.o _____

1416/73- W

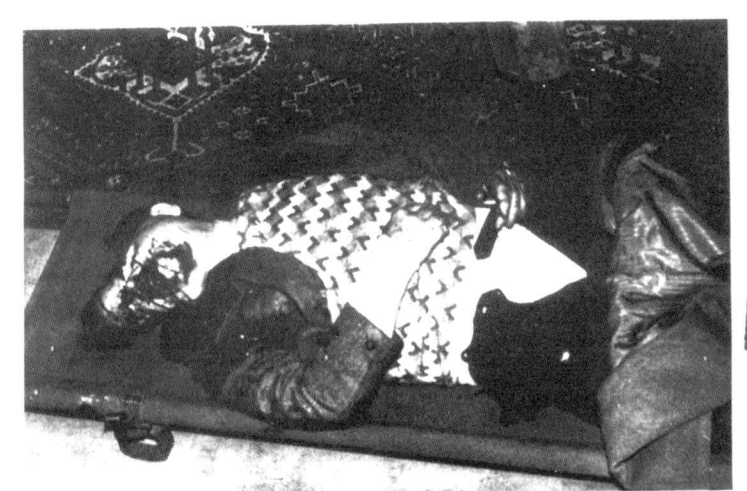

ENRIQUE CONTRERAS RIQUELME
EXPERTO
Jefe Sección Subrrogante

Stgo, ...... de .... Septiembre ........ de 19 73

# PRIMERA PARTE

# CAPITULO I
# ELECCIONES EN CAMPO MINADO

Pero todo tiene un origen. La guerra había comenzado el viernes 4 de septiembre de 1970. Ese día, Santiago amaneció nublado, en el sur llovía tenuemente y en Chiloé el aguacero era torrencial. Y ni siquiera el sol que alumbró la capital desde el mediodía logró atenuar la espesa nube de expectación que la cubrió mientras se esperaba el resultado de unos comicios presidenciales que marcarían la vida de más de nueve millones de chilenos.

Ese día disputaron la presidencia tres candidatos. El socialista Salvador Allende, apoyado por la Unidad Popular; el empresario Jorge Alessandri, sustentado por la derecha; y Radomiro Tomic, de la Democracia Cristiana, el partido que, con Eduardo Frei Montalva a la cabeza, estaba en el poder desde 1964[1].

No era una elección más en Chile. Cuarenta y ocho horas antes de ir a las urnas, Tomic puso las cartas sobre la

---

[1] Era la cuarta vez que Salvador Allende, socialista histórico, se presentaba como candidato a la Presidencia de la República. La primera, en 1952, obtuvo menos del 6% de los votos. En 1958 fue el candidato único de la coalición de izquierda Frente de Acción Popular (FRAP), que agrupó a socialistas y comunistas y estuvo a punto de ser el triunfador. Perdió por sólo 35 mil votos que lo separaron de Jorge Alessandri. Sólo cinco mil votos menos que los que obtuvo el sacerdote Antonio Zamorano, el llamado «cura de Catapilco», cuya candidatura y financiamiento tuvieron un origen oscuro que buscó impedir a como diera lugar la llegada al poder del FRAP. En la elección de 1964, fue nuevamente candidato, obtuvo el 39% de los votos frente a un potente 56%, que logró el democratacristiano Eduardo Frei Montalva, el que inició su «Revolución en Libertad».

mesa y, desde la Alameda, en el cierre de su campaña, lanzó su último y temerario llamado: «Chile enfrenta la elección más cargada de destino de su historia». Tomic, que había fundado la Democracia Cristiana y era un orador eximio, además de uno de los políticos más respetados de esos años, creía saber lo que estaba en juego. Sus palabras hablaban por sí solas. Y por si hacía falta, estaban los carteles publicitarios. «Chilena, chileno: ¿Quiere usted un despertar tranquilo el 5 de septiembre? ¡Vote por Tomic!».

¿Quién encarnaba esa pesadilla sino Allende?

No sólo Tomic invocaba a los demonios. «Alessandri es la libertad. Allende el comunismo. De tu voto depende el futuro de Chile», exhortó en las páginas de *El Mercurio* su comando electoral. Para los partidarios de «El Paleta», como le decían a Jorge Alessandri sus adherentes, era el todo o nada.

Los mensajes apocalípticos o descorazonados no sólo salían de la boca de los candidatos. *Extranjero por viaje vende*, era el título de una exitosa obra de teatro en Santiago. La popular compañía de Lucho Córdoba también parecía sintonizar con los desvelos de un país a punto de partirse.

En los cuarteles la situación era igualmente tensa. Casi un año atrás, el 21 de octubre de 1969, el general Roberto Viaux[2] había liderado una sublevación en reclamo de mejoras económicas. El acuartelamiento en el Regimiento Tacna, de Santiago, provocó el quiebre más serio en la disciplina del Ejército en 40 años y una de las principales perturbaciones políticas bajo el gobierno de Eduardo Frei Montalva. No dejaba de ser curioso que todo hubiera empezado en el Tacna. En 1966 se había convertido en la unidad castrense símbolo del privilegio, cuando los viejos cañones Krupp, arrastrados por caballos, fueron reemplazados por relucientes obuses norteamericanos motorizados. Pero la excepcio-

---

[2] El general Roberto Viaux era el comandante de la I División del Ejército, con sede en Antofagasta. Cuando en octubre del '69 el comandante en jefe lo llamó a retiro, Viaux entregó el mando en Antofagasta el 17 de octubre y el 21 se atrincheró en el Regimiento Tacna en Santiago, apresando a su comandante, el coronel Eric Woolvett. Tenía el apoyo de la Escuela de Suboficiales, del Batallón Blindado Nº 2 y el Batallón de Transporte Nº 2.

nal adecuación de medios no pareció repercutir en la moral de sus cuadros de oficiales y suboficiales.

El decaimiento, frustración e incluso ciertas evidencias de indisciplina, especialmente entre la oficialidad joven, continuaron expandiéndose peligrosamente por los cuarteles, acrecentados por la precaria situación de sueldos y la acumulación de otras promesas no cumplidas. El 2 de mayo de 1968, el Presidente Eduardo Frei relevó a su ministro de Defensa, Juan de Dios Carmona y al comandante en jefe del Ejército, general Luis Miqueles. El primero fue reemplazado por el general en retiro Tulio Marambio, y el segundo, por el general Sergio Castillo. Se buscó aplacar el descontento a través del cambio de personas, pero ya era tarde. El 21 de octubre de 1969 el malestar trascendió las esferas del Tacna.

El impacto de la rebelión, sus concomitancias con esferas políticas y sus repercusiones a nivel nacional e internacional dejaron secuelas imposibles de contener. El ambiente en los cuarteles se había tornado crecientemente enrarecido, confuso, incierto. Frei dispuso el retiro del comandante en jefe del Ejército, general Castillo. En su reemplazo fue designado el general René Schneider Chereau[3]. En el estratégico puesto de jefe del Estado Mayor de la Defensa Nacional, éste nombró al general Carlos Prats González. Ambos hombres iniciaron, el 24 de octubre de 1969, la conducción de un ejército que incubaba una profunda metamorfosis.

El general Carlos Prats escribió en sus *Memorias*:

> La Democracia Cristiana cometió un grave error histórico al menospreciar a las Fuerzas Armadas, en las que se venía acumulando durante treinta y cinco años un fermento de frustración profesional cada vez mayor, ante el descuido de su acervo técnico- profesional y la desatención de sus necesidades sociales por los sucesivos gobiernos. Las plantas institucionales habían experimentado un crecimiento insignificante y, en relación al crecimiento de la población, su porcentaje

---

[3] La designación del general Schneider como comandante en jefe del Ejército obligó el retiro de seis generales más antiguos, entre ellos los generales Alfredo Mahn y Emilio Cheyre.

había disminuido al 0,42%. Las remuneraciones del personal eran bajísimas, en relación a las del nivel de la clase media profesional y técnica y las rebajas presupuestarias afectaban sin consideración alguna a las tres instituciones, en beneficio de otros programas y servicios, resultando el Ejército el principal perjudicado en su conscripción, que desciende al 50% de su nivel mínimo indispensable.

El general Horacio Toro fue un destacado protagonista del «Tacnazo» y también de la conspiración del 11 de septiembre de 1973. Después integró el Comité Asesor de la Junta de Gobierno (COAJ). Se fue a retiro en la década del 80 y un día de 1988 decidió romper su silencio. Así se expresó cuando lo entrevisté:

-¿**Cuál fue la verdadera razón de que el acuartelamiento liderado por el general Roberto Viaux no derivara en un Golpe de Estado?**

-Yo participé en ese movimiento, conozco desde dentro lo que pasó. Y en la fase previa inmediata, estando en conversaciones con oficiales de la Fuerza Aérea, se les pidió a éstos que no intervinieran. Si hubiesen llegado a hacerlo, la magnitud del movimiento habría bastado para botar el Gobierno. Lo real es que no queríamos dar un Golpe sino llamar la atención sobre una situación indigna de vivir la profesión. Lo real, también, es que ese movimiento fue la antesala del 11 de septiembre.

-¿**Qué cambios se habían producido en el Ejército para posibilitar el quiebre de la doctrina constitucionalista?**

-Entre 1945 y 1970 el sistema militar fue asumiendo gradualmente la Doctrina de Seguridad Nacional durante gobiernos democráticos y sin que la sociedad chilena y esos gobiernos tuvieran noción clara de la transformación. Lo que hizo crisis fue un movimiento civilista: la no incorporación de militares a un proceso de enriquecimiento democrático, que se expresó en su segunda etapa a partir de la caída de Ibáñez, cuando los gobiernos civiles democráticos asumieron la revancha del movimiento militar de 1925 a 1931. Eso produjo una reducción del poder militar, se desarrolló una política de restricciones que lo fue arrinconando, despojándolo de recursos. Las unidades que hasta 1920 estaban completas, de acuerdo a los cuadros orgánicos, fueron después simuladas y se fue cayendo hasta en el ridículo. Eso llegó a su clímax en la década del '60 cuando las prioridades del desarrollo social, que venían con atraso, se convierten en la principal preocupación nacional.

**-¿La sociedad civil y los gobiernos no veían a los militares como un peligro potencial para el sistema democrático?**

-No, ningún político le tenía miedo a los militares. Habíamos llegado a ser los grandes mudos del sistema, los propios políticos nos calificaban de esa manera. Había como una garantía cierta de que los militares habíamos llevado nuestro apoliticismo al más alto grado.

En ese contexto era imposible que los militares chilenos no miraran lo que pasaba en los países vecinos en donde los militares de América Latina estaban redescubriendo los avatares y privilegios del poder político. En 1964, las Fuerzas Armadas de Brasil derrocaron al Gobierno de Joao Goulart, después de que éste se opuso al bloqueo norteamericano a Cuba y propició la reforma agraria. En junio de 1966, en Argentina, fue depuesto el Presidente radical Arturo Illia. Había asumido, en 1963, con el 25,5% de los votos y en medio de la proscripción política del peronismo. El teniente general Juan Carlos Onganía asumió la presidencia con las banderas del liberalismo económico, las «fronteras ideológicas» y la intolerancia preconciliar. En octubre de 1968, fue el turno de Perú. Otra sublevación, liderada por el general Juan Velasco Alvarado, expulsó del poder político al Presidente Fernando Belaúnde Terry, aunque con un programa diferente, de corte "nasserista". Y en septiembre de 1969, un nuevo Golpe de Estado terminó con el corto gobierno civil del Presidente Luis A. Siles Salinas. Otro general gobernaba Bolivia: Alfredo Ovando Candia.

En un Chile cercado por gobiernos militares y con Estados Unidos ejerciendo como gran patrón de su patio trasero en un punto crítico de la «Guerra Fría», Salvador

Allende estaba a punto de convertirse en Presidente. Allende era marxista y lo apoyaba una coalición que incluía a su partido, el socialista, los comunistas, el Partido Radical, el Movimiento de Acción Popular Unitaria (MAPU), escindido de la Democracia Cristiana, en mayo de 1969, y un grupo de independientes reunidos en el API. Su «vía chilena al socialismo» rompía con el esquema de la toma del poder por la vía armada que postulaba la mayoría de los movimientos marxistas del continente inspirados en la experiencia de la revolución cubana.

Los altos mandos de las Fuerzas Armadas tenían más conciencia que la mayoría de los políticos acerca de lo que estaba por ocurrir. Al menos eso se desprende de la «Síntesis de la Situación Nacional» que el Estado Mayor de la Defensa Nacional elaboró a fines de diciembre de 1969. Sobre el potencial electoral de las fuerzas en disputa, el informe revela la siguiente proyección:

II-. PRONOSTICO APROXIMADO AL
COMPUTO ELECTORAL

La fuerza electoral del país se calcula aproximadamente en tres millones quinientos mil electores. La base electoral urgente de los partidos políticos se podría agrupar en tres grandes sectores de opinión.

| | |
|---|---|
| -Derecha (Partido Nacional, PDR y otros) | : 650.000 votos |
| -Centro Izquierda (DC y otros) | : 800.000 votos |
| -Unidad Popular | : 1.250.000 votos |
| TOTAL | : 2.250.000 votos |

Quedan sin encasillar 800 mil electores, independientes o indiferentes. De éstos, 400 mil podrían apoyar en el momento actual al candidato Jorge Alessandri y los otros 400 mil se abstendrían o un porcentaje poco sensible de esta cantidad podría sumarse a cualquier sector.
Se concluye que, al finalizar 1969 y si hay candidato único de la Unidad Popular, los porcentajes atribuibles a los candidatos serían los siguientes (redondeados):

-Alessandri   35%
-Tomic        27%
-Allende      38%

Uno de los puntos más medulares del documento es el referente a la «Posición de las Fuerzas Armadas». En él se dice que:

> Están integradas en un 80% de su personal por una planta de tendencia política centro izquierdista, no proclive al marxismo. El 20% restante está dividido en un sector pequeño de los niveles altos de la oficialidad y suboficialidad de inclinaciones derechistas y otro, pequeño también, en la oficialidad y suboficialidad baja, infiltrado por la propaganda marxista. El 90% del contingente habitual de las FF.AA. es juventud de procedencia obrera y campesina; el 10% restante es estudiantado de clase media. En general, no hay conscriptos de la clase alta.

La conciencia profesional de las Fuerzas Armadas, se subrayaba:

> Las constituye en un factor de poder tradicionalmente marginado de la política contingente y seguro salvaguardia del imperio de la Constitución y de la legalidad. Su real efectividad como tal factor de poder, depende básicamente de su firme cohesión espiritual bajo sus mandos legítimos, tarea que es hoy la fundamental de los comandantes en jefe, a raíz de la crisis local de octubre del presente año (*sublevación del Tacna*).

Sólo asegurada esa «cohesión», remarcaba el documento, los comandantes en jefe estaban en condiciones de:

> -Apoyar firmemente al Poder Ejecutivo actual ante cualquier conato de Golpe de Estado o de situación anárquica preelectoral.
> -Apoyar al candidato triunfante en un proceso electoral completo, sujeto a las normas constitucionales vigentes.

El punto IV, destinado a las «conclusiones», advertía:

> El destino inmediato de Chile (continuidad de la democracia imperante con amenaza de una eventual guerra civil, o entronización de un régimen marxista, con un previsible conflicto bélico internacional), requiere de una suprema solución política al más alto nivel de estadista, que implica una definitoria preelectoral antes de que venza el plazo legal de inscripción de candidaturas que garantiza al país continuidad de su democracia representativa y que dé acceso legal a un gobierno pluripartidista de efectiva avanzada social. Éste debe ser capaz de salvaguardar el progreso moral y social ya logrado por la DC y asegurar nuevas transformaciones políticas, económicas y sociales, aún más profundas, pero sin dar margen a la penetración del marxismo a las fuentes de poder.

La dirigencia tradicional no confiaba en la capacidad de análisis de los militares. Los comentarios que el general Prats y otros oficiales les hacían a políticos democratacristianos y alessandristas antes del 4 de septiembre eran desdeñados. El general Guillermo Pickering pudo constatarlo varias veces. En 1970, y siendo el coronel más antiguo, fue nombrado secretario del Estado Mayor General del Ejército por el general Schneider, a quien lo unía una antigua y estrecha amistad. Se había desempeñado como Agregado Militar en la Argentina. Al regresar a Chile lo recibió el general Carlos Prats. Quería saber qué se decía en la Argentina sobre las próximas elecciones presidenciales.

Pickering escribió en sus Memorias inéditas, las que me entregó de su propia mano antes de morir:

> A grandes rasgos le expliqué las cábalas y reservas que se hacían al respecto en los círculos diplomáticos y en algunos grupos castrenses. Luego me expresó la preocupación que se evidenciaba a causa de la división irreversible que separaba a las fuerzas que en la elección anterior habían hecho triunfar al actual gobierno: representadas por Tomic y Alessandri. «No sabe todo lo

que he tratado de hacer para evitar esta división que nada bueno parece augurar al país», me expresó.

Tanto Schneider como Prats y Pickering encontraban razones para inquietarse después de los incidentes del Tacna y las previsiones institucionales de 1969. Debieron leer más de una vez con aprensión el trabajo realizado en abril de 1970 por los directores de Personal, Operaciones e Inteligencia y el secretario del Estado Mayor del Ejército. En «La problemática de las FF.AA. ante los probables resultados del acto eleccionario», documento hasta hoy desconocido, se dice:

> Si triunfa el candidato Jorge Alessandri, se podría provocar un recrudecimiento inmediato de la lucha política activista de los sectores de izquierda, especialmente en el agro y en la industria. Se tienen antecedentes de eventuales preparaciones de actos subversivos, especialmente del campesinado y de los obreros, tendientes a imposibilitar el programa de gobierno de este candidato. Se visualiza que los desbordes populares podrían acarrear serios enfrentamientos y para contenerlos habría que utilizar las Fuerzas Armadas y de Orden. Si triunfa el candidato Salvador Allende, se produciría inicialmente un período de tranquilidad en los sectores antes indicados, pues las fuerzas políticas antagónicas a él no han evidenciado hasta ahora tendencias pronunciadas a provocar la transgresión del orden público. Pero este período, cuya duración no se estima muy prolongada, podría terminar a causa del descontrol por parte del posible gobierno de los elementos extremistas incluidos en sus fuerzas políticas, en cuyo caso aparecerían dos alternativas de acción: por una parte, el vuelco del futuro gobierno hacia la búsqueda de apoyo en otros sectores políticos y el empleo represivo de las FF.AA. y de Orden para restablecer la normalidad. Por otra, que el futuro gobierno actúe tímidamente sin tratar de contener los desbordes populares en forma decidida, debido a sus compromisos políticos, en cuyo caso éstos se podrían prolongar indefinidamente. Pero, en cualquier alternativa, las Fuerzas Armadas deberán prever en su planificación de orden interior, un empleo largo y costoso.

Las empresas de encuestas tampoco le creían a los analistas de las Fuerzas Armadas. La más importante de ellas en esa época, GALLUP, dio a conocer el 2 de septiembre su última proyección: Alessandri ganaría con un 41,5% de los sufragios; segundo, Tomic, con 29%; y tercero Allende, con un 28% de los votos.

Pero a la una de la madrugada del 5 de septiembre se supo que el socialista Salvador Allende, apoyado por la Unidad Popular, había triunfado. Los resultados fueron muy similares al estudio hecho por el Estado Mayor de la Defensa Nacional:

Allende     : 1. 070. 334 votos, 36,22%
Alessandri  : 1. 031. 159 votos, 34,09%
Tomic       : 821. 801 votos, 27,81%
(Votaron      3.539. 747 personas)

Mientras los partidarios de Salvador Allende iniciaban un verdadero carnaval ante la llegada inédita de un socialista al poder a través del voto popular, otro sector de chilenos, cuya línea fronteriza pasaba entonces por la Plaza Italia, se sumergía en la desesperación y oscurecía sus casas ante el terror de que las «hordas marxistas» las atacaran.

Andrés Allamand, quien llegaría a ser un destacado dirigente de la derecha chilena de los años 80 y 90, dice haber vivido una noche imborrable:

-Tengo nítido el desconcierto y la sensación de derrota total que sobrecogió a la gente que me rodeaba. La esperanza perdida. Pasaron de la euforia anticipada al pesimismo absoluto. Todo un proselitismo triunfante, casi arrogante hasta el día anterior. Y el día después, sólo angustia y desánimo. Muchos hablaron de a dónde se iban a ir. Daban el país por perdido. Ni siquiera mostraban voluntad de resistir. No atinaban a nada que no fuera quejarse. ¡No quisiera volver a vivir la noche del 4 de septiembre de 1970! Yo entré a trabajar a la Juventud del Partido Nacional... Notaba un país desgarrado, con mucho odio. Intuitivamente estaba a la defensiva. Parte de la llamada derecha vive muerta de miedo. Porque perdió siempre. El problema de la vieja derecha en Chile es que no sabe que puede ganar democráticamente: jamás lo hizo. Después del año 1930 tuvo un solo gobierno, que ni siquiera era propiamente de ella. Jorge Alessandri abominaba de los partidos que la representaban y su gobierno terminó con el desastre de esos partidos[4].

El general Augusto Pinochet estaba muy lejos del la tela de araña que se comenzaba a entretejer en la capital. Era el jefe de Plaza de Iquique. Esa noche se reunió con los oficiales en el cuartel de la VI División del Ejército. Tenía 54 años y todo le indicaba que su carrera llegaba a su fin.

En Madrid, el coronel Sergio Arellano Stark esperó hasta la madrugada del 5, en la sede de la Agencia Española de Noticias (EFE), las últimas informaciones provenientes de Santiago. Arellano había sido edecán y Jefe de la Casa Militar del Presidente Frei hasta 1969. Ahí conoció a muchos dirigentes del PDC, así como a líderes de todas las corrientes políticas. Dejó Santiago antes de la campaña electoral y voló a España para desempeñarse como Agregado Militar de la embajada chilena. En aquellos días le escribió a uno de sus camaradas de armas:

*Fui testigo de las virtudes y defectos que se podían apreciar en dicho gobierno: gran desarrollo de Obras Públicas, preocupación por el problema social, nacionalización de las minas de cobre, entre otras, fue lo positivo. Lo relacionado con el sector agrícola fue lo conflictivo y lo que, a veces, se les fue de las manos por la acción desquiciadora y pro marxista de INDAP (Instituto de Desarrollo Agropecuario), cuyo jefe era Jacques Chonchol, a*

---

[4] En 1973, Andrés Allamand fue uno de los líderes secundarios que bajo la conducción del dirigente del Partido Nacional, Sergio O. Jarpa, dirigieron la protesta juvenil contra el Gobierno de Allende. Después del Golpe se recibió de abogado y no participó en el régimen militar. A principios de los años 80 organizó junto a Jarpa un nuevo partido de derecha, Unión Nacional, movimiento que no contó con la simpatía de Pinochet. Suscribieron el «Acuerdo Nacional», con los partidos de la oposición, sin los comunistas y un sector de los socialistas, acogiendo la convocatoria del Cardenal Francisco Fresno y se convirtió en el nuevo líder del ala liberal del nuevo partido Renovación Nacional, que unió a los gremialistas de Jaime Guzmán con los corporativistas de Jarpa. Fue un partido efímero. Guzmán y su gente se retiraron y fundaron la Unión Demócrata Independiente (UDI). Allamand siguió en RN junto a Jarpa hasta que la disputa entre ambos estalló. Fue elegido presidente de RN, se perfiló como el nuevo líder de la derecha, pero en las elecciones senatoriales de 1997 perdió el cupo por Santiago. Tras su derrota se fue por tres años a Estados Unidos. Regresó el 2000.

*quien se puede calificar como uno de los principales infiltrados que tuvo el* PDC. *Los aspectos negativos del gobierno* DC *fueron, entre otros, el no haber invitado a otra u otras colectividades políticas a participar en las responsabilidades que significaba la conducción del país y el haber subestimado la importancia y categoría de las Fuerzas Armadas, ignorando o postergando imperiosas necesidades profesionales y de remuneraciones, error que los militares hasta la fecha no pueden olvidar.*

Las horas en la Agencia EFE transcurrieron en medio de la intensa humareda de cigarrillos, muchísimas tazas de café y las botellas de pisco que periodistas y personal de la embajada compartieron a medida que llegaban las informaciones electorales. El veredicto de las urnas dibujó el estupor en su rostro. Sabía, no obstante que en Chile existía una tradición democrática siempre respetada: el 24 de octubre el Congreso Nacional debía ratificar en sesión plenaria, y muy solemne, al próximo Presidente y siempre había acatado la mayoría relativa.

Lo que desconocían Pinochet, Arellano, Allende y la gran mayoría de los chilenos es que a miles de kilómetros, el resultado de la elección chilena desataba la ira del Presidente de los Estados Unidos. Richard Nixon estaba convencido de que era el inicio de una escalada comunista en una zona de influencia norteamericana. Thomas Powers cuenta en su libro sobre el director de la CIA, Richard Helms cuál fue su primera reacción frente al embajador de Estados Unidos en Chile, Edward Korry:

> Con el puño en la palma de la mano gritaba: «¡Ese hijo de puta! ¡Ese hijo de puta!». La expresión en el rostro de Korry interrumpió la perorata de Nixon. «Usted no, embajador... Es ese bastardo de Allende». Entonces empezó un monólogo explicando cómo pensaba aplastar a Allende[5].

Era sólo uno de los misiles que comenzaban a apuntar a Chile.

---

[5] Thomas Powers, *The Man Who Kept the Secrets: Richard Helms and the* CIA.

## CAPITULO II
## LA CONSPIRACION EN MARCHA

A las nueve de la noche del 4 de septiembre, un tercer comunicado oficial del Ministerio del Interior informó que Allende aventajaba por un margen muy estrecho de votos a Alessandri.

El anuncio dio lugar a las primeras tímidas celebraciones, pero aún el triunfo no estaba asegurado. A las 21.30 horas, la Central Unica de Trabajadores (CUT) reconoció el triunfo de la UP y llamó al pueblo a exigir el acatamiento de la voluntad ciudadana. Faltando diez minutos para las 22 horas, Tomic admitió su tercer lugar en la sede de la Democracia Cristiana, en Alameda. Desde allí partieron grupos de jóvenes DC en dirección a la sede del Partido Socialista voceando consignas de apoyo al nuevo Presidente.

En la calle jóvenes tomicistas y allendistas se abrazaban.

Aquellas horas permanecen nítidas en la memoria del dirigente del PDC, Patricio Aylwin. Anduvo por la Alameda en medio del jolgorio y la pena. Después fue a su casa. Ahí lo esperaba un grupo de amigos. Tomaron un trago y la preocupación fue asomando:

-Estaba triste. Uno no sabía lo que venía, pero no tuve esa sensación de pánico que se vio en algunos sectores del país. Tomic se convenció de que debía ganarle la izquierda a Allende, disputarle la imagen popular y ése fue su error fundamental. Una cosa era clara entre nosotros: si bien estábamos muy preocupados, decíamos «menos mal que ganó Allende y no ganó Alessandri». Veíamos con más simpatía a Allende que a Alessandri, con más cercanía a la izquierda que a la derecha. Esa posición era generalizada, porque en el antiguo falangista y en el militante medio, la derecha provocaba alergia. Y además, con Allende, nuestros propios dirigentes, incluso Eduardo Frei Montalva, con excepción del último período, teníamos una buena relación humana.

El coronel Guillermo Pickering también vivió intensamente esa jornada. Su aguda mirada captó la efervescencia que invadía a los uniformados:

> En el interior de los cuarteles ocurrieron cosas tan singulares como insólitas. La simple y natural curiosidad - la que primaba al sentimiento de triunfo o derrota de sus reservadas simpatías por un determinado candidato- había sido reemplazada por varias actitudes que no se ajustaban a la mentalidad tradicional. La expresión de los rostros de los oficiales variaba desde la indiferencia, en un grupo no muy significativo, pasando por la sorpresa, la decepción o el fastidio, hasta el temor en el resto. No faltaron oficiales que en los pasillos del Ministerio de Defensa se preguntaran a media voz: «¿y ahora, qué va a pasar?». El comandante en jefe, al escuchar a uno de ellos mientras regresaba a su oficina después de una reunión en la comandancia de la Guarnición, se acercó al corrillo y recordó al oficial que como militar no le estaba permitido hacer comentarios ni menos aun apreciaciones sobre política contingente, pues para un soldado el único partido era el Ejército y la única ideología, el profesionalismo y constitucionalismo.

Luis Maira, uno de los dirigentes más influyentes de la DC de esos años, pese a su juventud, se quedó en el comando de campaña: le tocó comunicar la derrota:

-Empezó entonces el tremendo problema de conciencia: ¿qué hacer? Deseé entonces profundamente que ganara

Allende. Por sobre la pena predominaba la sensación de que no todo estaba perdido. El cataclismo lo representaba el triunfo de Alessandri. Estaba convencido de que si Alessandri ganaba daría un golpe institucional que interrumpiría el proceso de cambios democráticos. Sus principales asesores tenían esa decisión tomada.

**-¿De dónde sacaba esa convicción?**

-Había tenido muchas discusiones con ellos. En la Cámara de Diputados se hablaba con bastante franqueza y había encontrado en la gente de derecha un alto grado de desafección democrática. Notaba en ellos una disposición a desarmar todo ese andamiaje, a usar en lo posible caminos legales para lograrlo, pero que si se topaban con una mayoría adversa, la solución debería obligatoriamente tomar un camino de fuerza.

**-¿Su identidad DC no se vio cuestionada en ese conflicto?**

-Ya era claro que nosotros no teníamos posibilidad de ser los ganadores. Mientras la tuvimos, nos jugamos lealmente y con todo. El mismo Patricio Aylwin puede confirmarlo. Pero producido ese hecho, yo deseé con toda el alma que ganara Allende. Comenzó a llegar mucha gente al partido y esa misma noche empezó el tira y afloja de qué hacer. Estuvimos con Tomic, lo fuimos a saludar unos minutos y regresamos a la sede central, ya que los que dirigimos la campaña tuvimos que trancar la puerta por dentro para evitar que esa misma noche desapareciera nuestra capacidad de dirección o de lo contrario se hubiera reemplazado por otra alternativa.

«¡Fue una noche inolvidable!», recordó más tarde Max Marambio. Había sido recibido horas antes de los primeros cómputos por Allende. Formaba parte de un grupo de cuatro jóvenes enviados por Miguel Enríquez, dirigente máximo del Movimiento de Izquierda Revolucionaria (MIR). A la cabeza estaba él. Su «nombre de guerra»: «Ariel Fontana». Veinticinco años más tarde fui a su encuentro para recrear el camino que lo llevó hasta la casa de Allende.

Imposible permanecer indiferente frente a ese hombre alto, moreno, fuerte y con una impronta campechana que lo delata sin pudores en la manera en que se relaciona con los caballos, las flores y los mil tesoros artesanales de su último refugio. Sus manos, grandes, se mueven a un ritmo similar al de sus pasos, al de sus carcajadas y al de la música que colecciona con la misma pasión con la que acaricia los muebles antiguos que restaura en su parcela en Pirque. Marambio creció en Santa Cruz, donde su padre -del que dice «candil en la calle, oscuridad en la casa»- era el caudillo socialista indiscutible. Fue él quien lo llevó a Cuba, en los años '60, donde terminó viviendo en una casa al lado de la de Fidel Castro.

-Creí que la revolución en Chile podía realizarse por la vía armada. Veía muy aburrida la idea de hacer los cambios por la vía parlamentaria. Tenía en mente los esfuerzos que hacía mi padre, Joel Marambio, diputado socialista, para salvar a los niños, imagen que contrastaba con los niños que veía en Cuba, sanos, con sus uniformes impecables y siempre imbuidos de alegría. En ese tiempo no distinguía la idiosincrasia de los cubanos, alegres per se y en cualquier circunstancia. Todos los méritos se los atribuía a la revolución, una causa suficientemente importante como para dar la vida.

**-Y decidió aprender a usar las armas para hacer la revolución...**

-Sí, algo que allá se aprendía como el paracaidismo y la natación táctica. En esa época en Cuba conocí a la gente del MIR chileno y decidí regresar para hacer la revolución. Me convertí en el encargado de las «tareas de la guerra», la que venía indefectiblemente y que, pensábamos, terminaría con la victoria del proletariado en el poder. Y eso nos iluminaba. En la campaña presidencial del '70, Salvador Allende le pidió al MIR que suspendiera las acciones directas, como una manera de neutralizar al movimiento. Lo discutimos y decidimos darle una oportunidad al «reformismo», para demostrar que iba al fracaso. Allende nos dijo que si ganaba quería que nos hiciéramos cargo de su seguridad y el MIR consideró que yo era el más dotado para esa tarea.

Así nació el GAP, el «Grupo de Amigos Personales», como se le llamaría al nuevo equipo encargado de la custodia de Salvador Allende.

A las 11 de la noche del 4 de septiembre, la victoria de Allende todavía no era reconocida. De pronto sonó el teléfono en su hogar, en Guardia Vieja:
-Aparecieron algunos tanques en las proximidades de La Moneda.

Otro antecedente aumentó el nerviosismo de Allende y del grupo que lo acompañaba: el general Camilo Valenzuela, jefe de la Plaza que tenía que autorizar la gran manifestación del triunfo, no respondía...

La espera minuto a minuto se tornó dramática. Allende tomó el teléfono y llamó al general Valenzuela. Con tono firme le pidió autorización para celebrar. Luego, se sentó en su sillón, pierna arriba, a esperar la respuesta. Casi nadie hablaba. Sonó el teléfono, Allende se paró para atenderlo. Cuando cortó, se dio vuelta y mirando fijamente a sus amigos, exclamó:
-¡Ganamos! Si el Gobierno nos autoriza a salir a celebrar el triunfo es evidente que hemos ganado.

Todos se abrazaron. Allende abrió la puerta que daba hacia el living, en donde esperaban unas 25 personas:
-Debo decirles con absoluta tranquilidad que ¡ganamos![6].

Poco después, el ministro del Interior del Presidente Frei, Patricio Rojas, entregó la información oficial a una delegación de la Unidad Popular. Fue el inicio de la estampida callejera.

En ese minuto, Salvador Allende sepultaba sus tres derrotas anteriores y el recuerdo de un día peculiar: el 29 de agosto de 1969, cuando el Comité Central del Partido Socialista proclamó su candidatura. Si oficialmente se dijo que había sido producto de una elección unánime, la verdad fue muy distinta. De los 25 integrantes, sólo 12 votaron por él y el resto, 13 personas, se abstuvo. Salvador Allende había logrado ser ungido candidato presidencial de su partido con el apoyo de la minoría.

Pero eso ya era historia. A la 1.25 horas de la madrugada del sábado 5 de septiembre de 1970, ya se sabía que Allende había ganado por 34 mil votos de diferencia. Con los

---

[6] Del relato de Osvaldo Puccio, secretario privado de Salvador Allende, en el libro *Un Cuarto de Siglo con Allende*.

números en la mano salió a uno de los balcones de la sede de la Federación de Estudiantes de la Universidad de Chile (FECH), en Alameda con Santa Rosa. Desde allí habló a sus partidarios:

«Soy tan sólo un hombre con todas las flaquezas y debilidades de todo hombre y si supe soportar las derrotas de ayer, acepto hoy sin reservas y sin espíritu de venganza este triunfo que nada tiene de personal. Respetaré los derechos de todos los chilenos, pero también declaro que cumpliremos el compromiso histórico que hemos contraído y que contiene nuestro programa. Si era difícil la victoria, más difícil será consolidar el triunfo y construir la nueva sociedad... Miles y miles de hombres sembraron su dolor y su esperanza en esta hora que al pueblo le pertenece. Cómo siento en lo íntimo de mi fibra de hombre, cómo siento en las profundidades humanas de mi condición de luchador lo que cada uno de ustedes me entrega. Esto que hoy germina es una larga jornada. Yo sólo tomo en mis manos la antorcha que encendieron los que antes que nosotros lucharon junto al pueblo y para el pueblo... Irán a su trabajo mañana o el lunes, alegres y cantando al futuro. Con las manos callosas del pueblo, las tiernas manos de la mujer y las risas del niño haremos posible la gran tarea que sólo un pueblo consciente y disciplinado podrá realizar...»

Y finalizó con un llamado que quedó durante mucho tiempo, años quizás, flotando en el aire:

«El hecho de que estemos contentos no significa que vayamos a descuidar la vigilancia. Ustedes se van a retirar a sus casas sin que haya asomo de provocación y sin dejarse provocar...»

Clodomiro Almeyda, ministro de Relaciones Exteriores de Salvador Allende, sobreviviente del campo de concentración de Isla Dawson y de muchas otras páginas negras y clandestinas, estuvo allí esa noche[7]:

> Poco a poco y en la medida en que la exaltación y el entusiasmo de aquellas multitudes iban creciendo hasta llegar al paroxismo, comencé a tomar distancia del en-

---
[7] De sus Memorias.

torno. Como que fueron tomando forma sensible la verdad de las palabras de Salvador Allende aludiendo a la magnitud de la obra que emprendía y a las dificultades que debía enfrentar. Fue como apareciendo en mi conciencia la otra cara de la medalla. Nuestras insuficiencias y nuestro sectarismo, nuestras diferencias internas -sobre todo en el Partido Socialista- nuestro déficit unitario, incluso a nivel de Unidad Popular, los enfoques errados que ésta hacía de algunas cuestiones importantes, y sobre todo, el telón de fondo de la conciencia del enorme poder del adversario, el de dentro y el de fuera del país, que no estaba aún derrotado política sino sólo electoralmente. Y las Fuerzas Armadas, misteriosas, impenetrables, enigmáticas. Esa noche no volví a casa como partí. Volví meditabundo y hasta apenado por ese pueblo que, enfervorizado por su gran triunfo, no imaginaba el difícil futuro por el que debería transitar.

Luis Gallardo no vivió una buena noche aquel 4 de septiembre. Integraba un grupo de campaña de Jorge Alessandri, la «Legión Alessandrista», que funcionaba en Catedral 1900. Ya era de madrugada y en las calles continuaban los festejos. Acompañado por algunos dirigentes con los que había trabajado fue a su casa. Descorchó algunas botellas de tinto y blanco y se dio cuenta que no había razones para el brindis:

> Se dice que después de la batalla todos son generales, pero esa noche no pudimos contenernos y dimos rienda suelta a nuestra furia en contra de todos aquellos que, por vanidad, orgullo y ambiciones, habían sido responsables de la derrota de Alessandri. No una, cientos de veces habíamos criticado la mala conducción, el despotismo con que se trataba a la gente más modesta. Esa noche me llamó un alto jefe de Investigaciones quien me manifestó interés en conversar conmigo de inmediato. Había inquietud entre muchos jefes de su servicio -dijo- por el peligro de que el país cayera en manos del comunismo. Dijo, también, que estaban dispuestos a cualquier gestión para evitarlo[8].

---
[8] Del relato que le hizo a la periodista Florencia Varas y que publicó en su libro *Conversaciones con Viaux*.

Gallardo se contactó esa misma noche con el general (R) de Ejército Héctor Martínez Amaro[9] y al día siguiente se encontraron. La conclusión fue que mientras el proceso electoral no estuviese terminado -es decir con Allende ratificado por el Congreso Pleno- «nuestro deber era continuar luchando para evitar la llegada de los comunistas al poder». Gallardo continuó su relato:

> Realizamos una reunión con la asistencia de dirigentes y acordamos constituirnos en una organización que denominamos «Frente Republicano Independiente». Se eligió una directiva encabezada por el general Martínez Amaro y se acordó sostener una entrevista con el general Roberto Viaux (el líder de la sublevación del Regimiento «Tacna», en 1969). Fuimos recibidos por éste el sábado 11 de septiembre. Ese día el Frente había encontrado su líder para que Chile siguiera caminando en orden y libertad.

En Valparaíso, el contraalmirante José Toribio Merino, jefe de los Servicios de la Armada, había sido informado de los resultados de la elección. La noticia lo perturbó, según su relato a la periodista Raquel Correa, en un programa de *Canal 13*, el 27 de septiembre de 1989:

> Mandé a llamar a mi secretario (el empleado civil René Estuardo) y le dije que me hiciera la renuncia. Desgraciadamente el secretario no guardó el secreto y cuando tenía la renuncia firmada se la llevó a otro oficial (el capitán de navío David Mydt), que estaba en el mismo edificio y bajaron todos ellos a mi oficina y me pidieron que no me retirara por ningún motivo. Nadie sabía si Allende iba a asumir. Por el contrario, había una reacción muy fuerte de los partidos de derecha para que Allende no asumiera el poder. Pero esa misma noche, alrededor de las 22 horas, me llegó un informe de inteligencia secreto que decía que en la mayoría de los cuarteles y regimientos, se había oído gritar por el

---

[9] Padre del almirante Jorge Martínez Busch, que sucedió en 1990 a José Toribio Merino en la comandancia en jefe de la Armada y a partir de 1998, senador designado por las Fuerzas Armadas.

personal «¡Viva el compañero Allende!». En consecuencia, cualquier tipo de acción que pretendiera la derecha para que no asumiera Allende habría sido una locura que habría terminado en una guerra civil. De allí que, luego de pasar una noche a saltos y brincos, como se duerme en esas condiciones, partí a la mañana siguiente, temprano, a Santiago, para hablar con el almirante Fernando Porta, comandante en jefe de la Armada. Nos reunimos como a las 10 y media u 11 de la mañana y le dije: cualquier barbaridad que se quiera hacer termina en guerra civil y la guerra civil va a comenzar por abajo. El problema nosotros lo vivimos el año 31 y es muy cercano a lo que puede suceder. Así es que le pedí que me autorizara para hacer contactos con algunos directivos del Partido Comunista para reunirme con Allende, junto con otro almirante (Montero). Y nos reunimos. El objetivo era que Allende pudiera decir que contaba con el apoyo de la Marina en el Congreso Pleno, que debía elegirlo entre las dos mayorías relativas. Quise evitar a toda costa una situación extraordinariamente dramática, como habría sido una guerra civil, en que la tropa y mucha de la gente del pueblo estaba con Allende, porque todavía no había vivido el comunismo y era de gran importancia que se viviese...

Merino afirmó en reiteradas ocasiones que a esa entrevista con Allende, éste concurrió con Luis Corvalán, jefe máximo del Partido Comunista y los dirigentes de ese partido, Volodia Teitelboim (senador) y Luis Guastavino (diputado). También relató los diálogos y concluyó que allí se hablaron «puras cabezas de pescado».

Cuando el almirante Raúl Montero, otro de los protagonistas de esa reunión, vio y escuchó la entrevista frente al televisor en su hogar, decidió salir de su largo ostracismo. En una entrevista con la periodista María Olivia Monckeberg[10], entregó su versión de los hechos:

Yo no sufro de amnesia. Y las únicas personas que estábamos presentes éramos don Salvador Allende al

---
[10] Diario *La Época*, 8 de octubre de 1989.

frente y el almirante Merino y yo. Cumplí una orden militar dada por la autoridad competente, el comandante en jefe de la Armada, el almirante Fernando Porta Angulo. El almirante Merino era el director de los Servicios de la Armada, dirigía el abastecimiento global de la institución y yo, comandante en jefe de la Escuadra. Nos llevaron a la cita, en Concón, Osvaldo Puccio, secretario privado del entonces senador Salvador Allende y Erick Schnacke...

Para avalar la veracidad de sus dichos, Montero se paró y sacó un escrito de aquellos días y de los mil que siguieron, destinado a sus hijos y que tiene en el sobre la siguiente leyenda: «Para abrir después de muerto», en cuyo interior la primera hoja lleva escrita la frase siguiente: «Nada más enfermo en este momento preciso de nuestro tiempo que la inteligencia. Nada menos amado que la verdad». Buscó con parsimonia el trozo donde relató aquel encuentro y le leyó a la periodista:

> Era yo, en 1970, el comandante en jefe de la Escuadra, desde el 23 de enero de 1970. Un día de septiembre, recibí un llamado telefónico del entonces contralmirante José Merino, quien me expresó que el senador Allende deseaba hablar con nosotros para informarse de los principales problemas de la Armada. El doctor Allende, a la fecha, no era Presidente electo, mas era ya un hecho que triunfaría en el Congreso Pleno, con el apoyo de la Democracia Cristiana. Creí que Merino bromeaba y que la razón de su llamado sería algo relacionado con el servicio. Le contesté en chanza pero ante su vehemente insistencia, le pregunté si de estas gestiones estaba impuesto el comandante en jefe de la Armada, a lo que me respondió que evidentemente conocía estas iniciativas y las aprobaba. Le expresé que esto me causaba sorpresa y que de inmediato llamaría por teléfono al almirante Porta para que me ilustrase sobre las razones que tenía para aceptar estos enlaces que me parecían prematuros, pues el proceso electoral legalmente no estaba terminado. Además, me parecía sorprendente que si el comandante en jefe de la Arma-

da estimaba conveniente esta entrevista, no fuese él quien fijase las normas y dictase una doctrina sobre los temas a tratar. No podía el comandante en jefe, según mi criterio, dejar que sus almirantes fuesen tan libres y ligeramente a una entrevista que no podríamos sospechar a dónde iba apuntada. El almirante Porta me expresó que, como lo había dicho Merino, él autorizaba esta entrevista que estimaba muy conveniente, que a su juicio el senador Allende ya era de hecho el Presidente electo y que al sentir esta responsabilidad quería conocer los problemas más inmediatos de la Defensa Nacional. Añadió que en el conjunto de asesores del doctor Allende no había ni un solo marino en retiro de cierta jerarquía que pudiese asesorarlo -lo que era cierto- y este antecedente lo preocupaba pues podía, por ausencia de consejeros idóneos, tomar medidas a la ligera y que fuesen peligrosos y deficientes sus asesores. Categóricamente le pregunté si esas gestiones eran conocidas y aceptadas por el gobierno, vale decir por el Presidente Frei y por el ministro de Defensa Sergio Ossa Pretot. Me respondió que ambos las conocían y aprobaban. Le pregunté si tenía alguna directiva que darme y me respondió que confiaba en mi buen criterio y que sólo pedía ser informado de lo que se tratase en la entrevista a la brevedad...

Al llegar a ese punto, el almirante Montero hizo un alto en la lectura y dijo:
-Estos hechos no terminan de ser esclarecidos. El gobierno del Presidente Frei dijo que no había sido informado. El almirante Porta reiteradamente expresó que lo había hecho...
Y continuó la lectura de su manuscrito:

La entrevista con el doctor Allende se celebró el 12 de septiembre en una casa de veraneo en Concón. Previamente, y siguiendo la pauta del almirante Merino, que tenía los contactos, fuimos a la avenida Marina y nos reunimos con un señor que se presentó como el diputado Schnake, a quien acompañaba el señor Puccio. En una habitación casi desnuda de muebles, una sola mesa y algunas sillas, se desarrolló esta reunión que debe haber tenido una duración de una hora y media. Tal vez de 10.45 a 12.15 horas...

Montero interrumpió nuevamente la lectura: «Pero fue el 12 de septiembre y no el 11 como dice el almirante Merino, que parece que la quiso hacer coincidir con el 11 de septiembre de 1973». Luego continuó leyendo:

> Yo casi no conocía al doctor Allende, al punto que nos presentaron formalmente. La media hora inicial la dedicó a recordar sus relaciones con la Armada y con sus hombres. Evocó sus estudios en el Liceo Eduardo de la Barra en Valparaíso, su afición a los deportes náuticos, su casa en Algarrobo, su pequeño yate, contó que su padre había sido muy amigo del almirante Gómez Carreño... A continuación me pidió que le expusiera los problemas mayores que apreciaba en la Escuadra en el plano político-militar. Le expresé que me preocupaba que pudiera desahuciar el pacto de Ayuda con Estados Unidos porque eso traería como consecuencia la pérdida inmediata de valiosas unidades navales entregadas en préstamo. Le di detalles sobre lo que significaba para nuestro poder naval tan débil las pérdidas de nuestros dos únicos submarinos, de los destructores tipo Blanco (eran dos: el Blanco y el Cochrane), del dique flotante de Talcahuano, de los helicópteros antisubmarinos... De las becas que tenían nuestros alumnos para estudiar en Estados Unidos: en Pensacola, los aviadores; en el MIT, algunos ingenieros... Después, el Presidente dijo que no le agradaban las Operaciones Unitas. Y yo le expuse el valor que tenían para el entrenamiento a flote esas prácticas y el entrenamiento anual que se hacían con un escuadrón norteamericano, que traía las unidades más refinadas y además todo el progreso que había tenido la táctica naval antiaérea, antisubmarino, llegaba a nosotros por esos contactos. El almirante Merino dijo que la idea era que, ante la elección en el Congreso Pleno que aún no se efectuaba, el Presidente Allende pudiera decir que contaba con el apoyo de la Marina...

Montero desconocía entonces que la conjura se había iniciado casi desde la misma noche del 4 de septiembre, y que una de sus piezas claves sería el hombre que lo despojaría de la comandancia en jefe de la Armada el 11 de septiembre de 1973: el almirante Merino.

A miles de kilómetros de distancia, en Madrid, el coronel Sergio Arellano Stark se sentía dominado por el temor al futuro. Ignoraba que su destino iría a cruzarse con Merino.

Pero para eso aún faltaban mil días, posiblemente los mil días más intensos y gravitantes que haya vivido Chile en la última mitad del siglo pasado.

La larga jornada del 4 de septiembre de 1970 había terminado. Las caravanas de hombres y mujeres, muchos cargando niños en sus hombros o en sus brazos, ya insinuaban un lento retiro hacia los suburbios en medio de cantos. Un increíble intento por atrapar el tiempo y detenerlo y así aprisionar las horas en que, por primera vez en sus vidas, se sentían protagonistas de la historia.

Allende no durmió en su casa de Guardia Vieja, en Providencia. Se refugió en el hogar del padre de Eduardo Paredes, el hombre que nombraría como Director de la Policía de Investigaciones. A los pocos minutos de traspasar la puerta sonó el teléfono. La operadora anunció una llamada del extranjero para Salvador Allende. Era Fidel Castro. Desde La Habana lo llamaba para felicitarlo. A partir de esa noche y hasta el 4 de noviembre, día en que se materializó la transmisión del mando, Allende dormiría cada noche en una casa diferente. Otra vida comenzaba para él y para todos los chilenos.

# CAPITULO III
# DEMOCRACIA CRISTIANA:
# UN TERREMOTO EN CIERNES

Entre 1964 y 1973 las manos grandes, el tono de voz sacerdotal y el permanente rictus irónico de Patricio Aylwin, senador y ocho veces presidente del Partido Demócrata Cristiano, se hicieron familiares para la mayoría de los chilenos. Sus declaraciones y desplazamientos concitaban siempre interés. Había sido hombre clave de todas las negociaciones de la época: la crisis del PDC en el gobierno de Eduardo Frei; la campaña electoral de Radomiro Tomic; la negociación con Allende del «Estatuto de Garantías»; en la unión del PDC con la derecha en la llamada Confederación Democrática (CODE), para combatir al Gobierno de Allende; y, finalmente, en el último «Diálogo» con el mismo Allende. Dirigió la tormentosa navegación de su partido en los primeros años de la dictadura, hasta que en 1976 abandonó la presidencia en medio de la oscuridad en que se hallaba sumergido Chile.

Un día de abril de 1987, catorce años después del Golpe de Estado, decidí hablar con él: ya no era figura pública y aún estábamos en dictadura.

Aylwin trabajaba en su oficina de abogado ubicada en el centro de Santiago. Cuando lo llamé y le planteé mi intención, me respondió con tono amable:

– 45 –

–Pero para qué quiere hablar conmigo, yo no soy nadie. ¡A quién puede interesarle mi opinión!

Insistí y muy pronto nos encontramos en su oficina teniendo como único testigo a Marcela Briones, reportera gráfica de revista *Análisis*.

–Pude haber tenido un standard de vida bastante distinto del que tengo si me hubiera dedicado a ganar plata. Pude haber sido un brillante profesor de Derecho, pero dejé mi cátedra y cerré mi estudio cuando fui elegido senador. He luchado con los medios que sé luchar. Si me piden que coloque bombas o que tome una metralleta, eso no lo sé hacer...

Así habló en un momento de la entrevista en la que estuvieron presentes los detenidos desaparecidos y el dinero de la CIA que llegó a Chile para provocar la caída de Allende. Durante dos horas y media sostuvimos un diálogo, que en momentos bordeó la crisis. Fueron horas en las que sentí que estaba violando intimidad y dolor y que terminaron en un clima de absoluta franqueza, cuando le pregunté:

**–¿Qué siente cuando mira a su país hoy y recuerda que hace 50 años usted integraba un grupo que lo unía a Carlos Altamirano, Clodomiro Almeyda y otros, con los que soñaba cambiar el mundo?**

–En febrero de 1945, tuvimos una reunión de diez días en el fundo de Almeyda. La discusión era si entrábamos a la Falange o al Partido Socialista. Al final, resolví y les dije: «Yo, porque soy cristiano, debo entrar a la Falange[11], ustedes que tienen formación más bien marxista, deben entrar al Partido Socialista... En este país había mucha injusticia, mucha desigualdad, pero había libertad. Nosotros estábamos orgullosos de la democracia chilena y nos propusimos, unos en el marco de las ideas socialcristianas, otros en el de las ideas socialistas, otros de las radicales, construir un nuevo Chile, justo, humano, solidario, sobre la base de conservar

---

[11] La Falange Nacional surge en 1938 cuando la dirección del Partido Conservador decide intervenir la Juventud Conservadora, creada por jóvenes católicos de la Asociación Nacional de Estudiantes Católicos (ANEC), entre los que figuran Bernardo Leighton, Ignacio Palma, Manuel Garretón y Eduardo Frei. Se acusa a los jóvenes de no haber trabajado lealmente por el derrotado candidato presidencial Gustavo Ross. Deciden renunciar al partido y mantenerse como organización independiente dando origen a la Falange.

la libertad. Al cabo de 50 años, hoy hay más injusticia y no tenemos libertad. ¿Qué quiere que le diga?: ¡Somos una generación fracasada!

Al despedirme, en aquel otoño de 1987, tuve conciencia de que ese hombre me había abierto una compuerta, y al mirar hacia atrás constataba que las responsabilidades históricas provocan heridas que nunca se borran. Acordamos continuar nuestro diálogo, lo que se hizo y en el mismo tono franco. Lo que ninguno de los dos sospechaba es que, al cabo de muy pocos días, un grupo de dirigentes DC le pediría que fuera candidato a la presidencia de su partido. Ganó esa elección interna y volvió a estar frente a una encrucijada después de 17 años de dictadura: el Plebiscito de octubre de 1988, en donde los chilenos lograron derrotar a Pinochet y al régimen militar.

Aylwin se convirtió en el líder de la recuperación democrática y fue ungido, en marzo de 1990, como el primer Presidente de la transición chilena. La noche de su triunfo, en diciembre de 1989, miré su rostro de cerca: estaba rejuvenecido. Los ojos le brillaban y la espalda casi no le pesaba. Sin titubear nombró en un cargo importante a su viejo amigo Almeyda. El ex Canciller de Salvador Allende, líder socialista enviado como prisionero a Isla Dawson por la Junta Militar, exiliado, clandestino en Chile y nuevamente hecho prisionero por la dictadura, ocupó la embajada en Moscú. Se sellaban así dos capítulos en un mismo gesto: la unidad de la Democracia Cristiana con su antiguo adversario, el Partido Socialista, y la rehabilitación de una «generación fracasada».

Pero en 1987, cuando se realiza la entrevista que interesa para esta historia, Patricio Aylwin no imaginaba que la vida le depararía tantos regalos. En su oscura y austera oficina rememoró así los pormenores de la crisis que desató el triunfo de Salvador Allende, en septiembre de 1970:

–Una de las causas fundamentales de la derrota de Radomiro Tomic fue un proceso de excesiva ideologización que Chile vivió en los años '60. Era un fenómeno mundial. Esa ideologización se tradujo en una impaciencia del partido en relación a su gobierno. En síntesis, el partido quiso exigirle al gobierno que hiciera más de lo posible, saliéndose incluso de su programa para avanzar más allá de lo contemplado para esa etapa. Así lo viví, por ejemplo, cuando con la directiva del partido fuimos a hablar con el Presidente Frei, para decirle que el consejo de la DC estimaba por unanimidad que había que abordar la reforma de la empresa[12]. Frei nos dijo que eso no estaba en su programa en esa etapa pero podía ser estudiado. Nos advirtió que no tenía suficiente fuerza política para hacer eso y reforma agraria al mismo tiempo. «Escojamos una, por ahora», recuerdo que dijo.

-**Pero en ese tiempo, ¿no había junto a los partidos Socialista y Comunista una mayoría por los cambios?**

-La había, pero cualquier gobierno necesita bases económicas para sustentarse. La derecha estaba debilitada en lo político pero nunca perdió su poder económico.

-**¿Cree usted que la sublevación del Regimiento Tacna fue un indicio de que si el Presidente Frei hubiera intentado ir más allá con sus reformas el Golpe de Estado habría tenido lugar de todas maneras?**

-La sublevación del Tacna fue un hecho que provocó gran alarma en el gobierno de Frei y tengo la convicción más absoluta de que había gente de derecha metida en el complot. Le daré un antecedente. Recuerdo haber estado presidiendo la delegación de Chile ante la Asamblea de Naciones Unidas, en 1969, cuando me llamó el embajador

---

[12] La Reforma de la Empresa fue pieza esencial del proyecto de la DC de los años 60 cuando aspiraba a liderar el cambio desde una sociedad capitalista a una comunitaria. Planteaba la transformación de la empresa capitalista, en que el dueño del capital se apropiaba de todo el excedente, en una empresa autogestionada por sus propios trabajadores, en la que el financista recibía una remuneración justa pero el grueso del excedente quedaba a disposición de los trabajadores. La economía participativa, a diferencia de las economías centralmente planificadas imperantes en los países socialistas, se concebía como una economía descentralizada y de mercado, lo que garantizaría mayor eficiencia y bienestar. En ella la propiedad de los medios de producción tendría, mayoritariamente, un carácter social aún cuando se gestionaran descentralizadamente. El sustento teórico de este modelo se encontraba en la Doctrina Social de la Iglesia y en los escritos de J. Vanek, economista checoeslovaco. El Gobierno de Frei Montalva privilegió la Reforma Agraria y no hubo avances significativos en el área de la empresa, pero sí constituyó un ingrediente importante del programa de Radomiro Tomic. Después, el tema estuvo en el tapete de la discusión pública con ocasión de las negociaciones entre el gobierno de la UP y la DC en torno a las tres áreas de propiedad social: estatal, mixta y autogestionada.

de Chile en Washington, Domingo Santa María y me dijo que tenía datos sobre la sublevación. Viajé de Nueva York a Washington y fui a comer a casa de Santa María. Terminando de comer llegó Agustín Edwards con Charles Meyer, Secretario de Estado para América Latina del gobierno de Richard Nixon. La conversación, que fue muy dura, se prolongó desde las 11 de la noche hasta cerca de las tres de la madrugada. Por primera vez comprendí que el gobierno norteamericano y particularmente el embajador de Estados Unidos en Chile, Edward Korry, nos tenía muy mala y que estaba en franca concomitancia con la derecha chilena. Era noviembre de 1969 y allí supe que, en ese momento, Agustín Edwards estaba en Washington en algo así como pidiendo ayuda para el general Viaux. Sé que lo que tentaba a la derecha en ese momento era terminar de una vez por todas con los peligros que acechaban...

A juzgar por las revelaciones que años después hizo el embajador de Estados Unidos en Chile en esa época, Edward Korry, Aylwin tenía razón en lo referente al cambio radical que hizo Nixon respecto de la Democracia Cristiana. Korry dijo: «A Nixon no le gustaba Eduardo Frei ni los democratacristianos. El Presidente canceló la visita de Frei a Washington y lo borró de la lista de los futuros invitados. Mi problema era que yo era amigo de Frei y mi Presidente su enemigo[13].»

Cuando el periodista le preguntó a Korry en qué se tradujo esa campaña, éste respondió:

«En dinero. Y debo decir que el apoyo norteamericano a la campaña de Frei Montalva en 1964 fue mucho más masivo que el que se registró en las elecciones de 1970. La CIA era una parte pequeña del total y entregó sólo tres millones de dólares. Pero si se suman las corporaciones privadas, organizaciones católicas, la AFL-CIO, se llega a cerca de 20 millones de dólares. ¡Era mucha plata! En el 70 probablemente el total fue de tres millones... El apoyo a Frei era una decisión tomada para evitar la llegada de Allende al poder.»

Korry hizo además otras revelaciones:

---

[13] Entrevista a *Qué Pasa* del 6 de diciembre de 1997.

«En 1963 se tomaron las decisiones que ordenó el Presidente John Kennedy, a cargo de una comisión encabezada por Robert Kennedy y Ralph Dungan. Todos estaban de acuerdo que era una buena idea convertir a Chile en un modelo contrapuesto al de Fidel Castro en Cuba y apoyar un país dinámico y democrático. De ahí la decisión de apoyar al candidato Eduardo Frei Montalva para las elecciones presidenciales de 1964. Todos los sectores de la sociedad, los académicos de Harvard, los trabajadores y la AFL-CIO estaban movilizados para apoyar esta campaña. De modo que era una mezcla de fondos privados, públicos y otros cuasi legales; como arreglos para dar garantías a las corporaciones de cobre y a la ITT a cambio de hacer compromisos por Chile. La Casa Blanca movilizó países en Europa Occidental, especialmente partidos de la Democracia Cristiana en Italia, Francia, Alemania, Bélgica y Holanda para que se unieran con sus contribuciones y acciones. Se trataba de una cruzada occidental para parar a Allende y a la izquierda y elegir a Eduardo Frei Montalva y a los democratacristianos».

Así, en 1970, la Democracia Cristiana terminaba debilitada y dividida un gobierno de seis años, después de haber proclamado que la «Revolución en Libertad» duraría al menos 30 años. Pero Tomic fue derrotado. Patricio Aylwin describió cómo se vivió en la DC ese momento:

-Creo que lo que se dio al final del gobierno de Eduardo Frei fue una falta de identidad del partido con su gobierno. Dimos un espectáculo debatiendo en público nuestras posiciones internas. Había páginas enteras de *El Mercurio* con declaraciones de la posición «oficialista» de Aylwin, de la «rupturista» de Rafael Agustín Gumucio y de la «tercerista» de Bosco Parra. Cada uno daba su propia visión sobre la sociedad comunitaria, la reforma de la empresa y otras materias. Eso debilitó la fuerza del gobierno y nuestra imagen de partido. Las diferencias se acentuaron durante la campaña. Al día siguiente que Tomic fue designado candidato, le mandé una carta: «Estoy a tu disposición pero una cosa tiene que ser clara, tú no puedes plantear tu candidatura a contrapelo del gobierno de Frei. Debes representar una nueva etapa, avanzar más a partir de este gobierno». Lamentablemente eso no se dio en forma clara, porque Radomiro partía por decir que ése era el mejor gobierno que había tenido Chile en 50 años, pero después hacía una descripción de lo que pasaba en el país en la que dejaba al gobierno muy mal.

**-Si Tomic se perfilaba como el gran estadista de la Democracia Cristiana, ¿por qué no pudo ser el gran líder?**

-Él fue mucho más profeta que político. Era de una honestidad a toda prueba. Hay un hecho que lo engrandece ante mis ojos humanamente pero creo que fue uno de sus grandes errores políticos. Cuando poco antes de la elección apareció Jorge Alessandri en las pantallas de la televisión con las manos que le temblaban, todo el mundo dijo: «¡Alessandri se vino guarda abajo!». Se reunió el comando de campaña. A las 9 de la mañana llegamos Jaime Castillo Velasco, Benjamín Prado, Rafael Moreno, Luis Maira, Pedro Felipe Ramírez y yo. Antes de que llegara Radomiro, todos concordamos: había que aprovechar esa caída de Alessandri. La sesión comenzó y Maira dijo: es indispensable que nuestro candidato haga un gesto. Pidió la palabra Pedro Felipe Ramírez -entonces presidente de la Juventud Demócrata Cristiana- y respaldó la propuesta. Estaba interviniendo cuando se paró Radomiro, lo interrumpió y exclamó: «¡Para eso yo no estoy! Si quieren un candidato para ese tipo de cosas, ¡búsquense otro!». No lo pudimos convencer. Radomiro insistió en que Alessandri no tenía ninguna chance y él buscaba liderar la izquierda y dejar a Allende en el camino. Teníamos un gobierno demasiado realista y un partido demasiado ideologista.

Otro protagonista de esos hechos fue Luis Maira. A pesar de sus 29 años acababa de ser elegido diputado por Santiago para su segundo período e integraba la comisión política de la DC, instancia que sólo se instalaba para las campañas presidenciales. Era parte de la llamada «generación del cambio», que, a través de distintos partidos, gravitaba en la política del país. En 1971, Maira se fue de la Democracia Cristiana con un grupo de destacados dirigentes y militantes.

Con ellos fundó la Izquierda Cristiana y se integró a la Unidad Popular.

-¿Qué peso político tenía en esos días su generación?

-Tanto en la DC como en la izquierda se dio en esa época una generación con mucho sentido de ser parte de una corriente de la historia. Recuerdo que la consigna central de los trabajos universitarios era: «El mundo marcha hacia la izquierda». No era sólo una frase. Introdujimos una mayor espontaneidad en la vida, menos reprimida, pero igual nosotros quedamos como en el vértice entre la generación que vivió más libremente en los años '70 y la de los años '50. Inicialmente yo era un DC a secas, con inclinaciones progresistas. Así llegué a la Cámara de Diputados el año 1965. Era el diputado más joven, tenía 24 años. No era un DC «rebelde», en parte por mi historia: mi padre había entrado a la Falange en sus tiempos de universidad y todos los que habíamos recibido esa enseñanza teníamos gran admiración por los dirigentes más antiguos. Como no tenía una mirada crítica trabajé y colaboré mucho con ellos. Con Eduardo Frei, por ejemplo, logré desarrollar una relación de mucha proximidad. Recibí formación, pero no se me pidió subordinación.

-¿Y cómo llegó a convertirse en miembro importante del sector contestatario del PDC?

-A comienzos de mi período parlamentario tuve una tarea de defensa del gobierno hasta que hubo un rayo en mi vida: la masacre en el mineral «El Salvador», el 11 de marzo de 1966. Por una extraña circunstancia, yo estuve ahí. Las tropas dispararon sin previo aviso y sin que mediara provocación. Lo vi desde una ladera, ya que el sindicato estaba en el plano. ¡Una de las cosas más trágicas que me ha tocado presenciar en la vida! Lo que evitó que murieran decenas fue que el local del sindicato era extraordinariamente precario y las balas de guerra entraban como cuchillo en la mantequilla por un muro y salían por el otro. La gente se tiraba al suelo y no había rebote. El pueblo entero se agolpó detrás de los militares en una escena patética. Se produjo el alto al fuego, entraron las ambulancias, sacaron los primeros muertos, los heridos y luego se volvió a incendiar la caldera, hubo nuevos disparos masivos y después..., ¡el silencio sepulcral! Decidí regresar a Santiago de inmediato[14].

**-¿Qué hizo?**

-Llegué con una sensación difícil de transmitir: era DC ¡y eran mis muertos! Me fui de inmediato a la sede del partido y allí me impresionó ver el gran contraste: la angustia de Bernardo Leighton frente a la tranquilidad de Juan de Dios Carmona, ministro de Defensa. Al Jefe de la Plaza, general Manuel Pinochet[15], lo escuché por la radio. Hablaba como si nada hubiese sucedido, a pesar de que era claro que fue él quién dio la orden. Por primera vez me di cuenta de que, si bien existía una gran mayoría por los cambios, había riesgos de que ella se desvirtuara.

**-Finalmente ustedes forman una corriente dentro del PDC que se denominó "tercerismo". ¿Quiénes fueron los principales gestores de ese grupo?**

-Fue el nombre que le puso la prensa. Como había "freismo" y "rebeldes", lo nuestro fue una tercera posición. Jacques Chonchol, Bosco Parra y yo fuimos los principales impulsores. Pedro Felipe Ramírez y Rafael Moreno también participaron. Moreno fue miembro de esta corriente hasta que Allende asumió el poder. A partir del 11 de marzo de 1966 fui otra persona, me fui radicalizando al tiempo que formábamos esta vertiente "tercerista" que rápidamente actuó como una corriente de izquierda. Teníamos diferencias de estilo con los "rebeldes" pero hicimos una alianza, y, en julio de 1967, ganamos la elección de la mesa directiva del partido, con Rafael Agustín Gumucio, Alberto Jerez, Julio Silva Solar, Bosco Parra y Sergio Fernández. Pero el 9 de enero de 1968, en la junta de Peñaflor, fuimos derrotados. Ahí se empezó a gestar en parte lo que sería más tarde el MAPU. El año 1969 hubo una segunda definición importante: qué estrategia tener de cara a la elección presidencial.

---

[14] Ocho personas muertas fue el saldo de la operación desalojo del local sindical del mineral «El Salvador», durante una huelga. La Central Unica de Trabajadores -CUT- llamó a un paro nacional en protesta por lo que se llamó la «Masacre de El Salvador».

[15] No tiene relación familiar con Augusto Pinochet. Se fue a retiro en diciembre de 1971, después de haber cumplido 40 años de servicio y su último cargo fue Director de Logística del Ejército. Después del Golpe fue nombrado presidente de la Comisión Nacional de Ciencia y Tecnología, Conicyt.

Nosotros levantamos la estrategia de la Unidad Popular -y no existía la Up todavía- pero así se llamó nuestro voto en el seno de la Dc, con la idea de que la Dc y la izquierda fueran juntas. Se planteaba la designación del candidato en un proceso de consultas nacionales con participación de las organizaciones populares y sociales, con un voto abierto y un programa que diera cuenta de la profundización de las transformaciones que Chile necesitaba. Eso incluía Reforma Agraria, nacionalización del cobre y participación de los trabajadores. Aylwin y Jaime Castillo Velasco, en cambio, levantaban las banderas del «camino propio». En la junta del partido de abril de 1969, una junta histórica, se adoptó una definición. Fue el debate más rico en el que yo haya participado. ¡Ahí se jugó buena parte del destino posterior de Chile! Perdimos por 14 votos entre 300 participantes. ¡Estuvimos a punto de ganar! Después supimos -y esa es la parte más gris de la historia- que hubo gente que ya había decidido irse de la Dc y formar el Mapu. Votaron por la línea de Patricio Aylwin para agudizar las contradicciones.

**-¿En qué habría modificado la historia el que la postura "tercerista" hubiera triunfado en esa junta del Pdc?**

-Habríamos tenido un margen de maniobra para una cosa difícil, pero posible: la construcción del arco grande de las fuerzas progresistas. Pero en ese entonces había mucho más chauvinismo partidario y, además, el Partido Comunista cometió un error histórico: descalificar tempranamente a Tomic como persona y, candidato. Una semana antes de que nosotros diéramos esa batalla, el Pc hizo un gran acto en el Teatro Caupolicán. Ahí, su secretario general, Luis Corvalán, dijo esa famosa frase: «¡Con Tomic, ni a misa!». Y con Tomic se podía ir a misa y a muchas otras partes como la historia lo demostró dramáticamente.

**-¿Qué impacto tuvo ese veto comunista en la junta de la Dc?**

-Decisivo, porque aparecimos proponiendo un camino de antemano rechazado. En definitiva perdimos y esa derrota tuvo un costo: la salida de un sector que formó el Mapu. A nosotros, por otra parte, nos costó la salida de dos personas básicas de nuestro núcleo fundacional: Jacques Chonchol y José Miguel Insulza[16], los únicos «terceristas» que se fueron con el MAPU. Como contrapartida quedaron centenares de «rebeldes» que no se fueron y que comenzaron a trabajar con nosotros la junta del 25 de agosto. Impusimos a Tomic como candidato, pero a un Tomic debilitado. La impronta original del MAPU era un radicalismo crítico marcusiano, ligado a los grandes cambios europeos y a mayo del '68 y su figura principal era sin lugar a dudas Rodrigo Ambrosio[17].

-¿Qué hicieron los «terceristas» a partir de ese momento en la DC?

-Nos quedamos trabajando en la candidatura de Tomic y tuvimos grandes responsabilidades en la campaña, no porque las buscáramos sino porque nadie más quería trabajar. Hubo una especie de vacío de conducción. El partido estaba dividido, desmoralizado y el gobierno terminaba mal. Se había perdido la mística. Tomic sostuvo todo sobre sus hombros durante los primeros meses.

-¿Qué destaca de la campaña de Tomic?

-La honestidad y tenacidad de una persona: Tomic. Él logró levantar una mística y un compromiso muy grande que revitalizó a la DC. Creo que incluso Allende se benefició del equipo de reflexión que había detrás de la candidatura de Tomic: Ricardo French Davis, Sergio Bitar, Alejandro Foxley; gente muy joven pero que tenía la experiencia de estar en el poder y manejar los hilos. La campaña tuvo un ritmo de crecimiento muy grande en que Tomic levantó y muchos creímos al final que podíamos ganar.

---

[16] José Miguel Insulza debió también partir al exilio después del Golpe de Estado. En México participó del proceso de renovación socialista, el que incluyó a militantes del MAPU, la Izquierda Cristiana y el Partido Socialista, partido al que finalmente ingresó. De regreso en Chile participó activamente en la recuperación de la democracia. En 1994, a meses de haberse iniciado el Gobierno de Eduardo Frei, fue designado Canciller y el Presidente Ricardo Lagos, electo en enero del 2000, lo nombró Ministro del Interior.

[17] Rodrigo Ambrosio fue uno de los líderes intelectuales más carismáticos de su generación. Dirigente de la Juventud Demócrata Cristiana, se retiró de ese partido en 1969 y fundó el Movimiento de Acción Popular Unitaria (MAPU), uno de los partidos que le dio vida la Unidad Popular y al triunfo de Salvador Allende en 1970. Falleció en un accidente automovilístico el 19 de mayo de 1972.

## CAPITULO IV
## DISPAREN CONTRA
## LA DEMOCRACIA CRISTIANA

La fiesta popular duró hasta altas horas de la madrugada del sábado 5 de septiembre. Para muchos fue una larga noche de inédita alegría colectiva. El sueño tenía rostro, color y hasta un sabor que por primera vez se degustaba. Para otros, era el inicio de un temor que calaba los huesos y dibujaba una raya negra en el horizonte. Y estaban también aquellos que iniciaban una guerra en las sombras.

Consciente de la amenaza que se cernía sobre el país, el comandante en jefe del Ejército, general René Schneider, recibió muy temprano al general Carlos Prats, jefe del Estado Mayor de la Defensa Nacional. Ambos analizaron qué podía pasar en los 50 días que faltaban para el 24 de octubre, fecha en que el Congreso Pleno debía proclamar al próximo Presidente de la República. En sus *Memorias*, Prats resumió las cuatro alternativas que Schneider le sintetizó esa mañana:

> 1-. Votación de la Democracia Cristiana en el Congreso Pleno por Jorge Alessandri, con el compromiso de abdicación de éste, para promover una nueva elección. Solución que puede conducir a una inmediata guerra civil.
> 2-. Pacto de la Democracia Cristiana con la Unidad Popular, a condición de implantar un régimen con

plena vigencia de la actual Constitución. Solución que conduciría a una crisis de lenta y creciente gravedad por la inevitable pugna entre los poderes del Estado.
3-. Proclamación de Allende sin compromiso para éste, lo que se traduciría en la gradual implantación de un régimen marxista, que provocaría una crisis a corto plazo con la salida de una dictadura proletaria o de una dictadura militar.
4-. Golpe de Estado, promovido por Roberto Viaux y sus simpatizantes antes del pronunciamiento del Congreso Pleno, que arrastraría al país a la guerra civil.

Schneider concluyó su descarnado análisis emotivamente: «En cualquiera de estas alternativas está en juego la destrucción del Ejército Profesional... Mientras se desplieguen todos los esfuerzos por evitar esta desgracia institucional, hay posibilidades de salvar la democracia». Schneider no sólo era un brillante soldado: demostró en esos días ser también un político agudo.

En esas mismas horas se buscaba impedir que Allende llegara a La Moneda. El primer anuncio surgió el domingo 6 de septiembre, cuando el comando de Alessandri declaró que «el proceso electoral no ha terminado». A las 8 de la mañana del lunes 7 de septiembre, la directiva de la organización gremial de los empresarios metalúrgicos (ASIMET) se reunió en pleno para analizar el nuevo escenario político. Entre los veintiún directores estaba el joven empresario Orlando Sáenz. Tenía 34 años y hacía sólo uno que integraba esa instancia. Ya mostraba la capacidad de liderazgo que lo catapultaría a la cabeza de la Sociedad de Fomento Fabril (SOFOFA), la máxima organización gremial del empresariado industrial. Bajo su mando se activó la mayor batería de guerra que haya desplegado el empresariado chileno en su historia.

-Fue un lunes sombrío-, me dijo Sáenz, en el invierno de 1984, cuando aún se escuchaban los ecos de la represión en las calles después de una jornada de protesta. Su mirada ya no era la misma, pero, a medida que fue recordando esos días de extrema agitación, su rostro recuperó energía.

**-¿No se plantearon jamás el posible triunfo de Allende?**
-La fe en el triunfo de Alessandri era inconmovible. Ganó Allende y al día siguiente había un ambiente de consternación, las calles vacías...
**-Las calles del barrio alto...**
-Bueno, obviamente, las calles del bario alto. Al día siguiente me convocaron a una reunión de emergencia de los 21 directores de ASIMET, para el lunes a las 8 de la mañana. El tema único era el resultado de la elección. Se ofreció la palabra. Cayó un silencio de plomo, nadie atinaba a proponer nada.
**-¿Usted tampoco?**
-Era muy tímido y un ilustre desconocido entre las figuras tradicionales. Igual levanté mi mano y dije: «Si Allende ganó tenemos que hacernos un examen de conciencia para saber si somos capaces de dirigir el sector metalúrgico en la etapa que viene». Aconsejé entonces parar la sesión y mandar a comprar veintiún programas de gobierno de la Unidad Popular, los que se vendían en los kioscos de diario en la calle. Pero en ese momento no había espíritu subversivo entre nosotros, a pesar de que, en los tres meses febriles que siguieron, me tocó oír miles de versiones de otros tantos miles de intentos de Golpe de Estado.

A la misma hora que los empresarios metalúrgicos comenzaban a asumir el carácter inexorable de su enfrentamiento con un gobierno de la Unidad Popular, en La Moneda tenía lugar la primera entrevista de Frei con Allende. Durante una hora y quince minutos ambos hombres acordaron coordinar información para asegurar un buen traspaso del gobierno. El ministro de Hacienda de Frei, Andrés Zaldívar, fue nombrado enlace y encargado de poner en práctica «las medidas que sean necesarias para defender la economía nacional», según afirmó Allende al finalizar la reunión[18].

---

[18] Andrés Zaldívar se convirtió, después del año '76, en líder del Partido Demócrata Cristiano en franca oposición a la dictadura, lo que le significó ser condenado al exilio. Cuando regresó, fue uno de los fundadores de la Alianza Democrática, fase unitaria previa a la Concertación de Partidos por la Democracia.
En 1989 fue electo senador por Santiago, derrotando al socialista Ricardo Lagos. En 1999, siendo presidente del Senado, le tocó a él vivir la derrota y darle el paso a Lagos como candidato presidencial de la Concertación, y luego Presidente de la República.

Andrés Zaldívar guardó por mucho tiempo los detalles de esa reunión:

-El Presidente Eduardo Frei me llamó y me dijo que había sido nombrado ministro responsable de la transición. Y me anunció que Allende había nombrado como relacionador a Pedro Vuskovic[19].

**-¿Y cómo reaccionó usted?**

-Le dije que era necesario que la derecha también nombrara un relacionador ya que, mientras el Congreso no resolvía quién sería el Presidente electo, no era conveniente desde el punto de vista constitucional tener contacto con un solo sector. La derecha representaba una opción aún cuando yo no estaba con ella. Frei estuvo totalmente de acuerdo.

**-¿Y Allende?**

-Se mostró conforme. Y así fue como se llamó al comando de Jorge Alessandri, el que nombró a Pablo Baraona[20]. Las medidas se anunciaban a ambos relacionadores. Llegamos a un acuerdo: el único que podía hacer declaraciones en materia financiera era yo, para evitar precisamente el pánico. Hubo muchas dificultades, porque recuerdo que una vez faltaron billetes en un banco de avenida Matta y los últimos raspados de la olla los logramos sacar en camiones cubiertos con lona. Era todo lo que quedaba en billetes en el Banco del Estado. Estábamos en eso, cuando el 12 ó 14 de septiembre, Vuskovic hizo una declaración diciendo que toda la responsabilidad de lo que estaba pasando no era por el problema político creado con la elección sino el resultado del fracaso de la gestión del gobierno de Frei. Se reunió el gabinete y se estimó que esa declaración era de alta gravedad ya que me dejaba muy vulnerable en el manejo de la economía. Ya se veían las maniobras de sectores que trataban de acelerar la crisis. Yo no acepté ni un contacto con ellos.

El 9 de septiembre Alessandri anunció que si el Congreso Pleno, el 24 de octubre, lo proclamaba Presidente, re-

---

[19] Pedro Vuskovic fue el primer ministro de Economía del Presidente Salvador Allende.
[20] Pablo Baraona fue presidente del Banco Central en 1975 y ministro de Economía del régimen militar el año 1989.

nunciaría al cargo para dar lugar a una nueva elección. «Anticipo desde luego, en forma categórica, que en ella yo no participaría por ningún motivo», afirmó. No quedaban dudas: la derecha había decidido que toda la responsabilidad de la encrucijada presidencial estaba en manos de la Democracia Cristiana.

Ese mismo 9 de septiembre, el embajador Korry le envió el siguiente mensaje a Nixon: «Una y sólo una esperanza para Chile. El futuro de Chile será decidido por sólo un hombre: Frei. Creo que él está jugando sus cartas con extraordinaria astucia»[21].

El clima que rondaba en las calles también invadió los cuarteles y traspasó los muros de los hogares de los militares. El coronel Guillermo Pickering, secretario del Estado Mayor del Ejército, dejó constancia de ese ambiente en sus Memorias inéditas:

> El desconocimiento de la orientación que el posible nuevo gobierno daría a las Fuerzas Armadas y a la estructuración del Alto Mando, en especial del Ejército, provocaba incertidumbre. Se desató en todos los niveles, y especialmente en las altas reparticiones, una ola de comentarios y cábalas. Hasta se llegó a predecir la eliminación de todo el cuerpo de generales, lanzándose algunos nombres de coroneles como posibles candidatos a comandantes en jefes. El aumento de las presiones, además de los ataques directos a los Altos Mandos, especialmente del Ejército, por parte de ciertas publicaciones de prensa, obligó a su comandante en jefe a fijar públicamente la línea institucional.

Así se resumió en esos días la llamada «Doctrina Schneider», que sería invocada como barrera de contención para todo intento golpista: el Ejército, de acuerdo con la Constitución, es una institución absolutamente apolítica y no deliberante, obediente al Poder Civil y respetuosa de la Constitución y de las Leyes de la República. Por lo tanto, no le corresponde intervenir ni pronunciarse sobre el resultado

---

[21] De los Documentos desclasificados del Departamento de Estado de EE.UU.

de actos eleccionarios. El proceso electoral no ha concluido; sólo lo estará cuando el Congreso se pronuncie de acuerdo a las facultades que le confiere la Constitución. El Ejército, en la misma posición constitucionalista y prescindente del acontecer político contingente, ha acatado siempre y acatará en el futuro las decisiones soberanas del Congreso.

El jueves 10 de septiembre *El Mercurio* trazó en su editorial una línea divisoria inexpugnable que más tarde acentuaría:

> Pocos momentos ha habido en la historia política del país que tengan más trascendencia que éste. Aquí se está poniendo a prueba la sustancia de nuestra democracia, la participación real del pueblo en las decisiones que le conciernen. La profundidad del asunto imponen reflexionar lejos del apremio, de la propaganda y ponderar cada una de las alternativas que se le ofrecen al país. La libertad para educar a los hijos conforme a los distintos modelos, la libertad de pensar, opinar y expresarse sin temores y, en fin, los demás bienes de una democracia como la chilena, vienen a apreciarse cuando el pueblo empieza a deliberar lejos del bullicio electorero en las consecuencias prácticas que tendría la inauguración de un régimen socialista bajo el disfraz de la democracia.

Al día siguiente, arremetió:

> El electorado nacional por divisiones e incomprensiones que hoy se ven con trágica nitidez, no tuvo ocasión el 4 de septiembre de pronunciarse en forma simple y directa entre la libertad y el comunismo, como lo hizo en 1964. No cabe engañarse, una nueva elección para decidir entre la DC y el comunismo, no sería entre derecha e izquierda, entre lo establecido y la revolución, entre la conservación del sistema y las transformaciones sociales profundas. La verdadera decisión está entre un régimen de avanzada y un régimen totalitario.

Y el domingo 13 de septiembre, tras ponderar la postura de Alessandri antes mencionada, el diario insistió en su «Semana Política»:

> La posición planteada por el señor Jorge Alessandri, sirve de base para una salida democrática. La DC parece estar considerando el problema desde que no se ha pronunciado definitivamente en favor del candidato de la UP. Se ve que las preferencias de muchos sectores de ese partido son llegar a entendimientos con dicha combinación, posición que se explica después del apasionamiento electoral y del sincero sentimiento izquierdista de muchos de sus parlamentarios. Sin embargo, entre quedar como fuerza de derecha en un gobierno de predominio comunista y quedar como poderosa fuerza de centro en una democracia, todo parecería indicar la conveniencia de la segunda alternativa. Sobre todo, cuando la inmensa mayoría del país desea cambios en libertad.

Luis Maira revivió el ambiente en que la DC se fue convirtiendo en el blanco de todas las presiones:

-La DC es un partido con dos almas. Un alma es su profunda vocación progresista, de cambio social, su vocación por los pobres, su sentido de justicia, algo profundo y esperanzador. Pero existe también una segunda alma, la anticomunista, la que expresa el temor a las transformaciones radicales, al desorden, a la violencia y es tan fuerte como la primera. En determinadas coyunturas, cuando esta amenaza se hace más real, es más fuerte. Por eso, las primeras presiones vinieron desde el interior de la DC, desde su alma conservadora. Juan de Dios Carmona, ex ministro de Defensa de Frei Montalva, por ejemplo, hizo todo lo posible por impedir la llegada de Allende y por abrirle camino a la fórmula del arbitrio constitucional, eligiendo a Jorge Alessandri en el Congreso, para que éste luego renunciara y diera paso a la elección de Frei Montalva. Una propuesta que hizo pública el comando de Alessandri, el 8 de octubre de 1970. La línea que se trabajó fue doble: una estrategia abierta con el pretexto de que era constitucional elegir al candidato que había recibido la segunda mayoría. Eso era decirle al partido que estaba en el gobierno en ese momento: «escuchen bien, tienen seis años más, nadie deja sus puestos de poder, muchos podrán seguir siendo altos funcionarios, ministros, embajadores». ¡Una tentación!

-¿Hubo gente en la Dc que estuviera por aceptar esa proposición?
-En la dirección, no. Desde el principio estuvo por reconocer el triunfo de Allende. El mismo 5 de septiembre Tomic lo visitó y trató como Presidente electo. Y la verdad es que la Dc tuvo un excelente comportamiento porque casi nadie se dejó arrastrar...
-¿Casi nadie?
-Bueno, tengo sólo recuerdos grises de un núcleo de dirigentes sindicales muy conservador y anticomunista cuyas cabezas visibles eran Manuel Fernández y Héctor Galaz. Políticamente fue la línea de Juan de Dios Carmona y de Tomás Pablo; pudo haber sido la de Aylwin, pero éste no lo hizo. No teníamos en ese momento conocimiento de lo que fueron los movimientos del aparato de inteligencia de Estados Unidos. Había, sí, muchos rumores...

Los «recuerdos grises» de Maira se relacionan con el mundo sindical. Allí, el poder sin contrapeso lo ejercía la Central Unica de Trabajadores (CUT) que, en 1970, tenía más de mil quinientos sindicatos afiliados. Había logrado derrotar varios intentos por crear centrales sindicales paralelas (el MUTCH y el CNT, en 1965, y la UTRACH, en 1969). Marcada desde sus orígenes, en 1953, por una acerada disputa entre la izquierda (socialistas y comunistas) y la DC, la primacía de los primeros quedó registrada en su primera declaración de principios de claro acento marxista. Su objetivo básico -decía- era lograr «la transformación socialista de la sociedad chilena, la abolición de las clases sociales y la supresión del Estado capitalista opresor». Estos principios fueron resistidos por la minoría DC, la que, en el congreso del '62, logró una nueva redacción.

En su tercer Congreso, la CUT se declaró una organización «política», porque los sindicatos «son instrumentos para conquistar la emancipación total de los trabajadores». Sus «enemigos» eran «la oligarquía terrateniente, la burguesía capitalista y el imperialismo norteamericano». En ese contexto ideológico, el PC obtuvo en la CUT el 40 % de los votos, el PS el 33% y la DC subió del 6% al 20%, mientras el Partido Radical bajó al 6,6%. La explosión del mundo sindical vino con la «Revolución en Libertad» de Frei Montalva.

En 1965, el cuarto Congreso tuvo como lema central «Independencia Sindical y Unidad para Vencer». Los 900 sindicatos afiliados eligieron dos mil doscientos un delegados, los que en un 70 por ciento reconocían filas en los partidos de la izquierda. La DC se retiró en abierto conflicto por la postura crítica que adoptó la CUT hacia el gobierno de Frei. Se reintegró en 1968, participó de su quinto Congreso, que congregó a tres mil seiscientos cincuenta y tres delegados, de los mil cuatrocientos noventa y siete sindicatos afiliados. Su consigna fue «Unidad de los Trabajadores para los Cambios Revolucionarios». Un dirigente DC quedó integrado a la directiva nacional encabezada por el comunista Luis Figueroa y con el socialista Hernán del Canto en la secretaría general. Santiago Pereira fue secretario general de la Asociación Nacional de Empleados Fiscales (ANEF) y había sido electo diputado en 1965:

«En 1969, cuando un sector de la DC se fue al MAPU, el Departamento Sindical quedó descabezado. Asumió su conducción una corriente de derecha encabezada por Héctor Galaz, que después fue expulsado del partido por su vinculación con la dictadura. A partir del 4 de septiembre del 70, el Departamento Sindical fue usado, de alguna manera, por personeros de la DC para que apareciera como el grupo más decidido a dificultar el posible apoyo a Allende en el Congreso Pleno. Ese grupo se reunía en una oficina en los altos del Banco del Estado, entre el 9 de septiembre y el 4 de noviembre del 70. El personaje principal era Teobaldo Acuña, dirigente sindical del Banco del Estado, el que, en el último año del gobierno de Frei, fue designado asesor sindical del Presidente, con oficina en La Moneda».

Sectores de la derecha sondearon a la DC para ver si aceptaba la «fórmula del enroque con Alessandri». Francisco Bulnes[22] se lo planteó a Frei. Pero el Presidente la rechazó.

---

[22] Francisco Bulnes, abogado, fue presidente de la Juventud Conservadora y diputado entre 1945 y 1953. Senador desde 1953 hasta 1973. Para el Golpe de Estado era senador por el Partido Nacional. En 1962 fue presidente del Partido Conservador. Después del Golpe fue embajador de Chile en Perú entre 1976 y 1979, y después consejero de Estado. En los años '80 se convirtió en el principal motor de la reorganización de la derecha más democrática. Fue uno de los fundadores de Renovación Nacional. Falleció en 1999.

Maira tiene un nuevo argumento para explicar por qué la DC desestimó esa oferta:

-No era simple generosidad el reconocer el triunfo de Allende. Sopesamos el interés del país al no decirle a la izquierda, después de 30 años de búsqueda de un camino político, que si ganaban las elecciones de todas maneras las perdían. Habría sido la manera más directa de decirles: «¡váyanse a la vía armada porque por la vía democrática no ganarán nunca!». La primera tarea fue entonces ver la manera de construir una sólida mayoría que respaldara esta decisión política de la dirección y allí fue cuando surgió la postura del Estatuto de Garantías Constitucionales. La propuesta surgió en la primera reunión formal de la dirección de la DC, de su Consejo Nacional, en donde el «tomicismo» y el «tercerismo» teníamos el control.

**-¿Qué efecto concreto buscaban con ese Estatuto?**

-Queríamos entregar no sólo el voto de un sector de la DC, sino de toda la DC y que, en esa declaración conjunta de los dos bloques más importantes del país, que representaban el 70 por ciento de los chilenos, se expresara constitucionalmente el pensamiento de una mayoría por los cambios democráticos. Siempre pensamos que el sistema de los tercios tenía grandes debilidades. A diferencia de Allende y de la gente que construyó la estrategia de la UP, nosotros éramos muy críticos de la fragilidad del sistema político chileno. Lo veíamos mucho más débil que ellos. Nos interesaba consolidarlo y las garantías constitucionales eran un paso.

Patricio Aylwin tuvo una activa participación en el famoso Estatuto de Garantías Constitucionales:

-Hubo tres posiciones. La que sostuvo Edmundo Pérez Zujovic (ministro del Interior de Frei Montalva), y que también apoyó Ignacio Palma. Ellos creían que debíamos decirle a Allende que votaríamos por él pero a condición de que se ampliara la coalición y así la DC entraba al gobierno con tres o cuatro ministros, revisábamos el programa y salíamos a trabajar. Edmundo era un hombre pragmático, realista y de sólidos principios. Tuvo inicios muy modestos, con una fábrica de baldosas que trabajaba personalmente en

Antofagasta y después llegó a ser un gran empresario. Era audaz y amigo personal de Allende. Yo los vi a ambos salir en traje de baño en un bote que tenía Allende, uno remaba por delante y el otro por detrás. Esta escena ocurrió durante el gobierno de Frei. Pero esa posición no tuvo mayor respaldo porque veíamos muy difícil que la izquierda la aceptara y también porque la alianza con el PC nos provocaba un profundo rechazo. En Italia el conflicto se resolvía entendiéndose la DC con todos los demás pero no con el PC. Este tema no sólo era delicado, era tabú. Y también no prosperó por la creencia de algunos -entre otros yo- de que eso llevaba a una solución meramente transitoria, en el sentido de que por muchos compromisos que contrajera Allende, luego de seis meses de gobierno conjunto, existía el riesgo de que se produjera una gran ruptura y en ella los que íbamos a quedar fuera seríamos nosotros, que además saldríamos en posición desmedrada.

**-Por lo tanto, los dirigentes de la DC que estaban en su misma posición comenzaron a mirar ya en ese momento la posibilidad de un gobierno post Allende.**

-Nunca renunciamos a la idea de ser alternativa, aunque tampoco renunciamos a la idea del surgimiento de una nueva alianza política que los hechos y las circunstancias políticas de la época hacían imposible: el PS se había radicalizado al extremo y era impensable una alianza DC-PC. La alianza que sí nos habría gustado era DC-PS. Pero hubo otras dos posturas en el debate, variantes de la idea matriz: el Estatuto de Garantías. El primero que lanzó la idea en una sesión de Consejo fue Maira. De allí nació nuestra entrevista con Allende, a la cual concurrió una comisión de cinco dirigentes: Benjamín Prado, Renán Fuentealba, Jaime Castillo Velasco, Maira y yo. Allende tenía su forma peculiar de ganarse a la gente. Humanamente, a pesar de su empaquetadura un poco solemne, era un hombre que sabía llegar al común de todos. Nos recibió en su casa, se sentó en una mecedora, empezamos a hablar y de repente nos hizo partícipes de un recuerdo familiar. Nos dijo que en esa mecedora se sentaba su madre a rezar el rosario y que él, cuando llegaba de la universidad, se sentaba a su lado. Fue un momento muy conmovedor, pero no sé cuán buscado fue. En esa ocasión Allende nos dijo que por él desearía llegar a tenernos en su gobierno, pero que, por ahora, no veía ninguna posibilidad. Y agregó: «Si a ustedes lo que les preocupa son las garantías del sistema democrático, yo he sido toda mi vida un demócrata. ¡Soy la mejor garantía!».

-¿A Allende le pareció una insolencia que ustedes le pidieran garantías?

-Bueno... él hizo un poco de show, pero lo entendía. Nuestro argumento era: «mire, su programa está muy bien y no cabe duda que el Pc chileno tiene una tradición democrática, pero en donde el Pc ha llegado al poder, lo que ha establecido no ha sido un gobierno democrático y ha empezado por tomar el control de la prensa, arrinconando a los partidos opositores, poniendo dificultades a la Iglesia Católica, infiltrando al Ejército; todo aquello en un proceso progresivo. Entonces, si lo han hecho en Checoslovaquia y en una serie de países más, tenemos razones para un fundado temor». Por otra parte, le dijimos, su propio partido, en el Congreso de Chillán, en 1967, declaró que no creía en la democracia y que para hacer la revolución había que llegar a la vía armada. Con esos antecedentes, aunque no pongamos en duda su pasado democrático, tenemos que tomar precauciones.

Mientras la DC y la UP se sumergían en la discusión del Estatuto de Garantías, en la calle, en las oficinas y en los cuarteles, la escalada de rumores crecía como una gigantesca ola que nadie sabía si terminaría en maremoto. Se predecía el caos económico. El 16 de septiembre de 1970, el ministro de Hacienda Andrés Zaldívar, entregó al país un informe. *El cambio en la situación de la economía derivado del acto eleccionario* había sido elaborado en las últimas dos semanas por expertos calificados y se dio a conocer a la opinión pública «por orden expresa del Presidente». En su introducción, Zaldívar expresó: «Con posterioridad al acto eleccionario, el comportamiento de la economía ha cambiado radicalmente, creándose una situación que altera de manera completa y generalizada la marcha de los diferentes sectores económicos y, en consecuencia, todo el programa diseñado por el gobierno».

En sus párrafos destacados, el polémico informe señalaba:

— El primer impacto se reflejó especialmente en una violenta presión ejercida por depositantes y ahorrantes para retirar sus recursos y mantenerlos en forma de dinero. Obviamente el efecto de esta conducta se reflejó en los problemas generados en las cajas de los bancos y de los sistemas de ahorro y, en último término, sobre las disponibilidades de billetes. En lo inmediato y en la previsión de eventuales problemas, se ha dado orden de impresión en el extranjero de billetes que estarían disponibles en un plazo de 60 días.

— Es importante destacar, en relación con el impacto inicial, las medidas tomadas en el área cambiaria para impedir una fuga masiva de capitales. En esta materia se suspendió la aprobación de cuotas adicionales de viaje y se derogó el acuerdo que permitía el pago anticipado de deudas generadas de importaciones con cobertura diferida.

— La corriente de ingreso de capitales se detuvo bruscamente y no muestra síntomas de recuperación. Se registra, además, una disminución brusca de la demanda, especialmente de bienes durables. Esta relación se mantuvo en la segunda semana, tendiendo a hacerse más selectiva.

La primera reacción de las industrias y de las firmas distribuidoras fue eliminar los plazos otorgados a su clientela. Ciertas empresas han procedido a suspender sus planes de expansión y aún a paralizar algunos que están en marcha.

— Los fenómenos señalados han afectado prácticamente a todos los sectores de la economía, aunque con distinta intensidad.

— Los rubros textiles, vestuario y calzado han sufrido disminuciones de ventas que oscilan alrededor del 30 por ciento. Las ventas de bienes durables, como son los artículos para el hogar, los televisores, radios y muebles, se han reducido en porcentajes que fluctúan entre el 50 % y el 80 %, según el rubro.

— En la construcción, la información que se ha obtenido indica una paralización generalizada, salvo en aquellas obras que están vinculadas directamente a un organismo público.

— En cuanto al movimiento de capitales, cabe señalar que la corriente de ingreso de capitales al país se ha paralizado a partir del 4 de septiembre, lo que puede obligar a recurrir a las reservas para cumplir los vencimientos de pagos al exterior.

— El problema económico y financiero generado después del 4 de septiembre tiene sus raíces en factores completamente ajenos a la economía misma...

El informe finalizaba:

— La conjunción de los nuevos factores surgidos en las últimas semanas, unos de carácter económico y otros de carácter psicológico, ha creado una situación de emergencia. Esto se refleja principalmente en el retiro de dinero en los bancos y de las asociaciones de ahorro y préstamo, en la reducción de los pagos de facturas y letras y en los cambios del sistema de créditos y ventas a plazo. El hecho que causó mayor preocupación en los primeros días fue el retiro de dinero de los bancos y de otras instituciones financieras, lo que de continuar a ese ritmo habría generado la paralización del país a corto plazo.

El discurso provocó pánico y revuelo nacional. Zaldívar recuerda que tuvo que salir a recuperar la calma:

-Estábamos convencidos de que la elección de Allende iba a provocar una estampida financiera. Para enfrentarla, manejamos varios escenarios posibles junto a Sergio Bitar, uno de mis asesores más directos, Jorge Cauas, Sergio Molina y Carlos Massad[23]. Hicimos un simulacro de crash financiero. Había una alternativa, cerrar la frontera, no vender un dólar más, cerrar los bancos durante una semana y después aparecer con algún esquema similar con respecto a la Bolsa. Sin embargo, optamos por hacer exactamente lo contrario. Es decir, crear una situación de normalidad tratando de que estos sectores pudieran ser neutralizados.

---

[23] Sergio Bitar se incorporó a la Unidad Popular en 1971 como militante del nuevo partido Izquierda Cristiana, escindido de la Democracia Cristiana y fue ministro de Minería de Salvador Allende y uno de sus colaboradores más estrechos. Después del Golpe fue enviado prisionero a Isla Dawson, se fue al exilio y a su regreso se convirtió en dirigente del nuevo Partido por la Democracia (PPD), que fundó junto a Ricardo Lagos, elegido Presidente de Chile en enero del 2000, partido del que es senador y presidió hasta abril del 2000. En cuanto a Carlos Massad, fue nombrado presidente del Banco Central en el gobierno de Eduardo Frei Ruiz-Tagle, que gobernó Chile entre 1994 y marzo del 2000, cargo que mantiene en el 2000.

**-¿Cómo se prepararon?**
-Había un stock de papel moneda muy grande e incluso hice una importación rápida desde Inglaterra, desde donde traíamos el papel, de tal manera que los bancos no quedaran jamás sin billetes y la gente fuera tomando confianza. Además, decidimos no modificar el sistema de cuotas de dólares para viajes. Había suficiente cantidad de dólares en la reserva para poder manejarnos. Todo había que hacerlo en una carrera contra el tiempo. Recuerdo que me levantaba a las seis de la mañana y me acostaba a las dos del otro día, a veces sin poder cerrar los ojos. Mi casa era atacada durante la noche por gente de derecha y también de izquierda. ¡Cómo voy a olvidar la noche del 4 de septiembre en que me trasladé desde La Moneda a mi casa y de inmediato redacté un decreto para que la Casa de Moneda trabajara a tres turnos para producir billetes!

**-¿Por qué tanta angustia cuando recuerda esos días?, ¿qué pasaba por su cabeza?**
-Que la elección de Allende iba a llevar al país, tarde o temprano, a un conflicto. Era imposible compatibilizar el proyecto político de los partidos que lo respaldaban con la democracia.

**-¿Realmente no estuvo tentado en participar de alguna maniobra que impidiera la elección de Allende por el Congreso Pleno?**
-No, nunca y tampoco nadie del gobierno de Frei Montalva. Esa es la verdad. Una persona que tuvo después un cargo muy importante en el régimen militar, llegó un día a mi casa a las dos de la madrugada y me informó de la realización de un Golpe de Estado. Yo llegaba con mi mujer y este hombre me estaba esperando en la calle con un pariente muy cercano. Entró al living y cuando me relató los hechos lancé un grito. No pasaron dos minutos cuando lo tenía en la puerta de calle. Jamás lo volví a ver. Después tendría alguna relación con mi exilio...

**-¿Por qué guarda el secreto de la identidad de dicho emisario?**
-Porque podrían pensar que lo digo por venganza. Y lo cuento para decirle que me habría bastado con mover una

pulgada algunas cosas para provocar una crisis de proporciones. Me habría bastado con ordenarle a la Casa de Moneda que volviera a trabajar en un solo turno, nada más. Que el Banco Central no hubiera entregado recursos adicionales. En 48 horas se hubiera producido el crash, evitando así que Allende asumiera y provocando además la caída del Presidente Frei y el Golpe de Estado. ¡Eso era lo que querían! Por eso, cuando el gabinete supo todo esto y conoció las maniobras para desestabilizar el régimen nuestro y también el futuro, dije que la acusación que nos hacía Pedro Vuskovic no podía quedar sin respuesta. El consejo de gabinete acordó que yo hiciera la intervención del 16 de septiembre, para que yo mostrara cómo se habían ido encontrando soluciones a la crisis. Se redactó el informe con Sergio Bitar, Sergio Molina, Carlos Figueroa y otros; lo vio el gabinete y finalmente hablé al país el 16 de septiembre. Y, efectivamente, a los ocho o diez días, empezó a remontar la economía a pesar de que la derecha, o más bien algunos grupos de ella, siguieron tratando de crear condiciones de desestabilización. Intentaron incluso vincularme con la conspiración de la ITT. Ellos dijeron: esto que pasó el 16 de septiembre nos ayuda porque los datos que ha dado el ministro son de tal magnitud que es fácil quebrarlo.

Se acercaban horas febriles y en Santiago no se podía estar más a tono. El Teatro Municipal anunciaba la puesta en escena de *Un baile de máscaras* de Giuseppe Verdi. En los cines Rex y Las Condes, Alain Delon era uno de los protagonistas de *Los Traidores* y en el York proyectaban la profética *Los Malditos* de Luchino Visconti.

# CAPITULO V
# ¡DESATAR EL CAOS!

A pesar de toda la presión y de la imponente fuerza oculta que se movilizó para crear el caos económico y alinear a la DC con la derecha, el Estatuto de Garantías Constitucionales fue tomando forma entre los dirigentes democratacristianos.

Patricio Aylwin cuenta ese proceso:

-La idea fue acogida por todos nosotros, pero en la Junta Nacional del partido, de octubre de 1970, hubo dos interpretaciones. La primera, encabezada por mí y secundado por Juan de Dios Carmona; la segunda, defendida por Rafael Moreno, la que triunfó. Todos estuvimos de acuerdo en que había que votar por Allende, pero como su respuesta fue ambigua, emitimos una declaración, que redacté de mi puño y letra, en la que exigimos que el Estatuto de Garantías se transformara luego en reforma constitucional. Así llegamos a la Junta del partido y esa misma mañana recibimos una carta de la UP. Nos comunicaban que estaban dispuestos a constituir una comisión para estudiar ese posible estatuto. Algunos interpretaron la carta como que ya teníamos una respuesta favorable y había que acordar de inmediato el apoyo a Allende en el Congreso. Otros dijimos: reconocemos su derecho, pero no está aún elegido, de nosotros depende. Y como de nosotros depende, tenemos que asegurar el futuro democrático con reglas de juego claras. Para eso hay que negociar en condiciones de fuerza.

**-¿Cuál fue el punto central de su tesis?**

-Los hechos nos estaban demostrando que Allende no mandaba en su coalición. Y frente a eso, debíamos votar por él sólo si nos daba el Estatuto de Garantías. Según como fuera la actitud de los parlamentarios de la UP en el debate de las reformas, la Junta decidiría el 20 de octubre lo que haríamos en el Congreso Pleno. Hubo dos tesis en la Junta Nacional: la primera, apoyar a Allende sobre la base y el compromiso de la UP de que iba a pactar las garantías constitucionales, y la mía. Recuerdo que esa noche terminé diciendo: «podemos casarnos con el marxismo, pero no podemos aceptar ser la querida del marxismo. Y la UP no quiere casarse con nosotros sino aceptarnos sólo como la querida para darnos el puntapié el día que quieran».

**-Pero usted fue derrotado...**

-Lo importante fue que en la Junta Nacional votaron unas 300 personas y hubo una postura que ganó por 30 votos. Aquellos que eran claros partidarios de no respaldar a Allende bajo ninguna condición no levantaron la voz ni representaron nada.

**-¿Por qué deciden discutir con las Fuerzas Armadas ese proyecto de Estatuto antes de presentárselo a Allende?**

-En ese momento, Sergio Ossa Pretot, ministro de Defensa, nos hizo saber que los mandos de las Fuerzas Armadas estaban preocupados por la politización del Ejército bajo un gobierno de izquierda y por la formación de brigadas que pudieran llegar a constituir un Ejército paralelo. Entonces les mandamos a preguntar a los mandos, a través de Ossa, qué debería incluir al respecto el Estatuto de Garantías. Hubo una primera reunión con ellos en mi casa...

Pero las reuniones entre altos dirigentes de la DC y los militares habían comenzado antes. El 7 de septiembre, Schneider convocó a todos los generales de la Guarnición de Santiago. Allí explicó lo que estaba ocurriendo. Recordó que el Congreso Pleno era soberano para elegir entre las dos primeras mayorías y que, a quien proclamara, las Fuerzas

Armadas debían apoyarlo hasta las últimas consecuencias. Schneider no eludió la gravedad de lo que se aproximaba, el asedio constante de que serían objeto para que tomaran posición. Y ello, dijo, debe enfrentarse con una sola actitud: «Los días que vienen son de solución política y no militar». También mencionó al general Viaux, que rondaba los cuarteles buscando adeptos para su aventura golpista. Schneider finalizó su intervención con un llamado a mantener la independencia profesional, la cohesión de mando y la disciplina, «para que seamos capaces, y ojalá no me equivoque, de enfrentar estos dificilísimos 50 días y el futuro de nuestra Institución».

El miércoles 9 de septiembre se llevó a cabo una nueva reunión en la que participaron los comandantes en jefes de las Fuerzas Armadas con los ministros de Hacienda, Andrés Zaldívar; Economía, Carlos Figueroa; Defensa, Sergio Ossa Pretot y el jefe del Estado Mayor de la Defensa Nacional, general Carlos Prats. Los ministros explicaron la gravedad de la situación económica y cómo Schneider había planteado, el día anterior que, en los hechos, la solución política dependía de la DC, Prats propuso que la dirección de ese partido conociera directamente el pensamiento profesional de los comandantes en jefe. Esa misma tarde se encontraron con los dirigentes de la DC Benjamín Prado, Jaime Castillo Velasco, Renán Fuentealba, Maira, Aylwin y el ministro Ossa. A partir de ese momento, y hasta el 24 de septiembre, se llevó a cabo una verdadera guerra psicológica que buscaba involucrar a los militares en diferentes maniobras para evitar que Allende fuera proclamado Presidente.

El domingo 25 de septiembre *El Mercurio* publicó el documento de la DC que antecedió al proyecto de Estatuto de Garantías Constitucionales:

> Tenemos la convicción de que muchas de las tareas de transformación y desarrollo social que se ha impuesto la candidatura de Salvador Allende, han sido y son también metas nuestras, sin que ello signifique ni identidad ni total coincidencia en los planteamientos de fondo ni en las estrategias definidas ante el país...

Nuestra responsabilidad fundamental, en esta hora, es contribuir a crear las condiciones que aseguren un cauce democrático y libre al proceso de cambios económico sociales que Chile debe continuar. Sobre esta base, el PDC reafirma que, si el señor Salvador Allende otorga de un modo real y eficaz las garantías necesarias que tenemos el deber de solicitarle en algunas materias vitales, puede esperar una decisión favorable de nuestra parte. Lo que nos interesa es obtener seguridad acerca de la plena subsistencia en Chile de un régimen de convivencia democrática y de libertades públicas. Nos interesa la mantención del pluralismo político y de las garantías constitucionales, la plena vigencia del Estado de Derecho, que las Fuerzas Armadas y Carabineros sigan siendo una garantía de nuestra convivencia democrática, que la educación permanezca independiente de toda orientación ideológica oficial y que se respete la autonomía en las universidades y la existencia libre de las organizaciones sindicales y sociales...

Aquel domingo de septiembre, muy temprano en la mañana, un alto dirigente de la DC visitó a Prats y le propuso que, ante la negativa de Schneider de frenar la llegada al poder de la UP, el Presidente Frei estaría dispuesto a que lo enviaran al extranjero y que Prats lo sustituyera[24].

El 26 de septiembre, la periodista Silvia Pinto lanzó al estrellato al abogado Pablo Rodríguez, de 32 años, el que sólo se había dado a conocer, pasada la medianoche del 4 de septiembre, cuando apareció en un foro de televisión representando al Comando de Alessandri. Rodríguez acababa de fundar un nuevo movimiento: Patria y Libertad. Silvia Pinto lo describió así: «Casi un muchacho, de cara alegre, con gran vivacidad acentuada por sus ojos claros, lo que contrasta con sus antecedentes de alumno aprovechado y profesional exitoso. Ha demostrado, en estos días, que puede organizar concentraciones y dirigir grupos sin dificultad». En la entrevista, Rodríguez afirmó que su tarea era «tomar las riendas de un movimiento destinado a crear conciencia

---

[24] De las *Memorias* del general Carlos Prats.

de que el país tiene derecho a una nueva oportunidad para elegir un Presidente que represente a una clara mayoría electoral y no a un tercio». Cuarenta y ocho horas antes había hablado en un acto de su movimiento, en el Estadio Chile, en un tono más amenazante: «La democracia está sujeta a un plazo que vence el 24 de octubre. Los que piensan que llevamos a Chile a una guerra civil son los cobardes que tienen miedo a la libertad. Si quieren guerra civil, aquí estamos nosotros, de pie».

El mismo 26 de septiembre en el que Rodríguez sentaba posiciones, la Conferencia Episcopal, que encabezaban José Manuel Santos y Carlos Oviedo, invitó a «buscar junto con los demás una solución justa, original y creativa a la problemática chilena. Mientras dure la actual incertidumbre, recurramos más que nunca a la oración y difundamos en torno nuestro la serenidad, la fortaleza y la esperanza en el diálogo y la colaboración con todos».

El 28 de septiembre fueron detenidos dos extremistas de derecha, Enrique Schilling y Luis Abelardo Meza Llancapán. Habían realizado varios atentados terroristas. La «Brigada Obrera Campesina», grupo que se había adjudicado en esos días diversas acciones con bombas, había sido un invento del mismo movimiento de extrema derecha. La escalada terrorista no terminó allí. En la madrugada del 2 de octubre un nuevo atentado casi provocó una catástrofe de proporciones en el aeropuerto de Pudahuel, al hacer explotar un estanque de 120 mil litros de turbo fuel. Después del estallido, el combustible se esparció por el recinto. La intervención oportuna de un equipo de seguridad impidió, por pocos minutos, que estallara en mil pedazos el aeropuerto. Cuando querían volar un paso nivel de avenida Matta con 42 cartuchos de dinamita, fueron apresados Guido Poli Garay, estudiante de Derecho de la Universidad Católica; Erwin Robertson Rodríguez, estudiante de Derecho de la Universidad de Chile; Mario Tapia Salazar, estudiante de Pedagogía en Historia de la «U». Otros tres estudiantes corrieron igual suerte por su participación en un atentado al Canal 9 de Televisión, de la Universidad de Chile. Muy pronto surgirán nuevos protagonistas de hechos violentos.

La captura de Silverio Villanueva llevó a la policía a identificar a otro activista de ultra derecha: Enrique Arancibia Clavel (alias «Eugenio»). Hijo de un capitán de fragata y hermano de dos oficiales, uno de la Armada y otro del Ejército, «Eugenio» había sido detenido en 1969 (en el marco del «Tacnazo») por repartir panfletos en las inmediaciones del Regimiento Buin, llamando a los militares a tomarse el poder. Se descubrió que había sido, además, uno de los autores del atentado al aeropuerto de Pudahuel[25].

Pero los jueces no creían que se estaba frente a una escalada terrorista. A pesar de las evidencias, confesiones y otras pruebas, el juez Abraham Meerson dejó en libertad a Villanueva, Schilling y Arancibia Clavel. Schilling huyó a la Argentina y Villanueva a Miami. Arancibia fue tragado por una máquina de protección cuyos tentáculos estaban muy ocultos.

El mayor (R) Arturo Marshall[26] no tuvo tiempo de escapar. La justicia lo buscaba, desde marzo de 1970 por haber participado en la intentona golpista liderada por el general (R) Horacio Gamboa. Marshall estaba en estrecho contacto con la CIA, a través de un agente al que sólo se logró identificar como «Robert F.», quien había sido enviado a Chile para organizar el asesinato de Allende[27] y también por servir de enlace con los grupos sediciosos que se movían alrededor

---

[25] Enrique Arancibia Clavel, después del Golpe de Estado y habiéndose refugiado en Argentina, donde recibió el apoyo de un yerno del general Juan Carlos Onganía, se convirtió en jefe de la red secreta de la DINA, el organismo de seguridad de la dictadura, en Buenos Aires. Participó en distintas operaciones de eliminación de disidentes y en la estructuración de la «Red Cóndor», la coordinación de los servicios de seguridad de las dictaduras militares del Cono Sur. En 1978, en pleno conflicto limítrofe entre Chile y Argentina, fue detenido en Buenos Aires y, para eludir la acusación de «espía», entregó las copias de las órdenes de la DINA que había recibido desde Santiago, más las cédulas de identidad de detenidos desaparecidos y cartas manuscritas que revelan la existencia de una operación de exterminio denominada «Operación Colombo» y un grueso legajo de documentos sobre la misma materia. Esos documentos, hallados en el Archivo Judicial de Argentina por la autora de esta investigación, fueron incorporados, en 1990, al juicio que se sigue en el vecino país por el asesinato del general Carlos Prats. En 1998 fue detenido en Buenos Aires, acusado de haber participado en el atentado terrorista en el que la DINA asesinó al general Prats y su esposa, en septiembre de 1974.
[26] Arturo Marshall había sido el segundo comandante del Regimiento Yungay de San Felipe. Su retiro obligado lo provocó un acto de desacato que protagonizó en septiembre de 1969, en Santiago.
[27] Investigación hecha por Seymour Hersh.

del general Viaux. La policía tendió un cerco sobre Marshall durante seis horas. La operación incluyó disparos y bombas lacrimógenas. El entonces embajador de Estados Unidos en Chile, Edward Korry, reveló más tarde su participación en el arresto de Marshall: «Yo sabía que Marshall estaba planeando asesinar a Allende. Lo supe porque nuestras fuerzas estaban infiltradas en Patria y Libertad. La CIA me lo dijo y yo se lo informé a Frei sin pedir autorización a Washington. Entonces, el mandatario le ordenó a su ministro del Interior que arrestara a Marshall... Yo sabía que se estaba hablando de un Golpe de Estado por los contactos que se estaban estableciendo con los militares y lo sabía porque los uniformados chilenos, a través mío, habían pedido el apoyo de Estados Unidos. Entonces les envié a ellos un mensaje escrito que leyó nuestro agregado militar Paul Wimert...»[28]

Con ese trasfondo se reunieron altos mandos de las Fuerzas Armadas y dirigentes de la DC para analizar el Estatuto de Garantías. Hasta la casa de Aylwin llegaron los generales Schneider y Prats, el comandante en jefe de la FACH, general Carlos Guerraty, y el comandante en jefe de la Armada, almirante Hugo Tirado Barros. La DC quería saber cuál sería la conducta de los militares en los distintos escenarios que planteaba la elección en el Congreso: Alessandri o Allende. La respuesta, recuerda Aylwin, la dio el general Schneider:

«Nosotros respetamos y haremos respetar cualquiera sea la decisión del Congreso. El Congreso asume su responsabilidad y decide y nosotros respetaremos esa decisión. Si hubiera alguna situación de conmoción, las Fuerzas Armadas están en condiciones de controlarla en 24 horas».

Respecto de las garantías, se convino que las Fuerzas Armadas hicieran llegar en un memorándum los puntos que les inquietaban. Esos temas fueron incluidos textualmente en el Estatuto, el que fue redactado por el propio Aylwin.

Maira también participó de las conversaciones y los preparativos temáticos del Estatuto de Garantías:

---

[28] Entrevista a *Qué Pasa* del 6 de diciembre de 1997.

-Un grupo trabajó en todo lo relacionado con la legalización de los partidos políticos, área que nunca había sido reglamentada en Chile. Ahí se incorporó el principio del pluralismo ideológico sin restricciones, la antítesis del Artículo Octavo Transitorio de la Constitución de Pinochet. El segundo punto fue una reglamentación de la llamada libertad de enseñanza. La tercera reforma fue la libertad de pensamiento y de reunión, que estaba insuficientemente reglamentada en la Constitución del '25. El cuarto punto fue la reforma al artículo 22 que afectaba a las Fuerzas Armadas. Allí se agregaron dos ideas: que la fuerza pública está constituida única y exclusivamente por las Fuerzas Armadas y el Cuerpo de Carabineros y todas ellas son «instituciones esencialmente profesionales, jerarquizadas, disciplinadas, obedientes y no deliberantes». Hubo tres o cuatro grupos de expertos que hicieron propuestas y una especie de secretario ejecutivo, el joven abogado Guillermo Piedrabuena, profesor de Derecho Constitucional y 'tercerista'[29]. Con ese documento se elaboró la proposición. Luego, el Consejo Nacional designó a cinco personas para que negociaran con Allende. También se nombró un equipo de tres personas para impulsar las garantías en el Congreso: Renán Fuentealba, Bernardo Leighton y yo. Entre el 4 y el 21 de septiembre trabajamos sin parar elaborando la propuesta para que la DC pudiera apoyar a Allende. Del 21 al 30 de ese mes trabajamos para que eso se transformara en un acuerdo político.

-¿Cuál fue el nudo central de esas «garantías»?

-Hacer más sólido el sistema político. Nos parecía que estaba con un grado de debilidad que lo ponía al borde del colapso y el «Tacnazo» era la prueba. La gente de izquierda que gritaba en contra del Estatuto de Garantías en la calle nunca lo leyó. No entendían, que si no se sacaba un texto así, no había apoyo de la DC, ésta se dividía y un sector muy importante de ella podía no votar por Allende en el Congreso Pleno. El clima que se vivía en esos días era particularmente tenso. Una noche de domingo, el 23 ó 24

---

[29] Guillermo Piedrabuena fue designado Fiscal Nacional, en 1999, por el Senado. Un cargo nuevo creado por la Reforma Judicial.

de septiembre, llegó a mi casa un amigo de la corriente moderada de la Dc y me dijo que tenía urgencia en hablarme. Quedamos en almorzar al día siguiente. Allí me contó su preocupación: quería que me cuidara, que estaba haciendo una locura, porque Allende, me dijo, nunca iba a salir elegido. Dijo, además, que habría un Golpe y que éste contaba con el apoyo de amplios sectores militares, que los norteamericanos estaban trabajando en la misma dirección y que los que estuviéramos en el bando equivocado íbamos a recibir la fuerza. Era un hombre decente, serio, había recibido la información de las fuentes más intachables de la Dc... Me di cuenta en qué enredo estábamos metidos.

**-Hubo democratacristianos que sostuvieron que usted jugó en esa negociación el papel de infiltrado porque ya en esa época era un hombre de Allende, a pesar de que su retiro de la Dc sólo se hizo en 1971.**

-Fui democratacristiano y muy leal con ese partido hasta el día en que renuncié, en julio de 1971. Era como mi casa, lo sentía muy propio, estaba convencido de que era mi mejor opción para lo que sentía el bien de Chile. Disfruté además del afecto de su gente, de los viejos militantes. La ruptura tuvo un tremendo costo personal. La Dc es muy afectuosa, mucho más que la izquierda. La izquierda da bastante soledad; estás ahí porque crees en algo, pero al final no es gente muy alegre ni muy vital ni su afectividad es tan transparente. Alguna vez leí un texto de Radice, un comunista italiano que decía: lo que me impresiona de los buenos cristianos es su preocupación por el hombre. Nosotros nos preocupamos por las masas, por el pueblo y al final, nos despreocupamos un poco del individuo, de lo que sientes, de lo que sufres. Yo me sentí siempre en la Dc muy querido y muy legitimado. Por lo demás, hay lealtades que sigo respetando. Hay cosas que no diré hasta que me muera...

El 15 de octubre la Cámara de Diputados aprobó por 94 votos a favor y 16 abstenciones -de los miembros del Partido Nacional- las reformas constitucionales que incluía el Estatuto de Garantías pactado entre la Dc y la Up. Su promulgación se llevó a cabo el 21 de enero de 1971. Pero antes, el 6 de octubre, el Consejo Nacional de la DC decidió apoyar la candidatura de Salvador Allende en el Congreso Nacional. Ese mismo día, en Bolivia, un nuevo general asumió el poder. Juan José Torres llegó con un marcado tono progresista. «Bolivia: pacto FF.AA., obreros y estudiantes», tituló *El Siglo*, diario del PC de Chile. Y en Perú, también ese día, su Presidente, el general Juan Velasco Alvarado, afirmaba: «La oligarquía tendrá que convencerse que su imperio terminó en Perú para siempre».

Con un programa más avanzado, la «vía chilena» al socialismo estaba a punto de iniciarse, despertando la curiosidad de los cientistas políticos de todas las latitudes y la admiración incondicional de la izquierda europea.

Pero faltaba aún un escollo, el más importante y dramático.

## CAPITULO VI
## TODOS LOS CAMINOS LLEVAN A NIXON

A las 8.15 de la mañana del 22 de octubre, el general René Schneider, abandonó su casa y con paso rápido se subió a su automóvil oficial, un Mercedes Benz azul. En la intersección de Américo Vespucio con Martín de Zamora fue encajonado y luego embestido por otro vehículo. En pocos segundos, cinco individuos rodearon su auto. Uno de ellos rompió una de las ventanillas e hizo fuego sobre el jefe del Ejército.

-Mi general llegó en grave estado al Hospital Militar- le dijo, conmocionado, el comandante Santiago Sinclair, ayudante del general Schneider, al general Prats, minutos después.

Fue el principio del fin del respeto a la vida como barrera de contención para el odio político. El país se estremeció por el atentado. La desconfianza comenzó a cavar una trinchera en el estómago y en el alma de los chilenos. El cambio se sintió en las calles y en las casas. Y a pesar de que los asesinatos políticos eran extraños a las prácticas imperantes, las autoridades militares y civiles no podían argumentar que un complot de esa naturaleza no había sido anunciado.

Cuarenta y ocho horas antes, los diarios habían informado del hallazgo de un arsenal en una parcela en La Florida, de propiedad del mayor (R) de Carabineros, José Cabrera. Capturado junto a un grupo de Patria y Libertad, Cabrera confesó ser parte de un plan que intentaba impedir la proclamación de Allende. Ese plan, reveló, era dirigido por Viaux y contaba con el apoyo de Arturo Queirolo y el general (R) Héctor Martínez Amaro.

Nadie quiso tirar el hilo de una madeja que conducía a la propia Casa Blanca, en donde Nixon, como recordaría el propio Secretario de Estado, Henry Kissinger, seguía culpándolo a él y a su embajador en Santiago de lo que ocurría en Chile[30].

Cinco años más tarde, el 18 de diciembre de 1975, el Congreso de los Estados Unidos hizo públicas las conclusiones del «Comité Especial del Senado para el Estudio de las Operaciones Gubernamentales respecto a las Actividades de Inteligencia en Chile» (1963-1973). Esa investigación fue promovida por el senador Frank Church, sobre la base de una revisión de documentos de la Agencia Central de Inteligencia (CIA), del Departamento de Estado, del Departamento de Defensa, del Consejo Nacional de Seguridad y contó con numerosos testimonios de norteamericanos que estuvieron vinculados con la política estadounidense en Chile. Allí se registró, paso a paso, la intervención que llevó a cabo Washington con el apoyo -gratuito y remunerado- de connotados chilenos. Bajo la premisa de que había que impedir la llegada de un socialista al poder político, se trabajó, desde antes de 1970, la alternativa militar.

Ya en agosto de 1969, Nelson Rockefeller recomendaba para América Latina la vía de las dictaduras militares como el mejor antídoto frente al comunismo. El embajador Korry lo apoyó rotundamente, a comienzos de 1970, cuando le propuso a Nixon, en un informe confidencial, la conveniencia de un Golpe. La opinión de Korry seguramente estuvo incentivada por la rebelión del Tacna.

Tanto Allende como la UP confiaron en que la solidez de la «Doctrina Schneider» sería suficiente para avanzar en el proceso de transformaciones a través de la legalidad

---

[30] Del libro de Kissinger *Mis años en la Casa Blanca*.

imperante. Lo que no sospechaban era la magnitud de la operación que iniciaría Estados Unidos para impedirlo.

Fidel Castro también confió en esa peculiar «vía chilena». El 26 de julio de 1970, y mientras se celebraba en La Habana el decimocuarto aniversario del ataque al Cuartel Moncada[31], le preguntaron si creía en la factibilidad de un triunfo de la izquierda en Chile a través de las elecciones.

-¡Categóricamente sí! En este momento concreto, en Chile, creo que es posible llegar al socialismo mediante una victoria electoral. Chile es uno de los pocos países latinoamericanos donde se libra la lucha política constitucional dentro de los cauces establecidos y la única ventaja de la derecha consiste en tener mayores medios económicos.

Kissinger temía lo que a Castro entusiasmaba. El 27 de junio de 1970, en una reunión secreta realizada en la Casa Blanca, expresó: «No veo por qué debemos estar pasivos y ser observadores de cómo un país se vuelve comunista debido a la irresponsabilidad de su propio pueblo»[32]. Roger Morris, colega de Kissinger en el Consejo Nacional de Seguridad de los Estados Unidos, comentó así la posición que éste tenía en esos días sobre los acontecimientos que se vislumbraban para Chile:

«No creo que nadie en el Gobierno comprendiese cuán ideológico era Kissinger en la cuestión de Chile. Nadie supo ver que Henry consideraba a Allende como una amenaza mucho más peligrosa que Castro. Allende era el vivo ejemplo de la reforma social y democrática en América del Sur. Ocurrirían en el mundo acontecimientos desastrosos, pero sólo Chile le asustó. Años más tarde hablaba sobre el «eurocomunismo» del mismo modo que ya había hablado antes sobre Chile.»[33]

No sólo Kissinger se atemorizaba por el triunfo de Allende. El embajador Korry, en el último de los dieciocho informes que envió a Washington, entre el 4 de septiembre y la madrugada del 5, y en el que dice que puede «oír el

---

[31] Efeméride que marca el inicio de la Revolución Cubana.
[32] De la grabación desclasificada de la reunión del Consejo de Seguridad Nacional de los Estados Unidos, del 27 de junio de 1970.
[33] Seymour M. Hersh, en The Price of Power. Kissinger in the Nixon White House.

bramido de los allendistas proclamando su victoria en las calles», afirmó:

«Chile votó con calma para tener un Estado marxista-leninista, la primera nación del mundo en hacer esta elección libremente. Es un hecho triste que Chile haya tomado la ruta del comunismo con sólo un poco más de un tercio (36%), pero es un hecho inmutable. Tendrá un efecto muy profundo en América Latina y el resto del mundo; hemos sufrido una grave derrota, las consecuencias serán internas e internacionales; sus repercusiones tendrán efectos inmediatos en algunos lugares y más retardados, en otros».

Y terminó culpando del triunfo de Allende a la «pobreza» política de los DC y a la «estúpida miopía y arrogancia» de la derecha de clase alta. «El liderazgo depende, si me permite usar mi español, de la cabeza, el corazón y los cojones. En Chile, sólo cuenta la cháchara»[34], concluyó.

De los diálogos grabados que diariamente sostenían Nixon y Kissinger en esa época y que más tarde conoció la comisión del Senado de Estados Unidos que investigó la acción encubierta en Chile, se desprende que, si bien la atención la acaparaba la guerra de Vietnam, Chile era tema recurrente.

-Ellos (Latinoamérica) aún no se la pueden con la democracia. Ahora nos están expulsando de Chile y rápidamente. Tenemos que retener a Brasil y mantener Argentina- dijo Nixon.
-El desastre en América Latina es en gran parte culpa de ellos mismos - respondió Kissinger.

El terror de Nixon a que la elección de Allende desencadenara un «incendio regional», lo llevó, según cuenta Kissinger en sus memorias, «a asumir un papel personal respecto de Chile». Según éste, la reunión que lo impulsó a actuar fue la que tuvo lugar el 14 de septiembre. En ella habló con Agustín Edwards, «editor de *El Mercurio*, el periódico chileno más respetado, y quien había venido a Washington a advertir cuáles serían las consecuencias de

---
[34] Del relato de Henry Kissinger en su libro Mis Memorias.

una asunción de Allende. Edwards se hospedaba en la casa de Don Kendall, principal funcionario ejecutivo de la Pepsi-Cola, quien traía a su padre a ver a Nixon ese mismo día y yo me había encontrado con Edward y John Mitchell (Procurador General) durante el desayuno y le había pedido a Edwards que viera a Richard Helms (Director de la CIA) por cualquier idea que pudiera tener», escribió Kissinger.

Al día siguiente, el 15 de septiembre, en la sala oval de la Casa Blanca, Nixon le ordenó al Director de la CIA, Richard Helms: «No hay que dejar ninguna piedra sin mover para obstruir la elección de Allende».

Ante los integrantes de la «Comisión Church», Helms debió entregar algunas de las notas que escribió en esa reunión y en la que registró las instrucciones de Nixon.

Allí se lee:

«Aunque tenga usted una oportunidad entre diez, salve a Chile, merece la pena el gasto. No importan los riesgos que haya que correr».

«Diez millones de dólares disponibles, más si es necesario. Dedicación completa. Los mejores hombres».

«Reventar la economía».

«Cuarenta y ocho horas para el plan de acción».

«No meter a la embajada en esto».

De aquella reunión, Helms dijo, en 1975, ante la comisión investigadora del Senado de los E.E.U.U.: «Si alguna vez salí del despacho presidencial con un bastón de mariscal en mi mochila, fue aquel día».

Kissinger se encargó de transmitir, el 16 de septiembre, a un grupo de editores de periódicos de Washington, la importancia que revestía para su gobierno la elección de Allende:

«Todavía no he encontrado a nadie que crea firmemente que si Allende ganase se volverían a celebrar elecciones libres en Chile... Lo más probable es que, en algunos años, establezca algún tipo de gobierno comunista, en uno de los países latinoamericanos más importantes, junto con Argentina, Brasil, Perú y Bolivia. De modo que creo que no deberíamos engañarnos pensando que Allende en el poder no nos traería grandes problemas, tanto a nosotros como al resto de las fuerzas democráticas del hemisferio occidental».

El mismo día en que Kissinger hacía estas declaraciones ya estaba en marcha el «Proyecto Fulbelt», el nombre clave de las operaciones encubiertas para desestabilizar el gobierno de Allende que surgió de una asociación de palabras. En el código de dos letras que la CIA daba a cada país, Chile era «FU». A lo que se agregó «BELT» (cinturón).

**16 Septiembre de 1970:**
**Memorándum para arhivo**
**Materia: Génesis del proyecto Fulbelt**

1. Con esta fecha, el Director (Helms) llamó a una reunión en relación a la situación de Chile. Estaban presentes, además del Director, el general Cushman, DDCI; el coronel White, director Compt; Thomás Karamessines, DDP; Cord Meyer, ADDP; William V. Broe, Jefe de la División del Hemisferio Occidental; (nombre tachado), delegado jefe WF División; (nombre tachado), Jefe Covert Action WF División y (nombre tachado), Jefe WF/ 4.
2. El Director le manifestó al grupo que el Presidente Nixon decidió que el régimen de Allende en Chile no es aceptable para Estados Unidos. El Presidente le pidió a la Agencia que impida que Allende asuma el poder o que lo desaloje de él. El Presidente destinó diez millones de dólares con este propósito.
3. Durante la reunión se decidió que el señor Thomas Karamessines, DDP, asumirá toda la responsabilidad de este proyecto. Será asistido por un equipo especial creado para este propósito en la División del Hemisferio Occidental.
4. El coronel White fue encargado por el Director, de proveer todos los elementos necesarios para facilitar la realización del proyecto.
5. El Director dijo que el doctor Henry Kissinger, Consejero del Presidente para Asuntos de Seguridad Nacional, le solicitó reunirse con él el próximo viernes 18 de septiembre a fin de escuchar los comentarios de la Agencia sobre la forma de llevar a cabo esta misión.
Firmado: William V. Broe, Jefe de la División del Hemisferio Occidental.

El embajador Korry -dice el informe Church- no fue informado del plan que de inmediato se puso en acción y que tenía como objetivo instigar un Golpe de Estado antes de que Allende fuera proclamado el 24 de octubre. Por eso, se dijo, la misión se le encomendó al coronel Paul M. Wimert, quien entró en contacto con dos generales del Ejército de Chile: el ya conjurado Viaux y Camilo Valenzuela, hombre a cargo del control del acto electoral del 4 de septiembre, y que en la noche, impacientó a Allende retardando el anuncio oficial de su triunfo. También conspiró el comandante en jefe de la Armada. La meta: neutralizar a Schneider. Luis Gallardo, uno de los hombres que trabajó en la campaña de Alessandri y que jugó un rol clave en la conspiración de Viaux y Valenzuela, relató más tarde:

> Conseguí con un amigo un departamento más o menos central a fin de utilizarlo como cuartel general y que al mismo tiempo tuviera las comodidades necesarias para un acuartelamiento del grupo nuestro mientras se nos señalaba el momento de actuar. Ese departamento lo denominamos «La Pecera», por encontrarse frente a la boite «La Sirena» y me fue facilitado precisamente por Carlos Aravena, dueño de la boite.[35]

Entre el 5 y el 20 de octubre, la CIA organizó veintiún encuentros clandestinos con oficiales e integrantes de los grupos sediciosos. El 17 de septiembre, los conspiradores le pidieron al hombre de la CIA, Paul Wimert, tres ametralladoras, municiones, granadas y gas lacrimógeno. Las armas ingresaron a Chile a través de la valija diplomática. La fecha del atentado quedó acordada: el 19 de octubre.

Ese mismo día, desde el cuartel general de la CIA, se despachó un mensaje secreto sólo destinado al jefe de su estación en Santiago. En él, Henry Heckched decía:

> El alto mando sigue interesado en la intentona golpista de Tirado, Canales y el general Valenzuela, así como también del general Viaux. Es una política firme y continua que Allende sea derrocado por un Golpe antes del 24 de octubre. Pero los esfuerzos en ese sentido

---

[35] Del Libro de Florencia Varas *Conversaciones con Viaux*.

continuarán vigorosamente más allá de esa fecha. Vamos a continuar presionando al máximo y utilizando todos los recursos que sean apropiados.

Para Schneider y el cuerpo de generales ese lunes 19 fue un día especial: habían decidido otorgarse un respiro de camaradería. Como el 24 de octubre, día en que Schneider cumplía un año en su cargo, sería la jornada en que el Congreso Pleno debía proclamar al nuevo Presidente de la República, decidieron anticipar la celebración con una comida en la casa de los comandantes en jefe, en avenida Presidente Errázuriz 4240. Schneider utilizaba esa casa sólo para actos oficiales, ya que continuaba viviendo en su misma residencia personal.

En un clima de amistad y complicidad, los generales fueron soltando tensiones y temores y muy pronto se envolvieron en una burbuja que los aisló del resto del país. Nadie imaginó esa noche que, en las sombras, a muy pocos metros de la residencia, los complotados apenas contenían la ansiedad a la espera de la orden para actuar.

Según la confesión de Viaux, el Plan «consistía en conminar al Presidente Frei a abandonar el país dejando el poder en manos de una Junta Militar presidida por el almirante Tirado. Como ministros estarían incluidos el general Vicente Huerta y yo, que tendría la cartera de Defensa. La operación primera se planeó para la noche del 19 de octubre. El que dio la idea y proporcionó los antecedentes fue el general Camilo Valenzuela».[36]

Lo increíble fue que Valenzuela también participó de la velada en la calle Presidente Errázuriz. Ni un músculo se le movió, cuando en horas de la madrugada, Schneider y Prats abandonaron la comida. Luis Gallardo, hombre de Viaux y uno de los jefes de la «Operación Alfa», contó que, una vez secuestrado Schneider, el general Valenzuela se encargaría de retener al resto de los asistentes a la comida. Además, no existiría patrullaje de Carabineros por el sector desde las doce de la noche y hasta las dos de la madrugada, por orden del general Huerta.

---

[36] Relato de Roberto Viaux a Florencia Varas, en el libro *Conversaciones con Viaux*.

Pero, como en una comedia de equivocaciones, en el jardín de calle Presidente Errázuriz, Schneider y Prats decidieron esa noche subir a sus autos particulares y conducir ellos mismos, sin escolta ni choferes. Es de imaginar la ira que provocó en el grupo golpista la constatación de que en el auto oficial no viajaba «el objetivo». La conjura abortó, pero por pocas horas. El tiempo se agotaba, ya no había espacio para otro error. La brutalidad con que actuaron los hombres bajo las órdenes del general Viaux, en la mañana del 22 de octubre, permite apreciar cuán tajante fue la instrucción impartida.

Años más tarde, el agente de la CIA, Paul M. Wimert, confesó haberle entregado 50 mil dólares a Valenzuela y al almirante Porta para esa misión, pero que, con posterioridad, decidió recuperarlos para así quedar protegido de la sospecha de su papel directo en la conspiración. Wimert dijo que el almirante devolvió su parte sin comentarios, pero que Valenzuela se resistió, por lo que se vio obligado a sacar su revólver. «¡Te voy a deshacer si no me entregas el dinero!», dijo Wimert, mientras movía el arma frente al rostro del general. Y como Valenzuela dudaba, lo golpeó. Eso, aseguró Wimert, «fue suficiente para que fuera a traer el dinero».

Resulta interesante escudriñar en las sesiones de la Comisión Church sobre los puntos que nunca fueron dilucidados y que continúan hasta hoy en el misterio. El más relevante es la investigación hecha por Seymour Hersh, quien sugiere que el Plan TRACK II, el que supuestamente no pasó por el conocimiento del embajador Korry, tenía como objetivo final el asesinato de Allende, y estuvo preparado hasta en sus detalles, los que registró un documento secreto que jamás se pudo hallar. Su fuente de información -dijo- era Charles E. Raddord, auxiliar del contraalmirante Rembrandt C. Robinson, miembro del Estado Mayor del Consejo de Seguridad Nacional. Es más, Hersh incluso afirmó que, en 1980, en una conversación sostenida con el coronel Wimert, éste le comunicó su sospecha de que los agentes de la CIA que ingresaron a Chile, entre septiembre y octubre de 1970, con pasaportes falsos de un país que no era Estados Unidos, para asociarse y apoyar la operación del general Viaux, tenían como misión asesinar a Allende.

Las vías para impedir su instalación en La Moneda eran muchas y todas llevaban a la Casa Blanca. Por un lado estaban los agentes de la operación TRACK II. Por otros carriles, y con otro financiamiento, se desplazaban los agentes que obedecían a lo dispuesto en el plan TRACK I, que sí se discutió en el Departamento de Estado y pasó por el canal del embajador Korry. Ese plan apuntaba a convocar a nuevas elecciones en las que debía ser electo Frei Montalva. El 14 de septiembre de 1970, como quedó registrado en la «Comisión Church», en Washington, el Comité de los 40 discutió las alternativas que se presentaban para su ejecución. Una de las variables era convencer a los ministros más importantes del gobierno de Frei Montalva a que renunciaran a sus cargos. Se conjeturaba que a Frei, en ese cuadro, no le hubiera quedado más opción que constituir un gabinete militar para luego retirarse, lo que hubiera dado lugar a un «golpe blanco», en el que los militares tomarían el poder y llamarían a nuevas elecciones. Para la ejecución del plan «Rube Goldberg», el Comité de los 40 le ordenó al embajador Korry que se reuniera con Frei y lo autorizó a gastar 250 mil dólares en «sobornos a congresistas chilenos». Korry dijo haber rechazado el dinero, además de negarse a discutir con Frei. «El plan no tenía ninguna posibilidad de éxito», aseguró ante la Comisión Church.

Su declaración no concuerda con el memorándum que Korry envió el 22 de septiembre y en el que describió a Frei como «la figura central cuyos movimientos determinan el paso, la dirección y la forma de una situación que tiene más consecuencias que las que el 99,99% de los chilenos conoce».

Tampoco coinciden las declaraciones de Korry ante la «Comisión Church» con un dato que quedó registrado en las *Memorias* del general Carlos Prats, escritas entre septiembre de 1973 y septiembre de 1974. Allí se muestra un episodio que revela que hubo algún contacto con el Presidente Frei para comunicarle la operación gestada en el gobierno de los Estados Unidos.

El 23 de septiembre, Schneider me relata una larga entrevista que sostuvo con el Presidente Frei, quien se siente muy preocupado frente a su responsabilidad. Frei le dice que ha oído rumores de que algunos jefes de las Fuerzas Armadas están dispuestos a impedir que Allende llegue al poder; pero que él, por ningún motivo, dejará el gobierno ni cambiara su gabinete. Que se mantendrá en la constitucionalidad hasta que deba entregar el mando a su sucesor y que recomendaba que las FF.AA. también hicieran lo mismo. Poco antes de la hora de comida, vuelve a mi casa Jorge Prat, a relatarme que un senador -cuyo nombre me da- le contó que el Presidente Frei ha tenido una entrevista con Schneider en la que le ha dejado a entender a éste que «las Fuerzas Armadas debían actuar». Le respondo que la versión es falsa, porque no coincide con lo que el propio Schneider me acaba de transmitir y le pido me autorice para informar a Schneider de la maquinación.

Así ocurrió. Prats informó a Schneider de su conversación con Jorge Prat (ex ministro de Jorge Alessandri, amigo del general Prats, quien había sostenido contactos con Viaux en los días previos a la sublevación del Tacna) y el comandante en jefe, visionario y hábil, decidió enfrentar inmediatamente la situación. Al día siguiente convocó a todos los generales y les entregó el detalle de su conversación con Frei y de sus recomendaciones. Entre los presentes estaba Camilo Valenzuela. Esa misma noche, en la embajada de los Estados Unidos, se tuvo la confirmación de que el plan había fracasado. Sólo quedaba la «vía Schneider».

Muchos agentes de la conspiración y con distintas órdenes se desplazaban por las calles, oficinas y cuarteles de Chile en esos días de septiembre y octubre de 1970. A ellos se sumaron los hombres que desde julio de ese mismo año se habían instalado en Chile para ejecutar su propio esquema sedicioso, esta vez ordenado por la plana mayor de la empresa norteamericana de telecomunicaciones, ITT. Sus ejecutivos tenían razones para estar inquietos. Dueños del 70 % de la Compañía de Teléfonos de Chile, temían que su inversión, avaluada en más de 150 millones de dólares, fuera expropiada por un eventual gobierno de la UP. Lo que efectivamente ocurrió.

Según consta en los registros del Senado de los Estados Unidos, el 16 de julio de 1970, el jefe máximo de la ITT, Harold Geneen, sostuvo una entrevista con el jefe de la CIA para el Hemisferio Occidental, William C. Broe y le ofreció una cantidad superior a los 10 millones de dólares para obstaculizar la elección de Allende. Los investigadores de las acciones y operaciones encubiertas en Chile comprobaron que la ITT invirtió 350 mil dólares en la campaña de Alessandri y 100 mil dólares en el diario *El Mercurio*. El plan preventivo no tuvo éxito, la plana mayor de la ITT entró en acción nuevamente y apeló a uno de sus ejecutivos, John M. McCone, antiguo alto mando de la CIA y permanente colaborador de sus acciones encubiertas. El 9 de septiembre, el patrón máximo de la ITT le comunicó que disponía de «un millón de dólares» para apoyar cualquier plan que preparara alguna agencia del gobierno de los Estados Unidos que permitiera bloquear la ratificación de la elección de Allende. Muy pronto, McCone se reunió con Kissinger y el Director de la CIA, Richard Helms, para hacer efectiva la oferta de la ITT. La propuesta fue recibida con entusiasmo por Kissinger y Helms.

El 29 de septiembre, el vicepresidente de la ITT, Edward J. Gerrity, acudió a una cita convocada por Helms. La propuesta era simple: un plan para promover el caos económico en Chile. En los días que siguieron se publicaron más de 700 reportajes dentro y fuera en los que se informaba del desastre financiero que se avecinaba. Todo fue inútil. La única acción que quedaba en el tablero de operaciones era eliminar al comandante en jefe del Ejército. Y de eso se trató.

Prats relató en sus *Memorias* lo que le quedó grabado en su retina cuando, con la angustia que le ahogaba la garganta, llegó raudo hasta el Hospital Militar, la mañana del 22 de octubre de 1970: «Veo el cuerpo inconsciente de Schneider, inmóvil sobre la camilla, con su rostro hecho mármol y su busto bañado en sangre. Uno de los tres balazos le había perforado los pulmones, le rozó el corazón y le destrozó su hígado...»

Prats no podía sospechar que cuatro años más tarde su cuerpo y el de su esposa serían destrozados por una bomba colocada en su auto, cuya potencia los eyectaría en un radio de 50 metros entre los edificios de la calle Malabia, en el barrio de Palermo, en Buenos Aires.

Pero, para ello faltaban muchos días y muchas otras jornadas de horror.

## CAPITULO VII
## EL BLANCO PRECISO

Entre la mañana del atentado contra Schneider y la mañana del 24, día en que el Congreso Pleno debía proclamar al nuevo Presidente de la República, transcurrieron las 48 horas más decisivas antes de septiembre de 1973. La mayoría de los protagonistas ignoraba la magnitud de lo que estaba viviendo. La prueba fehaciente es que el general Prats, quien debió asumir, en la misma mañana del 22 de octubre, el control del Ejército, apenas supo la noticia del atentado del que fue víctima Schneider, llamó de inmediato al general Camilo Valenzuela, jefe de la Guarnición de Santiago e integrante del complot, para que lo secundara en la delicada misión de conducción.

Viaux esperaba que, una vez sacado Schneider del camino, entraran en acción Valenzuela, el almirante Tirado y el general de Carabineros Vicente Huerta. ¿Por qué no actuaron?: «Creo que por temor. El general Valenzuela fue nombrado jefe de la Plaza con toque de queda, él era la máxima autoridad, con todas las fuerzas bajo su mando y con la planificación lista para actuar. Traté de hablar con él, fue imposible. Se negó sistemáticamente»[37].

---
[37] Del libro de Florencia Varas *Conversaciones con Viaux*.

Prats ordenó el acuartelamiento general del Ejército. En varias provincias se decretó «Zona en Estado de Emergencia», lo que implicó dejarlas bajo el mando de la autoridad militar. El toque de queda se mantuvo por siete días en Santiago, se suspendieron los vuelos de aviones civiles y se ejerció un férreo control en aeropuertos y pasos fronterizos. En los cuarteles, los rostros revelaban indignación. La decidida actitud de los altos mandos de las Fuerzas Armadas le cerró las puertas a los sediciosos. Los efectos del acto criminal no sólo aislaron a los extremistas de derecha, sino que provocaron una situación en que sólo hubo espacio para que el Congreso proclamara a Allende.

A las 13 horas del sábado 24 de octubre, mientras Schneider agonizaba, Salvador Allende era proclamado Presidente por 153 votos a favor, 35 en contra y 7 votos en blanco.

-Juráis o prometéis desempeñar fielmente el cargo de Presidente de la República, conservar la integridad e independencia de la Nación y guardar y hacer guardar la Constitución y las Leyes- le preguntó con la solemnidad de la circunstancia el presidente del Senado, Tomás Pablo.

-¡Sí, prometo!- contestó gravemente Allende, con el rostro marcado por la trascendencia y fiel a su condición de masón.

Esa misma tarde, los tres comandantes en jefe de las Fuerzas Armadas lo visitaron en su casa en calle Guardia Vieja. Una clara señal de subordinación al poder político. La noche no dio lugar a los festejos de los partidarios de la Unidad Popular. Después del 4 de septiembre, el carnaval comenzó a ser ahogado y finalmente cuando Allende pudo entrar a La Moneda, la agonía de un general clausuraba la posibilidad de júbilo callejero. Casi un presagio. La palabra clave en boca de los seguidores de la UP fue «¡A defender el Gobierno!». Quedaba por saber cómo...

Schneider murió a las 7 de la mañana del día siguiente a la asunción. Las radios comunicaron la noticia con sus tambores y trompetas de urgencia. La conmoción fue general.

-Nunca en mi larga vida creí que pudiera ocurrir en Chile algo tan alevoso. Es lo más vil que he visto. Les ruego que no me pidan más declaraciones porque me encuentro muy impresionado- dijo el ex candidato presidencial y austero empresario Jorge Alessandri, con el rostro crispado ante los periodistas.

En el Ejército la conmoción fue controlada por los preparativos de la ceremonia fúnebre del general que recibió el título póstumo de «Mártir de la Democracia» y por la necesidad de mantener las tropas en alerta ante el peligro de un nuevo zarpazo de la conspiración sediciosa. Se dispuso que la mayor parte de los efectivos de las unidades y reparticiones de Santiago, junto a las representaciones con los estandartes de todas las unidades del país, debían concurrir al sepelio, encabezados por el cuerpo de generales. La organización y responsabilidad del acto quedó en manos de Valenzuela, comandante de la Guarnición de Santiago, quien además asumió el mando de las tropas formadas para rendir honores fúnebres. Por lo tanto, los cuarteles y reparticiones de Santiago quedarían solamente con los guardias y un pequeño refuerzo. La experiencia del acuartelamiento del Tacna, la distracción de la atención general del país -y por supuesto de las Fuerzas Armadas- en el desarrollo del acto fúnebre y, finalmente, los rumores circulantes desde la mañana de ese día que suponían la posibilidad de que Viaux podría aprovechar esta oportunidad para refugiarse en algún cuartel y tratar de obtener apoyo de unidades del Ejército y de grupos civiles, produjo una fuerte inquietud en el Alto Mando. Este reaccionó emitiendo una serie de órdenes para evitarlo.

El coronel Guillermo Pickering debió cumplir un importante rol ese día. Así lo recordó:

> Como todos los generales debían concurrir al funeral, debía permanecer en el puesto de mando de la comandancia de la Guarnición en el edificio del Ministerio de Defensa, el coronel más antiguo, asumiendo la responsabilidad de lo que pudiera ocurrir en los cuarteles. Fui llamado por el comandante de la Guarnición, general Camilo Valenzuela, a quien me unía una antigua amistad ya que éramos compañeros del arma de Artillería

y por haber servido ambos como tenientes en el Regimiento «Tacna». Serio, me señaló: 'Por orden del comandante en jefe interino del Ejército (el general Carlos Prats), debes asumir el mando de la Guarnición mientras yo no regrese a mi puesto de mando. Se ha comunicado esta orden a todo el personal que permanecerá en los cuarteles. Se les ha prevenido además sobre la posibilidad de que Roberto Viaux trate de refugiarse en algún cuartel. Comprenderás el problema que esto significaría. Toma todas las medidas del caso para que esto no llegue a suceder. No sabes la tranquilidad que me da el dejarte a ti a cargo de esto".

En el multitudinario y emotivo funeral, que paralizó al país, el general Carlos Prats expresó:
-He aquí el primer fruto del holocausto de un soldado integérrimo. Un impulso espontáneo, recíproco y vigoroso ha consolidado súbita e indestructiblemente, la cohesión de las FF.AA. y de Orden de la República, en este momento histórico en que Chile enfrenta una encrucijada de su destino que lo obliga a optar entre dos alternativas dinámicas para la realización nacional: la de la violencia trastocadora o la del sacrificio solidario.

En medio de las tropas que le rendían homenaje estaba el general Augusto Pinochet. Había viajado desde Iquique. Su presencia pasó inadvertida. Eran otros los protagonistas del momento.

Desde Madrid, Arellano le escribió a un compañero de armas:

*Schneider fue uno de los militares más destacados que ha pasado por el Ejército en las últimas décadas. Inteligente, sereno, de gran criterio y definida personalidad, era el prototipo de lo que debe ser un conductor militar. Nada más alejado de la imagen que levantó de él la Unidad Popular, con fines políticos.*

En un mausoleo quedó enterrado el jefe militar que se había convertido en enemigo declarado de la «Doctrina de Seguridad Nacional», diseñada por Estados Unidos, propagada en la Escuela de Las Américas y respaldada con entusiasmo por el dictador argentino Juan Carlos Onganía. Su muerte fue, también, el certificado de defunción de una prédica constitucionalista, orgullo de una generación de oficiales chilenos que muy pronto sería sobrepasada.

La bala había dado en el blanco preciso.

# SEGUNDA PARTE

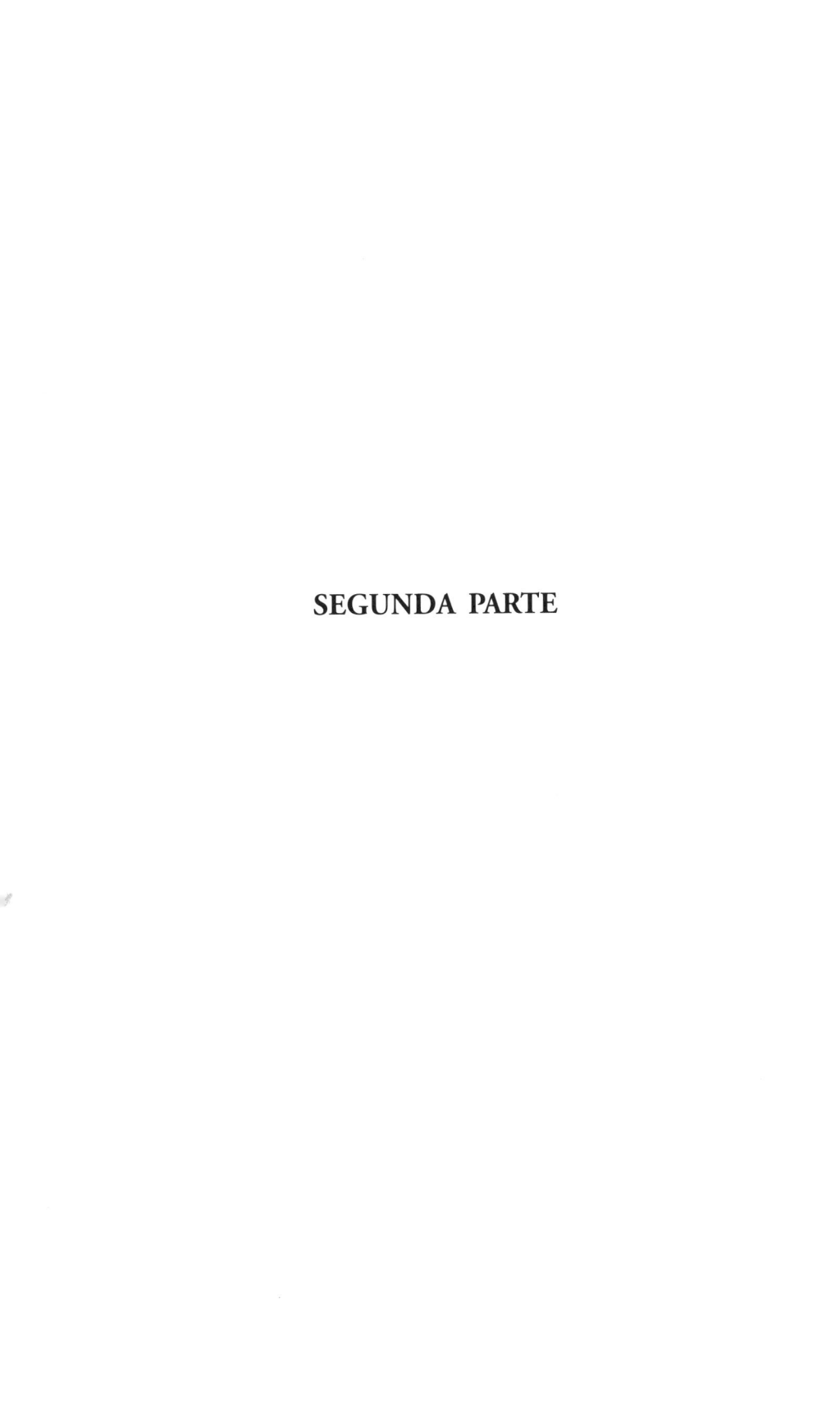

# CAPITULO VIII
# ¡Y COMENZO LA GUERRA!

El general Prats, que había sido nombrado por Frei comandante en jefe interino del Ejército después del asesinato de Schneider, fue confirmado en su puesto por Allende. El nuevo Presidente nombró, además, al almirante Raúl Montero en la comandancia en jefe de la Armada. La Fuerza Aérea quedó bajo el mando del general César Ruiz Danyau y el general José Sepúlveda Galindo, como director General de Carabineros. Pese a las versiones previas sobre un inminente desmantelamiento, Allende no forzó a nadie a retiro y nombró rigurosamente a las segundas antigüedades.

¿Cuán distinta hubiera sido la historia si hubiese actuado de otra manera?

En una reunión que Prats y Allende sostuvieron el 6 de noviembre, se convino que, a principios de diciembre, finalizara el proceso de calificaciones que dilucidaría el ascenso y retiro de altos oficiales. Pero en esos días era difícil planificar. Un nuevo y grave antecedente alteró las calificaciones.

Tanto el general Orlando Urbina, juez militar que investigaba el asesinato del general Schneider, como el fiscal Fernando Lyon, le informaron a Prats que en el complot estaban implicados altos jefes en servicio activo de las Fuerzas Armadas. No fue una novedad, ya que, al finalizar el mes de octubre, el Director de Investigaciones, el general (R) Emilio Cheyre[38], secundado por los servicios de Inteligencia de las Fuerzas Armadas, ya tenía identificados a los autores del grupo de extrema derecha que habían organizado el atentado terrorista. Entre ellos figuraban Viaux[39], el general Camilo Valenzuela, el general del Aire, Joaquín García; el hasta hace pocos días comandante en jefe de la Armada, almirante Hugo Tirado[40]; y el general Vicente Huerta, ex Director General de Carabineros. Entre los civiles implicados se encontraba el abogado Guillermo Carey, que había escapado a los Estados Unidos. Lo mismo hicieron otros civiles del grupo sedicioso, como Luis Enrique Arancibia Clavel y Jaime Melgoza. La defensa de Viaux la asumió un abogado que ya era conocido en los círculos de extrema derecha: Sergio Miranda Carrington, integrante del movimiento «No Entreguemos Chile» (NECH), nacido en los días previos a la elección presidencial en una reunión en el Club de Polo San Cristóbal.

Muy pronto el general Valenzuela fue llamado a retiro. Y si bien Allende le pidió al general Prats que hiciera lo propio con el general Manuel Pinochet -responsable de la masacre en el mineral «El Salvador», relatada en este libro por Luis Maira-, eso no fue posible por la negativa tajante del nuevo jefe del Ejército. Prats debía reestructurar su Alto Mando y una de sus primeras decisiones fue promover a otro Pinochet, Augusto, el que estaba en una segunda fila del drama político. Prats lo hizo venir desde Tarapacá a la capital para ubicarlo al frente de las tropas de la Guarnición de Santiago. La designación extrañó a Pinochet y a otros oficiales, todos convencidos de que la carrera del primero estaba en su último destino.

---

[38] El general Emilio Cheyre, quien debió irse a retiro cuando Schneider fue nombrado comandante en jefe del Ejército, tras su asesinato fue nombrado director de Investigaciones por el Presidente Frei a proposición del general Prats. Su hijo, otro carismático general, Juan Emilio Cheyre, en la primera calificación del Ejército después del retiro del general Augusto Pinochet, en 1998, asumió como comandante de Institutos Militares del Ejército, el segundo mayor mando de tropas de la institución.

[39] El general Roberto Viaux fue encargado reo el 28 de octubre de 1970.

[40] Tirado había asumido como jefe interino de la Armada pocos días antes. Reemplazó al almirante Porta Angulo, quien debió renunciar después que autorizó dos entrevistas que el almirante Merino tuvo con Allende. En la primera fue acompañado por el almirante Montero y está relatada en el Capítulo II.

En Santiago, Pinochet volvió a ver a un oficial subalterno y viejo conocido: el coronel Manuel Contreras Sepúlveda, secretario de estudios de la Academia de Guerra. La relación entre los dos militares se había iniciado en 1952, cuando el entonces teniente Contreras llegó destinado a la Escuela Militar como instructor de subalféreces. Allí conoció al capitán Pinochet, quien se desempeñaba como comandante de la Tercera Compañía de Cadetes y profesor del curso militar. Más tarde, entre 1960 y 1962, ambos coincidieron en la Academia de Guerra y estrecharon su relación. Contreras realizó en esos años el curso para oficial de Estado Mayor, ocupando el primer lugar de su promoción. Su profesor de Estrategia había sido precisamente Pinochet.

Al reencontrarse, Contreras había cambiado. Su nuevo dominio en los temas de inteligencia le había dado otro perfil profesional y dejado una fuerte huella en su personalidad. Esta obsesión fue alimentada a su paso por la Academia Militar de Fort Belvoir, en los Estados Unidos. En 1967, el año en que la inteligencia norteamericana dio un golpe contrainsurgente de envergadura al capturar y luego fusilar a Ernesto «Che» Guevara, Contreras obtuvo en, Estados Unidos, el título de oficial graduado y profesor en Táctica, Explosivos y Demoliciones. En el fragor de la Guerra Fría se relacionó con la elite de militares y algunos civiles que en esos años tenía el control de la lucha anticomunista en América Latina. El aprendizaje de la ideología no lo desveló. Mucho más lo motivó la eficiencia y relevancia que, había percibido, podían alcanzar los ingenieros militares en las tareas antisubversivas. Contreras se prometió emular esa meta al regresar a casa, previa escala en Argentina. Su destino en Chile fue la Escuela de Ingenieros Militares, en Tejas Verdes. El puesto: secretario de estudios.

La ocasión de materializar sus planes se le presentó en 1970, cuando ya instalado en la Academia de Guerra como secretario de estudios, Schneider decidió preparar un minucioso plan de seguridad ante la eventualidad de que un resultado estrecho en la elección presidencial pusiera en jaque la estabilidad institucional. Por su cargo, Contreras debió diseñar, en la Academia de Guerra, una parte de ese plan que establecía la constitución de cordones de seguridad concéntricos hacia La Moneda y que comenzaban en los suburbios de Santiago, en lo que se llamó durante la UP la zona de los «Cordones Industriales».

El coronel Pickering fue el encargado de evaluar el diseño de Contreras. Allí se percató de una extraña concepción estratégica: prácticamente todo el Ejército quedaba bajo la dependencia del Comando de Ingenieros Militares, al que pertenecía nada menos que el autor del proyecto: Contreras. Decidió objetarlo. No fue tarea fácil. Pickering descubrió otra característica del autor: su perseverancia y habilidad para saltarse los conductos regulares. Contreras quiso imponerle sus ideas al propio Prats, entonces jefe del Estado Mayor de la Defensa Nacional. Pero Pickering también era perseverante y finalmente desbarató un plan que, creía, hubiera desquiciado los principios de la institución. El asesinato de Schneider y la asunción de Allende terminaron por archivar la propuesta.

Contreras no se rindió. Decidió esperar una nueva oportunidad.

Las preocupaciones que copaban la agenda del nuevo comandante en jefe del Ejército eran otras. Su prioridad: la reestructuración del Alto Mando, una vez finalizado el accidentado proceso de calificaciones. Al general Pinochet, nuevo jefe de la Guarnición de Santiago, se agregó, como nuevo director de Operaciones del Ejército, el recién ascendido general Pickering. El se abocó a la tarea de realizar el estudio de la reestructuración orgánica del Ejército para llevarlo a una adecuada modernización. El objetivo final de Prats era, una vez terminado el estudio, provocar una reunión extraordinaria del Consejo de Seguridad Nacional (CONSUSENA). En ese reducto expondría el detalle de la real situación institucional y los planes para satisfacer, gradualmente, las necesidades postergadas del Ejército. La tarea emprendida por Prats obligó al ministro de Defensa de Allende, Alejandro Ríos Valdivia, a disponer la elaboración de trabajos similares en la Armada y en la Fuerza Aérea para que también fueran expuestos en el CONSUSENA.

A miles de kilómetros de distancia, en Madrid, el coronel Sergio Arellano veía alterado su ritmo de trabajo por los continuos viajes que empezaron a realizar a España chilenos que habían participado en el gobierno de Frei Montalva. Además, otras tareas acapararon su atención. Uno de los partícipes del asesinato de Schneider, Julio Izquierdo Menéndez, había buscado refugio en la España franquista y desde Chile se había pedido su extradición. Si bien normalmente el gobierno español rechazaba reclamos de esta naturaleza, en este caso específico el Consejo de Ministros aprobó que siguiera su curso en los tribunales. Fue sólo un gesto protocolar. El Séptimo Juzgado de Madrid rechazó la solicitud.

No fue ése el único caso extraordinario que cayó en esos días en manos de Arellano. A través de la embajada se le hizo llegar una solicitud de Joan Garcés, cientista político valenciano de 27 años, que había abandonado su brillante carrera en la Fundación Nacional de Ciencias Políticas de Paris, para viajar a Chile y convertirse en uno de los más cercanos asesores de Allende. Garcés deseaba eximirse del Servicio Militar. Así fue como Arellano tramitó su solicitud ante el Ministerio del Ejército de España. Después de largos trámites fue eximido por un decreto que lleva la firma de Francisco Franco.[41]

---

[41] El hecho no es simple anécdota pues Joan Garcés, después del Golpe de Estado y de haber estado hasta el último momento junto a Salvador Allende en La Moneda, se asiló en la embajada de España en Chile. Su salida del país fue gestionada por el entonces embajador español Enrique Pérez Hernández, quien obtuvo el salvoconducto argumentando que «una vez que Garcés llegue a España, ingresará al Servicio Militar -el que no había realizado, como le constaba a las autoridades militares chilenas- y será enviado a la Legión, al Sahara», según cuentan altas autoridades militares de la época. Garcés salió de Chile y se instaló en Paris y luego retornó a vivir a España, pero nunca dejó de ser uno de los militantes más activos en la denuncia del nuevo régimen militar chileno. El punto culminante de dicha acción tuvo lugar el 4 de julio de 1996, cuando, junto a la Unión Progresista de Fiscales de España (UPF), interpuso ante los tribunales de Valencia una denuncia por la muerte y desaparición de «varios miles de personas» en Chile, entre ellos seis españoles, durante el régimen militar. En la querella se entregan relatos de cómo cerca de tres mil personas fueron víctimas de secuestro, torturas y asesinatos entre 1973 y 1990, sin que en la actualidad se conozca el paradero de gran parte de ellas, los que constituyen «crímenes contra la humanidad», como lo consideró una comisión del Senado español y pueden ser considerados como «delitos de genocidio y terrorismo y, por ende, enjuiciados en España, puesto que no han sido juzgados en Chile ni sometidos a tribunal internacional». Esa querella fue la que después tomó en sus manos el juez español Baltazar Garzón y que permitió que el general ® Augusto Pinochet fuera detenido en una clínica de Londres, el 16 de octubre de 1998. Garcés siguió alimentando el juicio, convirtiéndose en el gran motor y artífice del proceso al régimen de Pinochet en España, Inglaterra y Europa en general.

Arellano se fue empapando, en Madrid, de un sentimiento de mayor desconfianza hacia el nuevo gobierno. Cada visitante le aportaba noticias que acrecentaban su inquietud. La otra fuente de información eran las cartas que recibía de oficiales amigos. Todo ello lo hizo decidir adelantar su regreso. La ocasión se le puso al frente cuando fue informado del inicio del curso de Alto Mando, requisito para acceder al generalato. Postuló y fue aceptado. Retornó a Chile el 28 de septiembre de 1971 para iniciar su preparación el 1 de octubre.

Meses antes, en Santiago, el mundo empresarial calibraba su puntería. En febrero tuvo lugar una nueva elección en ASIMET. Orlando Sáenz llegó a la presidencia del gremio asumiendo, además, como consejero de la Sociedad de Fomento Fabril (SOFOFA). El 30 de abril, estando en La Habana con una delegación de hombres de negocios, recibió un llamado del dirigente de los empresarios y ejecutivo de la Papelera, Eugenio Heiremans. Le dijo que volviera, que era urgente y no podía entregarle detalles por teléfono. En el aeropuerto se enteró que Pedro Lira había renunciado a la presidencia de la SOFOFA:

-Los primeros embates del gobierno de Salvador Allende se habían recibido. Lira había renunciado y yo estaba propuesto para reemplazarlo. ¿Por qué? En la estrategia empresarial se decidió desde un principio enfrentar al gobierno de Allende con figuras que presentaran pocos flancos, hombres que no estuvieran ligados a las grandes empresas, capitales y consorcios internacionales. Yo cumplía esos requisitos.

-**¿No se sintió utilizado?**
-Sí, pero en la vida todos utilizan y son utilizados...
-**¿Estaba claro para usted, en ese momento en que asume la presidencia de la SOFOFA, que la solución para combatir a Allende era la subversión?**
-No, aún no. Teníamos que pasar primero por una etapa de colaboración real y para eso necesitábamos una explicitación de sus propósitos. Además teníamos que dejar a la opinión pública convencida de que si entrábamos en guerra no iba a ser por causa nuestra.

Si se analizan los datos de la investigación de la «Comisión Church», en los Estados Unidos, la estrategia empresarial era concordante con la que se había diseñado en Washington. Y ésta necesitaba financiamiento. En enero de 1971, el «Comité de los 40» aprobó la entrega de «1,24 millones de dólares para la adquisición de radios y periódicos» en Chile destinados a apoyar a los adversarios de la UP en las elecciones municipales de abril.

Los trabajadores afiliados a la CUT también se preparaban, pero para otro tipo de batallas. Bajo el lema «Los Trabajadores construyen el nuevo Chile», se realizó su sexto Congreso con la participación de mil 250 delegados. El comunista Luis Figueroa fue reelegido en la presidencia, pero un grave incidente sacudió al movimiento obrero: los representantes de la DC se retiraron reclamando una clara autonomía frente al gobierno, y, lo más grave, «una debida representación política».

Salvador Allende observó con inquietud la posibilidad de quiebre de la CUT. En su discurso del Primero de Mayo de ese año, proclamó:

«Queremos que cada trabajador comprenda que la teoría revolucionaria establece que no destruye absoluta y totalmente un régimen o un sistema para construir otro. Se toma lo positivo para superarlo, para utilizar esas conquistas y ampliarlas».

En la trinchera militar, el mes de mayo marcó el primer corcoveo entre el gobierno y el nuevo Alto Mando del Ejército. Uno que, por las características tan particulares que tenía el general Prats como soldado y conductor, pasó inadvertido. El remezón estuvo relacionado con la reestructuración orgánica del Ejército. Las memorias inéditas del general Pickering, director de Operaciones del Ejército y a cargo del estudio de la reestructuración orgánica de su institución, permiten sacarlo a luz:

> El trabajo estuvo terminado a principios de mayo. Había exigido cuatro meses de intensa actividad. A mediados de mayo, finalmente, se reunió el Consejo Superior de Seguridad Nacional (CONSUSENA), por primera vez desde su

creación, para escuchar las exposiciones de los comandantes en jefes sobre la situación y necesidades de sus respectivas instituciones (anteriormente ese organismo sólo se había reunido por disposición del gobierno para resolver problemas de emergencia interna o externa). Al término de una larga sesión, el Presidente Allende dio a conocer algunas resoluciones que ya se encontraban en ejecución, pero que eran totalmente desconocidas en el Ejército. Como la gestión para adquirir un crucero para la Armada (el que fue bautizado como «Almirante Latorre») y la disponibilidad de algunos fondos para adquirir material de vuelo para la Fuerza Aérea. En cuanto al Ejército, manifestó la posibilidad de contar con fondos en el futuro próximo para reparar y recuperar parte de la infraestructura (cuarteles). Esta insólita solución a los problemas planteados, cuya iniciativa había partido del comandante en jefe del Ejército como fruto de un meticuloso y bien fundamentado estudio de la realidad del Ejército, y que proponía un plan moderado y escalonado de recuperación de la eficiencia institucional acorde con las posibilidades nacionales, le produjo al general Prats justa indignación. Pese a que la dominó en ese momento, debido a su reconocida ponderación, no se abstuvo de expresar su decepción y desagrado. Se dispuso, entonces, que el ministro de Defensa estudiara y buscara la solución del problema en consulta con los miembros del comité económico del gobierno. Terminada la reunión, a la que me correspondió asistir en mi calidad de Director de Operaciones, el comandante en jefe me pidió que lo acompañara al gabinete del Ministro de Defensa, don Alejandro Ríos Valdivia. Allí, el general Prats, en forma serena pero muy firme, increpó al ministro manifestándole que no permitiría una burla de estas proporciones a la institución. La gestión iniciada por el Ejército -agregó- para resolver sus problemas en forma mesurada había sido aprovechada por conductos no usuales, obteniéndose soluciones «en secretaría» para las otras instituciones. En consecuencia -le dijo-, no llevaré al consejo de generales la respuesta que han estado esperando para resolver la precaria situación del Ejército. Ministro, le presento, por tanto, mi inmediata dimisión al cargo de comandante en jefe del Ejército y pido mi retiro de la institución.

Pickering recordó cada diálogo de aquella tensa reunión:

El ministro Ríos Valdivia, que había sido profesor de Historia y Geografía en la Escuela Militar de todos los componentes del cuerpo de generales, mantenía un trato de corte paternal y grato con los oficiales, los que le correspondían con afecto y respeto. Ese día vi a Ríos tratando de calmar al general Prats. Finalmente lo logró, pero sólo una vez que hubo contraído el compromiso de representar claramente la situación ante Allende y obtener su aprobación a las proposiciones del Ejército. Cosa que hizo al día siguiente cuando el ministro Ríos, personalmente, le comunicó al cuerpo de generales la aprobación del Presidente Allende al Plan Regulador del Ejército.

La renuncia de Prats había sido sorteada sin que trascendiera más allá de los muros de la comandancia en jefe del Ejército y en forma previa a una de las ceremonias más importantes de la vida republicana de Chile, en cuyo ritual se fundía la relación entre el poder político y las Fuerzas Armadas subordinadas a él. El 21 de mayo de 1971, día de la Armada, Allende debía concurrir al Congreso para la tradicional ceremonia de apertura del período de sesiones ordinarias del Parlamento y para dar lectura a su primer mensaje y cuenta pública ante la nación. En su recorrido en carroza hasta el Congreso las tropas que le rinden honores como Presidente de la República estuvieron comandadas por Pinochet, jefe de la Guarnición de Santiago. Fue la primera vez que se vieron frente a frente.

En el campo de la Unidad Popular ya se apreciaban dos bandos. Los que querían acelerar los cambios y aquellos que estaban sumergidos aún en la euforia de la construcción del llamado «hombre nuevo». En las calles, destacamentos de «trabajos voluntarios» desplegaban su energía al ritmo contagioso de las canciones de Joan Manuel Serrat, ídolo indiscutido de los partidarios de Allende. Por doquier se escuchaba el estribillo de «Cantares»: *«caminante no hay camino, se hace camino al andar...»*. Y no podía dejar de relacionarse con las expectativas y desvelos. El propio Allende «citó» aquel poema de Antonio Machado musicalizado por el catalán para defender su propio camino de la «vía chilena»:

«Sí, pisamos un camino nuevo. Marchamos sin guía por un terreno desconocido, apenas teniendo como brújula nuestra fidelidad al humanismo de todas las épocas y teniendo como norte el proyecto de sociedad que deseamos construir».

La tranquilidad demostró rápidamente su carácter aparente. El 8 de junio de 1971, otro asesinato político abrió nuevos espacios para la circulación del odio: Edmundo Pérez Zujovic, ex ministro del Interior del Presidente Eduardo Frei Montalva, fue asesinado por un comando del VOP (Vanguardia Organizada del Pueblo), grupo de ultra izquierda.

El atentado provocó alarma en La Habana. Fidel Castro se dirigió de inmediato a una casa de seguridad habitada por quince chilenos que recibían instrucción militar desde enero de ese año en «Punto Cero», un centro ubicado en la parte este de La Habana Vieja, en dirección a la zona de playas Santa María del Mar. Uno de ellos, treinta años después, decidió contar esa página clandestina de su vida:

-A fines de 1970 y cuando Salvador Allende ya había sido elegido Presidente, fuimos escogidos para partir a La Habana por seis meses para entrenarnos y así estar preparados para defender el gobierno en el caso que se desatara una embestida golpista. Éramos quince: cinco del Partido Comunista, cinco del MIR y cinco del Partido Socialista. Estábamos en una casa en el barrio de Marianao, muy cerca de la embajada de Canadá, cuando vimos llegar a Fidel. Nos traía la noticia del asesinato de Pérez Zujovic. Todos pensamos que era un atentado ejecutado por la derecha para provocar a la DC. Fidel pensó lo mismo, porque ese mismo día nos dijo que íbamos a tener que lanzarnos en paracaídas sobre territorio chileno porque ese asesinato era un movimiento que preparaba el Golpe. Y no fueron sólo palabras. Nos hicieron un entrenamiento rápido como de 48 horas de lanzamiento en paracaídas.

En Washington, el asesinato también provocaría alarma y dudas. Hubo quienes sospecharon que había sido digitado por la CIA. El jefe de la estación de inteligencia en Santiago, debió enviar un informe:

> Se ha identificado a Ronald Rivera como el autor del atentado. Rivera había sido miembro del MIR hasta 1969, cuando fue expulsado de esa organización... La reacción de los oficiales de más alto rango de las FF.AA. era de calma. La mayoría de estos oficiales tendió a descartar cualquier posibilidad de que el asesinato hubiera sido cometido por elementos de derecha. Ningún oficial de alto rango expresó alguna noción de que los militares debían aprovecharse del Estado de Emergencia para hacer alguna movida en contra del gobierno. El general Pinochet, oficial a cargo de la provincia de Santiago bajo el Estado de Emergencia es subordinado y altamente eficiente, quien cumple explícitamente con sus órdenes. Es improbable que tome acciones voluntariamente.

Pero Nixon no quedó conforme y siguió manifestando sus dudas. Ante ellas, Kissinger le señaló: «¿Por qué lo habríamos asesinado nosotros si era nuestro más firme partidario?».

Dos días después, el 11 de junio, Nixon y Kissinger volvieron a hablar de Chile. Las grabaciones de esas conversaciones revelarían el marco en que se manejaba la intervención en Chile:

> Kissinger: En la cosa esta de Chile, siempre he estado en una línea dura. Tenemos que apoyar a los militares. ¡Imagínese!, hay más generales y almirantes en las Fuerzas Armadas de Chile que en Brasil (risas). Están todos estos tipos que nos dicen que no deberíamos intervenir en asuntos domésticos de otros países, pero estamos hablando de gobiernos comunistas que masacran a la gente...
> Nixon: Eso de la ayuda militar, Henry..., dime, ¿qué implicancia real tiene ese Allende para nosotros?
> Kissinger: ¡Presidente! Ese hombre tiene un gobierno de partido único. Se mueve muy rápidamente hacia eso. Comienza a ejercer control sobre la prensa, está

aislando a los militares. Está tratando a los militares como lo hizo Hitler: los infiltra y neutraliza. Tiene como costumbre cortejar a las esposas de los oficiales. A estas damas les manda flores para sus cumpleaños y aniversarios. Y si toma el control sobre la policía nunca más habrá elecciones libres en Chile.
Nixon: Sí claro, entiendo. Estamos perdiendo nuestros instintos ahí en Chile...[42]

Cuando en Washington se decidía que el arma a utilizar contra Allende serían las Fuerzas Armadas, el Presidente de Chile se preparaba para uno de sus principales combates con Nixon: la nacionalización de las minas de cobre. Una batalla, quizás la única, en la que logró el apoyo de todos los sectores políticos. El 11 de julio de 1971, el Congreso aprobó por unanimidad la ley. Si bien ésta contempló compensaciones de hasta 30 años con intereses, al mismo tiempo el Parlamento facultó al Presidente para determinar si los beneficios que las compañías norteamericanas -Kennecott y Anaconda- habían obtenido desde 1955 a la fecha, habían sido excesivos. De ser así, se descontarían de las compensaciones.

Como era previsible, el cálculo hecho por los técnicos llevó a Allende a anunciar que tanto la Kennecott como la Anaconda no tenían derecho a compensación alguna.

La ira en Washington subió varios grados.

En el «Comité de los 40» quedó constancia de que entre enero y julio de 1971 se autorizó medio millón de dólares adicionales para la campaña de desestabilización. Otros 150 mil dólares adicionales también llegaron a Chile en esos días sin que quedara claro su destino.

Allende se sentía fortalecido, como si las trampas no se estuvieran armando a su alrededor:

«Hemos ganado por los cauces legales. Hemos vencido a través del camino establecido por el juego de las leyes de la democracia burguesa y dentro de estos cauces vamos a hacer las grandes y profundas transformaciones que Chile reclama y necesita. Dentro de la propia Constitución la

---
[42] De las grabaciones desclasificadas por el Senado de los Estados Unidos.

modificaremos para dar paso a la Constitución Popular que exprese auténticamente la presencia del pueblo en la conquista y ejercicio del poder».

Allende ignoraba que el asesinato de Edmundo Pérez Zujovic había detonado un cambio en el movimiento nacionalista de ultra derecha Patria y Libertad, el que había decidido dar nuevos pasos hacia la confrontación. Necesitaban dinero y los fondos estaban en Washington. El 26 de junio, el general Alexander Haig escribió un memorándum. En él dice que Pablo Rodríguez, «el joven insurgente anti Allende está ansioso por transmitir información concerniente a la política de Chile a algún miembro del Consejo de Seguridad Nacional. Recomiendo que se entreviste con Ashkey Hewitt».

En la Democracia Cristiana, el asesinato de Pérez Zujovic produjo un quiebre en el ambiente de entendimiento con la Unidad Popular que se había generado con la discusión y negociación del Estatuto de Garantías Constitucionales. La impronta de su sector más conservador provocaría el fin del acuerdo parlamentario por el cual la DC se aseguraba la presidencia del Senado y la UP la de la Cámara de Diputados. La postura crítica que se había instalado en la DC desde el 8 de junio se transformó en franca animadversión el 30 de julio. Ese día, seis diputados DC - entre ellos Luis Maira - renunciaron al partido y formaron una nueva tienda: la Izquierda Cristiana, la que se incorporó a la Unidad Popular. El camino estuvo abierto para que la derecha intentara convertir a la DC en su nueva socia estratégica.

Al otro lado de la conflictiva frontera norte, en Bolivia, nuevos ruidos de sables, y esta vez cruentos, cambiaron la perspectiva regional para el gobierno de la Unidad Popular. En la segunda quincena de agosto, Juan José Torres fue derrocado por el coronel Hugo Banzer, de marcada tendencia nacionalista y furibundo anticomunista.

Allende observaba con preocupación los nuevos frentes que se le abrían. A la ira que veía incubarse en la DC después del asesinato de Pérez, se sumó la reacción alterada de los empresarios. Lo consideraban uno de ellos. Lo que Allende no supo fue que ese atentado había incentivado los planes golpistas en la Armada. Ambos sectores, empresarios y marinos, encontrarían en el mar un espacio propicio y lejos de oídos indiscretos donde discutir abiertamente sus inquietudes y planes.

En rigor, los contactos databan de antes. Ya en agosto de 1968, Hernán Cubillos Sallato, destacado oficial de la Armada en retiro y Agustín Edwards, director de *El Mercurio* y uno de los más importantes empresarios del país, habían formado la «Cofradía Náutica del Pacífico Austral». El grupo tenía en común el goce por los deportes náuticos y la buena mesa. Eso hacía que funcionaran en el mar y también en tierra en una rotativa de suculentas, conversadas y bien regadas comidas en casa de los socios.

A la Cofradía se incorporó otro ex oficial de la Armada, Roberto Kelly, quien dejó la Marina cuando estaba a punto de ascender a contralmirante; y los almirantes José Toribio Merino, Patricio Carvajal y Arturo Troncoso. Merino sería designado Comodoro de la Cofradía, en reemplazo de Agustín Edwards, cuando éste partió a los Estados Unidos[43].

Hernán Cubillos dijo más tarde:

> La Cofradía nace como una inquietud que teníamos fundamentalmente Roberto Kelly, Agustín Edwards y yo de crear una especie de punto de encuentro de los civiles a los que nos interesaban las cosas del mar con los marinos profesionales. La evolución hacia los temas políticos fue un proceso natural a medida que se agravaba la situación del país. De ese club fue naciendo una relación que nos permitió ir pasando información a las Fuerzas Armadas e ir recibiendo nosotros sus inquietudes. Más que nada yo me dediqué a conversar con la Marina. El que tenía muchos contactos con el Ejército y la Fuerza Aérea era el entonces director de *El Mercurio*, René Silva Espejo. Él jugó un papel importante en la coordinación del Golpe[44].

---

[43] Del libro *Los economistas y el Presidente Pinochet*, cuyo autor es Arturo Fontaine Aldunate, director del diario *El Mercurio* desde 1978 hasta 1982.

[44] Entrevista en Qué Pasa del 1 de septiembre de 1996.

La afinidad política y complicidad que nació en la Cofradía Náutica sería determinante para la planificación del Golpe y de los programas económicos que se impondrían una vez instaurado el régimen militar.

En septiembre de 1971, los empresarios pasaron a una nueva etapa de su enfrentamiento. Esta vez el escenario de la cita fue también frente a la playa, pero en el Hotel O'Higgins de Viña del Mar. Allí se reunieron bajo la fachada de un «seminario» por iniciativa de Orlando Sáenz, presidente de la SOFOFA:

-Para invitar no recurrí sólo a los listados de la jerarquía establecida. Estaban Javier Vial, Hernán Cubillos, Eugenio Heiremans, entre otros. Les dije que había llegado a la conclusión de que el gobierno de Allende era incompatible con la libertad de Chile y la existencia de la empresa privada. La única forma de evitar el fin era derrocarlo. Se discutió, analizó y salieron las conclusiones. La primera fue organizar una estructura de guerra; allegar sistemáticamente recursos económicos, una búsqueda nacional e internacional de dineros que se pudieran materializar en acción política propagandística y de activistas. También decidimos la conformación de programas de gobierno alternativos, precisos y una permeación sistemática de todo esto hacia las Fuerzas Armadas. Hubo que organizar un Servicio de Inteligencia, departamentos técnicos. Decidimos estructurarnos de tal manera que significara obtener una información y una armazón técnica de primera y esas dos cosas representaban dinero. Además, necesitábamos los mejores medios de difusión y eso también implicó esfuerzo y dinero. Lo concreto es que al día siguiente entramos en una disciplina militar, nos pusimos el casco ¡y comenzó la guerra!.

Durante el primer año del gobierno de Allende las «subvenciones» para la desestabilización política en Chile «llegaron a superar ligeramente los 2,5 millones de dólares», según consta en el informe oficial «Senado de los EE.UU., Covert Action; Alleged Assassination Plots».

Con la guerra ya declarada, el 13 de octubre, aterrizó en Santiago el nuevo embajador de Estados Unidos. Nathaniel Davis sabía muy bien el valor de ese dinero.

# CAPITULO IX
## LA ASCENSION DE PINOCHET

La llegada a Chile de Fidel Castro, el 10 de noviembre de 1971, con su uniforme verde oliva, provocó la euforia de los partidarios de Salvador Allende, la ira de la derecha y un remezón en las Fuerzas Armadas. La imagen de un avión Huskyn de la Unión Soviética del cual descendió el hombre fuerte de Cuba e instigador del «foco guerrillero» en América Latina, fue un fuerte incentivo para quienes veían ese gobierno como el preámbulo de una dictadura marxista.

El general Pinochet le rindió honores cuando Castro depositó una ofrenda floral frente al monumento de Bernardo O'Higgins.

El coronel Arellano escribió en su agenda en esos días:

> La visita de Castro se anunció por poco más de una semana, pero estuvo 25 días. Recorrió todo el país. Nunca se vio una intervención más abierta y descarada en los asuntos internos de un país como la que hizo el «aventurero del Caribe» en Chile. Recorrió campos, ciudades, industrias, cuarteles y cada rincón del país donde hubiera un grupo de personas dispuestas a soportar su inagotable verborrea.

El 1º de diciembre de 1971, a la misma hora que Fidel Castro ofrecía su última recepción en la embajada de Cuba en Santiago, en el centro de la capital se llevó a cabo la primera «Marcha de las Cacerolas». Miles de mujeres de oposición, escoltadas por contingentes de choque de derecha, marcharon por la principal avenida de la capital haciendo sonar cacerolas como símbolo del descontento. La multitudinaria manifestación culminó en una gran batalla callejera con grupos de choque de los partidos de izquierda. Santiago se sumergió en un clima de confrontación, el que se intentó apaciguar decretando la Zona de Emergencia cuyo jefe era Pinochet. Una de sus medidas más polémicas fue la clausura por 48 horas de la Radio Balmaceda, de propiedad de la DC. Se la acusó de difundir comentarios sediciosos que afectaban gravemente la independencia de las Fuerzas Armadas.

El proceso de calificaciones del Ejército de ese año 1971 se vio alterado por un incidente familiar, acaecido a fines de noviembre, y que provocó la ira del coronel Arellano. Su hijo Sergio, de profesión abogado y militante democratacristiano, fue golpeado en una manifestación por miembros del Frente de Estudiantes Revolucionarios (FER), adscrito al MIR, en la Casa Central de la Universidad de Chile. El hecho violentó al grupo de oficiales que giraba en torno al coronel, todos ellos miembros del cuartel general de la II División, a la cual se había integrado. Uno de los oficiales más combativos en su reacción -»¡mi coronel, tenemos que hacer algo!»- fue el coronel Felipe Geiger Stahr, comandante del Regimiento Buin. Para ese entonces, Geiger ya era reconocido en las esferas del gobierno como un oficial abiertamente opositor, por lo que el ministro de Defensa de Allende, Alejandro Ríos Valdivia, le pidió a Prats que lo llamara a retiro.

Pero Prats se negó.

El proceso de calificación, particularmente conflictivo por la vorágine confrontacional que se había desencadenado, finalizó el 30 de diciembre con el llamado a retiro de sólo tres generales -entre ellos Manuel Pinochet, vinculado a la masacre del mineral «El Salvador»- y con una nueva e importante promoción. Augusto Pinochet recibió de manos del comandante en jefe, general Carlos Prats, su nueva destinación: la jefatura de su Estado Mayor, el segundo cargo de importancia en el Ejército. Asumió en enero de 1972.

«Al designarlo como su colaborador más inmediato, el general Carlos Prats está demostrando al general Pinochet que lo considera el depositario de su mayor confianza entre los componentes del cuerpo de generales», escribió Arellano en la última hoja de su agenda para ese año 1971.

El general Pickering también fue notificado de un importante ascenso. El 5 de enero de 1972 asumió como comandante de Institutos Militares, el segundo mayor mando de tropas del Ejército. Bajo su órbita estaban las Escuelas Militar, de Suboficiales, de Infantería, de Artillería, de Caballería, de Ingenieros, de Telecomunicaciones, de Blindados, de Montaña y de Paracaidistas y Fuerzas Especiales. En total sumaban alrededor de nueve mil hombres. Reemplazando a Pinochet a la cabeza de la Guarnición de Santiago quedó el general Héctor Bravo. Y el coronel Manuel Contreras fue designado como nuevo comandante del Regimiento de Ingenieros N° 4 «Arauco», de Osorno. Debió abandonar los juegos de estrategia en la Academia de Guerra en Santiago y partir al sur. También hubo cambios en el Ministerio de Defensa. Alejandro Ríos Valdivia fue reemplazado por el socialista José Tohá, quien acababa de ser suspendido de su cargo de Ministro del Interior debido a una acusación en su contra que presentó la DC en la Cámara de Diputados.

En una de las primeras actividades en su nueva investidura, Pinochet concurrió junto al comandante en jefe a una delicada reunión privada con el director de la Escuela Militar, coronel Alberto Labbé[45]. Le pidieron el abandono

---

[45] La actuación que tuvo el coronel Labbé hacia el Presidente Allende en la ceremonia de graduación de la escuela bajo su mando, el 17 de diciembre de 1971, fue el motivo por el cual el comandante en jefe del Ejército, acompañado de su segundo a bordo, el general Pinochet, le pidieron su retiro voluntario de las filas. El argumentó que había sido por negarse a rendirle honores a Fidel Castro. Fue Alcalde de Las Condes y presidente del club que agrupa a las 28 Cámaras Binacionales de Comercio en Chile. Es padre de Cristián Labbé, guardia personal del general Pinochet, integrante de su Comité Asesor (COAP). Como oficial de Estado Mayor, después de curso en Academia de Guerra, se incorporó al Ministerio Secretaría General de la Presidencia. Integró gabinete en la sombra dirigido por Sinclair. En agosto de 1989 fue nombrado por Pinochet ministro Secretario General de Gobierno. Se fue a retiro y en 1995, designado gerente de la Fundación Pinochet. En 1998 fue electo Alcalde de Providencia como militante de la UDI.

voluntario de las filas. Pero el coronel Labbé había decidido no presentar su expediente, por lo que Prats recurrió a la aplicación de la facultad presidencial para alejarlo en un retiro temporal. El único jefe militar que defendió a Labbé fue el general Oscar Bonilla. La noticia provocó una nueva polémica. Finalmente, Labbé abandonó el Ejército. Al poco tiempo, en noviembre de 1972, inició su campaña como candidato a senador por Santiago por el Partido Nacional, la única agrupación de derecha en esa época.

Distinta era la situación que enfrentaba en esos días el coronel Arellano. Al regresar de España le habían informado que le sería asignada la dirección de la Escuela Militar, la misma que debió abandonar Labbé. Pero la situación después del «incidente» había cambiado el cuadro. El destino que le anunciaron fue entonces la dirección de la Escuela de Infantería. No alcanzó a adaptarse al nuevo giro que tomaba su carrera cuando recibió un llamado telefónico del comandante en jefe. Le comunicó que una vez más su futuro había cambiado: se iría como comandante del Regimiento Maipo, en Valparaíso.

El general Carlos Prats jamás sospechó que, al enviar a Valparaíso al «Lobo», como le decían sus amigos a Arellano, estaba contribuyendo a la constitución del nudo operador de la conspiración golpista, al que le faltaba una pieza fundamental: un miembro idóneo del Ejército.

En Valparaíso, Arellano se encontró con el comandante en jefe de la Primera Zona Naval, el vicealmirante José Toribio Merino Castro, y con el jefe de la Segunda Zona de Carabineros, el general Arturo Yovane Zúñiga. Durante el año 1972, los tres estrecharon lazos de amistad y complicidad profesional, además de compartir una misma visión política. Un triángulo que en los momentos determinantes de los preparativos del Golpe de Estado mostraría su fuerza.

Al inicio del año 72, el general Alfredo Canales, al frente de la Academia de Guerra, también se negó a entregar su expediente de retiro. Se había quebrado la tradición de «caballeros» que imperaba en el Alto Mando del Ejército en cuanto a la delegación en el comandante en jefe de la autoridad en materia de promociones y retiros. La reiteración de una actitud rebelde, que involucró al comandante de una de las unidades más importantes del Ejército, la Academia de Guerra, puso de relieve que las consecuencias derivadas de la sublevación del «Tacna», el asesinato del general René Schneider y la elección del socialista Salvador Allende eran mucho más profundas y seguían horadando a la institución.

Pickering relató así el clima que se vivía en los cuarteles:

> Eran evidentes las maniobras de los sectores políticos de diferentes corrientes para penetrar en las Fuerzas Armadas y lograr con ello que fueran manifestando sus inclinaciones favorables a sus intereses. Por ello, se evidencia la necesidad de iniciar lo que podríamos llamar una verdadera campaña para impedir esta acción política. Los generales con mando de división, especialmente en Santiago, empezamos a sentir el peso de este peligroso juego de acción y reacción. Cada situación conflictiva de la política contingente, explotada tanto por el Gobierno como por la oposición, iba acompañada de la consecuente campaña de los medios de comunicación adictos a uno u otro bando, la que incluía inevitablemente un llamado indirecto al comienzo, desembozado después, a las Fuerzas Armadas, apuntando siempre hacia algún problema sensible de éstas y, lógicamente, tratando de inclinarlas hacia sus respectivas posiciones políticas. Esta situación se vivió en forma cada día más intensa a partir de marzo de 1972.

Mientras los suboficiales eran el blanco predilecto de la acción política de sectores de ultra izquierda, los oficiales lo eran de una estrategia de penetración de la derecha. No era fácil para el general Prats y para su Alto Mando mantener distancia de la política contingente en las filas, piedra angular de la «Doctrina Schneider». Las complicaciones aumentaron cuando el gobierno volvió a plantear en forma taxativa uno de los puntos de su Programa: la necesidad de ampliar el derecho a voto a todos los miembros de las Fuerzas Armadas, un derecho que sólo tenían los oficiales.

El tema surgió súbitamente a la discusión pública una vez que el derecho a voto fue rebajado de los 21 a los 18 años y se produjo la gran paradoja de que los conscriptos que engrosaban las filas en cada contingente sí estaban inscritos en los registros electorales, mientras que los suboficiales que los entrenaban no gozaban de ese derecho. El Alto Mando del Ejército se vio obligado a estudiar un curso de acción. Dentro del cuerpo de generales, unos postularon mantener las cosas tal cual. Argumentaron que el cambio abriría la posibilidad de una penetración política y el peligro de liderazgos paralelos. Todo aquello, dijeron, terminaría por destruir la tradición de apoliticismo en las filas.

La otra argumentación corrió por cuenta de los que postularon que el único cambio posible era que los oficiales renunciaran a ejercer su derecho a voto: así se eliminaba la discriminación y se resolvía el problema de raíz. La tercera posición pidió cambiar el sistema, posibilitando la inscripción electoral de todo el mundo, pero reglamentando la suspensión de ese derecho ciudadano mientras el militar estuviera en servicio activo. Lo que sí concitó la unanimidad del cuerpo de generales fue el rechazo al requerimiento del gobierno de permitir la inscripción electoral de suboficiales y soldados. Pero como no era fácil entregar esa respuesta, se optó finalmente por una solución tan osada como compleja. Se decidió consultar a los suboficiales sobre las tres alternativas antes mencionadas de forma reservada y discreta y a través de los mandos, para evitar discusiones y comentarios públicos. Se acordó también que, con posterioridad, un suboficial por grado expondría el sentir de los miembros de cada unidad.

Prats fue enfático en recalcar ante el cuerpo de generales que durante el desarrollo de la consulta se hiciera ver el peligro que encerraba el introducir cambios por el posible aprovechamiento político y que, por último, los oficiales estaban incluso dispuestos a renunciar a su derecho a voto. Llegó el momento del proceso de consulta. Para esta etapa se preparó el Estadio Nataniel en medio del máximo sigilo y de innumerables medidas de seguridad. Se buscó proteger el secreto de un acto en el que cada suboficial entregaría el pensamiento mayoritario de la unidad que representaba. Presenciaron las exposiciones los generales con mando en la Guarnición de Santiago y los comandantes de unidades. Para sorpresa de la mayoría de los jefes presentes, la unanimidad de los suboficiales planteó la no conveniencia de ejercer el derecho a voto. Más de alguno hizo mención al ejemplo dado por el general Schneider. Sólo después Prats le informó al gobierno que se había rechazado la ampliación del derecho a voto por opinión contraria de los mismos involucrados. En ese debate, así como en otros que se fueron sucediendo, algunos conjurados fueron identificando a los mandos que habrían de resistirse a acelerar la caída de Allende.

El enfrentamiento anunciado ya comenzaba a dibujarse en el tablero de los juegos de guerra.

## CAPITULO X
## MENTIRAS VERDADERAS

Según Pinochet, la conspiración golpista en el Ejército se inició poco después de que él asumió la jefatura del Estado Mayor, a principios de 1972. En ese momento, dice en su libro *El Día Decisivo*, le pidió al jefe de Inteligencia que «abordara» la estrategia a seguir como materia de seguridad nacional, con todos los antecedentes actualizados, y estableciera las posibilidades políticas de la nación:

> Debo reconocer que el paso que se daba era peligroso, pero vitalmente necesario. Tan pronto lo recibí, procedí en abril de 1972 a enviarlo al director de Operaciones para lo que preparé un oficio 'reservado'. Para no despertar sospechas o evitar que la comunicación fuera interceptada por alguna persona relacionada con la Unidad Popular, opté finalmente por enviarle un normal oficio conductor, acompañando en sobre separado, el documento con el estudio y análisis realizado. Era el primer paso que se daba para romper el tabú. Del documento en referencia resultaban de capital importancia aquellas materias relativas a las alternativas políticas que vivía el país y que más podían afectar a las Fuerzas Armadas. Leído este informe, cuyo contenido es altamente alarmante, iniciamos con las personas de mayor confianza que tenía en mi repartición, un análisis de

cada una de las conclusiones a que se había llegado en la Dirección de Inteligencia.

Y agrega:

> El documento señalado dejaba claramente establecido que un conflicto entre el Poder Ejecutivo y el Legislativo podría llegar a un momento en que, al no haber salida constitucional, desataría una lucha entre los dos poderes, posibilidad ésta que se veía más factible debido a que la posición de ambos se endureció cada vez más. En tal caso, las Fuerzas Armadas, que siempre habían actuado como árbitros, difícilmente podrían mantenerse como tales, tanto más que uno de los poderes (el Ejecutivo) creaba una fuerza paramilitar que según nuestros cálculos ganaba fuerza cada día a lo largo del país.

El general Mario Sepúlveda fue director de Inteligencia, una de las instancias citadas por Pinochet como involucradas en ese informe. Pero no recordó ninguna acción clandestina de esa naturaleza cuando hablamos muchas tardes de un invierno que se hacía eterno. Por sus responsabilidades, Sepúlveda debió haber tenido alguna interlocución con el general César Raúl Benavides, director de Operaciones. Y nunca conversaron de eso. Sepúlveda refutó paso a paso el relato de Pinochet. Y recordó que los informes que se elaboraban alimentaban la función del comandante en jefe y de su Estado Mayor para cohesionar el mando y hacer frente a las múltiples presiones que se ejercían sobre las instituciones armadas y, en especial, sobre el Ejército. No podía ser de otra manera en el curso de ese año 72, que marcó la segunda fase de la conjura.

La acción que, en esos días de 1972, despliega el Alto Mando del Ejército, del cual era una pieza importante Pinochet, se resume en las notas que hizo otro de sus integrantes, el general Guillermo Pickering:

> O el gobierno trataba de dar una mayor fortaleza política a su base de sustentación, buscando el apoyo

concertado de otras fuerzas políticas -lo cual lo llevaría a reprimir severamente al que atentara contra la estabilidad democrática del país-, o bien aceptaba el camino de la lenidad o consentimiento, haciendo vista gorda a los excesos de sus propios sectores ultras, exponiéndose a un aumento de la tensión hasta límites entonces no calculados. En cualquiera de esas opciones, las Fuerzas Armadas se verían cercadas por las presiones de distintas fuerzas políticas para intentar que ellas pusieran en la balanza un nuevo ingrediente de fuerza...

La relación de los hechos que sucedieron en el Ejército hecha por Pinochet, tampoco coincide con la división que a esas alturas ya se había establecido en su cuerpo de generales y que el Paro Nacional decretado en octubre por la Confederación de Dueños de Camiones agudizó. El general Oscar Bonilla, director de Instrucción del Ejército, sostenía entonces que, de acuerdo con la doctrina institucional, a las Fuerzas Armadas les correspondía «no sólo respetar la Constitución, sino hacerla respetar». Prats consideró improcedente esa interpretación: «para hacer respetar la Constitución los militares tendrían que echársela al bolsillo», reiteró en las reuniones del Cuerpo de Generales. Y advirtió acerca del peligro que encerraba una guerra civil, la que podría provocar por lo mínimo un costo de cien mil muertos, los que podrían llegar al millón de víctimas. Su posición era respaldada por los generales Pickering, Sepúlveda, Gustavo Alvarez, Joaquín Lagos, Orlando Urbina y el propio Pinochet. En una actitud de neutralidad o indefinición, se ubicaban los generales Raúl Benavides (director de Operaciones) y Carlos Forestier, entre otros. Y en el sector contrario, tomaban posición los generales Javier Palacios, Washington Carrasco, Manuel Torres, Ernesto Baeza, Sergio Nuño, Arturo Vivero, Oscar Bonilla y Carlos Araya. A ellos se sumaría muy pronto Sergio Arellano, quien ascendería al generalato en la calificación de 1972.

De acuerdo con *El Día Decisivo*, Pinochet solía replicar que, para que el Ejército pudiera entrar en acción, era imprescindible que la ciudadanía lo exigiera como único remedio contra el caos:

De otra manera -les explicaba- seríamos aprovechados posteriormente por los mismos políticos que habían conducido a Chile a este desastre y que tal vez esperaban que las Fuerzas Armadas hicieran una limpieza y un acomodo del país para luego recuperar el poder. Mi idea era muy diferente. Si el Ejército y las Fuerzas Armadas intervenían contra el gobierno marxista, sería para producir cambios trascendentales en los más amplios y variados aspectos de la vida nacional a fin de corregir las gravísimas deformaciones que la política tradicional había ocasionado con el correr de los años. Por lo tanto, las Fuerzas Armadas tenían que permanecer en el poder un período indeterminado hasta modernizar la vida chilena, restablecer la convivencia y crear un régimen institucional acorde con los problemas y las amenazas de la época y dejar a la Nación en condiciones de defender su nueva democracia.

Los relatos que otros generales del Ejército de la época hicieron a esta autora tampoco cuadran con lo que se cuenta en *El Día Decisivo*. Es más, en ellos figura Pinochet en forma reiterada afirmando ante los generales: «¡Un Golpe de Estado sería una locura! ¡Desencadenaría la guerra civil!».

En lo que respecta a los objetivos que se habrían auto impuesto las Fuerzas Armadas una vez ejecutada la intervención militar, basta leer los documentos de la época para concluir que ese debate se dio recién en 1977, en la víspera de la exclusión del comandante en jefe de la Fuerza Aérea, general Gustavo Leigh, de la Junta Militar de Gobierno, en 1978. Cinco años antes, en junio de 1972, Allende solicitó al Ejército que un general asumiera la cartera de Minería. No hubo ni un solo integrante del Alto Mando que cuestionara la designación del general Pedro Palacios, a pesar de la abierta animadversión que generaba en muchos de ellos el gobierno. El almuerzo de camaradería que los generales ofrecieron en honor del nuevo ministro de Minería y las felicitaciones de que fue objeto Palacios, corroboran el clima aún exento de confrontación abierta que se vivía en esos días de junio.

En cambio, muy distinta era la situación entre los oficiales de la Marina, el Ejército y Carabineros en Valparaíso, una zona bajo control de la Armada y a la que había llegado el general Arellano. El general Arturo Yovane, jefe de Carabineros en esa zona, reconstruyó su ingreso a la conspiración:

> Los primeros encuentros, casi inocentes, se iniciaron a mediados de 1972, en Valparaíso. Primero fueron reuniones sociales y de camaradería entre oficiales, a los que poco a poco se fueron sumando algunos empresarios y políticos de derecha. Así fue como entablé relación con los almirantes José Toribio Merino, Patricio Carvajal e Ismael Huerta, y con otros altos oficiales de la Armada y el Ejército, contrarios al gobierno de la Unidad Popular. Entre éstos últimos destacaba el coronel Sergio Arellano Stark, comandante del Regimiento Maipo. Dentro de nuestra amistad comentábamos la situación en que se encontraba el país. Coincidíamos en nuestras críticas y la preocupación por la forma en que se había perdido el respeto por las tradiciones chilenas. La bandera era ultrajada por cualquier porquería. En los discursos nunca se hacía referencia a nuestros héroes. Aparte del desorden imperante y de la falta de respeto a las instituciones legítimas del país, existían los decretos de insistencia, normas que eran firmadas por los miembros del gabinete de Allende, cuando las leyes eran rechazadas por la Contraloría o el Parlamento. Una de las instituciones que más sufría esa crisis era precisamente Carabineros. Estábamos entre la espada y la pared, porque nuestro deber es hacer cumplir y acatar lo que dictan los tribunales de justicia acorde a las leyes, pero no así las que dictaba la autoridad pasando por encima del Poder Judicial. Se cometían cientos de abusos, obligándonos a pedir autorización al poder civil. A medida que la situación en el país se hizo más crítica, estas reuniones de camaradería dieron paso a la acción. Reunidos en secreto en casa de amigos o parientes comenzamos a planificar el derrocamiento de Salvador Allende. En un principio pensamos iniciarlo en Valparaíso, por el apoyo total de la Armada a una acción de esta índole, pero no estábamos seguros de la reacción del Ejército. Arellano era quien más pedía esperar hasta confirmar que el Ejército se plegaría. Para entonces, el almirante Merino ya había

hablado con el general Gustavo Leigh, segundo en el mando de la Fuerza Aérea y con gran parte de su Alto Mando, los que apoyaban decididamente la idea. A partir de ese momento, el general Gustavo Leigh se transformó en el corazón del Golpe. Durante casi un año, dos o tres veces a la semana, cumplí una delicada misión: recorrí las unidades policiales del país sondeando el apoyo de los oficiales y suboficiales al movimiento[46].

La corriente que se originó en Valparaíso comenzaba así a expandirse hacia otras zonas del país y especialmente hacia Santiago. En septiembre, señales inquietantes revelaron que algo se estaba urdiendo. La tradicional Parada Militar de las fiestas de la Independencia se preparó con especiales medidas de seguridad. El general Alfredo Canales, quien se había negado a presentar su expediente de retiro en diciembre de 1972, después de haber provocado un incidente en la Academia de Guerra de la cual era director, protagonizó en esos días un nuevo cortocircuito.

Por esos días se realizó, en la Guarnición de Valparaíso, una competencia de esgrima que presidieron el Director de Instrucción de la Armada, contraalmirante Horacio Justiniano, y su símil del Ejército, general Alfredo Canales. Según la versión que entregó posteriormente el alto oficial de la Armada, en un momento de la competencia el general Canales hizo comentarios adversos al gobierno y criticó al comandante en jefe de su institución. Todo aquello lo rubricó diciendo que la oficialidad subalterna estaba dispuesta a «alzarse» contra Allende. La respuesta del contraalmirante Justiniano fue escueta. Le manifestó que ese tipo de comentarios les estaba vedado. Lo notificó, además, que reportaría lo sucedido al comandante en jefe de la Armada, lo que hizo de inmediato en forma verbal y luego por escrito, por expresa petición del almirante Montero. Muy pronto el escrito llegó a las manos del general Prats.

La participación del Ejército en la Parada y en el Te Deum tuvo esos precedentes. Un fuerte cordón de seguridad trató de neutralizar dos amenazas. La primera, evitar

---

[46] Entrevista en revista *Cosas* Nº 517 (15. 6. 1996).

que una acción extremista (de cualquier bando) pudiese sorprender a los soldados apoderándose de sus armas. La otra, y no menos importante, impedir que alusiones atentatorias contra la honra de la institución derivaran en algún hecho trágico. Se temía una reacción descontrolada frente a las provocaciones de grupos que se habían preparado para lanzarles trigo a su paso (en señal de que eran unos «gallinas», cobardes) y gritarles «sandías», verdes por fuera (aludiendo al color de su uniforme) y rojos por dentro (en un símil con el apodo despectivo con que se denomina a los comunistas). Nada de lo que se temía ocurrió. El 21 de septiembre se conoció la resolución presidencial que llamó a retiro a Canales, por «grave falta a la disciplina, constitutiva de una abierta infracción a la doctrina institucional, a una inconcebible falta de lealtad con el comandante en jefe del Ejército, con sus colegas del Alto Mando y con sus propios subalternos, a quienes ha imputado el lesivo cargo de que se alzarían en contra del gobierno constitucional». Esa misma tarde, Canales entregó a la prensa su peculiar versión de los hechos. Se inició una ofensiva de la derecha en contra del general Prats, la que también se extendió al contraalmirante Justiniano. Para nadie era un misterio que el objetivo era incitar a la oficialidad joven a una desobediencia al mando, al que se consideraba demasiado comprometido con la política de subordinación al poder civil.

A dos años del asesinato del general Schneider y del inicio del gobierno de Allende, el «Paro de Octubre» originó la más seria perturbación al orden público y a la economía. La Confederación de Dueños de Camiones, que presidía León Villarín, inició, el 10 de octubre, una huelga nacional motivada en su origen en el rechazo al proyecto del gobierno de crear una compañía estatal de transporte. Pronto se plegaron el comercio y la pequeña industria. Los médicos y los empleados bancarios se sumaron más tarde a la protesta. Cuatro días después era tal la gravedad de la situación, que el gobierno tuvo que decretar Zona en Estado de Emergencia en 20 regiones del país. Como muchos generales asumieron responsabilidades de jefatura en dichas zonas, el proceso de calificaciones del Ejército debió suspenderse. La Dirección de Industria y Comercio (Dirinco) del gobierno, comenzó a requisar artículos de primera necesidad desde los establecimientos comerciales. Los trabajadores asumieron el control de muchas industrias en paro.

La clausura de Radio Minería, por no respetar una cadena obligatoria del gobierno y alentar por sus ondas a los gremios en conflicto, sumó otro problema en el que se vio envuelto el general Pickering. El funcionario que llevaba la orden de clausura hasta la radio se encontró con una muchedumbre que había cercado el edificio ubicado en Tobalaba y Providencia. Los carabineros que acompañaban al funcionario también fueron rodeados por los manifestantes. Pickering, comandante de Institutos Militares, recibió la orden del jefe de la Guarnición de Santiago, general Héctor Bravo, de enviar al sitio un destacamento de la Escuela Militar para controlar la situación. Pero Pickering no quiso entregarle esa dura responsabilidad al coronel Nilo Floody, director de la Escuela Militar. Decidió concurrir personalmente. La sola presencia de un contingente de la Escuela Militar a la cabeza del cual marchaba un general, aquietó los ánimos. Pero la historia no terminaría allí.

Un grupo de parlamentarios de derecha y de la DC también había concurrido a la emisora y emplazó al general Pickering a definirse frente a la situación política. El militar replicó:

-Señores, nací en un cuartel, crecí en un ambiente íntimamente relacionado con el Ejército, me eduqué en la Escuela Militar y todo lo que soy se lo debo a mi institución. Sólo pienso como militar.

En el auto de Pickering quedaron seis impactos de arma de fuego de pequeño calibre. Al día siguiente, el comandante de Institutos Militares recibió los calificativos de «comunista» y «marxista». Hilaridad o indignación provocaron en quienes lo conocían. Para Pickering representó una grave ofensa ya que su mayor principio había sido mantener absoluta prescindencia de la política contingente y nada más ajeno a sus convicciones que el marxismo. Dolido y estupefacto advirtió que las posibilidades de hacer predominar la cordura y la razón se diluían en una espiral de violencia que no dejaba espacio ni siquiera para su defensa. Días más tarde escribió:

> Puedo decir y comprobar con absoluta tranquilidad de conciencia que el único motivo que guió mis actuaciones durante mis 37 años de oficial y 42 de vestir el uniforme del Ejército, fue servir a mi institución con el más pragmático espíritu profesional, absolutamente apolítico y profundamente convencido del respeto por la Constitución y por los principios de ética profesional que aprendí y cultivé durante toda mi carrera. En coherencia con mis anteriores aseveraciones, al cumplir una orden como la que recibí, primero del comandante en jefe del Ejército y después ratificada por el comandante de la Guarnición, estaba absolutamente dentro de mi ética profesional. ¿Qué se quería entonces? ¿Que me sublevara?

El problema continuó agravándose y obligó a Allende a una respuesta osada. El 2 de noviembre hizo pública su decisión de nombrar un gabinete cívico-militar con la incorporación del almirante Ismael Huerta como ministro de Obras Públicas y Transporte; del general de la Fuerza Aérea Claudio Sepúlveda, como ministro de Minería; y el general Carlos Prats, al frente de la cartera de Interior. El paro terminó a las 18 horas del 6 de noviembre tras largas negociaciones. Los dirigentes de los gremios lo anunciaron después que aceptaron las condiciones que les ofrecieron dos ministros militares: Prats y Huerta. El país respiró. La normalidad comenzó nuevamente a instalarse en las calles. Pero era sólo una tregua. Un corte necesario que preparaba la nueva embestida: empresarios y altos oficiales de la Armada habían comenzado la confección del plan económico que se implementaría una vez derrocado el gobierno de Allende.

Orlando Sáenz, presidente de la SOFOFA, relata:

-En septiembre de 1972, la estructura del Comando Gremial conspirativo ya era muy complicada. Intervenían otros «generales»: los transportistas de León Villarín, el comercio detallista de Rafael Cumsille, los sectores intermedios de Raúl Bazán, los colegios profesionales. Apareció luego Jaime Guzmán con sus gremialistas y Pablo Rodríguez con Patria y Libertad. Esto fue creciendo y creciendo y para fines del año 1972 este movimiento fue capaz de parar durante un mes a Chile. Eso exigió una complicada estructura y unas interrelaciones que significaron inflar no sólo dineros sino también egos. Los dineros salieron de la empresa privada nacional y extranjera, pero más que nada externa. Yo mismo hice contactos con sectores empresariales de otros países a los cuales les debo lealtad y gratitud. No me arrepiento. Se me avisaba del extranjero cuanta plata teníamos y la transformábamos en acciones. En Europa, por ejemplo, trabajó un comité nuestro de tres personas. Eran empresarios y sus nombres no los revelaré. Pero, además, cada gremio llegaba con sus fondos. Le podría dar una nutrida lista de prohombres chilenos que hoy se expresan públicamente, que no tuvieron ningún empacho en recibir subsidios importantísimos para sus obras. ¿Sabe usted cuánto costó la campaña para salvar la Papelera, por ejemplo? Fueron cantidades enormes de dinero. Y sobre la base de allegar recursos, lo primero era tener medios de difusión. Teníamos una nómina de subsidios para treinta y tantas radios y más de veinte diarios a lo largo del país. Inventábamos publicidad. Por ejemplo, para la defensa de las áreas verdes. Era un ejército y toda esa actividad era necesaria. Nada más que la «Sección Inteligencia» nuestra llegó a tener casi 70 personas. Y todos esos grupos funcionaban en un lugar que no tuviera relación con las organizaciones empresariales. Por ejemplo, donde se gestó el embrión del programa económico que aplicó Sergio de Castro, fue en un departamento en los altos del Teatro Continental. Allí se instaló Sergio Undurraga, secretario ejecutivo de nuestro Departamento Técnico y comenzó a contratar economistas. El programa económico se demoró más de un año en elaborarse. Pero hay algo importante que puntualizar: el dinero no compró el paro nacional. El dinero hizo posible que se materializara el sentimiento de paro.

Arturo Fontaine Aldunate, ex director del diario *El Mercurio*, en su libro *Los economistas y el Presidente Pinochet*, cuenta de qué manera se decidió la confección de «El Ladrillo», el plan económico que impuso la Armada en la conducción del régimen militar después del Golpe de Estado. Fue el ex oficial Roberto Kelly el depositario de esa misión:

> Kelly se compromete a presentarles un plan y recurre a su amigo Emilio Sanfuentes Vergara, vinculado también al Grupo Edwards y colaborador estrecho de Hernán Cubillos. Sanfuentes, siempre optimista, promete el plan para dentro de treinta días. Kelly lo ofrece a los marinos en un plazo de noventa días. Tres hombres tienen importancia primordial en la gestación de ese plan: Sergio Undurraga, el dueño de casa, pues la base fue su oficina de asesoría para la Sociedad de Fomento Fabril -SOFOFA, que preside Orlando Sáenz-; Emilio Sanfuentes, que aporta la vinculación empresarial, nacional y gremialista, además de su acercamiento a los marinos y de su enorme capacidad para movilizar esfuerzos; y Alvaro Bardón, el contacto más eficaz con los economistas democratacristianos. En agosto de 1972, se formaliza el estudio del plan alternativo económico, esto es, un programa capaz de sacar al país del marasmo en que lo tiene Allende y de proporcionarle a quien suceda a éste (probablemente las Fuerzas Armadas), un diagnóstico y una pauta de acción en el plano económico.

El «Paro de Octubre» fue, como era de prever, atentamente seguido por los agentes de la CIA destinados en Chile. En un informe enviado el 20 de octubre de 1972, por el jefe de la estación en Santiago, se lee:

> Carabineros seguirá apoyando al Gobierno tanto tiempo como el Ejército lo haga... De producirse un enfrentamiento entre civiles, la oposición a la Unidad Popular perdería. Las Fuerzas Armadas perderán independencia institucional a medida que pase el tiempo.

En el Informe de la «Comisión Church», por su parte, se señala:

> Ya en septiembre de 1971 una nueva red de agentes estaba establecida y la representación de la CIA, estaba recibiendo informes casi cotidianos sobre el complot para un Golpe de Estado... Pero en 1972, fue la red de inteligencia de las Fuerzas Armadas de los Estados Unidos la que continuó informando sobre las actividades del complot para el Golpe. Durante 1972, la CIA continuó monitoreando al grupo militar que estaba en condiciones de montar un Golpe exitoso y gastó un tiempo y un esfuerzo significativamente mayor penetrándolo. Más de lo que había hecho previamente con otros grupos. Aquel grupo había despertado la atención originalmente en octubre de 1971. Ya en enero de 1972 la CIA lo había penetrado con éxito y estaba en contacto con su líder a través de su intermediario.

La nueva estrategia subversiva que lanzó «Patria y Libertad» después del «Paro de Octubre», también concitó el interés de la CIA. En su sede central en Langley, Virginia, se recibió en noviembre un informe que detallaba sus movimientos:

> El grupo opositor cívico liderado por Pablo Rodríguez, se está organizando sin importar filiación política. Están organizados cuadra por cuadra. Hasta las mujeres y niños están entrenados en primeros auxilios, autodefensa, uso de armas, cómo hacer bombas molotov. También están entrenando personas para operar empresas eléctricas y de transporte público en caso de un golpe militar. El apoyo económico y las armas, como ametralladoras y granadas de mano, vienen de Brasil.

Mientras la CIA, el comando de guerra empresarial y la Armada delineaban en absoluta homogeneidad y silencio una fina estrategia conspirativa, en el movimiento obrero se agrietaban las relaciones entre la izquierda y la DC. En 1972, la CUT había realizado la primera elección directa de sus dirigentes desde su fundación. El Pc obtuvo el 30% de los sufragios; el Ps, el 26,42%; el Mapu, el 5,22%; el Pr, el 4,74%, y el Mir, el 2,11%. La Dc, liderada por Ernesto Vogel, y con una campaña que tuvo por lema «Una Oposición revolucionaria a un Gobierno revolucionario», logró el 24,64%, eligió a 16 directivos y obtuvo la primera mayoría en Santiago. Vogel llegó así a la vicepresidencia de la Cut. Después del «Paro de Octubre», el presidente de la Cut, Luis Figueroa, fue nombrado ministro del Trabajo; y el secretario general, Rolando Calderón, ministro de Agricultura. A la cabeza del organismo sindical quedó otro comunista: Jorge Godoy. La identificación de la Cut con el gobierno fue casi total, lo que relegó a los dirigentes Dc a una insostenible posición.

En 1975, dos años después del Golpe de Estado, en una reunión del exilio en Londres, Luis Figueroa diría al respecto:

> La Cut no es un organismo de la Unidad Popular. No es su séptimo partido. Es una organización sindical de los trabajadores en la cual hay militantes de la Up y también de otros partidos. Cometimos otro error durante el gobierno de la Unidad Popular llevando a la Cut al gobierno, amarrándola a toda la alternativa del gobierno y enfrentándonos al peligro de la división de clase. La Dc estuvo con el Golpe porque no supimos trabajar con ellos en el sector sindical. Estos errores históricos se pagan muy caro. ¡Cada cual tiene su responsabilidad frente a la historia!

Aquel 1972 no fue un año de medir costos políticos para algunas fuerzas ansiosas de asaltar el cielo. En medio de la polarización, las palabras de Allende no encontraban el eco esperado:

«Las revoluciones no son partos de todos los días en la Historia. Y lo que estamos haciendo nosotros es una auténtica revolución. No sólo porque lo vivimos, lo vemos, lo sentimos, sino porque además, de todas las latitudes del mundo miran a Chile como un fanal que enciende una pequeña llama de esperanzas en millones y millones de seres humanos. No podemos defraudarnos nosotros ni podemos defraudar a otros pueblos. No podemos caer ni en el escepticismo, ni en la duda, ni en el cansancio, ni podemos caer en actitudes afiebradas, creyendo que puede hacerse la construcción del socialismo en media hora, en un día, en un año. ¡No, compañeros! Nadie trata aquí de detener la avalancha del proceso revolucionario; cuando era candidato lo dije cientos de veces a lo largo de Chile: no quiero ser un Presidente más. ¡Quiero ser el Primer Presidente del Primer Gobierno auténticamente Popular, Nacional, Democrático, Revolucionario de la Historia de Chile!»

Con ese discurso viajó Allende, en diciembre de 1972, a las Naciones Unidas. Ahí denunció el «cerco invisible» que las empresas multinacionales habían tejido en contra de Chile y de su gobierno. Una etapa importante de ese viaje fue su visita a México. Uno de los integrantes de la comitiva de seguridad, que desde el aparato de Inteligencia y Contrainteligencia del Ps asesoraba esa función, me relató:

-Éramos tres los del grupo de avanzada que llegó antes a Ciudad de México. Iba con «Silvano» (Wagner Salinas), un integrante del Gap al que mataron después en Talca, junto a Germán Castro, Intendente de esa ciudad; y con Hugo Morgado, funcionario de Investigaciones. Cuando llegué a México, me reuní con el Agregado Militar, el coronel Agustín Toro Dávila y le pedí que hiciera los contactos para que pudiéramos reunirnos «con el señor Pablo Rodríguez que está aquí exiliado y también será necesario hablar con el señor Lucho Gatica». Ambos aparecían en el listado de los opositores conflictivos en esa capital. El auto de Toro Dávila, un Ford, fue mi auto operativo. Él me lo pasó diciéndome «¡me gusta cómo trabajas!». Y hablé con Rodríguez. Le dije que no intentara nada durante la visita de Allende, que lo íbamos a tener marcado paso a paso, que estábamos apoyados por los integrantes de la IV Internacional en México, por el Pc y por un sector del Pri. Y era cierto, en quince días armamos un dispositivo de seguridad con cinco mil hombres. Teníamos a todos los potenciales «enemigos» de Allende vigilados al igual que todas las esquinas de sus desplazamientos. Con Morgado nos movilizábamos en un bus donde iban los «Halcones» con sus carabinas recortadas. Son los mismos que hicieron la matanza de Tlatelolco. El momento más crítico fue cuando íbamos llegando a la embajada chilena en Ciudad de México con Allende y nos cortaron la luz. Fue en el preciso instante en que Allende ingresaba a la casa y también lo hacía la viuda de Lázaro Cárdenas. En la oscuridad, nos abrimos paso a punta de patadas y culatazos contra quien se acercara al Presidente.

En Chile, Prats, ministro del Interior, asumió la vicepresidencia y Pinochet la jefatura del Ejército en carácter de subrogante. En la misma noche de la asunción de Prats, los generales de la Guarnición de Santiago fueron convocados por Pinochet a concurrir al domicilio de la autoridad transitoria del país para «congratularlo» por su nombramiento. Les dijo que se haría «un pequeño vino de honor» en concordancia con la austeridad que primaba en los cuarteles en esa época.

Pickering participó de ese ágape:

> Mientras se realizaba esta reunión, alguien pidió sorpresivamente que guardáramos silencio. Presenciamos entonces cómo el jefe del Estado Mayor terciaba una banda presidencial, confeccionada ex profeso, al general Prats. Luego, después de un abrazo efusivo y palabras de congratulación y buenos deseos por el éxito de tan importante gestión, nos invita a entonar el Himno de la Escuela Militar que todos conocemos. El retraimiento y poca inclinación por la ostentación, inherentes a la personalidad del general Prats, quedó de manifiesto al percatarnos de su sorpresa e inhibición al momento de recibir este agasajo de quien iba a subrogarlo en el mando del Ejército hasta el 27 de marzo de 1973.

En esos días de diciembre de 1972 concluyó el proceso de calificaciones del Ejército. Arellano se trasladó a Santiago en calidad de general. No le fue fácil abandonar el principal puerto del país y menos el Regimiento Maipo. El control total de la ciudad estaba en manos del almirante José Toribio

Merino, con quien Arellano había llegado a entablar una estrecha relación. En la capital lo esperaba la jefatura del Comando de Tropas del Ejército, con sede en Peñalolén. Su próxima misión sería apasionante: debía organizar una nueva Unidad Operativa, la que inicialmente estaría constituida por los Comandos de Aviación, de Telecomunicaciones y de Ingenieros. También debía participar en los Consejos de Generales, de reuniones periódicas en esa época, que indefectiblemente terminaban con el análisis de la política contingente. La deliberación ya se había apropiado de los cuarteles y tendría su prueba de fuego en marzo de 1973, con las elecciones parlamentarias. Para esa elección, la oposición había logrado la unidad de acción. La DC se alió con el Partido Nacional y el PIR, grupo radical que lideraba Alberto Baltra y que había abandonado la Unidad Popular. Los tres formaban la Confederación Democrática (CODE).

El 4 de marzo de 1973 el resultado de los comicios parlamentarios provocó estupor e ira entre los opositores al gobierno y en las filas golpistas de las Fuerzas Armadas. La sorpresa también se apoderó de los generales de Ejército que aún no estaban decididos a incorporarse a la conjura. El 43,39% de los sufragios obtenido por la UP, aumentando el caudal electoral logrado por Allende al ser elegido Presidente, hizo que la fuerte presión para que asumieran su lugar en la trinchera se hiciera más explícita. Esa elección parlamentaria marcó el fin del compás de espera que los dueños de la conspiración se habían impuesto. No obstante el alto apoyo popular que logró la CODE, no les alcanzó para obtener los dos tercios necesarios en el Parlamento que permitieran declarar la inconstitucionalidad del gobierno y de su Presidente. El objetivo sería derrocarlo.

Sólo faltaba una pieza en la maquinaria golpista: el batallón secreto del Ejército.

En La Moneda, un pequeño grupo de asesores de Allende, que trabajaba en el más completo secreto, se enfrentaba a un punto de quiebre en su análisis. La encuesta sobre la elección de marzo que habían puesto sobre el escritorio del Presidente días antes, sólo difirió en pocas décimas del escrutinio final. El logro, sin embargo, no alcanzó a regocijarlos. A partir de ese momento, sus conversaciones con el Presidente se hicieron más frecuentes y descarnadas. Fueron los coloquios íntimos de un grupo que tuvo pocos sobrevivientes y cuyo secreto sólo se develó cuando uno de ellos decidió abrir la compuerta de una página inédita y apasionante de la historia de esos mil días.

## CAPITULO XI
## EL «Gap INTELECTUAL» DE ALLENDE

Mucho se ha escrito sobre lo que sucedió el martes 11 de septiembre de 1973 en el palacio de Gobierno. Pero uno de los capítulos que quedaba en las tinieblas era la misión que tuvieron algunos de los hombres que decidieron permanecer junto a Salvador Allende en La Moneda. ¿Cómo se explica si no la poderosa razón que impulsó al sociólogo Claudio Jimeno y a los doctores Jorge Klein y Ricardo Pincheira a inmolarse junto a su Presidente?

Durante años han sido sólo parte de una fría nómina de muertos. Un registro que no puede dar cuenta de por qué hombres llenos de vitalidad entregaron lo mejor de su talento y energías por una causa. Para los que los conocieron no fue una sorpresa la postrera actitud de esos jóvenes que habían unido su destino en los años '60 hasta llegar a formar un grupo de «asesores secretos».

Allende los llamó con afecto «mi Gap intelectual».

Felix Huerta, uno de sus sobrevivientes, fue el primero que abrió la ventana de los recuerdos. Poco después se juntaron los otros que escaparon de la muerte, lo que hasta hoy les provoca sentimientos de culpas, y en una jornada no exenta de dramatismo revivieron la historia de aquel «compartimento secreto» que, en aquellos días, hizo de la «inteligencia sociológica» un inédito instrumento de indagación.

Fue en 1966, en los patios y vetustas salas de la Escuela de Medicina de la Universidad de Chile donde los hombres de esta historia ligaron de manera indisoluble sus vidas. El centro de atracción eran los integrantes de la Brigada Socialista. En ella brillaba el carismático doctor Eduardo «Coco» Paredes, ayudante del doctor Carlos Molina. En el trabajo académico y político, Paredes trabó amistad con el sociólogo Claudio Jimeno, el que se había incorporado a la cátedra de Medicina Preventiva del Hospital San Borja. A ellos se unió otro sociólogo a quien, por su expresa petición, llamaremos sólo «Felipe». Uno de los sobrevivientes del 11 de septiembre de 1973.

Las luces y destellos del trío conformado por Paredes, Jimeno y «Felipe» eran emulados por otro grupo de estudiantes de Medicina, también de izquierda, formado por un cuarteto inseparable: Felix Huerta, presidente del Centro de Alumnos y vocal socialista de la Federación de Estudiantes de la Universidad de Chile (FECH); Carlos Lorca, dirigente de la Juventud Socialista; Ricardo Pincheira y Jorge Klein.

Lorca, inteligente y reflexivo, estaba un curso más arriba que el resto pero su fanatismo por el ajedrez -o el deseo de asociarse aún más a sus compañeros- lo hizo congelar un año sus estudios siendo alcanzado por sus amigos. Ricardo Pincheira, también se desvió por los vericuetos del amor y la literatura en forma no menos intensa que la que requerían sus estudios. De tanto andar con *Ulises*, de James Joyce, bajo el brazo repitió curso. El verano de ese año '66 los convirtió en un grupo más cómplice y afiatado al viajar «a dedo» a Brasil, Perú, Bolivia, Uruguay y Argentina. En la majestuosa soledad nocturna de Machu Picchu todos ellos bebieron de la vibrante embriaguez que les inspiraba la revolución cubana.

Ese interés llevó a Paredes, más adulto, a adquirir un compromiso mucho mayor con la revolución cubana y su línea de acción para la conquista del poder. Formaba parte de la dirección de los «elenos», un grupo secreto del Ps. Lo llamaban así por su vínculo directo con el «Ejército de Liberación Nacional» (ELN), creado por el «Che» Guevara para iniciar la guerra de guerrillas en Bolivia. Uno de los jefes de los «elenos» fue Rolando Calderón, el máximo dirigente sindical del Ps en la CUT. En 1967, cuando el «Che» Guevara se instaló en Bolivia, el grupo orgánico de Calderón, Paredes y Arnoldo Camú, entre otros, hizo efectivo su nexo con la guerrilla. A la fracción clandestina se unió el grupo de Huerta. En esa línea de acción jugó un rol clave la hija de Salvador Allende, Beatriz, a la que todos llamaban «Tati».

Treinta años después pude empezar a armar el rompecabezas de la «asesoría secreta» de Allende y del rol que jugaron los «elenos» en su entorno y el 11 de septiembre de 1973. En una arbolada y tradicional calle de La Reina, una reja alta esconde las instalaciones del colegio «Rubén Darío». La única figura humana es la de un hombre que se desplaza en silla de ruedas: Felix Huerta, su director y creador. Su rostro no ha aparecido jamás en diarios ni televisión. Alguna vez fue un carismático dirigente socialista, alto y bello, pletórico de sueños y certezas revolucionarias. El joven que a los 23 años, siendo un líder y brillante estudiante de Medicina en la Universidad de Chile, decidió abandonarlo todo para seguir la lucha del «Che» Guevara, una opción que, previo paso por Cuba, lo trajo de regreso a Chile en silla de ruedas. El último día de su entrenamiento, en una reyerta estúpida, un tiro por descuido lo dejó inválido.

Dice Huerta:

«La guerrilla en Bolivia nos influenció mucho, así como también la figura del «Che» y la revolución cubana. Pasábamos pertrechos, hacíamos de correo. Viajé allí después de la muerte del «Che», el 9 de octubre del '67. El foco de Ñancahuazú había terminado y quedaban sólo los sobrevivientes: Inti Peredo, Darío, «Pombo», «Benigno» y «Urbano»[47]. Mi misión era pasarlos a través de la cordillera hacia Chile».

«Después de un viaje a Bolivia me fui a Cuba. La muerte del «Che» apresuró mi decisión. Era curioso: uno creía que

---

[47] «Benigno», uno de los sobrevivientes de Bolivia, es Daniel Alarcón Ramírez, coronel y héroe de la revolución cubana que, en mayo del '96, a los 56 años, pidió asilo político en Francia. «Pombo», Harry Antonio Villegas Tamayo, es otro de los cubanos que sobrevivió al «Che» en Bolivia y también a la intervención cubana en el Congo. Es general y jefe de la Sección Política del Ejército de Cuba. En los primeros meses del año '68, parte del Diario del «Che» en Bolivia le fue entregado por Salvador Allende.

podía cambiar el mundo. Estaba absolutamente convencido de que la lucha armada era la vía para lograr una sociedad más justa. Y así fue como me fui a un entrenamiento largo y fuerte. Recuerdo mucho y con especial afecto a «Benigno». Un tipo fantástico, fuertísimo y muy fornido. «Rambo», el personaje de las películas, ¡era una porquería comparado con «Benigno»! Pero yo, en ese plano, era ¡pésimo! Había bolivianos, colombianos, venezolanos, costarricenses, un brasileño -al que le decíamos «Dipi» y que murió en Bolivia- y un lote grande y lindo de argentinos buenísimos, unos personajes. Eramos cerca de cien. Fueron siete meses de entrenamiento muy duro y con combates reales. La mística del grupo era enorme, había que remontar un doble golpe: el fracaso del foco de Ñancahuazú y el impacto sicológico de la muerte del «Che». Al final de esos siete meses viajé a La Habana para hacer un curso de cirugía de guerra. En forma paralela debí continuar mi entrenamiento militar, especialmente karate. Y después me pasó el incidente aquel. Cuando recuperé el conocimiento estaba en el Hospital Naval y supe que había quedado inválido...»

«Lo único que quería era morirme. Lo intenté varias veces y de hecho me dieron por muerto unas cuantas. Sólo podía mover el dedo de una mano y con una leve inclinación. No quería regresar a Chile, pero mi hermano mayor fue a buscarme. Llegué a Santiago y me encontré con afecto a raudales, con que tenía de verdad muchos amigos. ¡Qué cantidad de sorpresas! Empecé a trabajar en el Ps. Así fue como volví a juntarme con «Tati» Allende, quien desde 1968 tenía una relación de amor con el cubano Luis Fernández, el encargado de Chile. Hicimos hartas cosas lindas durante la campaña presidencial. Ayudamos a formar el GAP, entre otras cosas y así fue como se incorporó a éste mi hermano Enrique. Cuando el MIR, por problemas políticos se retiró del GAP, ingresó el grupo que había estado en Bolivia. Varios de los que habían sobrevivido a Bolivia murieron en La Moneda o en el regimiento Tacna el 11 de septiembre o con posterioridad».

«Bien curiosa fue la relación que llegamos a tener con Allende. Yo lo conocía de antes. Un día, siendo estudiante de Medicina, fui a su casa para invitarlo a un foro en la universidad. Me recibió en su escritorio lleno de fotografías. Al mirarlas, le dije que él sí era un intelectual de izquierda. Me miró con cara de interrogación, y yo continué: «En Chile, dije, los intelectuales de izquierda pintan de blanco las paredes de sus casas y ponen afiches. Los intelectuales rascas ponen un afiche del «Che», los de un nivel superior tienen la foto del «Che» y los de peso como usted, ya tienen una foto autografiada». Su respuesta, llena de humor y sin un asomo de enojo, me asombró. Así descubrí algo que después corroboré: Allende detestaba a los rastreros y le interesaban los irreverentes. Cuando volví de La Habana solía visitarme. Le interesaba mi experiencia. Nos juntábamos a discutir con otras personas, entre ellas Carlos Lorca[48] y Miguel Enríquez[49]. Muchas veces el debate se tornaba violento. Para entonces, estaba convencido de que Allende debía ser el candidato. No me parecía que hubiera otra alternativa. Y pensaba que tenía alguna autoridad para decirlo en el PS, ¿Quién me iba a tachar de revisionista o de contra revolucionario? Recuerdo una vez que armamos una reunión entre Allende y Carlos Altamirano. Estaban peleados y hablamos hasta las 4 de la mañana. Debe haber sido una de las reuniones más tensas que he presenciado. Altamirano se convenció de que Allende tenía que ser el candidato. Fue un día antes de la famosa votación del PS para elegir candidato en que Allende ganó por un voto. Todo eso fue estrechando mi relación con él».

Pocos días después del 4 de septiembre de 1970, Eduardo «Coco» Paredes, Huerta y Claudio Jimeno le ofrecieron al futuro Presidente crear «una asesoría especial que investigara las inclinaciones de la opinión pública trabajando con métodos modernos la inteligencia sociológica». El de la idea matriz fue el sociólogo Claudio Jimeno, quien había hecho un doctorado en Inglaterra. Encontró un entusiasta

---

[48] Carlos Lorca, secretario general de la JS y elegido diputado en marzo de 1973, fue detenido el 25 de junio de 1975 en la vía pública por agentes de la DINA. Hasta hoy se encuentra desaparecido. Tenía 30 años.
[49] Miguel Enríquez fue fundador del MIR. Falleció en un enfrentamiento con efectivos de la DINA el 5 de octubre de 1974 en su casa, en Santa Fe 2705, San Miguel. Tenía 30 años.

receptor en «Coco» Paredes, quien asumió la dirección de la Policía de Investigaciones en el nuevo Gobierno de la Unidad Popular».

Jimeno había hecho -junto a su yunta «Felipe»- una encuesta para las elecciones presidenciales, bajo el alero de un llamado Centro de Estudios de Opinión Pública (CENOP), en la que por poco acertaron. Eso despertó la curiosidad y el interés de Allende. Fue así como se decidió revivir el CENOP, con el aval de las comisiones políticas del PS y el PC. Llegaron Jimeno, el doctor Jorge Klein, que ya militaba en el PC; René Benditt, un sicólogo socialista muy capaz y que le imprimió al grupo látigo y organización profesional; Manuel Contreras, sociólogo comunista y ex alumno de Jimeno, y «Felipe», experto en estadísticas.

Si bien la idea del grupo partió alrededor del camastro de Huerta, en su casa de Diagonal Oriente, el trabajo se oficializó en julio de ese año. Cada uno debió buscar una forma de financiamiento. Jimeno, «Felipe» y Jorge Klein lo encontraron como becarios de la Flacso. Manuel Contreras se consiguió una comisión en Chile Films.

Contreras recuerda:

-Entre el año 65 y el 70, tanto en Chile como en el mundo, la sociología aparecía particularmente seductora no tanto para ejercer el oficio sino que para ideólogos, y como Jimeno tenía formación adquirida en Gran Bretaña y creía en sus posibilidades metodológicas, contagió su entusiasmo a Paredes, quien quería trabajar con métodos modernos la confrontación con la derecha. Más que inteligencia política, lo que hacíamos era inteligencia sociológica, porque allí no hubo juegos de espías ni de informantes pagados, sino simples estudios usando los métodos de la sociología. Jimeno se reveló desde el primer minuto como el «Canciller» del grupo, el diplomático, el hombre que abría todas las puertas y que tenía la habilidad de desdramatizar todas las situaciones. «Felipe» era el técnico y Klein, el hombre de las impertinencias necesarias. Ya para la tercera reunión con Allende, en las que siempre estaba presente su hija «Tati», éste exclamó: «Ustedes son un grupo curioso, son los únicos que trabajan y no me piden plata».

Manuel también recuerda que desde el primer momento se estableció una relación peculiar con otro asesor de Allende: Joan Garcés:
-Muchas veces estuvimos en desacuerdo con su análisis. Había una elegante y diplomática disputa la que se prestó para que Claudio Jimeno rebatiera de manera jocosa 'al español', como lo llamábamos.

«Felipe» dice que la primera sede estuvo en una casa que se arrendó en Sucre, entre Manuel Montt y Antonio Varas. Hasta que, a mediados del '72, se cambiaron al piso 14 del Edificio UNCTAD (Gabriela Mistral). «Felix, por razones obvias, trabajaba en su casa y allí, en su pieza, hacíamos las reuniones del equipo directivo». Para entonces el grupo CENOP estaba sólidamente estructurado. Los sondeos de opinión estaban a cargo de Jimeno y «Felipe»; los informes de prensa y análisis de tendencia en manos de Huerta, Benditt, Klein, Jimeno y Contreras. Los enfoques políticos confidenciales a cargo de Huerta y «Máximo», a quien ya nadie más conoció como Ricardo Pincheira. El grupo continuó con sus reuniones íntimas en la casa de Felix Huerta.

Contreras evoca:
-Era impresionante verlo en su cama clínica, prácticamente inmóvil y tan sólo con un leve movimiento de hombros que bajaba hasta los brazos, los que agitaba como un abanico. Escribía con una especie de instrumento que se fabricó, algo así como la manilla de un paraguas, con la que sujetaba el lápiz y hacía unas letras enormes. Y allí, a su alrededor, y en su casa, se fue desarrollando entre nosotros una relación profunda de afecto y de gran lealtad hacia Allende, la que trascendió lejos la pertenencia a los partidos.

«Felipe», hombre reservado, aún tiene problemas para hablar de la historia del «GAP intelectual». Le duele sacarse la coraza que ha tejido en largos años:
-Usábamos la sociología vinculada a estudios empíricos, con evidentes consecuencias ideológicas y políticas, en la perspectiva de sustentar diariamente un gobierno sometido a una crisis de gran magnitud. Por eso supimos desde el principio que no podíamos aparecer públicamente: no había financiamiento que nos respaldara y con todo el lío del

GAP y los grupos armados, podrían decir que éramos un grupo de inteligencia. En algún sentido lo éramos, pero como lo entienden los norteamericanos: información para tomar decisiones políticas sustentadas en un conocimiento real de los sentimientos, valores, comportamientos y potencialidades de la gente, algo que por lo demás quedó inscrito en la academia cuando Estados Unidos a través del Pentágono financió el «Plan Camelot» en Chile[50]. Nosotros hicimos un «Camelot» pero para nuestro lado.

Parte destacada del análisis de prensa del grupo CENOP era la editorial de *El Mercurio*. «Desde allí -dice Contreras- se señalaban los grandes rumbos de la política de la derecha. En esa esfera hubo otras dos personas de ese sector que en materia de declaraciones equivalían a editoriales mercuriales, en su mayoría hechas por Arturo Fontaine: Sergio O. Jarpa y Pablo Rodríguez. Los tres forman la trilogía de los grandes estrategas de la derecha. Vieron la realidad dos o tres años antes del Golpe».

Y «Felipe», fiel a su rigurosidad, puntualiza:

-Nuestro trabajo fue variando. Partió con estudios de opinión pública y a diferencia de hoy, sacar un estudio de ésos dos veces al año significaba una fortuna porque no existían los procesadores ni los programas estadísticos actuales. Así fue como derivamos a estudios tremendamente rigurosos que no tenían como objetivo explotarlos en la prensa, tenían el sello de «reservado», porque en ellos se decía la absoluta verdad. Debían ser de no más de cuatro páginas porque estaban destinados a ser leídos por el Presidente a las 7 de la mañana y en el más breve lapso.

En la creciente ola confrontacional, la tarea de captar la correlación real de fuerzas se hizo prioritaria.

Cuenta Contreras:

-Nos transformamos en especialistas en medir concentraciones con las fotos de *El Mercurio* y la inspección del lugar. Ya éramos como veinte los que trabajábamos y sabíamos cuánta gente podía concentrarse en la avenida Bulnes o

---

[50] Un plan de espionaje y manipulación política de los Estados Unidos en Chile, de los años '60', en que se utilizó a los Cuerpos de Paz y que fue denunciado en la Cámara de Diputados por Luis Maira, entre otros, provocando un gran revuelo político.

Bustamante, analizábamos la composición de clase, hombres, mujeres, jóvenes, consignas y con eso hacíamos una radiografía y se la entregábamos al doctor.

El desarrollo de la crisis política los hizo dar un salto para afinar sus análisis: de la calle a los cines, para hacer análisis de estímulo-reacción. Con la ayuda de Eduardo Labarca, director de Chile Films, y guiados por el sicólogo Benditt, se hicieron noticiarios que todas las salas proyectaban antes de la película y que cambiaban cada quince días en una época en que los cines constituían la actividad más masiva de los chilenos. Se confeccionó un mapa en el cual si se quería investigar la reacción de sectores obreros entre 24 y 32 años, se estudiaba el público del Cine King, por sus películas un poco eróticas. Para las mujeres del sector popular se prefería el Cine Santiago. Allí proyectaban melodramas mexicanos. Los cines Huérfanos y Rex, del centro de Santiago, servían para captar comportamiento de capas medias, mientras que El Golf, Pedro de Valdivia y Las Condes, eran las salas elegidas por los estratos altos. Los integrantes del CENOP indagaban primero en las filas de compra de entradas y de ingreso y luego ante las imágenes que aparecían en la pantalla, en las que se veían Allende, Jarpa, Altamirano, Pablo Rodríguez, Miguel Enríquez, Frei, Corvalán, y otros, según quiénes estuvieran en el *peak* de su figuración pública. Entre esas imágenes se intercalaban plantas, flores, agua para hacer el corte y asegurarse que no hubiera traspaso emocional. Las pifias, aplausos, insultos, murmullos, los conatos de peleas y las disputas a golpes tenían su puntaje. Al final de la jornada cada encuestador había visto diez veces la película y juntando todas las encuestas obtenían un muestreo que abarcaba cerca de 10 mil personas.

El entusiasmo en La Moneda con el nuevo experimento fue explosivo. Los sondeos de opinión sobre el desabastecimiento, la reforma constitucional y otros tópicos eran entregados directamente al Presidente por Jimeno, Klein y Huerta, con lo cual las reuniones fueron más seguidas y en cualquier día y hora de la semana. Uno de los trabajos del CENOP acaparó la atención del Presidente.

Dice Huerta:

-Era un breve análisis político semanal, leído sólo por ocho personas, sin duda lo más valioso que hacíamos y donde vertíamos lo que recogíamos de información abierta, como análisis de prensa y análisis de tendencias, con información propia que obteníamos a través de «Máximo». Allí el CENOP fue plasmando el progresivo y acelerado deterioro del proceso político encarnado por Allende.

Contreras señala:

-Sostuvimos que, a medida que avanzaban los cambios y la crisis, la derecha dejaba de expresarse por la vía tradicional del partido político y comenzaba a expresarse corporativamente, a través de la SOFOFA, del sindicato de Dueños de Camiones, de los comerciantes de Cumsille, de los mineros de El Teniente; el gran gremio, vías, en definitiva, que eran mucho más ricas e importantes que los partidos políticos. La derecha fue muy hábil y ahí está la importancia de Jarpa y Pedro Ibáñez, en entender que la pelea no estaba en el debate parlamentario sino en la calle y en movilizar a los gremios.

Pero la asesoría -agrega- iba más allá del análisis y la información:

-A medida que fue creciendo la oposición de izquierda al gobierno, con las Asambleas Populares de Temuco y otras manifestaciones impulsadas por el MAPU y el PS, el análisis de «Máximo» se hizo más gravitante, así como el papel de Félix y de Calderón para intentar capitalizar apoyo. Hasta la casa de Huerta llegaban integrantes de la comisión política del PS para amarrar lazos en torno a Salvador Allende y neutralizar la acción del sector más izquierdista. Recuerdo que cuando se armó un tremendo escándalo con el «Poder Popular» en Concepción, tuvimos una reunión muy importante con el doctor Allende, estando Calderón presente. Allende se quejó de que ni siquiera el PC le había contestado una carta que le había enviado a todos los partidos de la UP. También afirmó que en el PS tenía la mayor oposición. Fue un día sábado en «El Cañaveral». Dijo con un marcado tono irónico que el PC era la historia «y yo no puedo aparecer sin opinión frente a la historia». Pero lo decía frente a una imagen que lo agobiaba y no sólo por el rasgo de solemnidad que le daba el PC a todas sus actuaciones. Esa frase se la dijo al general Prats, estando yo presente. El doctor sabía quién era cada uno de nosotros, que como grupo le éramos tremendamente leales. Lo que me extraña en el recuerdo es que siendo nosotros tan jóvenes, Allende fuera tremendamente respetuoso, humano y modesto. No deja de ser asombroso cómo los partidarios de la guerrilla del «Che» se transformaron en los actores políticos más allendistas bajo la premisa de que el PS debía tener una postura acorde con su enorme responsabilidad histórica. Allí se alinearon el «Coco» Paredes, «Tati» Allende, Félix Huerta, Ricardo «Máximo» Pincheira, Claudio Jimeno, Carlos Lorca, Víctor Zerega, Exequiel Ponce y Rolando Calderón.

Trabajando casi 18 horas por día en encuestas y análisis, el CENOP entregó el primer día de marzo del '73 su predicción para la elección parlamentaria. Acertaron por muy poco. Ya sabemos que la CODE no pudo obtener los dos tercios necesarios para desplazar a Allende desde el Parlamento y esa imposibilidad echó por tierra entre los conjurados la ilusión de un derrocamiento por una vía legal. Las proyecciones del CENOP empezaron a constatar con amarga precisión lo que vendría. Una visión que compartía el grupo de generales que estaba alrededor de Prats y una pequeña minoría de políticos de la Unidad Popular incapaces de desplegar su influencia.

Felix Huerta:
-Veíamos como todo se derrumbaba y no se lo ocultábamos a Allende.

**-¿No había engaño?**
-No. Era una de esas cosas clara oscuras: muy bellas y muy terribles. Había plena conciencia de que se estaba desplomando el cielo a pedazos.

## CAPITULO XII
## LA COFRADIA DE LO CURRO

Los resultados de la elección parlamentaria del 4 de marzo impulsaron a Salvador Allende a dar un nuevo vuelco en la conducción del gobierno. El 27 de marzo reestructuró su gabinete y esta vez no incluyó a ningún miembro de las instituciones castrenses. Con ello esperaba entregar una señal al país: se había recuperado la calma.

Prats quedó libre de obligaciones ministeriales. Al regresar a sus oficinas de la comandancia en jefe lo esperaba una grata invitación. El general Pinochet, jefe del Estado Mayor y segundo en el mando del Ejército, había decidido poner de manifiesto la «adhesión y el reconocimiento de la institución» a su superior. Su tarea al frente del Ministerio del Interior podía exhibir como «logro mayor» el «restablecimiento de la tranquilidad en el país», llevando «a feliz término» el proceso electoral «a pesar de la tensión del clima circundante». Para tal efecto, organizó en la Escuela Militar un gran almuerzo de camaradería. Asistieron la casi totalidad de los oficiales de la Guarnición de Santiago.

No obstante ese gesto público, Pinochet cuenta en *El Día Decisivo* que, entre enero y marzo de 1973, meses en los que continuó subrogando al comandante en jefe, «aproveché para aquilatar el grado de adhesión que tendría la acción que se preparaba en contra del régimen».

Varios generales de Ejército, que se incorporaron después a la conspiración, niegan que haya sido así.

Según me relataron, en muchas sesiones en las que analizamos el contenido de sus agendas de esos años, hasta antes de las elecciones parlamentarias del 4 de marzo del '73 no existieron condiciones para romper de raíz con el legado del general Schneider. Y ese legado era, en las filas del Ejército, mucho más fuerte que en el resto de las instituciones castrenses. Las fuentes avalan sus dichos, indicando que Pinochet ha sido incapaz de entregar nombres de quienes compartieron con él la organización secreta de la red «entre enero y marzo del '73". Entre otras cosas, porque tuvieron que pasar otros tres meses para que un pequeño grupo de generales y altos oficiales del Ejército asumiera, junto a los conspiradores de las otras armas, que había llegado la hora de prepararse para una intervención militar.

Uno de los conjurados de la «primera hora» fue el coronel de la Fuerza Aérea, Juan Soler Manfredini. Durante su desempeño como edecán del ex Presidente Frei trabó una gran amistad y complicidad con su compañero de tareas en la Casa Militar, el entonces coronel Arellano. Cuando éste último se trasladó desde Valparaíso a Santiago se reencontró con Soler.

Arellano narró en su agenda lo que sucedió:

> En Santiago, el clima de abierto descontento entre los oficiales no era el mismo que en Valparaíso, en donde la cohesión que teníamos los uniformados era impresionante. Pero algo había. Así fue como empezamos a conversar y un día el tema surgió naturalmente. Estábamos hablando de que había que hacer algo, había que prepararse porque el gobierno ya no controlaba la situación. Muy pronto se incorporaron otros oficiales de la Aviación y la Armada y por supuesto del Ejército a nuestras reuniones. En ellas siempre participaron sólo uniformados.

Los otros oficiales que se sumaron fueron el coronel de la Fuerza Aérea (Justicia) Julio Tapia Falk, el coronel de Aviación, Orlando Gutiérrez Bravo y el Auditor de la Armada, Rodolfo Vío Valdivieso. Con menos frecuencia, pero igual de comprometidos, participaban los capitanes de navío Hugo Castro Jiménez y Raúl López Silva.

Una de las primeras medidas que adoptó el grupo fue, según Arellano, la de imponer la tranquilidad entre los jóvenes oficiales:

> Hubo que llamarlos a la cordura ya que, insistíamos, hubiera sido un suicidio actuar en forma aislada y sin coordinación. Además, no se trataría sólo de un golpe militar. Pensábamos en buscar la fórmula que pusiera al país a cubierto en el futuro de los riesgos tan graves que estábamos presenciando.

El 11 de abril, el grupo tuvo la confirmación de que en las filas el ambiente de deliberación sólo requería conducción. Ese día, el ministro de Educación, Jorge Tapia, explicó, ante unos 60 oficiales de cada una de las ramas de las Fuerzas Armadas, el proyecto educacional más importante de la Unidad Popular: la Escuela Nacional Unificada, ENU. La iniciativa concentraba los ataques opositores bajo la consigna de que representaba un intento de «concientización marxista». Esos fueron los argumentos enarbolados por el almirante Ismael Huerta cuando subió a la tribuna, una vez que el ministro Tapia finalizó su exposición. Cuando Huerta terminó, lo ovacionaron. Luego hablaron en términos similares el general Javier Palacios y los coroneles Pedro Espinoza y Víctor Barría[51]. Prats decidió tomar cartas en el asunto. Dos días después del incidente y ante unos seiscientos oficiales de la Guarnición de Santiago, dijo, en un tono directo y franco:

> La extrema derecha pretende quebrar la disciplina institucional, para arrastrar a la oficialidad a aventuras sin destino, y la extrema izquierda intenta infiltrarse en las filas para debilitar la cohesión institucional.[52]

---

[51] Espinoza y Barría cumplirían con posterioridad destacados roles en la Dina.
[52] De las Memorias del general Carlos Prats.

Prats no podía aún ponerle rostros a los conjurados. Pero no se le escapaba que algo se estaba gestando en los pasillos de los cuarteles.

Mientras tanto, los oficiales golpistas de la Armada apuraban el plan económico encargado a Roberto Kelly. Temían que se desencadenaran nuevos acontecimientos y no estuvieran preparados para asumir la administración del país. En mayo de 1973, Kelly convocó al grupo de diez economistas que trabajaba en «El Ladrillo» al Hotel San Martín, de Viña del Mar. Ahí, el plan económico cobró forma. En cinco páginas se resumieron los conceptos fundamentales que deberían inspirar al régimen militar que se iniciaría después del Golpe de Estado. A partir de ese momento, los economistas se abocaron al diseño minucioso del nuevo esquema, capítulos que serían devorados por los marinos de la conspiración.

El 2 de mayo, Prats viajó a Estados Unidos, la Unión Soviética y otros países europeos. La gira oficial incluyó una audiencia con el Papa Pablo VI. Lo acompañaron los generales Oscar Bonilla, director de Logística, y Raúl Benavides, director de Operaciones. La misión del viaje: comprobar las posibilidades reales de reequipamiento institucional, de acuerdo con el plan aprobado por el Presidente. Lo subrogó nuevamente en la comandancia en jefe del Ejército el general Pinochet.

Mayo estaba terminando y un acontecimiento, esta vez más allá de la frontera, en Argentina, provocó nerviosismo entre los dueños de la conspiración. El día 25, el general Alejandro Lanusse le entregó el poder a Héctor Cámpora. Se terminaban así 18 años de proscripción del peronismo. El «movimiento», que lideraba desde el exilio madrileño el general Juan Perón, tenía una vigorosa ala izquierda que reivindicaba a la flamante figura presidencial. Como parte de esa fugaz «primavera», el gobierno entrante invitó a Allende y al Presidente cubano, Osvaldo Dorticós, a la asunción del «Tío» Cámpora. En las calles se escucharon consignas de solidaridad con la Unidad Popular, Castro y los vietnamitas. La guerrilla peronista y no peronista mostró ese 25 de mayo una capacidad de movilización que sorprendió a los analistas internacionales. Unos citaban a Perón y abogaban por un «socialismo nacional». Los otros querían el socialismo a secas. Por la noche, cientos de presos políticos, muchos de ellos involucrados en hechos armados, recuperaron la libertad, mientras que los militares fueron objeto de escarnio callejero. La posibilidad de que la experiencia chilena se repitiera nada menos que en la Argentina debió erizar la piel de más de un golpista en Santiago.

Al regresar a Chile, Prats constató que muchas cosas habían cambiado en su ausencia de casi un mes. El 6 de junio hizo un diagnóstico espeluznante:

> Al meditar sobre el encadenamiento de sucesos conflictivos ocurridos en el país desde el 4 de septiembre de 1970, de pronto comprendo lo inexorable: a partir de aquel día se venía gestando el derrocamiento del gobierno de la Unidad Popular, cuyo plazo máximo limitado era 1973. En el intento inicial se usó al general Roberto Viaux. El asesinato del general Schneider, que me colocó en su lugar y en su pensamiento doctrinario, frustraron el primer conato. Se montó, entonces, la siniestra y hábil «campaña psicológica» para predisponer a las Fuerzas Armadas contra la «amenaza marxista». Los errores y arbitrariedades acumulativas de algunos personeros políticos del propio gobierno, contribuyeron a la eficacia de la compleja y pertinaz acción, sostenida profusamente en radio, televisión, prensa sensacionalista, prensa sibilina y en panfletos y pasquines como «Tribuna», «Sepa» y «PEC», éste último dirigido desde Mendoza. El segundo montaje del derrocamiento se preparó con el Paro de Octubre de 1972. Pero fue prematuro, porque las Fuerzas Armadas aún no estaban suficientemente «ablandadas» para que se lograra sacarlas de sus cuarteles. Vino el compás de espera de los comicios de marzo. Les quedaba la esperanza de que, atizando la hoguera del desabastecimiento -con el mercado negro, el acaparamiento y la especulación-, la aporreada voluntad popular daría a la oposición los ansiados dos tercios en el Parlamento. El fracaso de este último recurso constitucional -que habría podido manejarse con elegancia democrática- despejaba ahora

todas las dudas de la oposición sobre lo fundamental: el gobierno debía caer en 1973. Faltaba por dilucidar cómo.[53]

Para compartir sus inquietudes, analizar la situación y las eventuales salidas a la crisis, Prats citó, el 10 de junio, a los generales Pinochet, jefe del Estado Mayor; Orlando Urbina, Inspector General; Mario Sepúlveda, jefe de la Guarnición de Santiago y Guillermo Pickering, comandante de Institutos Militares.

Pickering resumió en sus escritos la síntesis de la reunión:

> Confiando en mi memoria y remitiéndome a las anotaciones de mi libreta, trataré de recapitular las palabras del general Carlos Prats lo más fielmente que pueda: «Al asumir el cargo de ministro del Interior, a pesar de que la inclusión en el gabinete de ministros de miembros de las Fuerzas Armadas había obedecido prácticamente a un requerimiento nacional, fui el blanco de presiones y ataques por parte de personeros de la oposición política al gobierno, las que se agravaron cuando debí asumir la Vicepresidencia de la República, por mandato constitucional». Luego nos informó que primeramente había recibido fuertes presiones para «aprovechar la oportunidad y derrocar al Presidente», que se encontraba en el exterior. «Yo no sé -dijo- si esta gente alcanza a comprender lo que significa para un soldado la honorabilidad y la lealtad. Jamás habría aceptado adoptar semejante proceder. Si, llegado el caso, tuviera que enfrentarme con el Presidente de la República, lo haría cuando él esté aquí y no cobardemente, aprovechando su ausencia». Más adelante nos recordó que, casi inmediatamente después de su negativa y rechazo a estos requerimientos y presiones, comenzó una insultante campaña de desprestigio hacia su persona.

Pickering puso en boca de Prats lo siguiente:

---

[53] De sus *Memorias*.

He hecho un resumen de estos sucesos y comentarios para que ustedes, que tienen las mayores responsabilidades dentro del Ejército, se percaten de la objetiva realidad de los mismos. Por lo demás, he sido informado que esta siniestra campaña de desprestigio en contra de mi persona estaría vinculada con un alto jefe del Ejército.

Y de inmediato dejó registrado en el papel sus impresiones:

Estas últimas palabras del comandante en jefe, dichas en un ambiente que se iba transformando por momentos en cada vez más dramático, fueron recibidas con evidente sorpresa por quienes las escuchábamos. Cada uno de nosotros manifestó al general Prats que semejantes rumores mal intencionados no nos alcanzaban. A su vez, el comandante en jefe manifestó que no se le había pasado por la mente la idea de dudar de nuestra lealtad y que nos reiteraba su confianza.

En las múltiples reuniones que se realizaban en el Ejército, el tema político ocupaba un lugar relevante. Pickering también dejó en el papel su mirada de lo que estaba en juego en esos días:

Observábamos con repulsión, y hasta con verdadero horror, no sólo la posibilidad de vernos envueltos en una asonada militar, sino también por las proyecciones futuras a que conduce ese tipo de aventuras: aplaudidas inicialmente, posteriormente apoyadas para proteger ciertos intereses -todo ello en aras «de la salvación nacional»-, terminando por recibir, tarde o temprano, el rechazo y repudio unánime de una nación, cuyo desenvolvimiento histórico ha estado condicionado -o mejor dicho, exaltado- por el signo de la democracia.

Dada la situación, el Alto Mando puso el acento en la necesidad imperiosa de reforzar la línea institucional. Los mensajes que llegaron a las unidades tuvieron ciertos contenidos que se repiten en los documentos oficiales y reservados de la época a los que tuve acceso en el desarrollo de esta investigación y que pueden resumirse así:

— El Ejército debe mantenerse a toda costa al margen de la situación política contingente porque no es árbitro de la situación ni garante de ninguna posición política. Consecuentemente, el problema es político y debe ser resuelto por los políticos.

— Con respecto a los rumores y campañas destinadas a crear un ambiente de temor ante la posibilidad de una guerra civil, cabe señalar que ésta no es posible mientras se mantenga la unidad institucional y la coordinación con las otras ramas de la defensa nacional, para lo cual es absolutamente indispensable mantener la verticalidad del mando y la disciplina de las tropas y subordinados. Los hechos históricos han demostrado siempre que una guerra civil sólo acontece cuando las Fuerzas Armadas se dividen. Por consiguiente, se debe luchar para evitar esa división.

— En Chile no puede haber ni dictadura del proletariado ni dictadura militar. La primera, no la permite la mayoría ciudadana ni las Fuerzas Armadas. La segunda puede evitarse, pues para que ella se produzca sería necesario -so pretexto de resguardar la constitucionalidad- echarse la Constitución al bolsillo, lo que es un evidente contrasentido; además, supone una acción cruenta. ¿Y quién desearía mancharse las manos con la sangre de miles de dirigentes gremiales y políticos?, ¿cuántos inocentes pagarían con sus vidas culpas ajenas?

— Se insiste en que el Ejército debe mantenerse en su marco profesional, apolítico y constitucional, continuando su tarea de aplicar la Ley de Control de Armas e intensificando la acción de los mandos para evitar la infiltración política en sus filas.

En la mañana del 25 de junio, Prats convocó al cuerpo de generales. Les informó de los últimos acontecimientos políticos, de la paralización de una eventual tregua política, la que se había estado articulando en esos días, así como del último requerimiento del Presidente: la constitución de un nuevo gabinete cívico-militar. A ello, dijo, le había respondido que no era viable la presencia militar en el gobierno en forma incondicional.

Y Prats escribe en sus *Memorias*:

> Extrañamente, interviene el general Sergio Arellano Stark, que normalmente mantenía silencio en esas reuniones oficiales y expresa que no puede aceptarse "que un militar sea Ministro de Defensa Nacional".

Pero nada era casual en esos días. La alocución del general Arellano tenía su lógica: el tiempo se acababa.

Esa misma noche, en la casa del abogado Jorge Gamboa Correa, en la Vía Amarilla de Lo Curro, se discutió, por primera vez, qué hacer frente a la alternativa de una intervención de las Fuerzas Armadas. En medio de severas medidas de distracción para impedir que los servicios de inteligencia de la UP los detectaran, fueron llegando el general Gustavo Leigh Guzmán, segundo hombre de la Fuerza Aérea; el vicealmirante Patricio Carvajal Prado, jefe del Estado Mayor de la Defensa Nacional; el contralmirante Ismael Huerta Díaz (quien viajó desde Valparaíso con la representación formal del almirante José Toribio Merino, segundo hombre de la Armada); el general de Ejército Arturo Vivero Avila; el general del aire Francisco Herrera Latoja; el general del Aire, Nicanor Díaz Estrada, secretario del Estado Mayor de la Defensa Nacional; y los generales de Ejército Javier Palacios Ruhmann, Sergio Arellano Stark y Sergio Nuño Bowden. A pesar de que hasta hoy se le considera uno de los primeros conjurados, el general Oscar Bonilla no estuvo entre los elegidos.

A esa primera cita siguieron otras. En algunas participaron los generales de Ejército, Washington Carrasco, comandante de la Tercera División, con asiento en Concepción; y Manuel Torres de la Cruz, comandante de la V División, de Magallanes. El general Carlos Forestier fue invitado pero no se presentó. No deja de extrañar la actitud asumida en esos días de decisiones extremas por este general, quien después del Golpe de Estado, asumió el control de la Región de Iquique. Ahí se destacó por su dureza y arbitrariedad, al punto que hacía comenzar el «toque de queda» a las 20 horas.

Orlando Sáenz, quien encabezó el «comando de guerra» desde la presidencia de la S<small>OFOFA</small>, da crédito a la nómina que deliberó en Lo Curro:

-Las Fuerzas Armadas en su conjunto aparecieron bastante tarde en la conspiración. Las primeras relaciones oficiales del sector en el que yo trabajé (S<small>OFOFA</small>) fueron con la Marina, a fines de 1972. Allí empezaron los contactos elaborados y reuniones periódicas. La Fuerza Aérea apareció -para mí- en los inicios de 1973 y el Ejército no se hizo presente sino al final. Yo mismo me reuní con dos o tres generales, entre los cuales no estaba el general Pinochet.

Evocando aquella reunión en Lo Curro, que para los conjurados señala un hito histórico, Arellano escribió años después:

> Jorge Gamboa facilitó su casa, su calor de hogar y todo lo que tenía. Consideraba un honor que se hubiera aceptado su ofrecimiento. Nunca pidió nada. Tampoco participaba de las reuniones. Sólo nos saludaba cuando llegábamos y nos despedía cuando nos retirábamos, muchas veces a altas horas de la madrugada. Nunca el Gobierno Militar lo llamó para ofrecerle algún cargo, el cual no hubiera aceptado. Fue el primer acto de ingratitud para uno de los civiles que lo merecía todo. El general Pinochet se negó a concurrir a la comida que ofreció Jorge Gamboa, en su residencia, en junio de 1974, al cumplirse un año de la primera reunión en esa casa.

No obstante el episodio antes relatado, Pinochet ha situado al mes de junio como el inicio de «sus» planes operativos para el Golpe.

Dice en *El Día Decisivo*:

> En los primeros días de junio consideré que era necesario un mayor encubrimiento de la preparación de la revolución y oficialicé en la Academia de Guerra la preparación del Juego de Guerra de Seguridad Interior.

Pero los hechos y los personajes tampoco concuerdan en este caso. Hasta octubre del '72, todas las medidas de resguardo del orden público estuvieron orientadas a evitar desórdenes callejeros, actos de violencia y atentados contra servicios públicos. Las hipótesis de conflicto se concentraban en el sector laboral. Pero el «Paro de Octubre» obligó a los mandos militares a modificar los análisis e incluir al sector patronal. Prats encomendó esa revisión con carácter de urgencia a la jefatura de Estado Mayor, a cargo de Pinochet. Pero el general Mario Sepúlveda, comandante de la Guarnición de Santiago, le pidió que se ejecutara bajo su órbita y con la colaboración del comandante de Institutos Militares. Prats aceptó. De inmediato, los generales Sepúlveda y Pickering iniciaron un exhaustivo trabajo que estuvo terminado antes de las elecciones de marzo, considerada fecha crítica. Pero como en junio de 1973, los planes requerirían ser afinados, Prats y su segundo, Pinochet, decidieron que esa actualización se hiciera en la Academia de Guerra.

Entonces, otro personaje, que no fue Pinochet, intentó irrumpir en la Academia de Guerra: el coronel Manuel Contreras. Este, había asumido, en enero de 1973, la dirección de la Escuela de Ingenieros Militares de Tejas Verdes. Esa promoción le significó un nuevo choque con el general Pickering, que se opuso a su nombramiento. Fue Prats quien zanjó la controversia y aprobó la promoción. Contreras mantenía su vieja obsesión. Y qué mejor oportunidad para ponerla a prueba que los Juegos de Guerra tradicionales que, en junio, el Alto Mando decidió realizar en la Academia de Guerra. Ahí sacó nuevamente su plan de contención, elaborado a partir del diseño ordenado por el general Schneider, antes de las elecciones de 1970. Con algunas modificaciones, Contreras intentó imponerlo una vez más. Pero Pickering lo rechazó. A partir de ese momento, Pickering se convirtió en enemigo de aquel coronel inteligente y con don de mando, un tanto obeso y socialmente tímido.

Ajeno a la «cofradía de Lo Curro», Pinochet no daba señales visibles de querer desafiar a la máxima autoridad institucional. Las Memorias inéditas de Pickering también dan cuenta de esa actitud:

Nosotros decimos que el comandante en jefe y el jefe del Estado Mayor deben formar un matrimonio feliz, pero cuando el jefe del Estado Mayor no está de acuerdo con lo que el jefe quiere ordenar, tiene dos posibilidades: le representa su manera de pensar y si el jefe insiste y si aún persiste en no estar de acuerdo, se retira. En ese contexto, puedo decir que, habiendo tenido un estrecho contacto con ambos, nunca escuché una opinión contraria a lo que decía y decidía Prats por parte del general Pinochet.

Ni siquiera en los últimos y estremecedores días de junio.

## CAPITULO XIII
## UNA SUBLEVACION INESPERADA

El martes 27 de junio de 1973 se encendió la alarma en el despacho del general Carlos Prats.
-Se han detectado movimientos sospechosos de tipo sedicioso en el Regimiento Blindado N° 2, le informó el general Mario Sepúlveda, comandante de la Guarnición de Santiago.
Prats escuchó con atención.
-¿Qué medidas se tomaron? -quiso saber.
-El capitán Sergio Rocha Aros y un grupo de suboficiales fueron incomunicados y se ha iniciado una completa investigación.
Prats ordenó el relevo inmediato del comandante de la unidad, el teniente coronel Roberto Souper Onfray, trámite que debería materializarse el viernes 29 de junio. Una vez resuelto el problema, al menos en apariencia, Prats se dispuso a informar de lo ocurrido al Consejo de Generales iniciado el día anterior. La alteración que provocó la información del Blindado se acrecentó con las novedades procedentes de Uruguay. Sus Fuerzas Armadas habían tomado el control del gobierno con un «Golpe blanco». Una nueva dictadura se sumaba en la región.
La reunión tuvo un paréntesis y Prats se trasladó a su casa. Esa tarde, cuando regresaba al Consejo de Generales,

el Ford que lo llevaba por la Costanera, al transitar entre Pedro de Valdivia y Manuel Montt, fue encajonado por una renoleta que se aproximó en forma sospechosa, al tiempo que su conductor y acompañante le hicieron gestos amenazantes. Prats guardaba las imágenes de su camarada de armas y amigo, el general René Schneider, asesinado hacía menos de tres años en una situación parecida. Y al revivirlas, desenfundó su arma y conminó a los provocadores a que se alejaran. El auto, sin embargo, siguió acercándose peligrosamente. Prats hizo blanco en el neumático delantero izquierdo del vehículo y disparó. Su sorpresa fue mayúscula: de la renoleta bajó una mujer, Alexandrina Cox Valdivieso. Pasado el estupor, el jefe del Ejército se encontró rodeado de un grupo de personas que habían detenido sus vehículos.

Lo insultaron y hasta trataron de agredirlo. También surgieron, como por «casualidad», periodistas y fotógrafos. Prats tomó su pistola por el cañón y les dijo a sus agresores que no tenía inconveniente en entregársela y que, si deseaban efectuar un linchamiento, no les temía. Otras personas se allegaron al grupo e intentaron calmar los ánimos. Entre tironeos, gritos, insultos y fotógrafos, Prats logró finalmente salir de la ancha avenida que bordea el Río Mapocho y fue directo a La Moneda donde le presentó su renuncia a Allende. Pero el Presidente se la rechazó en el acto. Abandonó La Moneda, atravesó la Plaza Bulnes y minutos más tarde se reintegró al Consejo de Generales. La sesión estuvo dominada por el nervioso relato de los hechos. Prats había vivido horas terribles.

Un general ya incorporado a la conspiración y que pidió expresa reserva de su nombre, no obstante haber hecho entrega de sus agendas de esos años, relató en una de ellas lo que ocurrió en el salón de actos del Estado Mayor del Ejército, cuando entró Prats:

> Nos contó su versión del incidente, y ante mis ojos, el general Pinochet se levantó y en una actitud servil lo apoyó sin reservas, pidiéndonos que nos pusiéramos de pie como demostración de lealtad y solidaridad. La

lenta reacción de algunos generales obligó a Prats a dar por terminada una situación bochornosa.

El comandante en jefe reconoció haber perdido el control y se propuso darle explicaciones públicas a la señora que había confundido con un hombre. No sabía que Alexandrina Cox era militante de un grupo de extrema derecha y que el incidente en la Costanera no había sido casual. Se trató de la «Operación Charly», tal como lo relataría, en 1977 ante sus alumnos, el abogado y profesor de Derecho Público en la Escuela de Derecho de la Universidad de Chile, Carlos Cruz Cocke. Con «Charly», contó, se buscaba erosionar el prestigio del jefe del Ejército.

Al día siguiente, 28 de junio, Allende invitó a Prats a comer a su residencia en Tomás Moro. Lo acompañaron Pinochet y el general Orlando Urbina. Fue una reunión en extremo cordial. Prats continuó en el mando y siguió siendo un obstáculo para los conjurados.

El viernes 29 de junio, el teniente coronel Roberto Souper desobedeció la orden de entregar el mando del Regimiento Blindado Nº 2. Por esos días, Santiago se encontraba saturado de rumores golpistas que acrecentaban los desvelos de la población. La vida cotidiana se había tornado agobiante, con el acaparamiento de alimentos indispensables, los paros del transporte colectivo y la violencia de las calles. Pero siempre había lugar para las sorpresas. Los santiaguinos que salieron muy temprano esa mañana hacia sus trabajos observaron perplejos un desfile inusual de tanques. La estupefacción se transformó en pánico cuando éstos llegaron a la Plaza Bulnes. Allí, unos enfilaron hacia La Moneda, mientras que otros se aproximaron al Ministerio de Defensa y abrieron fuego. El capitán Rocha, incomunicado desde hacía cuatro días en esas dependencias, fue liberado.

La primera fase de la rebelión militar que se conoció como el «Tanquetazo» estaba cumplida.

Prats fue informado de inmediato. Como vivía muy cerca de la Escuela Militar, se dirigió al puesto de mando de Pickering, quien ya había coordinado las acciones de cerco de las fuerzas rebeldes con el jefe de la Guarnición, el general Mario Sepúlveda. Los primeros reportes le indicaron a Prats que no había otras unidades comprometidas. Igualmente ordenó el acuartelamiento en primer grado en todas las provincias. Antes de abandonar la Escuela Militar, Prats le reiteró al general Pickering que evitara, hasta donde fuera posible, el enfrentamiento armado y que en el control de la rebelión no debía intervenir ninguna otra fuerza que no fuera el Ejército.

De allí se fue al Regimiento «Tacna». Prats temía que allí se produjera un remezón como el de 1969. Pero cuando llegó pudo constatar que el regimiento salía en esos momentos a cumplir la misión encomendada: la toma del «Blindado», a fin de evitar el apoyo que desde allí pudieran obtener las fuerzas sublevadas. Algo más tranquilo, el general se trasladó a la Escuela de Suboficiales, encargada del ataque inicial a los amotinados por el costado sur de La Moneda.

El ministro de Defensa, José Tohá, llegó al comando de Pickering, pocos minutos después de la partida de Prats. En su presencia se comunicó por teléfono con el almirante Carvajal, jefe del Estado Mayor de la Defensa Nacional y uno de los principales articuladores de la conjura. Después, recibió el llamado del segundo hombre de la Fuerza Aérea, general Leigh, también figura clave en la trama clandestina.

Según relató Tohá a Pickering, Leigh le habría dicho que estaba listo para el bombardeo de las fuerzas rebeldes, a lo que le respondió: «No es necesario. El general Carlos Prats ya tiene todo dispuesto para el control de la situación».

El general Arellano, lejos del frente de batalla, llamó al general Sepúlveda: «He servido diez años en el arma blindada y conozco a la mayor parte de su personal. Me ofrezco para hablar con lo sublevados e intentar convencerlos de que regresen a su cuartel». Pero Sepúlveda, que había recibido instrucciones precisas de Prats y que para entonces desconfiaba de Arellano, le replicó tajante: «¡Sólo habrá rendición incondicional!».

El comandante en jefe fue recibido en la Escuela de Suboficiales por el coronel Julio Canessa. Prats, relata en sus *Memorias:*

Canessa, muy alterado, me expresa que los oficiales no quieren salir, pero que él lo hará con los suboficiales y tropas que lo sigan. Le ordeno que reúna a los oficiales frente a su oficina y les pido que me expliquen su actitud. Un mayor me expresa que ellos no están en rebeldía, pero que no quieren disparar contra sus compañeros. Otro oficial me dice que tiene un hermano entre los oficiales del Blindado. Les expreso que es una orden de la que soy responsable exclusivo, porque, como comandante en jefe, tengo el deber de reprimir el movimiento sedicioso contra el gobierno y que ellos, a su vez, tienen el deber de obedecerme. Los que no quieran hacerlo es porque están comprometidos con los amotinados y, en tal caso, es mejor que me maten, porque yo iré a defender La Moneda encabezando a los que quieran seguirme...

La Escuela de Suboficiales salió finalmente a la calle en posición de combate. Canessa encabezó la columna. El contingente de la Escuela de Infantería de San Bernardo se estableció a tres cuadras de la Plaza Bulnes para cerrar todo movimiento hacia el sur. Apoyando el cerco del sector céntrico, se movieron efectivos de la Escuela de Telecomunicaciones y personal de la Escuela Militar. Una dotación de la Escuela de Paracaidistas se dirigió hacia la Plaza Brasil para constituir una reserva. Desde el flanco norte, el general Pinochet iba hacia La Moneda al frente de la columna del Regimiento Buin. Pickering se había trasladado junto a un grupo de efectivos de Telecomunicaciones y de la Escuela Militar hasta la Casa Central de la Universidad de Chile, en la Alameda. Allí notó que algunos tanques del «Blindado» se estaban desplazando en diferentes direcciones. Vio que disparaban sin objetivo determinado, mientras que algunas patrullas de la misma unidad retrocedían en dirección al sur, tratando de llegar a las calles San Diego y Arturo Prat.

-¡Hay que apoderarse de los transportadores de tanques! -ordenó Pickering.

Los rebeldes, que estaban detenidos frente a la Universidad, se rindieron sin ofrecer resistencia. De repente, una patrulla del «Blindado» hizo su aparición por un costado de Arturo Prats. Pickering la interceptó sin armas en la mano.

-¡Entréguese!- conminó al oficial que estaba al mando.

-¡Aléjese, mi general!- respondió el teniente José Gasset, en franca desobediencia, encañonándolo con su metralleta.

Pickering insistió en ordenarle la rendición. Gasset retrocedió y escapó con sus subordinados por calle Arturo Prat. Luego de una serie de disparos y despliegue de efectivos, y ante el pánico de la población, el general Prats llegó a pié y a la cabeza de las tropas hasta la puerta sur de La Moneda. Atravesó por la puerta principal, en momentos en que hacía su arribo el contingente del Buin, al mando del coronel Felipe Geiger y encabezado por el general Pinochet en uniforme de combate. Su misión: atacar a los amotinados por el norte. Frente a todos los uniformados expectantes, Prats y Pinochet se abrazaron.

La situación quedó controlada al mediodía del viernes y después que el general Sepúlveda conminó al teniente coronel Souper a rendirse en el regimiento «Tacna». La investigación del motín quedó a cargo del general César Raúl Benavides. Souper quedó detenido junto a la casi totalidad de los oficiales de la unidad.

Más allá del pretexto de liberar al capitán Rocha, detenido en el Ministerio de Defensa, y de tratar de evitar el relevo del comandante de la unidad, el alzamiento del «Blindado» tuvo un objetivo más importante y digitado desde afuera. Así lo corroboró la investigación realizada por el general Benavides. De lo que se trató fue de buscar la correspondiente adhesión de otras unidades del Ejército para derrocar al gobierno. La acción había sido impulsada por un grupo de dirigentes del movimiento de extrema derecha Patria y Libertad, que, en la mañana del «Tanquetazo», entró al regimiento y obtuvo armas y municiones. Una vez descubiertos, Pablo Rodríguez y cuatro integrantes del movimiento se asilaron en la embajada de Ecuador. El teniente José Gasset Ojeda hizo lo mismo, pero en la embajada de Paraguay.

El país se tambaleó. El miedo y el desconcierto se apoderaron de partidarios y detractores del gobierno de la UP.

Nadie sabía cómo salir de la crisis. Con el olor a pólvora todavía en las calles aledañas a La Moneda, las balas incrustadas en los muros de los edificios céntricos y la sangre de los muertos y heridos en las pantallas de la televisión, el general Arellano escribió en su agenda:

> Esta asonada se tomó por algunos sectores como un ejercicio preparatorio de lo que vendría después. Nada más lejos de la realidad. No íbamos a sacrificar 22 muertos, 32 heridos y 50 detenidos por un mero sondeo. No estábamos para asonadas. Nuestras intenciones eran bastantes más serias... Por eso, en un primer momento, existe desazón entre nosotros. Significa un retroceso en nuestros planes.

La reflexión que hizo Pickering de los mismos hechos da cuenta del abismo que ya dividía a los generales del Ejército:

> Se desmorona todo lo que veníamos predicando con el mayor convencimiento y el más sano profesionalismo. Comenzamos a presenciar el término de una época, tanto en la marcha y desenvolvimiento del Ejército, como en el proceso histórico del país. Pero aún quedan cartas por jugar tratando de salvar la Institución del quiebre definitivo. Si la aventura del «Blindado» pudo ser finalmente controlada, utilizando toda la capacidad disponible del mando, todavía existe la posibilidad -aunque dolorosa y difícil- de reconstituir sobre estas graves trizaduras la Institución sólida y prestigiosa que ha sido el Ejército de Chile, tanto en el país como en el extranjero.

Esa misma noche tuvo lugar una importante reunión de generales de Ejército, Marina y Aviación para analizar la sublevación. Prats hizo un recuento de lo ocurrido. Según Pinochet -en el relato que hace en *El Día Decisivo*- cuando éste se retira, aprovechó de hacer presente los efectos positivos de la asonada, al poner en evidencia la verdadera fuerza del adversario: «los extremistas de izquierda». Y concluyó:

Consideré que no debía explayarme más, pues cualquier traspié podría acarrear males mayores a quienes teníamos la responsabilidad de la preparación de la caída del gobierno. Los problemas que nos trajo el «Tanquetazo» atrasaron todo lo relacionado con la preparación que me iba a permitir operar a fines de julio. Tenía previsto que mi esposa saliera con mi hija fuera de Chile en el mes señalado y así disponer de mayor libertad para actuar; pero ahora los acontecimientos atrasaban todos los preparativos. De todas maneras, y para no llamar la atención, ellas partieron a Panamá.

Nuevamente, la versión no guarda correspondencia con las actividades de los principales conspiradores: el vicealmirante de la Armada, José Toribio Merino; el almirante Patricio Carvajal, jefe del Estado Mayor de la Defensa Nacional y el general de Aviación, Gustavo Leigh. También es refutada por los generales de Ejército -en especial Arellano y Nuño- que sí participaban de la organización del Golpe y que por aquel entonces debatían la manera de enfrentar la situación. Arellano escribió en esos días:

> No se ve una salida adecuada por los cauces normales, ya que las gestiones a nivel político están fracasando sistemáticamente. La autoridad del Presidente Allende es abiertamente cuestionada por altos personeros de la Unidad Popular, como ocurrió cuando se buscaba un acuerdo en el conflicto con los trabajadores del mineral «El Teniente». Las reuniones del Cuerpo de Generales son frecuentes. El general Prats en repetidas ocasiones nos ha tratado de convencer de la necesidad de participar en las responsabilidades de gobierno como una manera de evitar enfrentamientos. Nunca ha logrado consenso, ya que la mayoría de los generales somos contrarios a que altos jefes ocupen carteras ministeriales porque no hay garantías. No estamos dispuestos a desgastar a las Fuerzas Armadas en una tarea que consideramos estéril. Reclamamos un plan económico realista y que sea llevado a la práctica por un gabinete técnico y de acuerdo con los partidos políticos de oposición. Los comandantes en jefe hablaron con Allen-

de, el cual manifestó que nuestra solución era la ideal pero que la consideraba impracticable, particularmente porque nos negábamos a que se otorgara facultades extraordinarias al gobierno. Allende estaba preocupado. Estimaba que había presión política sobre los oficiales para que se diera un Golpe de Estado y también reconocía que el MIR deseaba violentar las cosas para imponer la dictadura del proletariado. Carlos Prats manifestaba que podíamos asumir responsabilidades de gobierno, siempre que se estableciera una tregua política y que de ninguna manera ocuparíamos ministerios conflictivos. Esa fue la última concesión que hizo Prats. Algunos generales nos mantuvimos en la negativa, ya que estimamos que, en la situación que se vive, todos los cargos del gabinete son conflictivos.

Sea cual sea la interpretación que se haga del «Tanquetazo» y de los lazos que tuvo con la conspiración, a partir del 29 de junio, el Golpe de Estado sólo necesitaba fecha y que se definiera el Ejército.

La CIA sabía de cada paso que se daba. En un informe despachado por su estación de Santiago, se lee:

Durante el levantamiento del 29 de junio, el almirante Raúl Montero pidió a los generales de la Fuerza Aérea que estaban en el Ministerio de Defensa, que fueran a entrevistarse con los almirantes que están en la capital en esas mismas dependencias, mientras él y el comandante en jefe de la Aviación iban al palacio presidencial. En ese encuentro, los almirantes y generales jefes de la FACH hablaron abiertamente sobre la necesidad de derribar al gobierno de la Unidad Popular, pero llegaron a la conclusión de que no podría hacerse nada en el Ejército ya que éste no está preparado por el momento para tal acción.[54]

El informe de la CIA no hacía sino reflejar una verdad, que en el Ejército se hizo evidente con la sublevación del «Blindado». El Golpe de Estado aún no concitaba la adhesión unánime o mayoritaria de sus oficiales. Un ejemplo de

---

[54] De los documentos desclasificados.

aquello se vio cuando los mandos de las escuelas, bajo la conducción del general Pickering, analizaron tres días más tarde lo sucedido y sólo el director de la Escuela Militar, el coronel Nilo Floody, del arma de blindados, trató de justificar a los rebeldes, bajo el pretexto de que los oficiales de la unidad habían sido engañados. La respuesta de sus pares, que ejercían el mando de unos nueve mil hombres, fue absolutamente condenatoria a la sublevación. No obstante, en esa misma reunión, comprometieron a su superior, el general Guillermo Pickering, a que por ningún motivo se aceptara nuevamente que el comandante en jefe o un general de la institución fuera incluido en el gabinete del Presidente. Pickering les contestó: «Está mi cargo de por medio».

No es casual que el general Pinochet, en *El Día Decisivo*, se haya abstenido de mencionar los múltiples y trascendentales episodios que se vivieron en ese mes de julio de 1973 y que desembocaron en el 11 de septiembre.

No podía porque nunca participó en ellos.

## CAPITULO XIV
## NACIDO EL 4 DE JULIO

Julio fue el mes crucial para la planificación del Golpe de Estado. Las calles estaban oscuras ese invierno. Los hombres y mujeres que habían querido tocar el cielo con sus manos veían su luz cada vez más lejos. Pero nadie imaginó jamás que en el intenso frío se estaba incubando el infierno.

Toque de queda, desabastecimiento, huelgas, tomas por doquier y enfrentamientos en las calles. Nadie era indiferente: se estaba en uno u otro bando. Sólo «Nino», el personaje de una popular telenovela argentina, hacía suspirar diariamente por igual a mujeres de derecha y de izquierda. A la hora de «Muchacha italiana viene a casarse», la teleserie que acaparaba la audiencia, interpretada por la cantante y actriz mexicana Angélica María, la protesta o el trabajo voluntario dejaban un pequeño y efímero espacio a la ilusión romántica. Los acordes de un pegajoso y simbólico «Adónde va nuestro amor...» daban por terminado el capítulo. En la noche, los televisores se apagaban y los chilenos se quedaban a solas con su realidad.

A través del Estado Mayor de la Defensa Nacional, que encabezaban el almirante Patricio Carvajal y el general del Aire, Nicanor Díaz Estrada, se convocó, para el sábado 30 de junio, a una reunión de almirantes y generales de las ramas de las Fuerzas Armadas -cinco por institución- con el fin de «orientarse de la situación que se vive y uniformar criterios».

Por el Ejército asistieron los generales Pinochet, Sepúlveda, Bonilla, Nuño y Arellano, además de Prats. La Armada fue representada por su comandante en jefe, Raúl Montero; los vicealmirantes Merino y Carvajal; los contraalmirantes Ismael Huerta, Daniel Arellano y Ricardo León. La delegación de la Fuerza Aérea la encabezó el general César Ruiz y la integraron los generales Leigh, Agustín Rodríguez, Claudio Sepúlveda, José Martínez, Nicanor Díaz y Francisco Herrera Latoja.

La sublevación del Blindado, la crisis económica, el desabastecimiento, los violentos y continuos enfrentamientos en las calles entre partidarios del gobierno y opositores, la vulnerabilidad frente a un eventual ataque exterior y la pérdida del sentido de autoridad fueron temas debatidos esa noche.

El general de la Fuerza Aérea, Nicanor Díaz Estrada, se paró y dijo:

-Por decoro y sentido de responsabilidad no podemos seguir siendo espectadores mudos.

Inmediatamente, un almirante informó que la oficialidad joven de su institución simpatizaba con el movimiento del Blindado Nº 2. Luego le tocó el turno al general Prats. Aquella exposición fue volcada en sus *Memorias*:

> Les expreso que el grave momento que vive el país es un problema «político» que deben resolver los políticos a través de un acuerdo entre los Poderes del Estado, que posibilite una tregua para evitar el enfrentamiento armado. Señalo los peligros de una presión militar. Cualquier forma que adopte ella, arrastraría a las Fuerzas Armadas, sin retroceso posible, a imponer una tiranía con gran derramamiento de sangre. Montero y Ruiz (comandantes en jefe de la Armada y la Fuerza Aérea, respectivamente) manifiestan su conformidad con lo que he expresado. Los generales y almirantes concuerdan con la necesidad urgente de una tregua política y plantean la necesidad de aplicar diversas medidas desde el punto de vista de la Defensa Nacional.

Arellano, también presente en la reunión, anotó en su agenda:

> Se estimó conveniente una participación no comprometida de las Fuerzas Armadas en la crisis, dentro de un plano de dignidad e independencia, estableciendo una tregua política y posibilitando un ejercicio pleno de la autoridad, para lo cual se estimaba indispensable la participación de los sectores de oposición.

Esa noche, los altos mandos de las Fuerzas Armadas coincidieron en que esas reuniones eran altamente positivas y necesarias: «estaba en juego la Seguridad Nacional». Pero para otros, lo que estaba en juego era la fase final del Golpe de Estado y por eso decidieron constituirse en un autodenominado «Comité de los 15». El núcleo resultó fundamental: bajo el amparo de los tres comandantes en jefe, el Estado Mayor de la Defensa Nacional -dirigido por Patricio Carvajal y Nicanor Díaz- continuó sus reuniones periódicas con cinco altos oficiales por institución y sin despertar sospechas.

Arellano cree que el «Comité de los 15» fue vital para acelerar el proceso en el Ejército:

> En las dos primeras reuniones se acordó entregar a los comandantes en jefes del Ejército, Armada y Fuerza Aérea un memorándum en el cual se plantearían por áreas los diferentes problemas y las posibles soluciones que veía el Alto Mando de las Fuerzas Armadas, como única fórmula para que se restableciera el respeto a los Poderes del Estado y el principio de autoridad, para que se normalizara la vida a lo largo de todo el país. Nos abocamos a esta tarea y, el 2 de julio de 1973, entregamos a los tres comandantes en jefes el mencionado memorándum «estrictamente secreto» para que fuera entregado a Salvador Allende.

La CIA tuvo una completa y detallada información de la reunión decisiva. En un informe elaborado por uno de sus principales agentes en Santiago, se lee:

Un comité de dos generales del Ejército, dos de la FACH y dos almirantes debe hacer la condensación del informe que debe estar terminado el 2 de julio. El más completo resulta ser el de la FACH, el que se utiliza como base. Dos párrafos son objetados por el comandante en jefe de la Armada, Raúl Montero y de la Fach, César Ruiz.

El memorándum «estrictamente secreto» sirvió de base de sustentación en las filas castrenses para el Golpe. Su texto nunca se publicó y Pinochet jamás lo tuvo en sus manos. De los tres ejemplares que se hicieron, sólo uno fue rescatado por la autora de esta investigación. En su introducción, los autores reiteraban el carácter profesional, obediente y no deliberante de las FF.AA. Señalaban, no obstante, que las mismas «no pueden sustraerse» de la situación. Se trazaba un crítico panorama de la economía y puntualizaba las dificultades para lograr un acuerdo político entre el gobierno y la oposición. Se «ahonda cada día más la separación en dos bandos irreconciliables». Se critica la «excesiva politización» del sector laboral y el «deterioro del principio de autoridad», la existencia de «organizaciones y grupos armados paramilitares» y las dificultades para cumplir los planes gubernamentales en distintas áreas. Seguidamente, el «memorándum» proponía una serie de medidas inmediatas:

**Memorándum**[55]
**1º de junio de 1973, Santiago**
**estrictamente secreto**
**III.- Medidas inmediatas que sería**
**necesario adoptar**
**A.- En lo económico**
1. Dar primera prioridad a la promulgación de la Ley que define las áreas de la propiedad privada, mixta y estatal.
2. Establecer una política económica y financiera que consolide lo alcanzado hasta la fecha en el área social de la economía, e inspire la confianza indispensable a las áreas mixtas y privada para elevar los niveles de producción.

---
[55] El texto completo se incluye en los Anexos.

3. Promover decididamente la disciplina laboral en la industria y en la agricultura para asegurar el aumento de la producción.
4. Frenar el éxodo de profesionales, asegurándoles igualdad de oportunidades sin distinción de ninguna índole e incentivar el regreso a Chile de los profesionales altamente calificados que han abandonado el país.
5. Propender al autofinanciamiento de las empresas del área social y estatal.
6. Designar los administradores e interventores con criterio eminentemente técnico, considerando su capacidad y eficiencia, terminando con el sistema de cuoteos.
7. Estructurar una política de precios y tarifas que permita el desarrollo y normal desenvolvimiento de las empresas del área social y privada.
8. Racionalizar y coordinar la labor de organismos que participan en actividades de la misma índole (agro, construcción, etc.).
9. Formular y ejecutar una política realista de transporte en todos sus aspectos, considerándolo como un elemento vital en nuestro medio geográfico, terminando de paso con el deterioro de las empresas marítimas privadas existentes.
10. Dar una alta prioridad a la importación de los repuestos necesarios para recuperar la capacidad de transporte e industrial en general del país.
11. Establecer, a nivel nacional, un sistema de prioridades para el otorgamiento de divisas y utilización de los créditos en moneda extranjera disponible o que puedan obtenerse, con el objeto de que se empleen sólo en adquisiciones vitales para el país.
12. Asegurar por ley el libre acceso al crédito y asistencia técnica a las industrias privadas y mixtas.
13. Aplicar un criterio equitativo en la distribución de artículos de subsistencia por la vía de los organismos legales existentes, restableciendo los canales y entidades especializadas de probada experiencia.
14. Mantener la inexpropiabilidad de las 40 hectáreas básicas y regularizar la propiedad privada de aquellas que hayan sido asignadas.
15. Uniformar la política de remuneraciones en el sector estatal y empresas del área social.
16. Circunscribir las actividades de la CORFO a las funciones para la cual fue creada.

17. Evitar el estancamiento de la tecnología en las empresas del Estado, del área social y privada, como consecuencia de la falta de repuestos e inversiones de capital.
18. Evitar los vicios existentes en ciertas empresas del área social que entregan parte de la producción a sus trabajadores, lo que dificulta el abastecimiento y fomenta el mercado negro.
19. Garantizar la confianza y estimular la inversión, en especial para los pequeños y medianos inversionistas.

**B.- En lo interno**

1. Garantizar la constitucionalidad, representada por la coexistencia independiente y autónoma de los Poderes Ejecutivo, Legislativo y Judicial, y el cumplimiento irrestricto de las garantías constitucionales, restableciendo el equilibrio y temperancia en sus relaciones.
2. Buscar una apertura política a nivel Gobierno que permita un entendimiento entre los chilenos, postergando o aplazando metas políticas, si es necesario.
3. Robustecer y mantener el principio de autoridad en todos los campos de la vida nacional.
4. Ir a un inmediato ordenamiento de las actividades laborales, poniendo término a las interrupciones en el trabajo y al ausentismo que afecta seriamente la producción.
5. Aplicación irrestricta e indiscriminada de la Ley de Control de Armas, para terminar en forma definitiva con los grupos armados o paramilitares ilegales.
6. Aplicar medidas conducentes a terminar con las campañas de prensa, radio y televisión contra las organizaciones y las personas dentro del debido respeto a la libertad de expresión.
7. Velar porque las autoridades político- administrativas que se designe en Intendencias y Gobernaciones sean personas que garanticen la aplicación ecuánime de la ley.
8. Aplicar estrictamente las disposiciones legales que reglamentan el uso del pabellón nacional.
9. Evitar que las Fuerzas Armadas o sus miembros sean aprovechados con fines políticos por sectores interesados que tratan de hacerlos aparecer políticamente comprometidos, ignorando que sólo están inspirados por los superiores intereses de la Patria por sobre las contingencias políticas y diferencias ideológicas.
10. Descartar el procedimiento de designar a ministros, autoridades y funcionarios en puestos representativos después de haber sido legalmente destituidos.

11. Depurar cualitativa y cuantitativamente la Administración Pública.
12. Prohibir terminantemente el uso de vehículos fiscales y de utilidad pública en actividades ajenas a las que están destinadas.
13. Permitir que el Cuerpo de Carabineros, de acuerdo a la reglamentación vigente, cumpla libre y estrictamente sus funciones específicas sin discriminación política en su empleo.

El general Pinochet nada cuenta en *El Día Decisivo* acerca del «Comité de los 15». Parece que no hubiera existido. Y eso que participó en su primera reunión, en la que no emitió opinión. Al ser convocado por los generales Nuño y Arellano para la segunda cita, Pinochet replicó: «No tengo tiempo y no debiera ir nadie del Ejército». Cuando se le argumentó que el propio general Prats había dado su autorización, Pinochet expresó: «Conforme, vayan, pero sin derecho a voz ni a voto».

La versión me fue ratificada en una entrevista por el general de la Fuerza Aérea, Nicanor Díaz Estrada, segundo hombre del Estado Mayor de la Defensa Nacional, el núcleo duro de la planificación del Golpe en las FF.AA.:

—Me atrevería a decir que la decisión de dar el Golpe, entre los generales de las tres instituciones, se tomó a mediados de julio de 1973. El general Pinochet no participó de esa decisión. Nunca estuvo en una reunión de las tantas que tuvimos, fuera de aquella primera del «Comité de los 15», el 30 de junio de 1973. Y lo puedo afirmar porque yo estuve en un montón de reuniones y nunca vi al general Pinochet, hasta el día 11 de septiembre, cuando llegó al Estado Mayor de la Defensa Nacional, donde yo era el segundo jefe.

El general Díaz sabía de lo que hablaba. Y también lo sabía la CIA, que estaba siguiendo los pasos de la conjura minuto a minuto. En el informe que se envía a Estados Unidos, el 25 de julio, se consigna:

> Los oficiales complotados de las FF.AA. esperan que la huelga de los dueños de camiones programada para el

26 de julio sea postergada hasta que el «consejo de los 15» tenga oportunidad de completar su plan antiinsurgencia, el que podría emplearse como base de un Golpe de Estado. Por esta razón, el almirante Patricio Carvajal trató de persuadir a León Villarín, presidente de la Federación de Dueños de Camiones, de que postergue la huelga hasta que el plan esté terminado... Los complotados de la Armada y la FACH continúan trabajando juntos en los preparativos de un Golpe de Estado y nadie está planteando una acción unilateral. Los oficiales complotados no saben de ningún plan de oficiales de inferior graduación.

El general Oscar Bonilla también había decidido jugar sus cartas. Como los generales hablaban de tregua política, la que pasaba por un pacto entre gobierno y oposición, le dijo a Prats que él podía conversar con el ex Presidente Frei. Lo conocía muy bien por haber sido su edecán Militar hasta fines de 1968, cuando le entregó el cargo a Arellano y se fue de Agregado Militar a España. El domingo 1º de julio, le contó el resultado de su encuentro. Y Prats escribió:

> Bonilla me informa que la opinión de Frei es que la Democracia Cristiana podría llegar a un entendimiento con el gobierno, si éste acepta un gabinete de administración cívico-militar. Le digo a Bonilla que, lamentablemente, esa es una mala noticia, si ello significa desplazar a los partidos políticos de la Unidad Popular.

Era tal la sensación de que el tiempo se agotaba, que el general Prats se reunió esa misma tarde con los máximos dirigentes del PS, Altamirano, Ariel Ulloa y Calderón, y los instó a alcanzar un «arreglo político sobre la base de un entendimiento con la oposición». Pero Altamirano estaba convencido de que el Golpe ya estaba en marcha y que sólo restaba neutralizarlo o enfrentarlo. Terminado el encuentro, Prats se dirigió a otra cita relevante. Esta vez sus interlocutores fueron Allende; el ministro de Defensa, José Tohá, y los comandantes en jefe de las Fuerzas Armadas. Allí, el Presidente fue informado de los contenidos de la reunión del 30 de junio, plasmados en el «Memorándum Secreto».

Avanzada la fría noche de ese primer domingo de julio, Prats finalizó su agotadora jornada con una reunión más. Esta vez sus interlocutores fueron el ministro Fernando Flores y los dirigentes de la CUT, Luis Figueroa y Rolando Calderón. Los dos líderes sindicales le dijeron que los trabajadores estaban dispuestos a defender a toda costa el gobierno que les pertenecía junto a las fuerzas militares que permanecieran leales. Prats les previno de los peligros de un enfrentamiento entre «masas inorgánicas» y fuerzas militares: «Conduciría a masacres de proporciones insospechadas». Para el general, «la profilaxis contra el golpismo estaba en «una solución política realista»[56].

Al día siguiente, Allende les comunicó a los comandantes en jefe que la situación se había vuelto grave y era indispensable formar un nuevo gabinete con su participación. La propuesta era que Prats asumiera nuevamente el Ministerio del Interior, la Armada el de Hacienda y la FACH, el de Obras Públicas y Transporte. El jefe del Ejército sabía que no estaba en condiciones de tomar esa decisión sin consultar con su Cuerpo de Generales y, con tal fin, instruyó a Pinochet a que lo convocara. La reunión se realizó en la mañana del martes 3 de julio. Tres generales de los que se encontraban presentes buscaron sus notas para revivir el primero de los dos encuentros deliberativos que a la postre resultaron determinantes. Este es su resumen:

> El general Prats dijo que había una campaña para separar a las instituciones y que el Presidente Allende le había planteado la necesidad de su ingreso al gabinete, donde volvería a ocupar la cartera de Interior. El Presidente cree que ello sería un factor de confianza que permitiría atacar eficazmente el problema del desabastecimiento, el que considera artificial, ya que el nivel de producción no es tan malo. Que estima que la solución es política y que un gabinete con militares daría confianza al Congreso y se produciría la esperada

---

[56] De las *Memorias* del general Carlos Prats.

tregua. Le manifestamos nuestras dudas sobre el particular y la inconveniencia del ingreso de militares al gabinete, salvo que primeramente hubiera un entendimiento con sectores de la oposición. Prats manifiesta que podían pasar algunas semanas antes de que ello ocurra. Varios generales le expresamos que en las actuales circunstancias lo fundamental es asegurar la cohesión institucional, que no hay ninguna garantía para ministros militares y sí una evidente intención de usar a las Fuerzas Armadas.

Con su serenidad acostumbrada, Prats insistió en la necesidad de intentar abrir un camino de solución política. El tema se había convertido en su obsesión, al punto que esa misma mañana abandonó la reunión con los generales y fue a La Moneda para entrevistarse con el Presidente.

En sus *Memorias*, Prats anotó:

Le expongo que los generales mantienen el criterio que yo tantas veces le he reiterado: el Ejército no desea comprometerse incondicionalmente en tareas de gobierno. Le pongo a su disposición mi cargo de comandante en jefe. Allende me pide que me espere porque quiere conversar con los otros comandantes en jefes, el almirante Raúl Montero y el general César Ruiz. Espero afuera que finalice sus reuniones y luego Allende me llama y me comunica que tanto Montero como Ruiz aceptan que un almirante y un general de la FACH integren el gabinete. Quedo estupefacto y me retiro sin expresar juicio alguno.

Esa misma noche, Prats le pidió a Pinochet que citara a una nueva reunión de su cuerpo de generales. Este segundo encuentro tuvo lugar en el noveno piso del Ministerio de Defensa, en la oficina del jefe del Estado Mayor. Fue presidida por el mismo Pinochet. Antes de dar comienzo a la sesión, Pinochet colocó sobre su escritorio de manera ostensible y sorpresiva una grabadora.

-Así se evitarán malas interpretaciones -dijo.

En ese momento entró Pickering. Era tal el clima de tensión que, contrariamente a la tradición, los generales no se ubicaron por orden de antigüedad sino por orden de llegada. Y así fue que Pickering debió sentarse casi al final del hemiciclo. Pinochet los puso al tanto de lo que había ocurrido en las últimas horas y luego ofreció la palabra. En las Memorias de Pickering se describe lo que ocurrió a continuación:

> Los primeros siete generales que opinaron no formularon objeciones, salvo el general Oscar Bonilla, que se manifestó conforme a la incorporación del general Prats al gabinete, como ministro del Interior, pero pidió que se escuchara primero al general Sergio Nuño, el que se encontraba a su lado, para que leyera un documento que había sido redactado en reunión de oficiales generales en el Estado Mayor de la Defensa Nacional *(el documento «secreto» antes transcrito)*. Con voz vibrante, el general Nuño[57] leyó una larga serie de peticiones al gobierno, cuyos puntos -alrededor de 24- trataban de insinuar un cambio en la política general de éste. Al llegar mi turno, expresé al jefe del Estado Mayor que me oponía terminantemente a la inclusión del comandante en jefe en un nuevo gabinete. Aduje, al respecto, la necesidad de preocuparnos todos prioritariamente en solucionar los problemas internos de la institución derivados del «tanquetazo» (la sublevación del «Blindado»). El hacerse cargo en esos momentos de una cartera ministerial significaba alejar nuevamente al comandante en jefe de sus funciones específicas, tan importantes en aquella hora. Y si el señor Allende deseaba el concurso del señor Carlos Prats, por su capacidad para asumir responsabilidades de gobierno, lo hiciera en ese carácter, pero no en el de comandante en jefe del Ejército. Y manifesté que tenía un compromiso al respecto con todos los directores de los institutos de mi dependencia directa y que, si llegaba a materializarse el pedido del Presidente, renunciaría de inmediato a mi cargo y solicitaba se me concediera el retiro de las filas del Ejército.

---

[57] Pickering desconoce que Nuño es uno de los fundadores de la cofradía secreta de Lo Curro.

La discusión continuó al día siguiente a las 15 horas. Pickering reiteró su postura y remarcó que no había en ella animosidad hacia el comandante en jefe. De pronto, relató Pickering, fue interrumpido abruptamente por Pinochet:

-General, ¡cómo es posible que diga eso! ¿No hemos estado hablando permanentemente de prestar nuestra colaboración al gobierno? ¿No hemos repetido siempre que hay que tratar de ayudar a solucionar los graves problemas nacionales? ¡Y usted viene ahora a poner inconvenientes!

Pickering, descompuesto, replicó:

-Mi general, me agradaría respondiera a esta pregunta: ¿aceptaría usted una cartera ministerial en estos momentos?

La respuesta fue escueta:

-No, por ningún motivo; además a mí no me han ofrecido nada».[58]

El diálogo áspero y en un tono nada habitual entre camaradas de armas fue escuchado por el resto de los generales en absoluto silencio. La voz de Prats cerró el paso a las conjeturas y a otras réplicas:

-Hace más de quince días que estoy tratando de convencer al Presidente de la inconveniencia de incluirme en el nuevo ministerio. No obstante, pese a todos los argumentos con que he tratado de disuadirlo, no quiere darme la razón e insiste en sus planteamientos.

Otros generales aprovecharon las opiniones de Pickering para deslizar una sugerencia que Prats anotó en sus *Memorias*: «Los generales Bonilla y Araya me sugieren que renuncie a la comandancia en jefe y que acepte el cargo como general en retiro...» Prats ya estaba consciente de los ataques: «El general Araya, quien sólo debía tener expresiones de gratitud para conmigo, me espeta con increíble frialdad que mi imagen es negativa ante la oficialidad subalterna. Le respondo que si es así, ello ha ocurrido porque los generales no han sido leales intérpretes de mi pensamiento profesional».

Pickering tomó nuevamente la palabra:

-Si el Presidente Allende no quiso escuchar las razones expuestas por el comandante en jefe, sí podría escuchar

---

[58] De las Memorias inéditas del general Guillermo Pickering.

otras opiniones de generales que le hagan presente las razones del Alto Mando para rechazar su petición.

En ese contexto, ya marcado por la separación entre Prats y un grupo de sus subalternos, fueron designados para ese cometido los generales Urbina, Bonilla, Sepúlveda y el propio Pickering. La audiencia se pidió con carácter de urgente. Media hora más tarde estaban en La Moneda. Fueron recibidos por el edecán Naval de Allende, comandante Arturo Araya, quien los acompañó hasta el Salón Rojo, donde se realizaría la reunión. Al pasar por el salón principal del Palacio, advirtieron que todo estaba dispuesto para la ceremonia del juramento del nuevo gabinete. «Sólo se veía un sillón desprovisto de la tarjeta con el nombre del designado: era el que correspondía al ministro del Ejército. Por consiguiente dedujimos que la Armada y la Fuerza Aérea ya habían aceptado integrar el nuevo gabinete», recordó Pickering.

La reunión con Allende duró algo más de dos horas. El Presidente habló de su gestión de gobierno y de los inconvenientes con que había tropezado desde su asunción del cargo. Luego les cedió la palabra a los generales que hablaron por orden de antigüedad. Urbina y Bonilla explicaron casi en los mismos términos la inconveniencia de incluir en esos momentos a un miembro del Ejército en el nuevo gabinete. Adujeron la necesidad de solucionar primero los problemas internos derivados de la rebelión del «Blindado» y marginar al Ejército de la gestión política.

Pickering relata:

> A estas argumentaciones, el Presidente respondió que nosotros nos estábamos asustando a causa de la opinión poco informada de los oficiales de menor graduación. Pero el general Sepúlveda y yo insistimos en que lo dicho por el Presidente no corresponde a la realidad pues, por tener mando de fuerzas, sabemos que no se trata sólo de tenientes sino de los oficiales y jefes de todas las jerarquías. Le expreso que el nombramiento como ministro del comandante en jefe iba a producir una crisis mayor que la que estábamos viviendo en el Ejército. Visiblemente molesto por lo que acaba de

escuchar, el Presidente expresa que por ahora nosotros imponíamos nuestra voluntad, porque contábamos con las armas, pero que el proceso histórico no iba a ser detenido, siendo el pueblo a la larga, el triunfador, y que nosotros (el Alto Mando y el Ejército) seríamos los responsables ante la historia de lo que pudiera ocurrir. Acto seguido se levantó y dando por terminada la reunión, concluyó: «¡Muy bien! ¡No habrá gabinete con miembros de las Fuerzas Armadas!».

Al momento de despedirse, se dirigió al general Sepúlveda, jefe de la Guarnición de Santiago:

-General, he estado anunciando mi intención de pedir a las Cámaras que se decrete el Estado de Sitio; no insistiré, suspendamos también el Estado de Emergencia. Hágame el favor de comunicarlo a quien corresponda.

Cuando los cuatro generales volvieron a la oficina del gabinete del comandante en jefe del Ejército, encontraron al resto de los generales reunidos. No se habían movido: esperaban impacientes el resultado de la reunión en La Moneda.

Arellano escribió en su agenda:

> Allende se portó en forma grosera con los generales. Les dijo que el Ejército sería responsable si había guerra civil, que para ser ministro de Estado había que tener los pantalones bien puestos y que a partir de ahora estaríamos en barricadas opuestas. El Presidente se había sacado la careta. Ya no podíamos esperar respuesta a nuestro memorándum institucional. Se había perdido la escasa posibilidad de entendimiento y de apertura a una salida política. Ese día -el 4 de julio de 1973- se nos terminó la poca confianza que aún nos quedaba

## CAPITULO XV
## EL COMITÉ DE LOS «15»

Aquel 4 de julio de 1973 no hubo ni una sola señal que indicara lo que unos pocos sabían: era imposible retroceder. Y lo que estaba por venir sobrepasaría todo lo imaginable. El miedo y la desconfianza se habían apoderado de las conversaciones, las miradas y hasta de las lealtades familiares. Los acontecimientos se anudaban en una vorágine impredecible. A cada hora tenía lugar una manifestación, un atentado, una toma de fábrica, una cita, una declaración, un contacto clandestino u oficial que iba entrelazando la gran telaraña de la conjura.

Al día siguiente, el 5 de julio, asumió el nuevo equipo ministerial de Allende. Lo bautizaron «Gabinete Briones», por Carlos Briones, el socialista moderado a cargo de la cartera del Interior. El juramento se hizo sin integrantes de las Fuerzas Armadas. A unas cuadras de la ceremonia, en la oficina del comandante en jefe del Ejército, el general Guillermo Pickering presentaba su expediente de retiro. Su argumento: no podía aceptar la amenaza hecha por el Presidente.

El general Prats no aceptó su renuncia. Le dijo que ésta sólo acarrearía nuevos y mayores problemas, agravando los ya existentes, provocando más efervescencia dentro y fuera de la institución. Pickering escuchó con atención y respeto y accedió al requerimiento de su superior no sin antes formularle una sugerencia: era necesario expresarle al Presidente el desagrado por lo que había sucedido[59].

La superación del incidente no trajo sosiego a Prats. Seguía inquieto por el curso de los acontecimientos y no se daba respiro en su intento desesperado por impedir el quiebre institucional. El mismo 5 de julio convocó a los generales Pinochet, Urbina, Sepúlveda, Pickering, Contreras y Brady, además del director de la Escuela Militar y comandantes de unidades de la Segunda División del Ejército, para reiterarles cuál debía ser la conducta institucional ante la grave situación política que se vivía:

> Insisto en que el 'cuartelazo' inicial es fácil, pero que las dificultades comienzan cuando se trata de gobernar contra la voluntad popular, imponiendo una tiranía feroz para doblegar la resistencia y exponiendo al país al desencadenamiento de una guerra civil, si se logra dividir a las Fuerzas Armadas. Les añado que convertir al Ejército en una fuerza represiva interna es destruirlo profesio-nalmente, porque la inevitable formación de camarillas que pugnan por el liderazgo, termina por desmoronar la concepción de verticalidad del mando y sectoriza gradualmente a los cuadros en corrientes políticas que prostituyen las virtudes militares. Desahucio la tesis de «no combatir entre compañeros de armas», porque ello significa impunidad para quienes infrinjan su deber de subordinación... Comento, además, el rol que le correspondió jugar a cada unidad o escuela en la sublevación del Batallón Blindado Nº 2 y les fijo un plazo de diez días para que cada comandante y director se responsabilice del completo adoctrinamiento de su personal, en función

---

[59] El 9 de julio, el general Guillermo Pickering tuvo una doble sorpresa. Con motivo de la ceremonia del Juramento a la Bandera que se realizó en la Escuela de Infantería y a la que asistió el Presidente, al encontrarse frente a frente con Allende, éste le estrechó la mano y le dijo: «general, estoy de acuerdo con su posición». Y le reiteró que tenía razón en su desagrado por las palabras que pronunció en la reunión sostenida con los cuatro generales, que en nombre del Alto Mando del Ejército, le pidieron que no nombrara a Prats ministro. La primera sorpresa es que Prats se haya dado el tiempo para hacerle saber al Presidente su molestia. La segunda, que el propio Presidente rectificara sus dichos.

de las ideas expuestas. El coronel Nilo Floody, director de la Escuela Militar, me pregunta, «¿cómo se actuará contra el marxismo?»... Le respondo que en Chile no habrá un gobierno marxista, mientras la vigencia de la democracia posibilite la libertad de sufragio y los Poderes del Estado ejerciten su potestad constitucional[60].

Prats ignoraba que para esos días, el coronel Floody se había sumado a la «cofradía de Lo Curro», en la casa del abogado Jorge Gamboa. Tampoco sabía que varios de sus generales y un número reducido de coroneles actuaban ya en completa concomitancia con los altos mandos de la Armada y la Fuerza Aérea para un plan central, cuya coordinación estaba en manos del almirante Carvajal. De haberlo sabido, ¿qué podía haber hecho para evitar el Golpe de Estado? Prats no era un hombre ideológico y menos un marxista. El desborde de pasiones y fanatismo lo estaba sobrepasando, al igual que el odio que veía crecer y enquistarse. Y si bien la causa de Allende y la UP no era la suya, fue entablando con el Presidente y algunos de sus ministros una relación de empatía personal. Pero, por sobre todo, Prats era un militar formado en una cultura en vías de desaparición. Las cosas se le escapaban de las manos y lo intuía amargamente.

Ese mismo día concurrió a una reunión convocada por el almirante Carvajal para analizar un informe del Comité de Inteligencia de las Fuerzas Armadas. Los datos recogidos indicaban que, en las industrias, oficinas, poblaciones y sedes políticas, donde se concentraban las fuerzas de la UP, había un alarmante acopio de armas. Había que aplicar un esquema de allanamientos, en el contexto de las facultades que otorgaba la recientemente promulgada Ley de Control de Armas, planteó Carvajal.

Prats aprobó la sugerencia e indicó que ante denuncias responsables se debía allanar sin discriminación sedes políticas del gobierno o de la oposición. Desconocía que la CIA consideraba esa iniciativa como el «plan antiinsurgencia que

---

[60] De las *Memorias* del general Carlos Prats.

puede ser empleado como base del Golpe de Estado y que coordina Carvajal»[61].

Así también lo reveló el almirante Merino más tarde, diciendo que ese plan estaba preparado desde el 16 de junio de 1973:

> Allí quedó configurado un plan que tenía por objeto combatir cualquier subversión, de grupos populares o de milicias. El plan era antisubversivo, y cuando se puso en acción, el 10 de septiembre como a las 18 horas, puse un mensaje diciendo «Dar ejecución «Plan Cochayuyo» menos anti.[62]

Tampoco Allende estaba al tanto en momentos que realizaba su octavo cambio de gabinete. En ese nuevo esquema, el experimentado dirigente socialista Clodomiro Almeyda pasó a ocupar la cartera de Defensa, la más delicada y la más explosiva. Reemplazó al ministro José Tohá, que había establecido lazos de simpatía y respeto con los altos mandos. Una relación que se hizo evidente el 9 de julio, Día del Juramento a la Bandera, en la Escuela de Infantería, cuando se le ofreció un vino de honor para retribuir «su delicado trato con los miembros del Ejército y el invariable apoyo a gestiones en beneficio de la institución». Ese homenaje se hizo extensivo a su esposa, Moy de Tohá. Ella no fue a una unidad militar, sino a la casa del jefe del Estado Mayor del Ejército, respondiendo a una invitación de su esposa, Lucía Hiriart de Pinochet.

Pinochet afirma que la acción del Golpe la tenía preparada para el mes de julio. No obstante, el 10 de ese mes, le escribió la siguiente carta de despedida a José Tohá:

*Lucía y Augusto Pinochet Ugarte, General de División saludan atentamente a los distinguidos amigos D. José Tohá G. Y Sra. Victoria E. Morales de Tohá, y en forma muy sentida les agradecen el noble gesto de amistad que tuvieron al despe-*

---
[61] De los documentos desclasificados.
[62] En entrevista del diario *La Segunda* con María Teresa Alamos, y en *El Mercurio*, con Raquel Correa, el 27 de septiembre de 1989.

*dirse de su gestión ministerial. Lucía y Augusto les expresan el sentido afecto que ellos tienen por el matrimonio Tohá Morales y les piden que los sigan considerando sus amigos. Esperamos que al regreso de Lucía tengamos la suerte de compartir con la grata compañía de Uds. Mientras tanto, reciban el saludo y el afecto de siempre.*
*Santiago, 10 de julio 1973.*[63]

El interlocutor del gobierno con las Fuerzas Armadas había cambiado. Almeyda debía controlar un cuadro en estado de combustión y cerca del incendio. A tal punto, que, horas más tarde de asumir, recibía el memorándum «estrictamente secreto» elaborado por el «Comité de los 15» para que se lo entregara a Allende. Aún cuando el documento sólo puede ser leído como una intervención militar, ni el Presidente ni su ministro reaccionaron.

El 7 de julio, en una reunión de generales, Araya planteó la conveniencia de reestructurar el Alto Mando. La sugerencia fue aceptada de inmediato por Pickering y Sepúlveda, quienes ostentaban dos de los cargos de mayor relevancia y mando de tropas. Pero Pinochet cortó la discusión diciendo que esa no era la instancia ni eran ellos los llamados a resolver ese tipo de asuntos institucionales. Y dio por finalizada la sesión.

A la salida, los generales Bonilla y Araya se acercaron a Pickering y le manifestaron su desacuerdo con su intención de abandonar su cargo. Lo dicho por Araya, señalaron, no estaba relacionado con su persona. Y Bonilla agregó: «Tu imagen institucional ha mejorado mucho desde tu actitud para impedir un gabinete con militares, como se estaba fraguando». Pickering no podía creer lo que estaba escuchando. Les contestó que no necesitaba ni aceptaba que se calificara de mejor o peor su imagen institucional a causa

---

[63] Nadie podría haber imaginado entonces que faltaban pocos días para que José Tohá fuera acusado de graves irregularidades y hechos delictivos por las nuevas autoridades militares, enviado como «prisionero de guerra» a la Isla Dawson y cuando su salud se deterioró a un límite extremo, traído a Santiago en donde murió en circunstancias hasta hoy no aclaradas, el 15 de marzo de 1974, en el Hospital Militar. «Suicidio» dijeron. El problema es que Tohá estaba en tal estado de debilidad que hasta su nivel de conciencia estaba comprometido. Durante todo el tiempo en que Tohá estuvo detenido, su esposa sufrió un trato vejatorio.

de actitudes de «hombría, franqueza y lealtad que todos nos debemos».

Y añadió:

—No sé dónde vamos a llegar si empezamos a aceptar rumores provenientes de escalones subalternos que se adjudican atribuciones para calificar a sus superiores. Soy un general que ejerzo un cargo con el mayor profesionalismo del que soy capaz, hasta que desee abandonarlo o hasta que sea relevado del mismo por quien corresponda[64].

Esa misma tarde, Pickering presentó, por segunda vez en dos días, su expediente de retiro. El general Prats le reiteró su desacuerdo y se comprometió a darle una respuesta horas después. Apenas su interlocutor se marchó, instruyó al general Pinochet para que esclareciera el confuso episodio.

Pickering no perdió ni un minuto. Al llegar a su oficina convocó a todos los mandos bajo su dependencia. A las 18 horas, los oficiales escucharon atónitos su relato. La opinión mayoritaria fue que se había precipitado ante la actitud de dos generales que no representaban la opinión de los oficiales del Ejército. La cita terminó cuando Pickering fue convocado a la oficina del jefe del Estado Mayor. Pinochet, que lo estaba esperando, ya se encontraba reunido con el general Urbina, inspector General del Ejército, y Araya y Bonilla. La reunión, les informó, se hacía por orden del comandante en jefe. Inmediatamente les ofreció la palabra a los generales Bonilla y Araya, quienes le dieron explicaciones a Pickering. Urbina reforzó sus argumentos invocando el interés superior de la institución. El encuentro abandonó la formalidad y adquirió un tono coloquial cuando Pinochet, usando el trato que se reservaba para las relaciones de amistad, le dijo: «¿Y bueno?, ¿qué más quieres?».

Así fue que Pickering retiró una vez más su renuncia y regresó presuroso a la Escuela Militar. Lo esperaban los directores de escuela con champagne.

En otro lugar de Santiago, Allende se reunía con Prats para una informal comida a solas, quizás la conversación

---

[64] De las Memorias inéditas del general Guillermo Pickering.

más relevante que ambos hombres hayan sostenido. Así la registró el jefe del Ejército en sus *Memorias*:

> El Presidente me expresa sus temores ante una nueva asonada golpista y me consulta si creo factible que algunas unidades militares fuertes se mantengan fieles al gobierno constituido. Le respondo que lo fundamental es evitar un Golpe, porque la división de las Fuerzas Armadas provocaría inexorablemente una espantosa guerra civil... Aprovecho la oportunidad para reiterarle que hay que agotar las posibilidades de diálogo con la Democracia Cristiana. Me responde que en las actuales circunstancias, el diálogo es impracticable. Que me convenza yo mismo hablando con el ex Presidente Eduardo Frei.

Eso fue lo que hizo el jefe del Ejército. Al día siguiente, y teniendo de intermediario al general Bonilla, Prats se reunió con Frei en la casa de su ex ministro de Defensa, Sergio Ossa.

Prats relata:

> Analizamos la situación del país. Por mi parte le repito mi tesis de la salida política que requiere incuestionablemente de un entendimiento del gobierno con la Democracia Cristiana. Sus opiniones se centran en afirmarme que la DC ha ofrecido su colaboración y que están «dispuestos a aceptar garantías mínimas si se disuelven los grupos armados y se ofrece un gabinete capaz de ordenar el país». Añade que, «no se puede dialogar cuando el adversario pone la metralleta sobre la mesa». Le afirmo que de los grupos paramilitares se encargan las Fuerzas Armadas, pero que es fatal esperar de éstas una intromisión política en el gobierno. A éste yo le sirvo con la misma lealtad que demostré mientras fui comandante en jefe de la Tercera División y jefe del Estado Mayor de la Defensa Nacional, durante su administración. Me retiro con la sensación de no haber logrado una apertura decidida de quien tiene tanto ascendiente en el partido político clave del momento.

Esa noche, el jefe del Ejército recibió la visita de Miguel Enríquez. El dirigente máximo del MIR le dijo tener informaciones confirmadas de que en la Escuela de Caballería habían intentado apoyar la sublevación del Blindado. Que los generales Bonilla, Arellano y Bravo estaban vinculados a la Democracia Cristiana y que Bonilla le había dicho a Frei que si ocurría algo, él, en su calidad de Presidente del Senado, pasaría a ser el Jefe del Estado. Las Fuerzas Armadas, le dijo también, esperan una acusación constitucional contra Salvador Allende para exigirle su renuncia.

Prats se reunió con Allende el 10 de julio para contarle los pormenores de su entrevista con Frei. Al finalizar la conversación le señaló:

> Es imprescindible buscar pronto un entendimiento con la Democracia Cristiana, de lo contrario, veo inevitable el enfrentamiento cruento, del que emergerá una draconiana dictadura militar o una terrible dictadura proletaria.

Prats no era el único que desplegaba energías en esas horas tan peligrosamente frágiles. Los golpistas aceleraban sus movimientos, enrollando alrededor de fábricas, poblaciones, oficinas y plazas una mecha que sólo esperaba la chispa que incendiaría la pradera. La orden de mando debía provenir del «Comité de los 15», que continuaba sus reuniones de coordinación. A esas alturas, Prats no se dejaba engañar. Sabía que algo escapaba a los canales normales de la coordinación de los altos mandos. Sin embargo, confiaba en que su jefe de Estado Mayor lo mantendría informado de cualquier hecho extraño. Lo que efectivamente ocurrió el 12 de julio, cuando Prats anotó en su agenda:

> El general Pinochet confirma mi presunción de que en la reunión sostenida entre 15 generales y almirantes, se han deslizado «inquietudes» respecto de la acción del gobierno, adecuadamente encubiertas para no dar pie a reacciones de los comandantes en jefe.

Con esa información, Prats llegó el 19 de julio, junto a los otros dos comandantes en jefes -el almirante Raúl Montero y el general César Ruiz Danyau- a una nueva reunión, esta vez oficial, del «Comité de los 15». El primero en abrir fuego fue Arellano. En una extensa alocución hizo un recuento de algunos problemas que preocupaban «seriamente» a los militares, como la intervención de los teléfonos de los altos jefes de las instituciones armadas y la declaración del ministro Luis Figueroa de que no se cumpliría la orden judicial de devolución de algunas industrias a sus legítimos propietarios. Después, Arellano comentó recientes declaraciones del jefe del MIR. En una concentración en el Teatro Caupolicán, el 12 de julio, Enríquez había manifestado que la Ley de Control de Armas era «maldita» y sería combatida públicamente. Enríquez había formulado un nuevo llamado a las tomas de fábricas. Y, lo más grave -según Arellano- fue la abierta incitación mirista a la insubordinación en las Fuerzas Armadas. Enríquez había manifestado en ese mitin: «Los suboficiales, soldados y carabineros deben desobedecer las órdenes de los oficiales golpistas y, en ese caso, todas las formas de lucha serán legítimas». Reivindicó, además, «el legítimo derecho del MIR a construir su propio ejército». Y agregó: «Dirán los reaccionarios que esto es transgredir las leyes, la Constitución y el Derecho. Sí que lo es. Las constituciones expresan intereses de clase y correlación de fuerzas. Aquí en Chile la clase obrera está levantando en la práctica sus propias leyes y la Constitución tendrá que cambiar a favor del pueblo».

Arellano leyó a los otros miembros del «Comité de los 15» un manifiesto del Movimiento de Pobladores Revolucionarios, adscrito al MIR, en el que se decía: «Lograr el derecho de los suboficiales a reunirse en las poblaciones junto a sus familiares, sus hijos, hermanos y desobedecer las órdenes de los oficiales reaccionarios y golpistas». Después, hizo un comentario sobre diversas audiciones radiales -especialmente Radios Pacífico y Corporación- que calificó de «altamente ofensivas para las Fuerzas Armadas». Y completó el cuadro afirmando no ver una acción definida de los mandos institucionales frente al peligro que encerraba para los «valores patrios fundamentales» los intentos de constituir un «Ejército del Pueblo», con la ayuda del gobierno. Alegó, al respecto, que en la residencia presidencial de Tomás Moro funcionaba «un centro de instrucción de extremistas». Arellano concluyó:

«Nosotros decimos no a la guerra civil y seguramente somos los únicos sinceros que haríamos respetar a toda costa la Constitución y no aceptaríamos ningún otro tipo de grupo armado bajo ninguna circunstancia, que jamás transaríamos la línea profesional de las FF.AA. y que bajo ninguna circunstancia aceptaríamos que en nuestro uniforme fuera cambiado el escudo patrio por la hoz y el martillo, ya que en ello están en juego nuestras vidas».

Después, el almirante Ismael Huerta acusó a personal de Investigaciones de ser los autores de un reciente atentado que se había registrado en su casa en Valparaíso[65]. La discusión se detuvo durante más de una hora en la cantidad de armas en poder de grupos extremistas y se concluyó en la necesidad de establecer un control especial sobre la Editorial Quimantú, de propiedad del Estado. Pero, lo que concitó el mayor debate fue el discurso que acababa de hacer Carlos Altamirano sobre las Fuerzas Armadas. A lo que otros agregaron intervenciones similares de Miguel Enríquez y Oscar Guillermo Garretón, jefe de una fracción del MAPU. Algunos de los presentes pidieron una declaración conjunta de los tres comandantes en jefe, que estableciera una «condena a los discursos y accionar de Altamirano, Garretón y Enríquez y otras manifestaciones injuriosas y atentatorias contra las Fuerzas Armadas».

El general Leigh planteó en ese momento la elaboración de un «Plan Contraguerrilla Urbana», mientras que el general Bonilla se pronunció por una coordinación conjunta para enfrentar el problema. El almirante José Toribio Merino encontró que era el minuto adecuado para decir:

-Yo soy partidario de una acción inmediata que permita devolver la tranquilidad al país.

---

[65] Hecho que después el Prefecto de Investigaciones de Valparaíso, Bustos, demostraría que fue obra de militantes de Patria y Libertad.

La discusión nuevamente fue candente y derivó en una nueva acusación del general Leigh:
-Las Fuerzas Armadas están siendo infiltradas.
El tema económico, el más gravitante, estuvo a cargo del general Sergio Nuño. Prats fue uno de los últimos en intervenir:

> Respondo que no haré declaraciones públicas con planteamientos al gobierno, porque ello significa «un camino sin retorno». Agrego que los comandantes en jefe estamos continuamente representando nuestras preocupaciones al ministro de Defensa y al propio Presidente, pero en forma reservada, como lo impone nuestro deber de colaboración y que le transmitiremos de nuevo las graves inquietudes de los almirantes y generales. En cuanto a los allanamientos, digo que estoy de acuerdo en que se practiquen, pero sobre la base de denuncias responsables y sujetos a todas las formalidades procesales y sin discriminar entre grupos de extrema derecha y extrema izquierda. Acoto que ningún general ni almirante ha expresado su alarma por el robo de las ametralladoras pesadas del Ejército ni por la lucha armada anunciada por Patria y Libertad.[66]

El general Arellano resumió así el resto de la reunión:

> El general César Ruiz Danyau pregunta qué pasaría si el Presidente no aprueba finalmente nuestro «memorándum secreto» y no se produce la apertura. Cree que el enfrentamiento es inevitable y que habría que estudiar y resolver sobre qué dictadura es la menos mala: la militar o la del proletariado. El almirante Montero apoya a Prats y dice que no debe haber emplazamiento público, pero sí privado. Estima que debe evitarse cualquier tipo de dictadura y que no debemos participar en política.

No hubo declaración pública. Los comandantes en jefe de la Armada y el Ejército hicieron prevalecer su posición

---
[66] De las *Memorias* del general Carlos Prats.

y ese mismo 19 de julio se entrevistaron con Allende para informarle lo que habían decidido en la reunión del «Comité de los 15». Allende expresó su molestia y amargura y les adelantó que pronunciaría un discurso de rechazo al violentismo y a las fuerzas paramilitares de extrema derecha y extrema izquierda.

Esa misma noche, Prats les advirtió a Carlos Altamirano, dirigente máximo del PS y a Rolando Calderón, dirigente socialista y segundo hombre de la CUT, sobre los peligros de un rebasamiento golpista de los comandantes en jefe:

«A mi juicio, ha llegado el momento de decidir si se quiere un diálogo con la DC, o se quiere enfrentar un Golpe Militar y la guerra civil».

Altamirano lo previno de que la oposición buscaba desplazarlo del mando del Ejército: «Usted se ha constituido en el obstáculo para el golpe institucionalizado».

Altamirano estaba en lo cierto. Y la información provenía de una muy buena fuente del cuerpo de generales, que se la había proporcionado a un integrante del equipo de Inteligencia y Contrainteligencia del PS, a cargo de «Máximo». Los juegos cruzados de esos días eran peligrosos, porque en la misma medida que Prats y Pinochet comenzaron a recelar y a expresar su rechazo a la participación de generales de Ejército en el «Comité de los 15», el candente debate que allí se había desencadenado aceleró planes y estados de ánimo de los conjurados. Las reuniones en la casa de Gamboa en Lo Curro se hicieron más frecuentes y más secretas y el debate se concentró en el temor generalizado de que «se avanzaba indefectiblemente a una nueva Cuba». En una de las citas, el debate desembocó en un punto crucial: «¿qué haremos en el Ejército si se requiere actuar en caso de emergencia?», «¿quién encabezará el Ejército tomando en cuenta que los generales Prats, Pinochet, Urbina, Sepúlveda y Pickering, todo el Alto Mando, son contrarios a nuestro movimiento?». La discusión que comenzó en susurros derivó en una agitada discusión que se prolongó por largas horas. Finalmente se llegó a un acuerdo: el escogido fue el general Manuel Torres de la Cruz.

El círculo estaba cada vez más cerca de cerrarse. Al comenzar la madrugada del 20 de julio, el general Prats fue al encuentro del senador Renán Fuentealba, alto dirigente de la DC, para explorar nuevamente la vía del diálogo y evitar el precipicio. La encrucijada era dramática. Así también lo veía la jerarquía de la influyente Iglesia Católica chilena que, el 20 de julio y a través del Cardenal Raúl Silva Henríquez, lanzó un desesperado llamado:

«La gran mayoría de los chilenos tenemos hambre y sed de justicia. La voluntad de realizar profundos cambios sociales, con diversas concepciones ideológicas, la encontramos en millares de hermanos nuestros que, intuitivamente u organizados en frentes sociales o políticos de gobierno o de oposición, anhelan un Chile nuevo, construido con el respeto a cada ser humano. A estos grupos políticos o sociales les imploramos que den los pasos necesarios para crear las condiciones de un diálogo que haga posible un entendimiento. Diálogo que, para ser fructífero, requiere que se verifique en la verdad, que se diga toda la verdad, que haya sinceridad para proclamar las intenciones reales, que se desarmen los espíritus y las manos. Un gran consenso nacional para lograr la paz y realizar las transformaciones sociales es necesario... Por lo tanto, pedimos a los dirigentes políticos y altos responsables de la Patria que agoten el diálogo entre ellos... Sugerimos una tregua...»

El 24 de julio, Allende habló por cadena nacional de radio y televisión. En su discurso puso énfasis en la imperiosidad de que las Fuerzas Armadas quedaran marginadas de la pugna política. Tras rechazar la vía insurreccional, el Presidente sostuvo que la gravedad de la situación requería del entendimiento con la oposición.

Mientras, la economía seguía deslizándose por la pendiente. El Instituto Nacional de Estadísticas informaba que la inflación en los últimos doce meses había alcanzado al 283,4%. «El país se está transformando en un gran manicomio en el cual el médico jefe ha perdido el control», denunció el senador derechista Sergio O. Jarpa. En otra trinchera, grupos del MIR llegaron a los cuarteles llamando abiertamente a los suboficiales y soldados a desobedecer a sus mandos. Los oficiales, en tanto, eran incitados a la rebelión por integrantes de grupos de ultra derecha.

No había respiro.

El 25 de julio, la Confederación de Sindicatos de Dueños de Camiones anunció un nuevo paro nacional indefinido.

Tregua era una palabra imposible de entender al filo del abismo.

# CAPITULO XVI
## «¡LA GUERRA ESTA DECLARADA!»

La noche del 26 de julio, y mientras se aceitaba la relojería del asalto final, Pinochet estaba en la embajada cubana celebrando con sus anfitriones el vigésimo aniversario del ataque al Cuartel Moncada. Un silencio reverencial se hizo al entrar Allende. Lo acompañaban sus tres edecanes. A cargo de la custodia personal del Presidente estaba Domingo Blanco, jefe del GAP, conocido como «Bruno». Pinochet saludó a Allende con un fuerte apretón de manos. La recepción mezcló el protocolo y la informalidad pero nunca se pudo desprender de las aprensiones. No había más que cruzar la puerta de la embajada para constatarlo. Cuando el ágape llegó a su fin, el barrio de Providencia volvió a la «normalidad» de aquellos días: manifestantes anti allendistas paralizaron el tránsito, voltearon microbuses y lanzaron bombas incendiarias contra las fuerzas policiales y oficinas de gobierno. El aire se tornó irrespirable, esta vez por efecto de los gases lacrimógenos disparados por la policía.

El comandante Roberto Sánchez, edecán Aéreo del Presidente me relató un día de 1984:

-El clima esa noche era de mucha intranquilidad. Había disturbios en Providencia y cuando el Presidente se retiró de la embajada, el edecán del Ejército, Sergio Badiola, se

– 209 –

fue con él, pues estaba de servicio esa noche. Con el comandante Arturo Araya Peters nos quedamos un rato conversando. Eramos amigos desde que ambos fuimos jefes de Relaciones Públicas de nuestras respectivas instituciones. Todos los problemas los hablábamos. Bueno, esa noche, al salir de la embajada, Araya me invitó a su casa para tomarnos un trago. Pero yo estaba muy cansado así que decliné la invitación. Lo vi alejarse con una abierta sonrisa...

Alfredo Joignant, director General de Investigaciones desde el 11 de diciembre de 1972, iba en su auto oficial cuando un llamado urgente por la radio interna lo alertó:

-Desde la ayudantía me comunicaron que el edecán Naval del Presidente había sido víctima de un atentado. Que lo habían llevado al Hospital Militar. Hacía allá me dirigí y cuando llegué vi una imagen que me impactó: el Presidente Allende, con una cotona blanca de médico y casi a caballo del cuerpo del comandante Araya, le hacía masajes en el corazón. Lo rodeaban otros médicos del hospital. Me quedé petrificado. De pronto, Allende se paró y con lágrimas en los ojos dijo mirando a los médicos: «Señores, el comandante Araya ha muerto. ¡Este es el fascismo!».

El edecán Sánchez ya estaba en su casa cuando lo llamó el secretario privado de Allende y le comunicó la noticia:

-Me fui inmediatamente al Hospital Militar. Entré corriendo por los pasillos y vi salir al Presidente. Él, personalmente me informó de su muerte. Estaba consternado...

Joignant salió del Hospital descompuesto. Había perdido a un amigo. Subió a su auto, llamó a la Central y dio la orden de que todas las patrulleras se trasladaran al sector de Providencia. Volvió al cuartel y llamó a los principales prefectos de Investigaciones, entre ellos, Hernán Romero. Era un hombre de derecha pero estaba considerado por sus pares como el mejor policía de ese momento.

-Quiero que usted dirija la investigación, tiene todo el aparato de la policía a su disposición- dijo Joignant.

Y Romero respondió:

-He hecho muchas investigaciones en mi vida, pero esta es la más difícil de todas: vamos a tener en contra a los servicios de inteligencia militar, la CIA...

Allende se sentía abatido. Su relación con Araya era estrecha y de mucho afecto. ¿Quién lo había asesinado? La preguntaba atravesaba el país como una tromba y añadía una nueva cuota de presión sobre un gobierno erosionado por el segundo paro de los camioneros. Efectivos reforzados de la policía civil y uniformada realizaban intensos patrullajes en las calles y la indignación en los cuarteles hacía subir la presión.

Joignant recuerda:

-Al día siguiente, Allende me informó que no quería que mi servicio dirigiera la investigación, que para que todo se hiciera con máxima transparencia, había decidido que los aparatos de inteligencia de las FF.AA. y de Carabineros actuaran en coordinación. Y me anunció que designaría ese mismo día a una persona que hiciera de cabeza de ese equipo, el que nosotros también íbamos a integrar. No me gustó, esa es la verdad, pero debí obedecer al Presidente. Allende nombró al general Nicanor Díaz Estrada, subjefe del Estado Mayor de la Defensa Nacional. Y a ese equipo llegaron el capitán Germán Esquivel, de Inteligencia de Carabineros; Pedro Espinoza, por el Ejército; por la Armada llegó un comandante de apellido Vergara y otro de apellido Guimpert[67]; y la gente de Investigaciones. Se formó una especie de comando conjunto.

**-¿Usted conocía a Pedro Espinoza?**

-Sí, me lo había presentado el general Prats, siendo ministro del Interior como «el más brillante oficial de inteligencia de los últimos 20 años del Ejército». Era un hombre que se notaba totalmente leal a su comandante en jefe y siempre andaba de civil.[68]

En medio de la confusión reinante, trascendió que Carabineros había capturado al responsable del asesinato: José

---

[67] Era el joven oficial de la Armada Daniel Guimpert Corvalán.
[68] Pedro Espinoza será después del Golpe el segundo hombre del Ejército en la DINA, el servicio de seguridad secreto más importante del régimen militar, encabezado por el entonces coronel Manuel Contreras. Fue su Director de Operaciones y procesado y condenado a seis años de cárcel por su participación en el asesinato de Orlando Letelier, Ministro de Relaciones Exteriores y de Defensa de Allende. Atentado perpetrado en Washington en septiembre de 1976. Su condena la cumplió en recinto especialmente hecho para militares: Punta Peuco.

Luis Riquelme Bascuñán, simpatizante socialista y electricista del Servicio de Equipos Agrícolas Mecanizados de la CORFO. En su confesión, Riquelme implicaba en el asesinato a tres cubanos en concomitancia con «Bruno», Diego Blanco, jefe del GAP. El escándalo estalló.

Horas después y sorpresivamente, el Prefecto de Carabineros de Santiago, general Fabián Parada, irrumpió ante los micrófonos de Radio Agricultura y aumentó el desconcierto:

«Les habla un hombre, un general de Carabineros. Yo no he conversado con el Presidente para informarle que tenemos un detenido. Eso es totalmente falso y se los digo con la honradez de más de 30 años de servicio. Sé que muchos compañeros me están escuchando. Sé que mis jefes, mis oficiales subalternos saben que he sido un hombre que ha dedicado su vida entera al servicio de la comunidad. Pero para estas canalladas que se dicen por la radio yo no me presto, ni menos para que se tome el nombre del Presidente de la República... A todos les pido perdón. No soy un general como otros se imaginan...»

Algo había de «cierto» en la primera versión. Riquelme sí había sido detenido e «interrogado» por el Fiscal Militar, Joaquín Earlbaum, y el ministro de la Corte, Abraham Meerson, el mismo que, en 1970, liberó tan prontamente a los autores de los atentados extremistas que prepararon el complot contra Schneider. Y ante ellos, Riquelme había ratificado su declaración. En la reunión de coordinación que presidía Díaz Estrada, llegó Esquivel con otros carabineros de la Dicomcar y ofrecieron como prueba el testimonio firmado por Riquelme y una grabación interceptada a cubanos de la embajada por el equipo de Inteligencia del Ejército a cargo de Pedro Espinoza la noche del crimen. En ella se escuchaba comentar que «el atentado está provocando una conmoción demasiado grande». Demasiado vago, dudoso...

Joignant estuvo en la primera fila de la investigación real y cuenta cómo se desbarató esa «puesta en escena»:

—Romero, el prefecto que había elegido para dirigir la investigación del caso, me dijo que pidiéramos a Riquelme para interrogarlo en Investigaciones. No pudieron negarse. Lo trajeron a la Brigada de Homicidios, donde estaban Rada, Romero y Montecinos, y sin preguntarle nada le dijeron que se bajara los pantalones. ¡Tenía las bolas hinchadas de tanto que lo habían torturado! Rada dijo que ni siquiera valía la pena perder el tiempo interrogándolo, que era una provocación y que había que seguir nuevas pistas. Y así se hizo. Y el primero que cayó y habló fue Mario Rojas Zegers. Dijo que había sido un grupo de Patria y Libertad el que había salido al sector a poner bombas, que le habían disparado al transformador de Carlos Antúnez con Fidel Oteíza, frente a la casa de Araya, y se produjo un cortocircuito. Con la balacera, Araya salió al balcón, en el segundo piso, con una metralleta Walter de Investigaciones, y para espantarlos mandó una ráfaga pero a los cimientos de un edificio en construcción al frente de su departamento. Los del grupo le dispararon y lo mataron.

Pero los servicios de inteligencia seguían responsabilizando al GAP y a los cubanos. Fue entonces cuando el Prefecto Romero dijo que había que proteger a «Bruno» o sería hombre muerto. «Y matándolo, el guardia personal del Presidente será el asesino definitivo del comandante Araya. De ahí a decir que el Presidente lo mandó a matar hay un paso».

Joignant fue hasta Tomás Moro y le informó a Allende la grave situación.

-Después, con Romero a la cabeza de la investigación, logramos atar los cabos que habían permanecido sueltos: gran parte de los autores se había entregado al fiscal naval, Aldo Montaña...

En junio de 1984, cuando ya nadie se acordaba de Riquelme, investigué los hechos y logré acceder al proceso archivado en la justicia naval, en donde estaba la confesión de uno de los verdaderos implicados en el crimen y que corroboró el testimonio de Mario Rojas Zegers a Investigaciones: el extremista de derecha Guillermo Claverie Bartet[69]:

---

[69] La investigación fue publicada en la revista *Cauce* del 26 de junio de 1984.

Alrededor de las 20.30 horas del 26 de julio nos dirigimos con Willie Bunster a la casa de Jorge Ehlers, para saber si había alguna novedad. En esos minutos se encontraba estacionado frente a la casa un jeep japonés perteneciente a su yerno: Alejandro Ellis. En cuanto nos vio, expresó: «qué bueno que hayan venido porque habrá un operativo esta noche. La Marina se deja caer sobre Santiago para tomar el control de la situación»... Ellis nos dijo que teníamos que ir al sector de Providencia a sembrar el caos y ayudar a las fuerzas navales. Otros grupos tenían asignados diferentes sectores y que si había que volar micros, incluso con pasajeros, lo hiciéramos.

Otro de los implicados fue Guillermo Bunster Titsh:

De la casa de Ehlers sacamos una caja de miguelitos y una metralleta Batan nos la consiguió Jorge Ehlers con un señor que vive en Américo Vespucio con Apoquindo.

El abogado defensor del comando extremista, Raúl Tavolari, ratificó todas estas declaraciones y añadió:

Ellos estaban convencidos que los iban a recibir como héroes, ya que estaban siendo organizados y financiados por gente de las Fuerzas Armadas. El armamento lo proporcionó gente de las Fuerzas Armadas.

El arma que provocó la muerte de Araya jamás fue hallada. Ehlers, quien después del Golpe Militar fue durante tres años director del organismo gubernamental Digeder (Dirección General de Deportes y Recreación), nunca declaró. Y la justicia naval emitió un sorprendente fallo:

Lo que la ley prohibe es constituir milicias privadas, grupos de combate o partida militarmente organizada. Cabe colegir que, necesariamente, estas milicias deben crearse con el fin preciso de tener actuación militar, es decir, deben estar de tal manera constituidos, financiados, dotados, ayudados, instruidos, incitados, que puedan, con alguna perspectiva racional de éxito, enfrentarse a otras milicias, grupos o partidas. Es obvio que la organización bastante inconexa y desordenada del grupo de Claverie no puede llegar a constituir en forma alguna, uno de los organismos que la ley prevé y, más bien, podría caracterizársele como un simple conjunto de jóvenes de mente convulsa.

Los jóvenes de «mente convulsa» no pasaron ni un día en la cárcel y finalmente, en 1980, cuando el proceso llegó a la Corte Suprema, con una sola condena de tres años y medio para Claverie, la solución fue el indulto presidencial. Tan apreciados fueron los integrantes del comando que mató a Araya Peters, que uno de ellos, Adolfo Palma Ramírez, fue contratado de inmediato, después del Golpe de Estado, por los Servicios de Inteligencia de las Fuerzas Armadas, específicamente la Comunidad de Santa Rosa. Ahí nació el «Comando Conjunto», organización de exterminio y tortura que funcionó en forma paralela a la DINA, entre 1974 y 1976 y en la que tuvieron destacada participación el oficial de Inteligencia de Carabineros, Germán Esquivel y el oficial de la Armada, Daniel Guimpert.[70]

De todo ello era consciente el almirante Raúl Montero, comandante en jefe de la Armada hasta el día del Golpe, cuando, una tarde del invierno de junio de 1984, llegué hasta su domicilio en Viña del Mar con las pruebas de que a los asesinos de su ex subalterno los habían indultado. No fue fácil que accediera a hablar. Desde 1973, cuando fue despojado de su cargo por el almirante Merino, se había recluido en su casa lejos de todo protagonismo. Pero la emoción del recuerdo de su amigo lo hizo evocar otras imágenes:

–Tuve la fortuna de tener a Arturo Araya como instructor a bordo del buque Escuela «Esmeralda» cuando fui designado su comandante. Allí pude apreciar su extraordinaria calidad moral, su simpatía y clara inteligencia. Era un marino limpio y cristalino. Y como edecán siempre luchó por dar la imagen exacta de lo que debe ser un oficial de

---

[70] Ver *Los Secretos del Comando Conjunto*, de Mónica González y Héctor Contreras.

Marina: sin hacer concesiones ni tener destemplanzas. Fue designado edecán el mismo día que asumió el Presidente Allende y veinticuatro horas antes que yo asumiera como comandante en jefe. Habían asesinado al general Schneider..., sabía que íbamos a tener que combatir un temporal. Pero ese es precisamente el instante en que los hombres tienen que subir al puente y asumir sus responsabilidades.

-¿**Recibió presiones del Presidente Allende?**
-No, y lo agradecí profundamente, porque cuando fui honrado con la designación puse una sola condición: ser un comandante en jefe integral y que no iba a permitir ninguna intromisión en mis funciones.

-¿**Por qué cree asesinaron a Araya?**
-Esa noche fue muy sombría para mí... Nunca cometí la ligereza de atribuir un acto tan innoble a un sector u otro. Me preocupe sí de que se hiciera una investigación exhaustiva y le pedí al Presidente que se agotaran los recursos para esclarecer el crimen... Pero nunca supe de los resultados. Oí rumores...

En el momento en que el almirante Montero se disponía a hablar de algo que lo agobiaba, la habitación quedó a oscuras. Ya era tarde. La conversación se había extendido sin darnos cuenta. Su esposa llegó al living con velas y nos dijo que había apagón total en una nueva jornada de protesta. Montero no se alteró. Se diría que allí, en su refugio íntimo y familiar, había construido un invernadero. Volvimos al caso Araya y se produjo un silencio ominoso, largo y casi sobrecogedor. Sus últimas palabras fueron dichas sin asomo de rencor:

-Yo siempre he asumido mis responsabilidades. Amo la verdad y confío mucho en un juez infalible que es el tiempo. El cual siempre todo lo clarifica. ¡Siempre! Tarda a veces, pero a todos nos llega la hora... ¡Ya verá!

Diez años antes de esa entrevista, la muerte de Araya a manos de «un comando de izquierda» asfixió las últimas dudas de algunos coroneles y generales sobre la necesidad de dar un Golpe de Estado. Al finalizar su funeral, el 28 de julio, los capitanes de navío Arturo Troncoso y Hugo

Castro invitaron al general Leigh a almorzar. También un civil se sentó a la mesa: Hugo León Puelma[71]. Allí se habló de la necesaria coordinación para dar el Golpe de Estado. En esa reunión se decidió, además, el traslado de los aviones Hawker Hunter a Concepción. Pero seguía quedando una gran incógnita: la participación del Ejército.

El «caso Araya» precedió a su vez la última y desesperada negociación para frenar el Golpe o la guerra civil de la que ya muchos hablaban. Aylwin, presidente de la DC y Allende iniciaron un diálogo, acompañados el primero por el senador Osvaldo Olguín, y el segundo por sus ministros del Interior y Defensa, Carlos Briones y Clodomiro Almeyda. El primer día hubo dos reuniones, una en la mañana y otra en la tarde, la que se prolongó hasta muy avanzada la noche. No sólo los golpistas miraban con recelo y desconfianza esta tentativa que podía alterar sus planes. También en la Unidad Popular algunas mentes impacientes hicieron más fuertes sus gritos de «¡Avanzar sin transar!» y «¡Crear, crear, Poder Popular!».

Y hubo dirigentes del PS y de una fracción del MAPU que amenazaron con su retiro del gobierno si las negociaciones concluían en un retroceso o transacción del programa de gobierno de la UP, fundamentalmente en lo referente a la devolución de predios e industrias expropiadas, ocupadas o intervenidas.

Los militares, al igual que la mayoría de la ciudadanía, miraban expectantes hacia La Moneda. En especial, los oficiales del Ejército que ya formaban parte de la conjura. A diferencia de las otras ramas, ellos seguían teniendo dudas y un alto mando que rechazaba toda intervención. De allí

---

[71] Sobre la extraña presencia allí de Hugo León, una pista la entregaría el general Nicanor Díaz Estrada, subjefe del Estado Mayor de la Defensa Nacional, el que encabeza Patricio Carvajal, en una entrevista con Sergio Marras. Allí dice: «Cuando el almirante Patricio Carvajal me llevó a Hugo León a la oficina para concertar un paro de los empresarios con nosotros, le dije que no y por una razón muy sencilla: porque si iba a haber un Golpe, ese Golpe lo íbamos a dar nosotros. Había un grupo de civiles que se reunía en la casa de Hugo León todos los lunes en la mañana. Se habían juramentado a no descansar hasta botar a Allende. No tenían contacto con nosotros. Sé que tenían contacto con los marinos, con los capitanes de navío que estaban en el baile. Y esos capitanes de navío eran Hugo Castro y Arturo Troncoso». Hugo León Puelma fue después del Golpe ministro de Obras Públicas desde 1975 hasta 1979.

que procuraran por diversos medios acceder a la información de lo que conversaban Aylwin y Allende.

Aylwin también quería saber lo que pensaban los militares. Y qué mejor canal que el hijo del general Arellano, abogado y militante democratacristiano. Sergio Arellano hijo era gerente de la empresa de publicidad «Millahue», de propiedad de la DC y vicepresidente del directorio de la Radio Nuevo Mundo, de la que también tenía el control ese partido.

Arellano hijo relata:

-El día previo a la primera reunión fui invitado por Aylwin a su oficina. Me dijo que quería saber cuál sería la posición de los generales respecto de una nueva participación de las FF.AA. en el gabinete, uno de los temas que se debatía. Luego de reunirme con mi padre le transmití a Aylwin los puntos esenciales de las decisiones adoptadas por el «Comité de los 15». En lo medular era que los generales de Ejército consideraban factible que cuatro o cinco altos mandos asumieran algunas carteras claves, con plenas facultades de rectificación en el contexto de los puntos planteados por el «memorándum» entregado en julio por ese comité.

Mientras, en Washington, Nixon quiso saber por qué el Golpe se dilataba y pidió a la CIA un informe de proyección. Su jefe en Santiago le contestó:

> El Presidente Allende tiene dos armas poderosas a su disposición en cualquier encuentro con los partidos de gobierno. Puede amenazar con llamar a los militares y a la DC para formar un nuevo gabinete y gobernar sin la participación de los partidos de la UP. O, puede amenazar seriamente con renunciar como una forma de obligar a los partidos de gobierno a que apoyen sus políticas. Cualquiera de estas dos amenazas sería una medida extrema y probablemente se aplicaría sólo si el Presidente llegara al convencimiento de que los partidos de la UP conducen su gobierno a una crisis irrevocable y a la destrucción. Si Allende es capaz de restablecer un control firme sobre su coalición, o si es capaz de convencer a los dirigentes de la UP de la necesidad

del compromiso para reducir las tensiones políticas y evitar una posible confrontación, la actitud y la posición de la DC, el mayor partido político de oposición, será clave para cualquier salida exitosa. La DC por naturaleza prefiere el compromiso a la confrontación y a una posible interrupción del proceso democrático... Hay un sector dirigente de la DC, pequeño, pero muy escuchado y visible, que desea iniciar un diálogo con el gobierno... La situación dentro de las FF.AA., aunque tal vez no es crítica, sigue muy seria. Aunque en las tres ramas había oficiales complotando antes del levantamiento del 29 de junio, el acto significó un cambio radical en la actitud del alto mando. Señaló las presiones que había en los niveles más bajos por el empleo del poder militar para forzar cambios en las políticas de gobierno. Para recuperar control sobre los subordinados, la oficialidad superior se vio obligada a asumir un papel más activo en la elaboración de planes para influir sobre Allende o derribarlo... Tanto la Armada como la FACH insisten en que no pueden ni quieren moverse en tanto el Ejército no esté listo. En el Ejército, algunos generales están tratando activamente de planificar y organizar un Golpe de Estado y coordinan sus actividades con la FACH y la Armada. No obstante, debido a la fuerte estructura vertical de mando del Ejército, los complotados saben que mientras no apoyen sus planes el comandante en jefe, Carlos Prats, el comandante de la Guarnición de Santiago, Mario Sepúlveda y el comandante de Institutos Militares, Guillermo Pickering, un movimiento golpista no puede tener éxito. Mientras no se resuelva este problema, es dudoso que el Ejército, como un todo unificado, esté dispuesto a dar un golpe. Los oficiales complotados están ahora viendo los medios para resolver este problema.[72]

En la agenda del general Arellano se lee:

Las condiciones impuestas por la Democracia Cristiana, previas a cualquier entendimiento, fueron las siguientes: Restablecimiento completo de la institucionalidad, con

---

[72] De los documentos desclasificados.

vigencia plena de las normas constitucionales y de la convivencia democrática. Promulgación de las reformas constitucionales pendientes. Devolución de las industrias usurpadas a raíz de las órdenes de la CUT. Intensificación de la campaña para obtener el desarme de grupos políticos, sindicales o civiles. Garantía para el cumplimiento de los cuatro puntos precedentes es la organización de un gabinete con representación institucional de las Fuerzas Armadas.

El «diálogo» entre Allende y Aylwin del 2 de agosto fracasó.

Inmediatamente después de finalizada la última reunión, alrededor de las 17 horas, el abogado Sergio Arellano recibió un nuevo llamado de Aylwin:

-Nos volvimos a reunir en su oficina del partido. Aylwin me relató los pormenores de su cita con Allende, manifestándome que ante su proposición de incorporar militares al gabinete, el Presidente le había respondido que las Fuerzas Armadas se negaban terminantemente a ocupar cargos. Aylwin tuvo una gran limitante: no podía darse por enterado de la existencia del «memorándum secreto» del Comité de los 15. De allí me fui a informar a mi padre del fracaso del diálogo.

No habría más reuniones Allende - Aylwin. El contacto se limitaría a un intercambio epistolar. Esa misma noche, el socialista José Tohá, recién relevado de su cargo de ministro de Defensa, recibió una cálida despedida de parte del personal de los institutos armados. Allí estaban los tres comandantes en jefe y el almirante Patricio Carvajal, quien llegó a la velada con una indisimulable sonrisa dibujada en el rostro. Era evidente que estaba al tanto de lo ocurrido y había dado las instrucciones precisas para que la cuenta regresiva siguiera corriendo. Los gremios del transporte recibieron la primera notificación.

El 3 de agosto, el general Sergio Arellano escribió en su agenda:

> Así se desmorona la última salida constitucional a la grave crisis que vive el país. Ahora la situación se ha

tornado aún más grave, ya que la locomoción colectiva particular se acaba de plegar al paro nacional indefinido iniciado por el Sindicato de Dueños de Camiones.

Allende pensaba, no obstante, que debía existir una oportunidad más. Nuevamente trató de convencer a los comandantes en jefes de las Fuerzas Armadas de que aceptaran incorporarse al gabinete. Esa hubiese sido una señal inequívoca hacia la DC de que había voluntad de cumplir algunas de sus exigencias y, después, profundizar los acuerdos. Sin embargo, Prats se negó rotundamente a ocupar la cartera de Interior. Allende insistió y anunció su disposición de incorporar a un general de Carabineros a su gabinete. Los comandantes en jefe de la Fuerza Aérea, César Ruiz Danyau; y de la Armada, Raúl Montero, junto a Prats, discutieron intensamente todas las alternativas y concluyeron que no había otra salida: se debía aceptar la propuesta presidencial.

De esas conversaciones, el general Prats informó en detalle a sus hombres de mayor confianza y que representaban la máxima jerarquía en el Ejército: los generales Pinochet, Pickering, Sepúlveda y Urbina. En ese contexto, el 7 de agosto, la Armada lanzó un nuevo exocet. El general de Ejército que pidió reserva de su identidad escribió en su agenda:

> Desde hacía algún tiempo sospechábamos de los intentos de infiltración marxista en los institutos armados. Se notaba una mayor actividad en la Armada, Fuerza Aérea y Carabineros. Con el Ejército no hubo mayor preocupación ya que Carlos Prats les daba garantías de control institucional. Corroborando estas sospechas, el 7 de agosto, la Armada nos comunicó que se había detectado la gestación de un movimiento subversivo en dos unidades de la Escuadra, el crucero «Almirante Latorre» y el destructor «Blanco Encalada», apoyado por elementos extremistas ajenos a la institución. Y los Servicios de Inteligencia de la Armada actuaron. Se detuvo a 23 tripulantes y en los interrogatorios se estableció que habían mantenido reuniones con los parlamentarios Carlos

Altamirano, Oscar Guillermo Garretón y con el jefe del MIR, Miguel Enríquez, los cuales eran los autores intelectuales del 'Plan Subversivo' que consideraba la muerte de oficiales y de la guardia que no obedeciera a la rendición, así como el control de unidades de guerra de la Armada. Los detenidos, además, confesaron que Altamirano, Garretón y Enríquez los habían instado a bombardear la Población Las Salinas, como asimismo, la Escuela Naval. El Ps le dio todo su apoyo a Altamirano. ¡Rompió los fuegos! Era una provocación del principal partido de gobierno.

Ese general, así como la casi totalidad de los oficiales de las Fuerzas Armadas, nunca tuvo acceso a la otra cara del «foco subversivo de la Armada». Un movimiento que se desató con la sublevación del Blindado Nº 2.

El sargento segundo Juan Cárdenas, protagonista principal del «foco subversivo», de la dotación del «Blanco Encalada», relató, en agosto de 1973:

«Días después del 'tanquetazo', en una despedida en el mes de julio, escuché al capitán Trepper y a los oficiales presentes decir que el gobierno no tenía vuelta y había que derrocarlo. Me acerqué al cabo Roldán para explorar la necesidad de organizarse ante un eventual Golpe».

La decisión fue tomar el control de la nave «en caso que la oficialidad tratase de llevar a cabo un Golpe de Estado». La misma relación de hechos hicieron el marinero primero Ernesto Zúñiga y miembros de la dotación del «Almirante Latorre» con los que Cárdenas tomó contacto. Entre estos, Pedro Pablo Blasset. Todos ellos buscaron, a fines de julio y principios de agosto, la manera de neutralizar el Golpe en la Armada.

El 3 de agosto a las 22 horas, en una casa de Puente Alto, un grupo de marineros, encabezado por el sargento Cárdenas, se reunió con Miguel Enríquez, secretario general del MIR y Carlos Altamirano, secretario general del Ps. El marinero primero, Juan Salazar Jeldrez relató:

«Cárdenas les dijo que sabía que los oficiales de la Marina preparaban un Golpe y que era necesario tomarse los buques para anularlo, debiendo apresar y encerrar en sus camarotes a los oficiales. Pidió apoyo del pueblo a los políticos presentes. Hubo discusión entre Enríquez y Altamirano. El primero apoyó a Cárdenas, especialmente en la iniciativa del movimiento; en cambio Altamirano, se mostró dudoso y poco convencido hasta que se retiró».

Hubo una segunda reunión clandestina del grupo. A ella se integró Oscar Guillermo Garretón, jefe de una fracción del MAPU. El sargento Cárdenas la describió:

«La semana pasada, viendo mucho movimiento en el buque, pensamos que el Golpe se iba a apurar y tuvimos una entrevista con dirigentes del MAPU en una casa en un cerro de Valparaíso. Allí, el diputado Garretón nos dijo que consideraba una locura lo que se pensaba hacer y no nos ofreció apoyo».

En la madrugada del 6 de agosto, el sargento Cárdenas y sus compañeros fueron detenidos. El almirante José Toribio Merino ordenó el acuartelamiento en primer grado para la Escuadra. El capitán Renato Trepper, segundo comandante del destructor «Blanco Encalada», fue llamado a declarar:

«Recuerdo que asistí a un cocktail de despedida en Talcahuano, en el cual, entre otros temas, se llegó a intercambiar opiniones en forma general sobre el problema que afectaba al país, dando todos muestras de real inquietud sobre el clima de violencia, las inmoralidades y la desorientación general».

Pero negó tajantemente haber dicho que había que derrocar al gobierno.

La Armada denunció:

«Se ha detectado un movimiento subversivo en dos unidades de la Armada, apoyada por elementos extremistas ajenos a la institución». Y acusó a Altamirano, Enríquez y Garretón, de haber «ordenado un complot contra la Armada». En el cuartel Silva Palma, en el Cerro Artillería, el sargento Cárdenas y sus compañeros permanecieron varios días incomunicados. El abogado Pedro Enríquez asumió su defensa pero no tuvo acceso al fiscal naval Fernando Jiménez y tampoco a sus defendidos. Después de múltiples denuncias, el 16 de agosto pudo, al fin, entrevistarse con el fiscal. Diez días habían transcurrido.

El abogado Enríquez aportó un nuevo antecedente:

«Las torturas y flagelaciones a que han sido sometidos todos y cada uno de los marineros acusados constituye la parte más siniestra de la farsa montada.»

La Armada replicó:

«La defensa hace una deleznable afirmación al estimar que las declaraciones en la fiscalía naval fueron obtenidas bajo tortura, ya que no existe ningún antecedente que permita aceptar que el señor fiscal o personal de esta fiscalía haya sometido o permitido someter a los inculpados a un procedimiento tan duro.»

El domingo 26 de agosto, por las ondas de Radio Porteña de Valparaíso, Regina Muñoz, esposa del sargento Cárdenas, era entrevistada:

—Lo único que ellos pensaban era que no querían ser utilizados en un Golpe de Estado. Mi marido estaba preocupado, temía un Jakarta, porque los planes de la ultraderecha que está en la oficialidad son terribles, piensan eliminar a mucha gente...

Cuando Regina comenzaba a relatar las torturas a que había sido sometido su marido, la radio súbitamente salió del dial. Un contingente de infantes de marina ingresó a los estudios y detuvo a dos periodistas.

Pero ahí estaban los testimonios de los marineros detenidos. El cabo segundo, Pedro Lagos Carrasco, declaró:

«Me caí y salpiqué con barro las botas a un teniente, éste me obligó a limpiárselas con la lengua. Tenía la boca llena de sangre, escupí. Me dieron con el cañón del fusil en el cuello hasta que perdí el conocimiento. Me volvieron a pegar y cuando volví a escupir me hicieron el tirabuzón: cuatro sujetos me tomaron de cada extremidad y me torcieron el cuerpo. Me volví a desmayar. Nos llevaron a una oficina donde había siete oficiales. Nos obligaban a decir que íbamos a bombardear Las Salinas, el Regimiento Maipo, la Escuela Naval... Yo les decía que cómo se les ocurría si mis padres vivían por allí cerca... Después, me colgaron de una cruz de madera con las manos y los brazos separados. Me golpeaban en todo el cuerpo y especialmente en los genitales. En la Isla Quiriquina me aplicaban corriente. Ya nadie me interrogaba, con las convulsiones me zafé un brazo. Vieron que estaba mal. Me vendaron, me metieron en un ataúd y me hicieron rodar por una pendiente. Me metían la cabeza en un pozo séptico, me sostenían hasta que no podía respirar. Cuando me saqué la venda, vi como a 20 infantes de marina. Me sorprendieron y me golpearon hasta que perdí el conocimiento. Después nuevamente la cruz, la electricidad. Fui conducido en andas a declarar ante el fiscal...».

La defensa de los marineros argumentó:

«No hubo delito de sedición. Los reos pensaban que era justo y legítimo defender la institucionalidad política vigente. Estaban convencidos de que las FF.AA. debían obediencia y sumisión jerárquica al poder civil existente».

La justicia naval desechó el argumento:

«No consta fehacientemente de ninguno de los antecedentes entregados la organización de la oficialidad para derrocar al Gobierno».

La denuncia de los marineros sobre el intento de Golpe que preparaban oficiales de la Armada cobró cierta fuerza y difusión. En ese momento, la comandancia en jefe de la II Segunda Zona Naval de Talcahuano, emitió un comunicado:

«La sola duda que se pretendiera sembrar en estos aspectos agravia el honor de la institución. La Armada es fiel cumplidora y guardiana de la Constitución y la Ley. No acepta la infiltración de elementos políticos de cualquier orden dentro de sus filas».

El sargento Cárdenas y parte de sus compañeros fueron declarados culpables del delito frustrado de sedición. La fiscalía naval dictaminó que los planes y el objetivo del «grupo sedicioso era el producir alrededor del 7 de agosto un motín entre el personal de tropa de la Escuadra, apoderarse o tomar la dirección de las naves, empleando para ello todos los medios necesarios a su alcance, es decir, sorprender a la oficialidad y apresarlos e incluso matarlos si resistían y bombardear las instalaciones de tierra peligrosas».

La última parte del fallo de la justicia naval merece ser comparado con otro fallo de esos días, que absolvió de culpa a los integrantes del comando extremista que participó en el asesinato del comandante de la Armada y edecán de Allende, Arturo Araya Peters:

«Si bien resulta bastante ineficaz la preparación y medios con que contaban, reúnen los requisitos necesarios para estimarse como configurada, clandestina, contraria al régimen militar y con planes violentos definidos. No es menester ni requisito de una organización de este tipo que ella sea perfectamente jerarquizada, armada y ordenada»[73].

Cuando, el 7 de agosto, el almirante Merino denunció que marineros conjurados con el MIR, el PS y el MAPU intentaban dar un Golpe en la Armada, para los militares golpistas fue la provocación que esperaban. Pero, para que pudiera ser considerada como tal faltaba aún otro episodio: la pugna de la FACH con Allende. El miércoles 8 de agosto, el Cuerpo de Generales de Ejército se reunió para debatir el ingreso de Prats al gabinete. Los líderes del grupo más contrario al gobierno manifestaron su descontento. Argumentaron que, de materializarse un nuevo gabinete cívico-militar, las Fuerzas Armadas ocuparan la mitad o dos tercios del gabinete y algunos mandos medios relevantes en otros puestos oficiales.

Prats fue enfático en señalar que eso significaba dar un «golpe seco», tal como habían actuado las Fuerzas Armadas recientemente en Uruguay, lo que dejaría interdicto al Presidente, y señaló que tanto el comandante en jefe de la Fuerza Aérea como de la Armada ya habían dado su consentimiento, el que pasaba también porque él no fuera ministro del Interior, un cargo de gran exposición política, sino de Defensa.

Apenas terminó la reunión, por los canales expeditos del «Comité de los 15», el general Gustavo Leigh, segundo al mando en la FACH, fue puesto al tanto de lo discutido. Poco después, el general Ruiz Danyau, comandante en jefe de la FACH, pidió una cita urgente y privada con Montero y Prats. En ella les informó que los generales de la FACH se oponían a su incorporación al gabinete. La decisión -dijo- debía comunicársela al Presidente.

---

[73] Reportaje de Mónica González, publicado en revista *Análisis* N° 242, del 29 de agosto de 1988.

Una hora más tarde, Allende se enteró del rechazo de los generales de la FACH. Su respuesta fue concisa y rápida: esa negativa debía ser avalada por los tres jefes uniformados porque se trataba de la integración de los tres comandantes en jefes. Y los convocó de inmediato a La Moneda. Ruiz estaba en la peor encrucijada. En el momento más tenso de la reunión con Prats y Montero, pidió que se integrara su segundo en el mando: Leigh. Cuando ingresó al salón del Ministerio de Defensa y se le cedió la palabra, Leigh dijo que la opinión de los generales de la FACH era que las Fuerzas Armadas ocuparan al menos la mitad o dos tercios del gabinete. La misma posición asumida por algunos generales de Ejército. Tanto Montero como Prats refutaron su tesis. El tira y afloja se extendió, mientras Allende esperaba tenso y malhumorado en La Moneda.

El 9 de agosto, a las 13 horas, juraron por fin los nuevos ministros del «Gabinete de Seguridad Nacional» como lo llamó el Presidente. Orlando Letelier quedó al frente del Ministerio del Interior. Hacienda pasó a ser manejado por el almirante Raúl Montero; Prats fue el Ministro de Defensa; el general Ruiz fue destinado a la cartera de Obras Públicas y Transportes, mientras que en el Ministerio de Tierras y Colonización se instaló el director General de Carabineros, José María Sepúlveda Galindo.

Una vez más, Prats y Montero habían hecho prevalecer los principios entre sus subordinados. Hubo decepción e ira en las filas golpistas.

Pickering reunió a los directores de academias y escuelas bajo su mando para informarles de los últimos acontecimientos. Les reiteró su postura contraria a esa inclusión, pero planteó que la encrucijada era más grave y que, por esta vez, había que confiar en la decisión de los máximos mandos de las Fuerzas Armadas y Carabineros. «Asumen una responsabilidad histórica por el bien del país», dijo.

Horas más tarde, Prats recibió del almirante Merino, comandante en jefe subrogante de la Armada -ya que el titular era ministro de Hacienda-, la información del inicio «de un proceso en el Juzgado Naval de Valparaíso a raíz del descubrimiento de una célula mirista infiltrada entre los suboficiales y clases de dos buques».

Ese mismo día, Leigh, comandante en jefe subrogante de la Fuerza Aérea, emitió otro comunicado denunciando que, en diferentes lugares del país, habían sido descubiertos extremistas vestidos con uniforme de las Fuerzas Armadas.

A partir de ese instante, el férreo control de la Armada y la Fuerza Aérea estaba en manos de quienes alistaban sus fuerzas para la acción decisiva.

El general Sergio Arellano escribió en su agenda esa noche:

> ¡La guerra está declarada! Ahora sólo cabe tomar la resolución de derrocar al gobierno marxista. Ya no queda más que intervenir, después del fracaso de las conversaciones de la Democracia Cristiana con el gobierno y del complot en la Armada. Nuestra paciencia se colmó. Aunque eso signifique violentar nuestro molde institucional. Pero están en juego los altos destinos de la Patria. ¡No podemos permanecer más tiempo de espectadores!

El 17 de agosto se dio el vamos al plan de telecomunicaciones para la defensa nacional, pieza clave para la organización del Golpe. En esa misma página de la agenda de Arellano, el general escribió al margen, años después:

> Lo manifestado por el general Pinochet en el sentido que él tenía preparada su propia planificación y que estaba fraguando este complot desde comienzos del año 1972, sólo es una historia que se origina en su imaginación y producto de su ninguna participación en los hechos que desembocaron en la decisión del 11 de septiembre de 1973. Mal podría haber participado en ellos un hombre que era incondicional del general Carlos Prats y a quien veíamos también como un obsecuente servidor de Allende.

«¡La guerra estaba declarada!». El sargento Juan Cárdenas ya lo sabía. Detenido por los mismos hombres que se preparaban para el asalto final, demostró su fuerza de carácter. Sus interrogadores dejaron constancia de aquello:

«Se hace el único responsable de todo lo que ha pasado por ser el líder del movimiento. Los personeros políticos en la reunión de alto nivel (Altamirano, Enríquez y Garretón) le hicieron presente que no estimaban factible el éxito de la operación dado el reducido número de los integrantes»[74].

---

[74] Tras el Golpe, Cárdenas fue condenado a 13 años de reclusión. Años después fue expulsado del país y en 1988 aún tenía prohibición de ingreso. El marinero primero Luis Rojo Gaete, fue dejado en libertad después de años de cárcel. En 1983 fue detenido nuevamente por la CNI y dejado en libertad por falta de méritos. Agobiado, optó por abandonar el país. Oscar Guillermo Garretón pasó 14 años en el exilio. En noviembre de 1987, estando su padre moribundo, el almirante Merino autorizó su ingreso temporal. Se presentó voluntariamente a la justicia naval y estuvo preso seis meses en la Cárcel de Valparaíso. Salió en libertad condicional en noviembre de 1988, pero, como estaba condenado en primera instancia por el delito de «instigación a la insubordinación o sedición», no pudo ser candidato a parlamentario y tampoco funcionario público en el primer gobierno de la Concertación. Se dedicó a la empresa privada. El juez Naval, almirante Jorge Martínez Bush le negó toda apelación, hasta que, en 1993, la Corte Suprema acogió su recurso de queja y por seis votos contra cero dictaminó que Garretón era inocente. Votó a favor incluso el fiscal militar Fernando Torres Silva.

## CAPITULO XVII
## LA CABEZA DE PRATS

«Esta es la última oportunidad», sentenció Allende al tomar el juramento de sus nuevos ministros, el 9 de agosto de 1973.
El MIR abrió el fuego de inmediato:
«¡Es un gabinete de capitulación!». Según Miguel Enríquez, ese camino se había iniciado al tender un puente hacia la Democracia Cristiana y sustituir a los «partidos obreros» por las Fuerzas Armadas:

> Bajo la apariencia de un diálogo que busca la pacificación del país, en realidad se está proponiendo que los trabajadores, teniendo la fuerza suficiente, renuncien a la realización de sus objetivos. Recientemente se han venido construyendo las condiciones para este diálogo: la devolución de empresas, intentada a través de la política del ministro José Cademartori (dirigente del PC), la tolerancia al desalojo policial de algunas fábricas, por el ministro del Interior Carlos Briones, órdenes de reprimir manifestaciones callejeras de los trabajadores por este mismo ministro. En realidad, este diálogo que busca un consenso mínimo, esconde un proyecto de capitulación ante las exigencias de las clases patronales. La DC es un partido burgués y reaccionario. El diálogo con su dirección desarma a los trabajadores. Si

este proyecto de capitulación cristaliza, sus consecuencias serán gravísimas: se dividirá la izquierda, se generará la división de la clase obrera y el pueblo, y la ofensiva reaccionaria no sólo no será paralizada, sino que, cumplido su objetivo táctico de debilitar y dividir el campo de los trabajadores, cobrará nuevos bríos y caerá sobre los trabajadores y el mismo gobierno con toda la fuerza y energía reaccionaria y golpista.

Desde la clandestinidad, Patria y Libertad comunicó: «¡La tregua ha concluido!».

En la calle no había más lugar que para la exasperación. El paro nacional de transportistas trastocaba a un extremo caótico la vida cotidiana. El tiempo y los nervios se consumían en las colas. La escasez había trastocado los símbolos del bienestar. La pasta de dientes, el papel higiénico, los cigarrillos, la carne. Las ilusiones de miles de chilenos ardían en el aceite acaparado. Las casas y oficinas eran otros de los campos de disputa donde la división se hacía más beligerante.

Prats hizo un nuevo intento con Aylwin para resolver el paro de transportistas. Su gesto fue respaldado por el Cardenal Raúl Silva Henríquez, quien al igual que el jefe del Ejército, estaba dispuesto a mover las piezas que fueran necesarias para evitar el cataclismo.

Aylwin relató más tarde lo que ocurrió el 15 de agosto:

-El Cardenal me invitó a comer con él y con Allende a su casa. Fue el 17 de agosto. Ahí le pedí a Allende resolver el problema de las áreas de la economía. Le pedí, además, que arreglara el problema de los mineros de «El Teniente» despedidos y el asunto de la empresa de Papeles y Cartones. Llegamos a acuerdo en una serie de cosas: nombrar una comisión con el señor Víctor Pey, designado por Allende, y Sergio Molina, para que ellos acordaran, previo estudio de la situación de la Papelera, el reajuste de sus precios. Sobre los mineros, Carlos Briones resolvería el conflicto de la reincorporación y además se reuniría conmigo para tratar el problema de las áreas de la economía.

Aquel 17 de agosto, el comandante en jefe de la FACH,

general César Ruiz Danyau, presentó a Allende su dimisión como ministro de Obras Públicas y Transporte, una cartera desde donde el gobierno pretendía solucionar la prolongada huelga de los camioneros. Prats fue testigo privilegiado de las gestiones presidenciales para zanjar la confrontación inminente:

> Allende ruega al general Ruiz que no insista en su renuncia en los momentos críticos que se viven. Le repite que su renuncia será el detonante del enfrentamiento entre chilenos. Que comprenda que los huelguistas están flaqueando y que con unos días más de esfuerzo y sacrificio se retornaría a la normalidad, momento en el que podría renunciar sin problemas. Que recuerde que era el único amigo que tenía entre los actuales comandantes en jefes, pues sólo con él había alternado antes de la elección y, en cambio, a Montero y a mí no nos conocía. Que le pedía entonces -como amigo-, que no insistiera en renunciar. El largo preámbulo del Presidente fue escuchado en silencio por los tres. Cuando Allende cede la palabra a Ruiz, éste se limita a expresar que mantiene su renuncia indeclinable a su cargo de ministro. El Presidente se pone de pie y le dice que esto significa que ha dejado de ser su amigo y que, por lo tanto, ha perdido su confianza. En tales condiciones le formula el último ruego: que también presente su renuncia al cargo de comandante en jefe de la FACH. Ruiz vacila unos momentos y finalmente responde que también lo hará.

Ruiz le comunicó su decisión al general Gustavo Leigh, que esperaba impaciente en un salón contiguo. Ahí mismo, Allende le ofreció a Leigh la comandancia en jefe de la Fuerza Aérea y el ministerio de Obras Públicas y Transporte.

Una página más del plan conspirativo se estaba escribiendo.

Pero Leigh sabía que no debía apresurarse. Se tomó 24 horas para responder.

A la mañana siguiente, le informó a Prats que ningún

general de la Fuerza Aérea estaba dispuesto a aceptar la comandancia en jefe y el ministerio simultáneamente, que había guarniciones acuarteladas y que, «para prevenir aventuras», había dispuesto el traslado de los aviones Hawker Hunter a la base de Talcahuano. Prats desconocía que eso formaba parte vital de la estrategia del Golpe: sus promotores temían que gente leal a Allende aprovechara la convulsión de esas horas candentes para sabotear los aviones.

Después de la mediación del general Prats, Allende aceptó que Leigh asumiera sólo la comandancia en jefe de la Fuerza Aérea y designara al general del aire, Humberto Magliochetti, en el ministerio de Obras Públicas y Transporte. Pero el recambio estuvo lejos de detener el conflicto. Hasta el alto mando de la conspiración había llegado la noticia de que Aylwin y Briones comenzaban a redactar el texto de un acuerdo en ciernes. Se decidió, entonces, mover las piezas de manera violenta aún a costa de sacrificar a quién sea.

Esta vez, la escaramuza corrió por cuenta de la Fuerza Aérea. El 20 de agosto, Allende fue informado que el general Ruiz Danyau no entregaría el mando. Se había acuartelado en la Base Aérea de Los Cerrillos. Junto al general Leigh y un gran grupo de oficiales, se atrincheraría más tarde en la Base El Bosque. Las tratativas fueron intensas en uno y otro bando. Sorpresivamente, en horas de la tarde, Leigh concurrió a La Moneda y le informó a Allende y al ministro de Defensa, Carlos Prats, que todo había vuelto a su cauce normal.

Él era el nuevo jefe de la Fuerza Aérea.

Esa misma noche, Leigh, en su casa y acompañado del general Nicanor Díaz Estrada, le comunicó al general Sergio Arellano que no continuaría asistiendo a las reuniones conspirativas en la casa del abogado Gamboa, en Lo Curro. Su hombre de enlace sería el general Díaz Estrada.

En otro lugar de Santiago, en Tomás Moro, Allende se reunía con su grupo de asesores: Joan Garcés más Claudio Jimeno, Jorge Klein, «Felipe» y Manuel Contreras, por el CENOP. Este último relata qué ocurrió:

-Nos trenzamos en una discusión con Garcés, porque nosotros dijimos esa noche que el Golpe ya estaba en marcha. Como teníamos la idea de que Pinochet era leal y constitucionalista, a partir de ese supuesto, fuimos de la opinión de operar con mucha rapidez: sacar a Ruiz Danyau y a todos los uniformados golpistas, como Arellano, Bonilla y los almirantes Carvajal y Merino; y una vez realizado ese movimiento, incorporar nuevamente a las Fuerzas Armadas al gobierno, llamar a la Democracia Cristiana y generar una salida que impidiera el golpe militar. Garcés argumentaba lo contrario. El Presidente estaba tremendamente tenso. Recuerdo que Klein andaba con un jockey tipo Sacco y Vanzetti, película muy popular en esos días y le habíamos apodado «Vanzetti». De repente, el doctor dijo con tono agobiado: «No tengo fuerzas para hacer lo que proponen». Y Klein, con su boina puesta y en una actitud físicamente indolente, le dijo sacándose la boina: «¿sabe, doctor, por qué tiene que hacerlo? Porque en una semana más va a venir Leigh a La Moneda y le va a decir: «doctor Allende, porque usted ya no va a ser Presidente, tiene un avión para salir con su familia del país». La respuesta de Allende fue tajante y con ira: «¡No diga huevadas, Vanzetti!»[75].

Los agentes de la CIA también cavilaban y trataban de indagar cuáles serían los próximos pasos del gobierno. En un informe, que la estación CIA en Santiago envía esos días a Washington, se lee:

> La estrategia de la UP parece ser lograr un amplio control sobre la capacidad productiva del país, lo que unido al apoyo popular existente y a su control de los elementos claves del Ejército en el área de Santiago, les daría un poder suficiente para poner fin a la amenaza de los sectores adversos de las Fuerzas Armadas mediante una intimidación clara. La amenaza que plantea la actual ofensiva de la Unidad Popular es reconocida por la oposición. Ellos dicen que debe ser detenida. Es

---

[75] Sacco y Vanzetti: anarquistas italianos de principios de siglo, acusados de ser los autores del robo de 15 mil 766 dólares y el asesinato de dos guardias. Sin pruebas concluyentes, un jurado los declaró culpables y los condenó a muerte. El caso se transformó en una pugna política entre los «radicals» y el «establishment» a través del mundo. Fueron ejecutados el 11 de agosto de 1927, a pesar de que otro hombre confesó ser el autor del delito. Sus nombres pasaron a la historia como símbolo del movimiento obrero, la injusticia y la venganza racista y política.

por eso que los gremios piensan de nuevo en términos de huelga nacional (casi con desesperación) y los partidos políticos están considerando acusar en el Parlamento a todo el gabinete o aún proceder contra el Presidente, según el artículo 43 de la Constitución...

La carrera hacia la última de las batallas adquiría un ritmo vertiginoso. Los conjurados estaban en alerta mientras Carlos Briones y Patricio Aylwin continuaban sus reuniones para un acuerdo del cual ya eran escépticos. El 21 de agosto está marcado en el calendario con un círculo rojo. «Ocurre uno de los hechos que tuvo mayor repercusión y relevancia y las mayores consecuencias para nuestra misión...», escribió, en su agenda, el general Arellano. Ese día, la fiebre y el dolor casi no dejaron levantar al general Carlos Prats. Estaba con gripe. Molesto por no tener toda la energía necesaria para las desesperadas gestiones que venía realizando, decidió no obstante, conversar con Pinochet, comandante en jefe subrogante del Ejército, para saber qué repercusiones había tenido la actitud del general Ruiz en las filas. Sintió un frágil alivio al saber que el Ejército no había sido arrastrado. A las 14,30 horas de ese 21 de agosto, Prats regresó a su casa. La fiebre lo tenía a maltraer. Quiso dormir. El ruido que llegaba de la calle lo despertó como a las 17.15 horas:

> Mi mujer, muy impresionada, me dice que afuera se han concentrado unas 300 mujeres que gritan y piden, a través del portero, que ella las reciba para entregarle una carta. Al observar, estupefacta, que participaban en la concentración varias esposas de generales y jefes de servicio, activos y en retiro -muchas de ellas consideradas «sus amigas», les ha dicho que entreguen la carta al portero.[76]

Las radios interrumpieron sus programas habituales para transmitir en directo lo que ocurría frente a la casa de Prats, en el barrio alto de la capital. De a poco se fueron concen-

---
[76] De las *Memorias* del general Carlos Prats.

trando allí unos mil quinientos opositores al gobierno. Con el eco de los insultos de todos los colores y con la casa sitiada, Sofía Cuthbert y Carlos Prats leyeron la carta, redactada principalmente por la esposa del general Sergio Nuño:

*Sofía: Como esposas de oficiales y madres ante todo, nos atrevemos a acercarnos hasta ti para que sirvas de portadora de un angustiado llamado que le hacemos a tu esposo. Nuestros maridos ya no pueden usar el uniforme que con tanto orgullo siempre lucieron, para evitar ser insultados. Nuestros hogares han visto llegar armas que se mantienen alertas ante un peligro y eso lo lloran nuestros hijos. Nuestros hombres salen a sus trabajos y quedamos en muda plegaria rogando porque vuelvan. El desconcierto del futuro de un país que progresaba y sufre el descalabro económico más desastroso del mundo, no nos permite ofrecer seguridad a nuestros hijos. La angustia y rebeldía que sufren nuestros hombres al estar sometidos a una disciplina y ver que con ellos juegan. Y por último, en este tráfago de política deben permanecer al margen de ella por su doctrina. Te rogamos Sofía, intercedas ante tu esposo y lleves este ruego de tantas mujeres que lloran calladas.*

La misiva estaba firmada por Mireya de Baeza, esposa del general Ernesto Baeza; Maruja de Palacios, esposa del general Pedro Palacios; Mary de Bonilla, esposa del general Oscar Bonilla; Fedora de Contreras, esposa del general Raúl Contreras; María Teresa de Vívero, esposa del general Arturo Vívero; Choly de Nuño, esposa del general Sergio Nuño; Carmen de Cano, esposa del general Eduardo Cano; Silvia de Palacios, esposa del general Javier Palacios y Quela de Arellano, esposa del general Sergio Arellano.

Entre los manifestantes, se destacaban el mayor Francisco Ramírez Migliassi, subordinado del general Sergio Arellano; el capitán Renán Ballas Fuentealba, yerno del general Alfredo Canales, cuyo retiro, el 22 de septiembre de 1972, había provocado un conflicto político; y un civil que se identificó como oficial del arma ante el contingente de carabineros que fue a proteger la casa de Prats: el mayor

Luis Claudio Lobos Barrios, ayudante del general Arturo Vivero, otro conjurado.

El general Oscar Bonilla llegó rápidamente hasta el ojo de la tormenta. Prats relató el encuentro: «Me expresa que mi imagen se ha deteriorado, ya que se dice que me he confabulado con Allende para echar al general César Ruiz y que yo había amenazado al general Gustavo Leigh con echarle encima el Ejército si no resolvía luego la rebelión de Ruiz». Prats le respondió que todo eso era falso y lo invitó a retirarse.

Bonilla se había ido, pero los gritos seguían acechando desde la avenida Presidente Errázuriz. El general Pinochet se abrió paso entre los manifestantes y llegó a la casa sitiada para expresarle a Prats su solidaridad. Más tarde lo hizo Allende. Y luego Pickering. Sofía Cutberth lo abrazó:

-¿Cómo es posible que hayamos llegado a esto? ¡Jamás creí que mis amigas pudieran hacernos esto!

Allende se retiró, no sin antes decirle a Prats que, al día siguiente, conversarían con más calma. Al salir, aproximadamente a las 23 horas, ordenó a un jefe de Carabineros que despejara el sector.

Pickering regresó a su casa profundamente conmocionado. Lo que había ocurrido no era un episodio más. Una de las últimas barreras de contención para el quiebre de la disciplina y la ética militar que siempre juró respetar había sido barrida. «No voy a ser partícipe de esto», se dijo. Acababa de decidir, junto a su esposa, que daría un tan irrevocable como doloroso paso al costado. A las 8 de la mañana del día siguiente llegó a su oficina. Lo esperaba el director de la Academia Politécnica Militar, el general Raúl Contreras, con otra sorpresa.

Contreras le dijo que su esposa había participado en la manifestación del día anterior, y, como él desaprobaba esa actitud, pero lo comprometía, le había comunicado a sus subordinados que ya no tenía el respaldo moral suficiente para continuar al mando de la unidad. Contreras le había entregado el mando al subdirector de la Academia.

-Quiero presentar mi expediente de retiro -le dijo.

Cuando Contreras dejó su despacho, Pickering llamó a

su jefe de Estado Mayor, el coronel José Domingo Ramos, y le dictó su propia carta de retiro.

A esa misma hora, en el Ministerio de Defensa, Prats y Pinochet trataban de descifrar qué había pasado el día anterior. Prats escribió:

> Le expreso que estoy dispuesto a olvidar el triste episodio si los generales me expresan públicamente su solidaridad. Eso es lo que fundamentalmente interesa en las circunstancias críticas que estamos enfrentando... Pinochet se muestra muy dolido y me asegura que hará cuanto esté de su parte por obtener una definición favorable de los generales. Horas después, Pinochet me informa telefó-nicamente que ha fracasado, porque sólo algunos generales están dispuestos a firmar una declaración de solidaridad. Me insiste en que hable con ellos.

Pinochet convocó a todos los generales a una reunión urgente en la comandancia en jefe del Ejército. Cuando Pickering entraba al Ministerio de Defensa se topó con el general Sepúlveda. Ambos llevaban un sobre en sus manos. No necesitaron explicarse nada. Al entrar a la oficina que ocupaba Pinochet en calidad de subrogante, los demás generales de la Guarnición de Santiago estaban discutiendo la redacción de un comunicado que se enviaría a la prensa. Ese comunicado nunca salió a la luz pública. Pero dos participantes de aquella reunión permitieron reconstruirlo. A pesar de haber tenido posturas enfrentadas, sus anotaciones son coincidentes. De acuerdo con esos relatos, Pinochet tomó la palabra, calificando de «bochornosos» los recientes acontecimientos. El general Urbina pidió que el tema fuera abordado con «delicadeza», por estar involucradas esposas de generales. Después, se leyó la nota redactada. Se explicó que un grupo de señoras había llegado en «un gesto de buena voluntad» hasta la casa del general Prats a pedirle a su esposa que intercediera ante él y, «utilizando su elevado cargo, tratara de obtener del gobierno, la solución a los graves problemas que agitaban al país». La reacción violenta de las señoras y otras personas se debió a la intervención policial. Dos o tres asistentes propusieron agregar que el cuerpo de generales manifestaba su solidaridad con el comandante en jefe. «¡Cómo se les ocurre!, ¿y qué va a decir mi esposa?», interpuso otro. La discusión se volvió áspera y desordenada. Pinochet la cortó tajante y pidió que los generales hablaran por orden de antigüedad.

«Se ha sentado un precedente incalificable», dijo el general Sepúlveda cuando le tocó su turno.

Y agregó: «No deseo verme expuesto a que un día cualquiera, las esposas de oficiales y suboficiales de alguna de sus unidades adopten actitudes similares frente a la casa de alguno de ustedes o de los comandantes de regimiento bajo su dependencia, pues no habría respaldo moral para tomar medidas frente a un hecho de esta naturaleza que quiebra la autoridad de mando».

Se hizo un silencio total. Sepúlveda miró fijamente a los presentes y presentó su renuncia indeclinable. Pinochet recibió el sobre azorado. Pickering suscribió lo dicho por Sepúlveda e hizo su propio anuncio: «¡No quiero permanecer ni un minuto más en el Ejército!». Se levantó y puso frente a Pinochet otro sobre. El general Herman Brady, director de la Academia de Guerra, se sumó a ese camino, aunque sólo de manera verbal. «Por la premura del tiempo», dijo, no había alcanzado a redactarla. Y también el general Gustavo Alvarez. El general César Raúl Benavides, en forma más cautelosa, actuó igual. El ambiente se había tornado sofocante. El general Raúl Contreras tomó la palabra. Escueto, informó que acababa de entregarle su expediente de retiro al general Pinochet ya que no compartía la actitud de su esposa.

-No es posible que se pretenda romper y quebrantar la unidad del Cuerpo de Generales. ¡Eso no! -lo interrumpió el general Bonilla.

Pickering y Sepúlveda replicaron al unísono:

-Eso ya sucedió y no ha sido provocado por nosotros.

-¿No será que ustedes están teniendo esta actitud, como una reacción sentimental al hecho de que sus esposas no fueron invitadas ni consultadas por las nuestras? -contestó desafiante Bonilla.

Los generales abandonaron sus asientos y comenzaron a hablar al mismo tiempo. Pinochet reclamó silencio y anunció que había solicitado una audiencia al general Prats con todo el Cuerpo de Generales presentes, y que el comandante en jefe los estaba esperando en la sala de consejo del gabinete del ministro de Defensa.

Un general de Ejército, cuya esposa estuvo en la manifestación, escribió en su agenda el resumen de esa reunión determinante, en la que participaron Pinochet, Urbina, González, Baeza, Bonilla, Valenzuela, Sepúlveda, Pickering, Brady, Pedro Palacios, Contreras, Benavides, Alvarez, Vívero, Nuño, Arellano, Lutz, Javier Palacios, Araya, Cano, J. Rodríguez y Salas:

> Prats estaba profundamente deprimido. Comentó el asunto de la carta, lamentando que hubiera ocurrido y terminó diciendo «ahora ustedes verán lo que van a hacer». Acto seguido, se retiró y quedamos nosotros -presididos por el general Pinochet-, el cual tiene palabras de dura crítica por lo ocurrido, particularmente para con los oficiales que habían estado frente a la casa de Prats y habían hecho declaraciones por radio. Manifestó que este hecho era atentatorio contra la disciplina y que no podía quedar sin sanción. Dispuso que nos reintegráramos a nuestros puestos, listos para cualquier citación. El general Arellano interviene y dice que el general Prats ha expresado que el asunto queda en nuestras manos y que debemos seguir conversando. Pinochet dice que la conversación, entonces, debe continuar en la oficina del comandante en jefe del Ejército, la que él ocupa en calidad de subrogante.

Prats ha dado 24 horas para que se le comunique cuál será la reacción del Cuerpo de Generales, antes de tomar la decisión más trascendental de su carrera militar.

Arellano escribió en su agenda:

> El general Pinochet estaba francamente indignado con lo ocurrido. Afirmó que tomaría medidas disciplinarias en contra de los oficiales que fueron a buscar a sus

esposas al frontis de la casa del general Prats y nos increpó violentamente. En un momento, dijo una frase que nos dejó estupefactos: «¡Esto se lava con sangre de generales!». Luego comunicó que llamaría a retiro a tres generales cuyas esposas habían concurrido a la casa del general Prats, el 21 de agosto.

Al terminar la reunión, Pinochet le pidió a Pickering un encuentro privado. Intentó devolverle el sobre y se encontró con la misma respuesta de su interlocutor. «Volveremos a hablar más tarde», dijo y le ordenó que citara para el día siguiente, en la Academia de Guerra, a todos los profesores y oficiales alumnos de ese instituto y de la Academia Politécnica. Para la tarde de ese mismo día, reclamó una reunión similar, en el auditorio de la Escuela Militar con todos los oficiales de las escuelas de su dependencia en Santiago. A ellos debía agregarse el director de la Escuela de Artillería de Linares y el de la Escuela de Ingenieros en Tejas Verdes, coronel Manuel Contreras Sepúlveda.

En la mañana del 23 de agosto se realizó la reunión en la Academia de Guerra y Pinochet repitió sus palabras reprobatorias:

«En esta Academia hemos tenido por años admiración y respeto por jefes destacados de la institución en que todos nos mirábamos, como el general Otto, el general Mahn y especialmente el general Prats. Pero resulta que ahora, un grupo de señoras de jefes y oficiales se dirige frente a su domicilio y provoca una manifestación vergonzosa, gritando como verduleras...»[77]

No eludió el tema de los oficiales en servicio activo que participaron en la manifestación, uno de los cuales -el capitán Ballas- era alumno de la Academia de Guerra. Y después de una severa y potente reprimenda general, anunció drásticas medidas disciplinarias. Terminada la reunión, Pinochet convocó nuevamente al general Pickering al Ministerio de Defensa, donde ya se encontraban Sepúlveda y Prats. En presencia de Pinochet, Prats trató de convencerlos de que no se fueran, ya que ello le crearía un grave proble-

---

[77] De las Memorias inéditas del general Guillermo Pickering.

ma a la estructura del Alto Mando del general Pinochet. Y agregó:

-Yo soy el que debe irse a retiro, y eso es lo que haré, pero ustedes no pueden hacerlo... Por el bien del país.

Ni Pickering, ni Sepúlveda modificaron sus decisiones.

El general Prats se detuvo en sus *Memorias* para detallar lo que sucedió en esas horas. El relato es extenso y dramático y vale la pena citarlo completo:

> Ya no me cabe duda de lo que buscan los generales: librarse de los obstáculos que les impiden un pronunciamiento político institucional. El retiro de Sepúlveda y Pickering -los dos generales con mando más íntegros, honestos y profesionales, que me han acompañado durante los duros ocho meses últimos y que fueron piezas claves en la acción contra el amotinamiento del Batallón Blindado Nº 2- me deja sin intermediarios incontaminados por la pasión política. Le pido a Pinochet que llame a Sepúlveda y a Pickering. A las 11 horas, sostengo una emotiva entrevista con ambos. Intento disuadirlos, pero mis argumentos no resultan convincentes frente a los de ellos. ¿Cómo se puede ejercer la gran responsabilidad de comandar las dos unidades operativas claves del Ejército, en la convulsa coyuntura política que vive el país, cuando sus propios colegas generales, que no tienen mando, solivianrtan a los mandos medios y subalternos o se dejan empujar por las presiones de éstos? ¿Cómo se puede responder a la disciplina de cuerpo de tropa, si la oficialidad media y subalterna está claramente perturbada por la acción psicológica que la oposición ha llevado ya al paroxismo? Les digo que es preferible que me vaya yo, que ya he jugado mis últimas cartas y no ellos, que son una esperanza del mantenimiento del profesionalismo prescindente y con porvenir institucional. Me argumentan que sus retiros me dan un arma para adoptar drásticas medidas disciplinarias con aquellos generales que, con su actitud de rebeldía, van a destruir el Ejército profesional. Les respondo con tristeza que se me ha encajonado en la alternativa de retirarme yo, con la esperanza de que Pinochet logre sustraer al Ejército de la aventura

golpista inminente, o de llamar a retiro a doce o quince generales y esta última opción desataría la guerra civil, de la que yo sería el detonante. A las 13,15 horas, me entrevisto durante dos horas y media con el Presidente Allende, con un único testigo: el ministro Fernando Flores. Le informo de la decisión de la mayoría de los generales... Le solicito que acepte mi renuncia al Ministerio de Defensa y a la Comandancia en Jefe, que es la opción que he elegido, después de madurarla durante las veinticuatro horas que di a los generales para que meditaran su conducta. Por ello, se trata de una decisión fría y realista y no la consecuencia del ofuscamiento derivado del vejamen que se me infirió. Se suscita un diálogo doloroso para mí: él insiste en que no debo dejarme doblegar por la intriga y la maquinación política, en circunstancias que debo sentirme orgulloso de tener mi conciencia limpia, pues nunca lo serví a él dócilmente, sino con lealtad y criterio profesional. La discusión se produce en un nivel en que no aparece el Presidente de la República, desde un plano superior, apostrofando al comandante en jefe, sino ambos colocados en una misma grada humana, donde un político diestro argumenta ante un soldado, teniendo en vista el interés nacional. Y éste contraargumenta, convencido de que, en aras de dicho interés, debe sacrificar su orgullo personal. Lo convenzo cuando le manifiesto que si yo continuara en mi cargo de titular, tendría que solicitarle que aplicara su facultad presidencial contra doce o quince generales, y esa medida iba a precipitar la guerra civil. En tal caso, yo sería el culpable de la sangre que se derramara entre hermanos y él sería el cómplice principal. Le añado que no estoy dispuesto a ensangrentarme las manos y, en cambio, si me sucedía el general Pinochet - que tantas pruebas de lealtad me había dado- quedaba una posibilidad de que la situación crítica general del país propendiera a distenderse. Esto le daba chance de contar con tiempo el buscado entendimiento con la Democracia Cristiana, y a su vez, le daba a Pinochet plena independencia para llamar a retiro a los dos o tres generales más conflictivos... Nos despedimos doloridos y, con emoción, observo al noble ministro Fernando Flores profundamente conmovido.

Poco después, la prensa anunció la renuncia aún no oficial del general Prats. Esa tarde, en la Escuela Militar, el general Pinochet repitió la misma dura reprimenda con un sutil agregado. A partir de ese momento, advirtió, no permitiría por ningún motivo la repetición de hechos similares.

Ya se consideraba el nuevo comandante en jefe.

Quince años después, en 1988, el general Mario Sepúlveda se sintió en condiciones de dar su versión de uno de los días más importantes de su vida, cuando debió abandonar las filas del Ejército. Nos encontramos muchas veces en su casa de calle Troncos Viejos y hablamos de su carrera. Fue observador de Naciones Unidas en la India y Pakistán, miembro de la Junta Interamericana de Defensa (1968 y 1969), profesor en el cuadro de honor de la Academia de Guerra, Director de Inteligencia del Ejército, y se retiró siendo comandante de la Guarnición de Santiago. No le gustaba hacer ostentación de sus conocimientos. Pero en pequeños gestos, dejaba escapar los atributos que lo hicieron un jefe militar respetado. Parte de esas conversaciones fueron publicadas en la revista *Análisis* y con el paso del tiempo han adquirido una dimensión más esclarecedora:

-Yo no fui ni «allendista» ni «pratista» ni «scheneiderista», era un miembro del Ejército que me regía por las normas de la institución, que obedecía la Constitución y a mi comandante en jefe. Junto al general Pickering, tuvimos una línea profesional que mantuvimos sin claudicaciones. La muestra más clara de ello fue con ocasión del alzamiento del Blindados Nº 2. Ese hecho nos previno y también sirvió para darnos cuenta hasta qué punto mandábamos dentro del Ejército. Esa mañana, cuando recibí las primeras informaciones del alzamiento del Blindados, llamé a mis comandantes de unidades para darles una orden preparatoria y dos minutos después les di la orden que cada unidad debía efectuar. Ningún comandante tuvo dudas de lo que yo le ordenaba, ninguno hizo una sola pregunta que indicara indecisión. Me di perfectamente cuenta de que todos respondieron de inmediato.

**-¿Por qué renunció, entonces, sólo días después?**

-Porque la situación varió desde ese instante... La presión que había sobre el Ejército por parte de algunos grupos políticos era enorme. La oficialidad media y subalterna estaba claramente perturbada por la acción psicológica de la oposición. Durante semanas, todos los días, los hombres recibían esa presión, a través de su mujer, sus hijos, sus familiares y amigos respecto de la situación que se estaba viviendo y hasta cuándo la íbamos a tolerar. Eso creaba un problema serio. Además, para recorrer todas las unidades bajo mi mando, yo me demoraba 17 días; en el intertanto, la acción de elementos extraños era muy fuerte.

-Insisto, ¿por qué renunció entonces?

-Lo pensé mucho. La noche que ocurrieron los incidentes en la casa del general Prats, no dormí. Pensé, si renuncio, el comandante en jefe queda en libertad para reorganizar el Alto Mando. Nadie lo podrá acusar de tener a determinada gente en algunos cargos. Él tenía la oportunidad de reestructurar el Alto Mando, naturalmente eliminando algunos generales... pensé, además, que en todo ese tiempo, la influencia exterior sobre el personal de las unidades debía haber llegado a tal extremo que podía suceder algo que ninguno quería: un enfrentamiento al interior de las unidades. Yo estaba seguro de algunas unidades...

-**General, usted sabía entonces que si permanecía en el Ejército algunas unidades iban a defender al gobierno constitucional bajo su mando. ¿Lo sabía y renunció?**

-Estoy seguro que sí y renuncié precisamente por eso, porque se podía producir un enfrentamiento. ¿Qué derecho tenía yo a producir ese enfrentamiento entre hermanos?

-**¿Defendió la vida de los soldados por sobre el derecho a la vida de los chilenos desarmados?**

-El enfrentamiento no se iba a producir exclusivamente entre soldados.

-**Pero lo que se produjo fue un Golpe en contra de chilenos sin armas. ¿Nunca ha pensado que posiblemente en el acto de renunciar hubo una traición al juramento que hizo como militar de la República?**

Sepúlveda sintió entonces tocar un nervio lacerante.

-¡Jamás! Ni siquiera se me ha pasado por la mente. Tengo la convicción y la tranquilidad de conciencia de que opté bien. No tenía derecho a producir un enfrentamiento entre hermanos. Iba a caer mucha gente inocente, muchísimos más de los que cayeron el 11 de septiembre y los días siguientes. Muchísimos más, porque iban a actuar las unidades con sus armas... El general Prats esperaba lograr una solución política, la que él buscó por todos los medios. El problema era político, no le correspondía a las FF.AA. solucionarlo. Además, el 22 de agosto apareció una declaración de la Cámara de Diputados, abriéndole la puerta legal a las Fuerzas Armadas para que dieran el Golpe.

-**¿Cuándo se dio cuenta que se estaba quedando solo?**

-Yo no diría que estaba quedando solo. Con ocasión del alzamiento del Blindado, nos fuimos dando cuenta de que ciertos personeros que trataban de producir un Golpe Militar, habían alcanzado influencia considerable dentro del Ejército. Eso nos preocupó, como a todo el país, pero no nos sentíamos solos. Había varios generales que tenían un pensamiento similar, en el sentido de que debía respetarse la Constitución. Y la prueba es que, cuando renunciamos junto al general Pickering, hubo varios generales que también se levantaron y presentaron su renuncia: Raúl Contreras, Alvarez, Herman Brady y Raúl Benavides.

-**¿Y en ese momento, usted creía que el general Pinochet estaba con ustedes o con quienes estaban por dar el Golpe?**

-Tenía el convencimiento, como lo tenía la mayoría, de que él estaba con nosotros. Siempre se manifestó como un general totalmente leal a su comandante en jefe. Siempre, en todas las reuniones de generales, él se manifestaba en esa posición. No recuerdo haberle escuchado ni siquiera una frase de duda sobre lo expresado por su comandante en jefe.

-**Durante los 3 años de la Unidad Popular, ¿vio algún intento del gobierno por modificar la estructura del Ejército?**

-No, porque el general Prats no aceptaba influencias de ese tipo. Así se lo manifestó siempre al Presidente Allende, a quien siempre le dijo que él mandaba en el Ejército. Pero la presión política influyó en algunos generales. Prats se esforzó hasta el último minuto por defender a su institución. No tenía ninguna aspiración política. Si la hubiese tenido, podría haber dado diez golpes durante 1973. Las tenía todas. Él luchó por su Ejército hasta el final. Quienes dicen lo contrario están mintiendo. El general Stuardo, de la Fuerza Aérea, declaró, en 1974, a la revista «Ercilla», que en el Ejército había «tres tapones» para el Golpe: el general Prats, el general Pickering y yo. Cuando nosotros nos retiramos -dijo- vino un alivio, la posibilidad del Golpe era real a partir de ese momento.

-¿»Tapones»?

-Pickering y yo teníamos el mando de las unidades más numerosas y capacitadas que estaban en la zona de Santiago, las unidades más poderosas del Ejército; y Prats era el comandante en jefe y mandaba en la institución. Una realidad que nadie puede discutir. Si no, habrían dado el Golpe diez veces antes.[78]

Allende también sabía lo que arriesgaba.

«El país está a punto de ser arrastrado a una guerra civil», le dijo a sus ministros, en presencia de Prats. La provocación de la cual había sido objeto formaba parte de la «planificación sediciosa». Lo que se buscaba era el inminente derrocamiento del gobierno.

Estaba en lo cierto.

Ese día, la Cámara de Diputados aprobó un acuerdo del Code, en el que se afirmaba que el gobierno estaba violentando la Constitución. El proyecto fue elaborado por los representantes del Partido Nacional, Mario Arnello, Mario Ríos y Silvio Rodríguez y los democratacristianos José Monares, Baldemar Carrasco, Gustavo Ramírez, Eduardo Sepúlveda, Lautaro Vergara, Arturo Frei y Carlos Sívori. El texto hacía referencia a la violación, por parte del Poder Ejecutivo, «de las atribuciones y facultades de los otros Poderes del Estado, de las garantías que la Constitución asegura a todos los habitantes de la República y de permitir y amparar la creación de poderes paralelos ilegítimos». Además, mencionaba la campaña de desprestigio en contra de la Corte Suprema, la política de utilización de «resquicios legales», la no promulgación de una reforma constitucional

---

[78] Entrevista de Mónica González, publicada en revista *Análisis* N° 243, del 5 de septiembre de 1988.

que consagrara las tres áreas de la economía, el atropello a la «igualdad ante la ley», «de la libertad de expresión», «del derecho a reunión», «la autonomía universitaria», «la libertad de enseñanza», y la violación «del derecho de propiedad», «de los derechos de los trabajadores y de sus organizaciones sindicales», «las detenciones arbitrarias» y el «fin de la libertad sindical».

En sus puntos medulares, estipulaba:

> Primero: representar al señor Presidente de la República y a los señores ministros de Estado, miembros de las Fuerzas Armadas y del Cuerpo de Carabineros, el grave quebrantamiento del orden constitucional y legal de la República, que entrañan los hechos y circunstancias referidos en los considerandos quinto a duodécimo precedentes.
> Segundo: representarles, asimismo, que, en razón de sus funciones, del juramento de fidelidad a la Constitución y a las leyes que han prestado y, en el caso de dichos señores ministros, de la naturaleza de las instituciones de que son altos miembros, y cuyo nombre se ha invocado para incorporarlos al ministerio, les corresponde poner inmediato término a todas las situaciones de hecho referidas que infringen la Constitución y las leyes a fin de encauzar la acción gubernativa por las vías del derecho y asegurar el orden constitucional de nuestra Patria y las bases esenciales de convivencia democrática entre los chilenos.
> Tercero: Declara que, si así se hiciere, la presencia de dichos señores ministros en el gobierno importaría un valioso servicio a la República. En caso contrario, comprometería gravemente el carácter nacional y profesional de las Fuerzas Armadas y del cuerpo de Carabineros, con abierta infracción a lo dispuesto en el artículo 22 de la Constitución Política y grave deterioro de su prestigio institucional.
> Cuarto: Transmitir este acuerdo al Señor Presidente de la República y a los señores ministros de Hacienda, Defensa Nacional, Obras Públicas y Transportes, y Tierras y Colonización (los cuatro ministros que ocupaban los altos mandos de las Fuerzas Armadas).

Era el pretexto que faltaba para darle un toque de legalidad a la sublevación y que sería presentado, con posterioridad al 11 de septiembre de 1973, ante el mundo y los organismos internacionales como la razón del Golpe. Así lo entendió un grupo de dirigentes de la Democracia Cristiana. Alarmados, se dieron cita ese mismo día en la casa de Bernardo Leighton. Jorge Donoso, uno de los convocados y dirigente de la DC, me relató lo que sucedió:

-Fuimos a su casa por la enorme confianza moral y política que nos inspiraba. Así había sucedido con anterioridad para el «tanquetazo». Allí convergimos todos, incluso el presidente del Partido, Patricio Aylwin y desde allí se llamó a Allende para entregarle nuestra solidaridad. Por eso, cuando la Cámara de Diputados adoptó el 22 de agosto el acuerdo famoso, algunos dirigentes advirtieron que ese acuerdo era dar luz verde al Golpe. Don Bernardo nos convocó a su casa. Esa noche hubo una segunda reunión trascendente y fuimos a hablar con Patricio Aylwin para explicarle nuestra posición. Aylwin nos reiteró que esa no era la intención. Dijimos que era necesario explicitarlo de manera clara y Aylwin coincidió. Renán Fuentealba redactó una declaración. Aylwin llamó a Eduardo Cerda, secretario general del partido y le ordenó que esa declaración fuera leída en el Parlamento. Pero no se leyó...

En horas de la tarde del miércoles 23 de agosto de 1973, Salvador Allende decidió jugar una carta mayor: llamó a Pinochet, comandante en jefe -todavía formalmente subrogante- del Ejército y le pidió que, junto a diez generales que él mismo debía seleccionar, concurriera esa misma noche a Tomás Moro para analizar la delicada situación en que se encontraba el general Prats.

A las 20 horas, Pinochet le informó a Prats de lo conversado con el Presidente y le proporcionó el nombre de los generales que había seleccionado para la trascendental reunión: Urbina, Rolando González, Pickering, Sepúlveda, Gustavo Alvarez, Herman Brady, Raúl Benavides, Pedro Palacios, Augusto Lutz y Eduardo Cano.

Pickering, que se había retirado a su casa para intentar recuperar la calma, después de la sucesión febril de acontecimientos, recibió a las 19 horas un llamado de Pinochet. Le pedía que asistiera a las 21 horas a una comida en la residencia de Allende.

Al llegar a Tomás Moro, Pickering le preguntó a Pinochet el motivo de la reunión. Este le dijo tres palabras y luego le comentó:

-Seleccioné a los generales de criterio más reposado. Comprenderás que no podía invitar a Bonilla, a Arellano, a Javier Palacios y los otros que tú bien conoces, para que vinieran a provocar problemas.

Terminada la cena y las formalidades, el Presidente los invitó a pasar a la galería y cuando entró el último comensal, ordenó cerrar las puertas.

Uno de los invitados era su ministro Orlando Letelier. Poco antes de que muriera asesinado en Washington, por agentes de la DINA y extremistas nacionalistas cubanos, en 1976, Letelier grabó el siguiente relato de lo que sucedió aquella noche:

> Allí Pinochet trató de demostrar su máxima lealtad frente a Salvador Allende y su máxima actitud de respaldo a Prats. Uno tenía la sensación de que Pinochet había invitado a los generales amigos de Prats para que Allende conversara con ellos y Pinochet trató de hacer alarde, no sólo de su lealtad hacia el Presidente, sino de su amistad personal con Prats.

Allende trató de indagar la razón de las renuncias de Pickering y Sepúlveda.

-Razones de ética profesional -respondió el segundo.

Tanto Pickering como Sepúlveda se fueron a retiro junto a Prats. Sabían que daban un paso difícil, pero ignoraban que muy pronto se transformarían en parias para la «familia militar».

Esa misma tarde, Prats había comunicado su renuncia al almirante José Toribio Merino, al general Gustavo Leigh y al almirante Patricio Carvajal.

-La abdicación de Bernardo O'Higgins se inscribió en la historia de Chile como el más noble gesto del prócer -le dijo Carvajal.

Y Prats replicó:

-Sí, pero recuerde que O'Higgins logró su reivindicación 20 años después, cuando estaba al borde de la muerte.

Al término de ese breve encuentro, Prats fue en busca de Pinochet y le informó que, seguramente, él asumiría la conducción de la institución en los momentos más difíciles de su historia reciente. Pinochet representaba su última esperanza.

Prats escribió una larga carta de renuncia. Con fecha 24 de agosto, recordaba a Allende los ejes de su fallida gestión, dejaba entrever la amargura del fracaso, así como la inminencia de desgarradores acontecimientos.

> En el discurso que pronuncié, el 26 de octubre de 1970, en el sepelio del general Schneider, dije textualmente: «Chile enfrenta una encrucijada de su destino que lo obliga a optar sólo entre dos alternativas dinámicas para la realización nacional: la de la violencia trastocadora o la del sacrificio solidario». Comprendí que el Ejército ya había dejado de ser un compartimento estanco de la comunidad nacional y que las presiones, tensiones y resistencias -propias de un proceso de cambios profundos, que debía realizarse dentro de las normas constitucionales y legales vigentes- inevitablemente iban a perturbar cada vez más intensamente la tradicional marginación del Ejército del quehacer político contingente. Me tracé, entonces, como objetivos fundamentales de mi acción de mando, luchar, por una parte, por afianzar la cohesión intrains-titucional y garantizar la verticalidad del mando, para encauzar la marcha del Ejército en los moldes doctrinarios profesionalistas, que se desprenden del rol constitucional asignado a la fuerza pública. Por otra parte, concentré mis esfuerzos en la planificación y ejecución de un plan de desarrollo institucional que constituía un imperativo inaplazable, para acrecentar la eficiencia operativa de las grandes unidades que articulan el despliegue institucional. Contribuí a los lineamientos señalados por V.E., para una participación realista de las Fuerzas Armadas en las grandes tareas del desarrollo del país, que tienen trascendente incidencia en la Seguridad Nacional, bajo la

inspiración del nuevo concepto de «soberanía geoeconómica»... Al correr de los dos años diez meses que he esbozado, he soportado con entereza toda clase de ataques injuriosos, calumniosos o infamantes -provenientes de quienes se empeñan en enervar o derrocar al gobierno constitucional que V.E. dirige- en la convicción de que, en el seno de la institución que comando, predominaría la comprensión de la intencionalidad de baja política que inspiraba la campaña en mi contra. Al apreciar - en estos últimos días- que quienes me denigraban habían logrado perturbar el criterio de un sector de la oficialidad del Ejército, he estimado un deber de soldado, de sólidos principios, no constituirme en factor de quiebre de la disciplina institucional y de dislocación del Estado de Derecho, ni de servir de pretexto a quienes buscan el derrocamiento del Gobierno Constitucional. Por tanto, con plena tranquilidad de conciencia, me permito presentarle mi renuncia indeclinable de mi cargo de ministro de Defensa Nacional y, a la vez, solicitarle mi retiro absoluto de las filas del Ejército, al que serví con el mayor celo vocacional durante más de 40 años...

Pasadas las 18.30 horas, Prats miró su oficina del Ministerio de Defensa por última vez y con paso rápido se sumergió en la noche para ir a refugiarse en su hogar. A esa misma hora, los conjurados afinaban la puntería en otra de sus reuniones. Alguien comentó la notoria ausencia de Lucía Hiriart, esposa de Pinochet, en todas las manifestaciones recientes.

A fines de 1976, casi ninguno de los generales casados con las mujeres firmantes de la carta que provocó el retiro del general Prats, quedaba en servicio activo.

# CAPITULO XVIII
# LAS DOS CARAS DE LA LEALTAD

Mientras una gran cantidad de chilenos trataba de capear la tensión que provocaba el desabastecimiento y la crisis política, haciendo un paréntesis con las aventuras de «Los Hermanos Coraje», la popular serie vespertina de la TV, en la sede central de las Fuerzas Armadas los generales de la Guarnición de Santiago esperaban la decisión que adoptaría Allende después de la renuncia de Prats.

A las 22 horas del 23 de agosto, Pinochet asumió en propiedad la comandancia en jefe del Ejército. No hubo fanfarria ni algarabía. Tampoco honores ni los tradicionales ritos de compañerismo y amistad.

Augusto Pinochet describe así esos instantes en *El Día Decisivo*:

> Muchas veces he pensado por qué fui yo el designado por Allende como comandante en jefe, en circunstancias que él podía contar con otros, que eran sus amigos. Yo siempre me había mostrado contrario a los comunistas, y hasta a él mismo no lo dejé pasar a ver a los relegados de Pisagua, el año 1947, siendo posteriormente acusado en el Senado por Valente Rossi. Son cosas del destino. Sin duda, Allende creyó que él me iba a manejar con su juego de embustes y halagos, a

favor de su conducción del país. El decreto con el nombramiento tuvo una tramitación rapidísima y dentro de las veinticuatro horas siguientes se sucedieron hechos trascendentales para la revolución que se desarrollaría en unos días más. Tales sucesos se produjeron en cadena, ya que, junto con conocerse la renuncia del general Prats, efectué una reunión con los generales del Ejército, y, al igual que en otras oportunidades, los altos jefes me entregaron la renuncia a sus cargos, pero que rechacé más adelante. Sin embargo, en esos momentos, me sirvieron para defenderlos a ellos mismos...

La agenda de Arellano documenta otra realidad de aquellas horas:

> Habla el general Pinochet, dando a conocer las renuncias de Carlos Prats a los cargos de ministro de Defensa y Comandante en Jefe del Ejército. Después, un tanto alterado y con voz golpeada, que en absoluto corresponde a las deferencias que se deben los miembros del Alto Mando, se refiere a la cohesión institucional, a la necesidad de mantener la disciplina a toda costa y da cuenta de algunas medidas que tomará a raíz de la carta que habían llevado, el día 21, nuestras esposas a la señora del general Prats. Dispuso la baja del Ejército del capitán Renán Ballas Siglic, un oficial de selección. Después, alzando la voz, manifestó: «Esto se lava con sangre de generales». Y esa sangre era la nuestra, la de los generales que no aceptábamos que la Unidad Popular siguiera desquiciando a nuestro país. ¿De qué lado está Pinochet?

Otro general, que prefiere guardar la reserva de su identidad, escribió en su agenda:

> Al terminar la reunión, el general Pinochet nos hizo pasar individualmente y nos pidió la renuncia en forma verbal, la que al día siguiente pidió por escrito, solicitándola por criptograma a los generales de provincia.

Arellano, Viveros y Palacios no aceptaron renunciar. No estaban dispuestos a dar ese paso y menos a esa altura de la conjura. Esa misma noche, Arellano fue a la casa del general Leigh para comentar la decisión adoptada ante la petición de renuncia. La confianza entre ambos era muy sólida.

Arellano me dice, veintisiete años más tarde:
-Con Gustavo éramos amigos y nos conocíamos desde hacía muchos años. Había sido mi compañero de curso en la Escuela Militar, antes de que él decidiera irse a la Fuerza Aérea. En esos meses hablábamos todos los días.

Leigh lo exhortó a mantenerse firme. El jefe de la FACH ya sabía que el gobierno tenía intención de aceptar las dimisiones. Arellano regresó a su hogar más intranquilo. Al día siguiente, el viernes 24 de agosto, fue a ver a Pinochet a su oficina de la comandancia en jefe. Arellano después escribió:

> Conversamos a solas antes del almuerzo. Me planteó nuevamente el asunto de la carta. Me dice que él va a llamar a retiro a tres generales cuyas señoras fueron a la casa del general Prats. Después de esta declaración, se me completó el cuadro y ya no me cabe duda alguna de las intenciones del gobierno y de Pinochet.

Arellano fue otra vez a visitar a Leigh para saber qué márgenes de acción tenía. Lo mismo hizo con los generales Palacios y Arturo Vivero. Los tres le comunicaron a Pinochet que no presentarían su expediente de retiro.

El testimonio oral de Orlando Letelier, el último ministro de Defensa de Salvador Allende, arroja más luz sobre esas deliberaciones[79]:

> Desde que el general Pinochet asumió la comandancia en jefe del Ejército comenzó a suministrarnos información -a mí y al Presidente Allende-, ya que el Presidente le había encargado que visitara distintas unidades con el fin de ir viendo cuál era la situación ahí y afianzando su posición como comandante en jefe. Por otra parte, él había pedido la presentación del expediente de retiro

---
[79] La grabación acompaña el libro *Orlando Letelier: Testimonio y vindicación*.

a todos los generales, en el momento de asumir la comandancia en jefe. A los pocos días me informó que dos generales -yo me había informado por fuera y se lo pregunté- Bonilla y Arellano, no le habían presentado la renuncia. Hablé con él y le dije que ésto me parecía una cosa inaceptable y que él debía tomar inmediatamente medidas al respecto. Eso ocurrió muy pocos días antes del Golpe y en ese momento Pinochet me dijo: «Sí, estos generales son los que han tenido la actitud de menos cooperación hacia mí». No me dijo nunca que ellos eran los que estaban directamente a la cabeza de un movimiento subversivo, pero aceptó cuando yo le planteé que tenía que acelerar el llamado a retiro de esas dos personas en los próximos días.

Pinochet ordenó «sacarle» a los generales «rebeldes» su renuncia «por escrito» a uno de sus hombres de mayor confianza: el general Urbina, nuevo jefe del Estado Mayor del Ejército y su amigo personal, quien nunca ocultó su simpatía por el gobierno de Salvador Allende.

Arellano no contradice esta información:

> Durante todo el fin de semana nos «persigue» el jefe del Estado Mayor del Ejército. El lunes, defraudado porque no se había cumplido lo previsto, el general Pinochet devolvió las renuncias a los otros generales y con nosotros tres se demostró sentido por lo que llama «falta de confianza». Pero, insiste, en que a fin de año llamaría a retiro a tres generales. ¿Indica esta línea de conducta que estará de acuerdo con derrocar al régimen marxista? Es triste, pero debo reconocer que hemos empezado a perder la confianza en Augusto Pinochet. A pesar de todo, y en ésto discrepo de otros generales, soy partidario de avisarle a última hora de nuestra decisión de derrocar al gobierno de Salvador Allende ya que necesitamos actuar como institución y sin correr el riesgo de quiebres. Todo ésto es un mandato de la ciudadanía, porque no nos guía ninguna ambición personal, sólo la patriótica decisión de rescatar a nuestro país de las destructoras garras del marxismo soviético.

Pickering, ya retirado de las filas, se había enterado de lo que estaba ocurriendo en el Cuerpo de Generales por boca del propio Pinochet. Fiel a su tradición de caballero, le pidió al general Urbina una entrevista con el nuevo comandante en jefe para despedirse de manera formal. Puso una sola condición: que no se lo obligara a ir de uniforme si la cita se realizaba en alguna dependencia militar. Pinochet lo recibió el domingo 25 de agosto, a las 13 horas, en su casa. La cita sufrió una leve demora. Con el ceño fruncido, le contó a Pickering que su retraso se debió a que acababa de realizar una visita a las unidades de la Guarnición de Santiago y en el transcurso de ella había pasado malos ratos con algunos comandantes de unidades.

—No sé qué se habrán imaginado —le dijo a Pickering.
—¿Pero qué sucedió?
—Fíjate que un coronel, comandante de unidad, en un momento de mi visita inspectiva, junto con golpearse la palma de la mano izquierda con el puño cerrado de la derecha (y repite el gesto) me ha dicho: «¡estamos listos, mi general!». Estos señores son los que han estado escuchando a algunos amigos nuestros... Le he pedido a todo el Cuerpo de Generales que me entregue sus expedientes de retiro. ¡Y no vas a creerlo! ¡Los señores Bonilla, Arellano, Javier Palacios, Vivero y Nuño se han negado a cumplir mi orden! ¡Mañana mismo voy a arreglar este problemita!

Pickering se despidió de Pinochet sin saber que sería la última vez que se reunirían. Al llegar a su casa encontró un arreglo floral que el nuevo comandante en jefe del Ejército le había enviado a su esposa.

Las versiones de los generales Arellano y Pickering fueron refrendadas por Prats en sus *Memorias*:

> A las 21 horas, me visita el comandante en jefe del Ejército, general Augusto Pinochet. Me dice que ha vivido momentos muy difíciles. Que le había pedido al Cuerpo de Generales que lo dejara en libertad de acción presentándoles sus renuncias y que todos lo habían hecho, a excepción de los generales Vivero, Javier Palacios y Arellano, y como él expresara que pediría la

aplicación de la facultad presidencial para éstos, todo el «equipo duro» había solidarizado con los renuentes. Me agrega que había estimado conveniente dejar en suspenso hasta octubre el llamado a retiro de generales, pero que le ha pedido al Presidente la aplicación de la facultad presidencial al capitán Ballas. No le hago comentario alguno. Él es ahora el comandante en jefe y no soy yo el llamado a darle consejos. Le manifiesto mi preocupación porque aún no he podido dejar la casa asignada a los comandantes en jefe y le digo que espero dejársela a fines de esta semana. Muy amablemente, el general Pinochet me insiste en que me tome todo el tiempo que necesite.

«Todo el tiempo...». El general Carlos Prats sabía que las horas se escurrían. ¿Y Pinochet? Su relato en *El Día Decisivo* lo convierte en un verdadero conjurado que se desempeña con ayuda providencial:

> El destino me permitía ubicar a dos de mis mejores amigos en puestos de mi más absoluta confianza. Ese mismo día se dio la orden para que asumiera la Comandancia de la Guarnición de Santiago y de la Segunda División, uno (Herman Brady); y al otro (César Raúl Benavides), que tomara el mando del Comando de Institutos Militares. Con esto, el camino quedaba despejado... Recuerdo que, en esa ocasión, Allende me habló de algunos políticos que estaban tomando contacto con altos oficiales de las Fuerzas Armadas. Entre éstos me nombró a varios generales, destacando a cuatro de ellos. Yo guardé silencio.

*El Día Decisivo* es un atrevido ejercicio de reescritura de la historia, como lo prueba su narración sobre el pedido de renuncia de los generales conspiradores:

> Uno de los hechos que no agradó al señor Allende fue mi negativa a cursar el retiro de los cuatro generales que me había indicado que tomaban contacto con políticos. Efectivamente, el día 24 de agosto, que era viernes, me llamó, como lo he indicado, a las once y

media de la mañana y, después de la «instrucción» señalada, en forma sorpresiva me dijo: «General, es necesario llamar de inmediato a retiro a los generales Manuel Torres, Oscar Bonilla, Washington Carrasco y Sergio Arellano, pues estos oficiales han tenido actitudes poco humanas con los trabajadores (se refería a Torres y Carrasco), y también, como lo expresé el día de ayer, se han reunido a complotar» (me aclaró que eran Bonilla y Arellano). Recuerdo que guardé silencio unos segundos y luego le contesté: «Presidente, nada me costará hacer lo que usted me pide, pues tengo todas las renuncias de los generales (me faltaban dos) en mi escritorio; pero si eso hiciera, mi calidad de hombre de honor se rompería desde ese momento, pues significaría que usted me designó en este puesto en compensación de esas renuncias y yo no me presto para ello...» Observé que no le agradó mi respuesta, pero en ese momento sólo atino a decirme: «Claro, general, usted tiene todas las atribuciones para ello», y no insistió más... Había como una luz divina que iluminaba en esos días negros. Todos los problemas se aclaraban o se solucionaban en forma tan limpia y normal que, hasta hechos que al principio parecían negativos, tenían un final favorable. Hoy, cuando miro el camino recorrido, pienso cómo la Providencia, sin forzar los actos, iba limpiando la senda de obstáculos para facilitar con ello la acción final que debíamos realizar sobre el gobierno de la Unidad Popular.

«Luz divina». El relato de un «iluminado». No era lo que pensaba Orlando Letelier de las cosas que pasaban en el Chile real:

Veía que el Golpe venía más por el lado de la Armada, pero presumía que no podía haber un intento de Golpe sin el Ejército. Y Pinochet, desde los primeros días que asumí, -y ésto en alguna medida me había llevado a tener una actitud de cierta confianza hacia él- me dijo: «Mire, ministro, aquí hay una tropa de locos, de desequilibrados, que están planteando que es preferible que se produzca ahora una definición (es decir, un Golpe), y que mueran cien mil personas, antes de que haya un enfrentamiento y una guerra civil en que puedan morir un millón de personas. Yo estoy haciendo lo posible, de acuerdo con lo que me ha pedido el Presidente. Estoy visitando unidades y las cosas están mejorando. Pero le quiero decir que en mi última visita vi que hay gente que está en una actitud muy difícil». Ahí mismo le dije: «Bueno, a esa gente hay que llamarla inmediatamente a retiro». Y Pinochet respondió: «Bueno, pero es que con eso vamos a violentar las cosas. ¿Por qué no me da un poco de tiempo, ministro, de acuerdo con lo que el propio Presidente me ha planteado, para que yo vaya afianzando la situación de la gente de confianza, y que yo vaya visitando las unidades?...»

«Tiempo». Las agujas del reloj corrían frenéticamente. El verdadero grupo de conspiradores del Ejército decidió ampliar el círculo e informar a ciertos oficiales al mando de unidades. El general Arturo Vivero habló con algunos, entre ellos, el director de la Escuela de Suboficiales, coronel Julio Canessa.

El coronel José Domingo Ramos había sido, hasta el 23 de agosto, el jefe de Estado Mayor del comandante de Institutos Militares, general Pickering. Su nuevo superior era el general César Raúl Benavides. La amistad que mantenían facilitó el pedido de autorización de un descanso. Era la última semana de agosto y llevaba más de dos años sin vacaciones. Benavides aceptó y Ramos partió a su oficina a finiquitar las últimas cosas pendientes. De pronto llegó el coronel Julio Canessa[80], dependiente de esa unidad de mando.

-Ramos, necesito hablar con usted. Me ha hecho muy mal algo que he sabido. ¡Va haber un Golpe de Estado! Todo está listo, las órdenes están dadas. Usted se va con feriado y yo se lo vengo a comunicar porque quiero saber ¿y qué va a hacer usted?, ¡qué vamos a hacer!

Ramos se sorprendió.

---

[80] Julio Canessa después del Golpe fue vicecomandante en jefe del Ejército, integrante de la Junta Militar y, después de su retiro, senador designado por las Fuerzas Armadas, cuyo mandato termina el 2006.

-Esa es una información muy grave. Hay que comunicársela al general Benavides.

Canessa le explicó que de allá venía, pero que había quedado más intranquilo. Y le informó que en el Golpe estaban involucrados los generales Arellano, Viveros, Baeza, Javier Palacios, Sergio Nuño y también el coronel Nilo Floody. Ramos recordó, años más tarde, cuando lo entrevisté, cada frase del diálogo que intercambió con Canessa:

-Le dije que creía que mi general Pinochet no lo iba a permitir, que él era el llamado a poner freno a todo esto que circulaba por los cuarteles y que ahora me lo venía a transmitir Canessa. Lo que andaban diciendo el coronel Fleming, de la Escuela de Infantería, Adrián Ortiz, en Osorno y muchos más. Si hasta el general en retiro Francisco Armas había venido a preguntarme qué iba a hacer yo en caso de Golpe. Y mi respuesta había sido siempre: «hay que respetar la Constitución».

Para Ramos, el Golpe era ya inevitable. Pero las cosas pudieron haber sido distintas. Así consta en la agenda del general Arellano de esos días:

> Canessa es un hombre inteligente pero falto de personalidad y decisión. Dio cuenta al comandante de Institutos Militares de que había sido invitado a una reunión conspirativa con algunos generales. Afortunadamente, sólo días antes, el general Pickering había abandonado su cargo y el asunto puso ser controlado. Pero pudo haber tenido graves consecuencias...

Los resquebrajamientos institucionales se ahondaron ese viernes 24 de agosto, con la renuncia del comandante en jefe de la Armada, almirante Raúl Montero, al Ministerio de Hacienda. Pero, a diferencia de Ruiz Danyau y Carlos Prats, reasumió la comandancia en jefe de la Armada que hasta ese momento detentaba Merino. El desafío de Montero era una débil señal para enfrentar la barricada donde confluían empresarios, camioneros, comerciantes, un sector de los estudiantes secundarios y universitarios, la Contraloría, el Parlamento y los Colegios Profesionales.

Sólo faltaba para que se iniciara el fuego la incorporación del Ejército con su alto mando.

En la casa de Lo Curro se sucedían las reuniones. Nuevos integrantes, todos ellos mandos medios, piezas vitales para asegurar el éxito de la operación, que aún no tenía su día clave, se sumaban de manera entusiasta: los coroneles de Ejército Nilo Floody Buxton, Enrique Morel Donoso, Sergio Arredondo González, Sergio Hidalgo Mejías, Felipe Geiger Stahr y Oscar Coddou Vivanco; más los tenientes coroneles Carlos López Tapia y Atiliano Jara Salgado. A ellos los acompañaban los mayores Jaime Nuñez Cabrera, Francisco Ramírez Migliasi y Juan Chiminelli Fullerton, ayudante del general Sergio Arellano en el Comando de Tropas de Peñalolén. Tanto Chiminelli como Ramírez Migliasi, concurrían con gruesos chaquetones, debajo de los cuales escondían sus metralletas. Y los autos de los principales dueños de la conjura eran vigilados, desde un automóvil blanco por el oficial de inteligencia Pedro Espinoza, quien se aseguraba así de que no fueran detectados por los servicios de inteligencia del gobierno.

El domingo 26 de agosto, Carlos Prats recibió atónito la inmediata respuesta de Allende:"El gesto de su renuncia, motivado por razones superiores, no es la manifestación de quien se doblega o rinde ante la injusticia, sino que es la proyección de la hombría propia de quien da una nueva muestra de su responsabilidad y fortaleza..."

Prats leyó emocionando la carta junto a su esposa. En Santiago, los que lloraban y reían, se cruzaban sin reconocerse. Ese domingo 26 de agosto, en la tarde, Arellano se disponía a salir de su casa en dirección al Country Club, cuando vio llegar al teniente coronel Carlos López, miembro de su cuartel general.

-Mi general, será llamado a retiro junto a los generales Javier Palacios y Arturo Vivero. En nombre del grupo de oficiales que represento quiero decirle que no aceptaremos tal determinación y nos hemos acuartelado en la Escuela Militar- le dijo con tono exaltado.

Unos cien oficiales se habían incorporado al motín, encabezado por el director de dicha unidad, el coronel Nilo Floody, otro integrante del círculo de Lo Curro.

Arellano sintió que no era una buena noticia. Cualquier paso en falso o apresurado podía abortar la planificación del día «D». Le costó trabajo convencer al teniente coronel López de que la situación había sido superada. Después, le pidió al general Arturo Vivero que fuera a la Escuela Militar para disolver la manifestación. Cuando Vivero llegó, el número de oficiales presentes ascendía a 200, habiéndose sumado algunos miembros de Carabineros, encabezados por el general Arturo Yovane. Vivero logró su objetivo no sin esfuerzo de persuasión.

La presencia de Yovane no era fortuita. Desde hacía ya un tiempo el oficial de Carabineros se había incorporado a la conjura[81]. A comienzos de 1973, por presión del gobierno, había sido trasladado a Santiago, a la Dirección de Servicios, quedando sin mando directo sobre las unidades policiales.

Yovane relata:

«Por esas casualidades del destino, mi oficina en el octavo piso del céntrico edificio General Norambuena, estaba al lado de la que ocupaba el general César Mendoza, a la sazón Director de Bienestar de Carabineros. En agosto de 1973, el Alto Mando de Carabineros le comunicó que se iniciaba su pase a retiro. Durante ese año y, a medida que los preparativos se fueron acelerando, por lo menos una vez a la semana me reunía con el almirante Patricio Carvajal en el Edificio Norambuena. Por su función de jefe del Estado Mayor de la Defensa Nacional, Carvajal era el único almirante radicado en Santiago y también el único que por su amplio radio de acción con todas las ramas de la Defensa Nacional, podía desplazarse sin despertar sospechas. A fines de agosto, los preparativos ya estaban en su fase final. Fue el general Gustavo Leigh, a través de uno de sus oficiales, quien me informó, ese domingo 26 de agosto, del inminente llamado a retiro de los generales Arellano, Palacios y Vivero...»

Arellano dice a propósito:

-Los contactos con Carabineros los establecí a través de mi amigo el general Arturo Yovane y de su ayudante, el

---

[81] Ver Capítulo X.

mayor Juan Ramírez. Estas reuniones las efectuábamos en la casa del empresario textil y dueño de la fábrica de cecinas «JK», Juan Kassis Sabaj, ubicada en Pajaritos, o en el Hotel Sheraton, donde éste disponía de un departamento en los meses de invierno. Habitualmente asistían, además de Yovane, el coronel Rubén Schindler Contardo; el mayor Ramírez y dos o tres oficiales subalternos que se alternaban como ayudantes de Yovane. En una reunión efectuada a fines de julio de 1973, Yovane me preguntó si teníamos previsto que Carabineros integrara la Junta de Gobierno. Le manifesté que sí y que a él le correspondería asumir dicha responsabilidad. Me contestó que el general Mendoza Durán era más antiguo, que estaba en una posición definida y que él debería representar a su institución en el gobierno. Estuvimos de acuerdo y le pedí que lo invitara a las futuras reuniones. Pero a pesar de tener la seguridad de que la inmensa mayoría de los jefes y oficiales y personal de tropa de Carabineros estaría con nosotros, con Yovane compartíamos serias aprensiones, debido a que la mayor parte de los generales de Carabineros estaban comprometidos con el gobierno de la UP. Sin embargo, a fines de agosto, en el Club de Carabineros, ocurrió algo que trajo tranquilidad a nuestros espíritus. En una de mis numerosas visitas a dicha sede social, estuve con Yovane y el comandante de los Servicios Especiales (Grupo Móvil), el teniente coronel Carlos Hinricksen. Esta era la unidad de choque de Carabineros y su jefe, el comandante Hinricksen, después de cambiar algunas ideas sobre la situación del país, nos dijo textualmente: «A partir de este momento, yo cumpliré las órdenes que ustedes me impartan». Un apretón de manos selló este compromiso de honor.[82]

Agosto se acababa y así se esfumaban las últimas esperanzas de impedir el desastre.

El martes 28, Allende reestructuró otra vez su gabinete, ubicando al socialista Orlando Letelier en Defensa. En la

---

[82] A pesar de la decisión que compromete al teniente coronel Hinricksen en esos días, este oficial ascendió a coronel y allí vio truncada su carrera al ser pasado, por decisión del general César Mendoza, al escalafón de complemento, lo que lo obligó a optar por su retiro prematuro de Carabineros.

cartera de Minería designó al general Rolando González; en la de Obras Públicas y Transporte continuó el general de la Fuerza Aérea, Humberto Magliochetti. Incorporó al Director General de Carabineros, José María Sepúlveda como ministro de Tierras y Colonización; y la relevante área de Hacienda, la dejó en manos del almirante Daniel Arellano.

«No dudaría un momento en renunciar si los trabajadores, los campesinos, los técnicos y profesionales de Chile así me lo demandaran», dijo Allende en su mensaje.

Agosto se acababa en forma oscura, fría e impredecible.

El comandante en jefe de la Armada, almirante Montero, le presentó a Allende su expediente de retiro.

Agosto cedía paso al día fatal de un país fracturado.

## CAPITULO XIX
## VIERNES 7: LA FECHA ESTÁ RESUELTA

El primer día de septiembre de 1973 fue un sábado gris y de calles vacías. Los santiaguinos, en su gran mayoría, decidieron guarecerse del frío del aire y la hostil temperatura social y política en sus casas. Muchos eligieron instalarse frente a la televisión. En el *Canal 13*, el padre Raúl Hasbún usaba su tribuna eclesiástica para una inusual arenga. Fue tal su ansiedad, que, antes de terminar su enfervorizada alocución, se desmayó ante las cámaras.

Para entonces, la división del país se manifestaba también en la preferencia de los programas. Mientras los partidarios de la UP no sacaban el ojo ni el oído de *Canal 7*, identificado con el gobierno, los opositores hacían lo propio con *Canal 13*, que dirigía el encarnizado opositor Hasbún. El desvanecimiento en vivo y en directo del sacerdote fue interpretado por sus seguidores como una «señal divina».

Ese fin de semana, el almirante Raúl Montero estuvo en el centro del huracán. Su renuncia debía ser aceptada por el Presidente, un trámite que mantenía en ascuas a los integrantes de la conspiración, que intentaban forzar la designación de Merino como nuevo comandante en jefe. Merino sintió que ya no podía esperar más. Decidió jugar una osada carta. Llamó al almirante Montero y le comunicó que iría a Santiago para informarlo de la apreciación de los almirantes sobre su permanencia en la comandancia en jefe. Viajó junto al almirante Sergio Huidobro y, ya en la casa de Montero, intentó presionarlo para que convenciera a Allende de la necesidad de su retiro.

Montero tomó el teléfono:

-Presidente, aquí tengo al frente a dos almirantes, Merino y Huidobro, los que me piden la renuncia en nombre del Consejo Naval.

Horas después, la mayoría de los almirantes se reunía con el ministro de Defensa, Orlando Letelier.

-¿Por qué están planteando la renuncia de Montero? Esto rompe con la verticalidad del mando. Es tan inaceptable como lo sería el que mañana, los capitanes de navío plantearan la salida de los almirantes. Las facultades para remover al comandante en jefe son del Presidente de la República-, dijo Letelier. Buscó el rostro de Merino y continuó:

-Era usted el que me dijo que deseaba renunciar...

-Sí, lo único que deseo es que llegue el momento de mi retiro e irme. No desearía ser comandante en jefe de la Armada...

Algunos almirantes tomaron distancia de las presiones. Daniel Arellano, que era en ese instante ministro de Hacienda, presentó su renuncia para dejar en libertad a Montero y se mostró leal a él. También el almirante Cabezas, el segundo de Montero en la comandancia en jefe. Francisco Poblete, del Estado Mayor de la Armada, fue, de acuerdo con el testimonio de Letelier, el más enfático: «Mire, ministro, aquí lo que se está planteando es un acto de insurrección inaceptable. Usted tiene toda la razón en lo que ha dicho. Yo quiero hablar delante de todos los almirantes, con la más absoluta franqueza. Dentro de la Armada se está alterando la disciplina». Carvajal defendió a Merino: «Ministro, realmente las cosas, tal como usted se las ha planteado a mi almirante Merino, lo obligan a tener que decir que él estaría dispuesto a renunciar. Pero si a él le pide que se sacrifique y que asuma la comandancia en jefe, él tendría una actitud de parte de todos nosotros de gran respaldo. Y, al mismo tiempo, él estaría dispuesto a seguir sirviendo a la Armada», dijo.

Se vivía al filo del abismo. La huelga de los camioneros y el transporte continuaba haciendo estragos en la economía, el pan escaseaba a niveles críticos y ya no había reservas de trigo.

Parado sobre ese volcán, Allende pronunció uno de sus últimos y más estremecedores discursos:

«Quienes pretenden sacarnos del camino que nos hemos trazado, quienes, mintiendo y calumniando hablan de que en Chile no hay libertad, se ha suprimido el derecho de información, está en peligro la prensa, son los que mistifican para poder, engañando, encontrar apoyo en determinados sectores. Son los conjurados en el ansia turbia de oponerse a la voluntad popular. Y yo les digo a ustedes, compañeros, compañeros de tantos años, se los digo con calma y absoluta tranquilidad: yo no tengo pasta de apóstol ni tengo pasta de Mesías, no tengo condiciones de mártir, soy un luchador social que cumple una tarea, la tarea que el pueblo me ha dado; pero que lo entiendan aquellos que quieren retrotraer la Historia y desconocer a la voluntad mayoritaria de Chile: ¡sin tener carne de mártir, no daré un paso atrás! ¡Que lo sepan!, ¡dejaré La Moneda cuando cumpla el mandato que el pueblo me dicta! Que lo sepan, defenderé esta revolución chilena y defenderé el Gobierno Popular porque es el mandato que el pueblo me ha entregado. No tengo otra alternativa: ¡sólo acribillándome a balazos podrán impedir la voluntad que es hacer cumplir el programa del pueblo! Pero que lo piensen y lo mediten, porque hay algo que yo he contribuido a formar: una conciencia política de las masas populares chilenas. Esta no es la tarea de un hombre; es el pueblo organizado en sus partidos, en sus sindicatos, en sus poblaciones, en su Central Unica, el que está en el gobierno. Yo podré ser el intérprete de la voluntad de ustedes, pero mañana estarán junto a ustedes otros compañeros y si cae uno de ellos, vendrá otro y otro, y el pueblo seguirá en la revolución chilena».

La CUT reaccionó enérgicamente al llamamiento presidencial:

«...Se prepara el ambiente para una asonada golpista de consecuencias imprevisibles. Ante ello, la CUT instruye de urgencia a los trabajadores para adoptar las siguientes medidas inmediatas. Primero, todos los trabajadores y los dirigentes sindicales deben concentrarse en sus empresas a contar de las 13 horas de hoy a la espera de instrucciones. Segundo, deben realizarse asambleas para informar la situación general y este comunicado de la CUT. Tercero, debe activarse de inmediato a los Comités de Protección y de Vigilancia. Cuarto, debe mantenerse turno permanente con comunicaciones de todas las directivas sindicales. ¡A parar el Golpe! ¡A defender la democracia, el Gobierno y la Patria!».

Ernesto Vogel, vicepresidente de la CUT y de los ferroviarios y, además, una de las cabezas del Departamento Sindical de la DC, debió asumir una difícil posición en esos días:

—Firmé esa declaración totalmente convencido de la necesidad de tener una clara postura ante el peligro. Lo hice como dirigente sindical, como ciudadano y como padre de familia. Pero esa firma me trajo dificultades enormes en el seno de la DC. El sectarismo de la Unidad Popular había creado ya tanto odio, que algunos veían en el Golpe de Estado una solución al conflicto. Algunos pidieron incluso que yo fuera expulsado del partido...»

A las 11.27 horas del domingo 2 se registró un fuerte temblor que afectó a Santiago y la zona central. Hasta la tierra parecía anticipar la fractura en ciernes.

El lunes 3 de septiembre se supo que Allende no cedió a las presiones y Montero continuó al frente de la Armada. Estaba convencido de que el nombramiento de Merino era la antesala del Golpe de Estado y trató por todos los medios de dilatar esa resolución.

Alrededor de la una de la madrugada, el sociólogo del CENOP, Manuel Contreras, recibió una llamada urgente:

—El Presidente lo necesita.

Contreras fue de inmediato a «El Cañaveral». Junto a Allende estaba Augusto Olivares, su asesor y director de Televisión Nacional; Joan Garcés, Beatriz «Tati» Allende, Arsenio Poupin, Claudio Jimeno y René Benditt. Contreras recuerda:

-El Presidente estaba sentado, afirmado en la pared. Lo vi cansado, con una mirada desesperanzada. En un momento se echó hacia atrás y dijo: «Voy a escribir una carta al país. Voy a llamar a un plebiscito y a convocar a la Democracia Cristiana al gobierno. Voy a llamarla a cogobernar. ¡No hay otro camino!» El plebiscito que estaba planteando era para que la gente se pronunciara si él seguía o no en el gobierno y en qué condiciones para evitar un Golpe de Estado. Entonces, se dirigió a nosotros y dijo: «¿Qué opina el CENOP?». Y nosotros le dijimos que estábamos de acuerdo.

Los hombres del CENOP, ese ente tan desconocido para los chilenos, como ligado a la intimidad política de La Moneda, argumentaron que la derecha había logrado ganar casi a la mayoría de la DC sobre la base del llamado formulado por Luis Pareto, en la Cámara de Diputados y de Eduardo Frei Montalva en el Senado. Señalaron que la Doctrina Schneider le daba sustentación, desde la legalidad, para impedir el Golpe de Estado con un golpe institucional: el plebiscito. Algunos sugirieron que el Presidente debía refugiarse en el programa presidencial sustentado por el ex candidato presidencial de la DC, Radomiro Tomic, y llamar de nuevo a los militares al gobierno. Se recordó allí que la Doctrina Schneider establecía que las Fuerzas Armadas debían intervenir ante un peligro grave de guerra civil. O sea, daba pie, también, para fundamentar un Golpe de Estado. Por lo tanto, todos estuvieron de acuerdo en que no había otro camino.

Las horas transcurrían. Contreras evoca el siguiente episodio que ocurrió ya en la madrugada:

-Mientras hablábamos, tuve la impresión de que el doctor continuó en un soliloquio. Le pidió la opinión a todos pero para escuchar el eco de su propia voz. De improviso, interrumpió el intenso diálogo, se echó hacia atrás, dejó caer los brazos sobre los pasamanos del sillón y exclamó: «¡pero yo sé que se va a oponer el Partido Socialista! ¡Allí tengo los peores enemigos!». Después, nos sentamos a comer. Allende hablaba con su hija Tati, cuando, de pronto, Arsenio Poupin, haciendo un juego de análisis y en función de la inquietud que le despertó el hecho de que todos estuviéramos de acuerdo, quiso hacer de abogado del diablo y argumentó en contra del plebiscito. El Presidente no entendió que era un juego, se indignó y se exaltó mucho. Con la voz muy alterada decía: «¡cómo no se dan cuenta que aquí va a haber mil muertos! Que ellos van a llegar... -y con sus manos hacía el gesto de empuñar una ametralladora y disparaba sin cesar- y habrá una matanza!». No olvido la imagen de su hija Tati tratando de calmarlo y diciéndole que lo de Poupin era sólo un juego...

Uno de los del CENOP trató de cambiar de tema y tropezó con la frase de un escritor anarquista italiano:

-Que no tengamos que llorar con lágrimas de sangre este susto que le hemos hecho pasar a la burguesía...

Allende concluyó esa reunión con una frase que Contreras no ha olvidado:

-¡Hay que hacerlo antes de que sea demasiado tarde!

No había espacio para la cordura y, a pesar de ello, Allende quería hacer lo imposible para que primara. Ignoraba qué tarde era. El almirante Montero estaba neutralizado por un ejército irregular, digitado por el almirante Patricio Carvajal.

Letelier lo sospechaba, pero no tenía pruebas. Su testimonio oral lo demuestra:

> Desde los primeros días en que asumí como ministro tuve la impresión de que el almirante Patricio Carvajal, como jefe del Estado Mayor de la Defensa Nacional, era el hombre de enlace de todo el grupo de los oficiales reaccionarios. Se lo había comentado al Presidente y también al almirante Raúl Montero, y éste no me lo había rebatido con mucha fuerza. Pero me había planteado que tendríamos que esperar un poco la Junta de Calificación, que se haría hacia fin de año, para la salida de dos personas: Merino y Carvajal, a los cuales ya se les había cumplido el plazo para su renuncia. Es decir, 40 años de servicio. Yo había tenido, en cierto modo, la sensación de que, al ponerme muy firme frente a la situación de Montero, no lo habían podido sacar de la comandancia en jefe. Ya habíamos hablado con el Pre-

sidente de que había que acelerar las medidas que tomara el gobierno frente a los oficiales golpistas. La impresión era de que, eventualmente, las cosas estaban dadas para esa semana. Pero que, en alguna medida, si no se daban en esa semana y nos daban un poco de tiempo y si venía incluso el anuncio del Presidente sobre el Plebiscito, íbamos a tener alguna capacidad de maniobra...

Los conjurados eran conscientes de que el nombramiento del almirante Merino como comandante en jefe de la Armada era una pieza importante para la gran operación. De allí que, en ese último fin de semana de agosto, la prensa comprometida con el Golpe también hiciera su tarea. En *P.E.C.* aparece una crónica titulada «Allende: de nuevo entre la Marina y la pared»:

> La firme actitud del Consejo Naval le probó a Allende que en la Marina no era de modo alguno fácil «dividir para reinar». Si Montero, por razones afectivo- familiares se mostró obsecuente hacia Allende, los demás altos jefes no observaban el mismo predicamento... Ninguno de los oficiales en situación de sucederlo aceptaría el cargo si éste no se le ofrecía a la segunda antigüedad: José Toribio Merino... Si de Allende dependiese, mantendría a Montero hasta diciembre. En ese mes, Toribio Merino e Ismael Huerta, «los niños terribles» de la Armada, cumplen 40 años en las filas. Y junto con cumplirlo se acogen automáticamente a retiro. Pero ya las cosas han dejado de depender de Allende. En este instante quien corta el bacalao es la Marina.

En un sitio de honor en el hogar de los Montero-Figueroa, en la avenida Libertad, de Viña del Mar, se conservó, siempre, un hermoso Cristo antiguo que le regaló Allende al hombre que hizo su máxima de vida un poema de Juan Guzmán Cruchaga: *Doy por ganado todo lo vivido y por ya recibido lo esperado, y por vivido todo lo soñado y por soñado lo vivido.* Esos días fueron para ese marino ejemplar una pesadilla y también los de mayor importancia si se quiere entender su vida, la amistad y los intereses reales de los hombres que Montero creía conocer.

Así los recordó:

> Era evidente que el Golpe de Estado venía. Lo que no sabía era cómo, cuándo y quiénes iban a ser los actores. Pero que el Golpe venía era una realidad. Yo estaba renunciando... Por tercera vez había presentado mi renuncia en ese mismo mes. La primera vez fue cuando cumplí 40 años de servicio, a los meses de estar en la comandancia en jefe. Invoqué un artículo, pero el Presidente me contestó con otro, señalando que, cuando uno es comandante en jefe, el Presidente puede prolongar durante tres años la actividad. Entonces, cada año que cumplí fui presentando la renuncia rota. Pero la última vez me dijo: «Mire, sé que su salud está quebrantada...» Yo muchas veces le decía al Presidente «cuidado, no pise tanto el acelerador, en Chile hay que ser más evolutivo». Y el Presidente me respondía: «Para los suyos soy un revolucionario; para los míos, un conservador». Era un hombre de mucho humor. Un día llegó a decirme: «¿Qué le parece que incorporemos al cura Gonzalo Arroyo al gabinete para ampliar mi base política?». Se refería al sacerdote que había sido el impulsor de los «Cristianos por el Socialismo». Yo le respondí: «Me parece muy bien, Presidente, pero ¿por qué no lo amplía más y nombra al cura Raúl Hasbún ministro del Interior?». Entonces me llamaba Voltaire. «Ya viene con sus ironías usted», me decía... Terminábamos en eso, porque yo no quería meterme en la parte política, aunque el comandante en jefe, quiéralo o no, está metido; ni quería que mis oficiales estuvieran metidos...[83]

Los pasos de Montero y Prats no se cruzarían a comienzos de septiembre, a pesar de que ambos estaban en la misma ciudad: Viña del Mar. Montero, en su hogar y Prats, en plan de descanso. Sin embargo, estaban unidos por un hilo invisible. Sus movimientos eran vigilados por un contingente armado que obedecía a la misma orden de mando.

---

[83] Entrevista de María Olivia Monckeberg en diario *La Época*, del 8 de octubre de 1989.

Ambos se sentían extenuados para asumir una defensa personal que consideraban nimia frente a lo que estaba en juego. El ex jefe del Ejército apenas encontró algún alivio en la carta que le había enviado el dirigente y ex candidato presidencial de la DC, Radomiro Tomic, con quien no lo unía ningún lazo de amistad:

*Por lo que toca a usted, es ésta una responsabilidad que la historia no hará recaer sobre sus hombros si finalmente el enfrentamiento, la dictadura y una represión sistemática, cada vez más honda y más encarnizada, mutilan la unidad esencial de los chilenos. Para evitarlo, hizo usted lo que pudo como soldado y como chileno. No se lo diría si no tuviera los elementos de juicio que tengo para hacerlo. Por eso, permítame hacerle llegar mis felicitaciones y mi solidaridad.*

La carta fue escrita en el umbral de la tragedia que Allende intentaba detener a costa de su propia autoridad presidencial. El plebiscito, cuyos términos estaba negociando con la DC, satisfacía en los hechos gran parte de las demandas que los mismos militares plantearon en el documento «secreto» del «Comité de los 15». A sabiendas, los almirantes de la conjura decidieron bloquear la última salida democrática. Estudiantes de la Universidad Católica, liderados por Jaime Guzmán y Javier Leturia, salieron a la calle a pedir firmas para la renuncia de Allende. En el frente judicial, el fiscal de la Armada, Rodolfo Vío Valdivieso, un conspirador de primera hora en la casa del abogado Jorge Gamboa, en Lo Curro, presentó la petición de desafuero contra Carlos Altamirano y Oscar Guillermo Garretón, bajo la acusación de incitación a la sublevación. El desabastecimiento se agravó. Las redes del mercado negro acrecentaban la sed de acaparamiento. La vida cotidiana se hizo añicos en las colas y la espera. En las fábricas e industrias ya nadie trabajaba, sólo había espacio para los grupos que llamaban a defender o para a atacar al gobierno. Los transportistas completaban un mes sin mover ni una sola mercancía en el país.

No había reposo para nadie.

Pero los paros eran alimentados con dineros foráneos. Así consta en las investigaciones realizadas por el Senado de los Estados Unidos y en los documentos de la CIA y el Departamento de Estado desclasificados. Una documentada mirada, de una vertiente distinta de dicho financiamiento, hizo Jonathan Kandell:

> Las extensas huelgas que proporcionaron el escenario para el Golpe militar que derrocó al Presidente Allende fueron financiadas parcialmente por empresas con sede en México, Venezuela y Perú, según importantes empresarios chilenos. Estos empresarios, altos dirigente de la SOFOFA, dijeron que ellos, personalmente, habían canalizado estos fondos, que llegaban a los 200 mil dólares, para llevar a la huelga a propietarios de camiones, comerciantes y grupos de profesionales, en las semanas que precedieron a la caída del gobierno de Allende, el 11 de septiembre de 1973. Las fuentes empresariales chilenas no dijeron cuánto dinero recibieron de la CIA... Las fuentes afirmaron que el dinero de las empresas mexicanas, peruanas y venezolanas empezó a llegar repentinamente durante la primera mitad de 1973. Los funcionarios de la SOFOFA dijeron que el dinero se distribuyó semanalmente entre los huelguistas durante julio, agosto y septiembre de 1973. Los dólares se convertían en escudos en el mercado negro, con unos beneficios del 500% sobre la tasa oficial de cambio. «Entregamos a los camioneros unos dos mil dólares a la semana», dijo uno de los empresarios.[84]

El CENOP había trazado un patético diagnóstico a través de sus encuestas en los cines y de opinión: «Fuimos viendo cómo había cambiado la reacción de la gente», cuenta el sociólogo Contreras. «La de la oposición iba en una ira creciente, a la que se fue agregando mofa. Cuando la rabia se transforma en mofa, es decir, cuando dejas de tenerle miedo a tu enemigo y éste pasa a ser objeto de escarnio, estás hablando de una correlación de fuerzas terrible en el

---

[84] «Foreign Companies Aided Anti-Allende Strikers, Chilean Say», *New York Times*, 16 de octubre de 1974.

nivel de las emociones. En cambio, los partidarios del gobierno se iban sumergiendo en el silencio, incapaces de responder. En los últimos siete meses fue claro: primero había resistencia, después, cuando la oposición atacaba, la gente de la UP termina por quedarse callada, se dejaba golpear, absolutamente sobrepasada psicológicamente y metafísicamente aplastada».

No podía ser menos apropiado el marco de celebración del tercer año de gobierno de la UP. Aquella noche del martes 4 de septiembre, las estrofas triunfalistas del himno *Venceremos* de la UP, se hundieron en las profundas grietas que enmarcaban la avenida principal, preparando la llegada del primer metro. Eran verdaderas trincheras por donde emergieron cuatro gruesas columnas que convergieron en la Plaza de la Constitución: «La Patria Vencerá», «¡A Parar el Golpe!», «¡Unidad y Combate!», «Tercer Aniversario». Hombres y mujeres de todas las edades marcharon por una Alameda donde explotaban las consignas contrapuestas: «¡No a la Guerra Civil!» o a «¡Crear Poder Popular!». La figura de un hombre humilde que, con el rostro marcado por la determinación, levantaba sobre sus hombros un cartel que rezaba: «Este es un Gobierno de mierda, pero es mi Gobierno», dio la vuelta al mundo. Las grietas se veían por todas partes: en la calle, en la mística y en el apoyo a un gobierno agotado.

Ese mismo 4 de septiembre, el general Roberto Viaux abandonó la cárcel para subir a un avión y salir al exilio. Ya no sería protagonista de la guerra que inició y que ya nadie podía detener.

Tres días más tarde, el viernes 7 de septiembre, Merino llamó sorpresivamente a Arellano a la Academia de Guerra.

-Es urgente- le dijo.

Tenía que hablar con él sobre la «trascendental» reunión que había tenido pocas horas antes con Allende.

-Debo partir de inmediato- informó Arellano a los profesores de la Academia de Guerra que lo acompañaban ya en la conspiración.

Merino y Arellano se vieron en la oficina del Jefe del Estado Mayor de la Defensa Nacional, almirante Patricio

Carvajal. Esa misma tarde, Arellano informó a sus hombres lo que allí se decidió, pero se guardó algunos hitos claves por razones de seguridad. Su agenda completa ese recuento tan parcial como determinante:

«La conversación con Merino y Carvajal duró aproximadamente dos horas. José Toribio nos relató que había sido invitado a almorzar por Salvador Allende para conversar sobre la entrega de la comandancia en jefe de la Armada, la que debía realizarse ese mismo día, la que Allende desea postergar para el miércoles 12 de septiembre, debido a que el diario *Tribuna*, que obedece al movimiento de extrema derecha Patria y Libertad, en su edición de ese mismo día, ha colocado un titular a todo lo ancho de la primera página en el que dice: 'Hoy vence el plazo que la Armada dio a Allende'. Merino dice que, ya en el comedor de La Moneda, y estando solo con el Presidente Allende, sacó del bolsillo interior de su blusa un revólver Colt, que siempre lleva allí, y lo puso inconscientemente sobre la mesa, tal como lo hacía habitualmente al sentarse, ya que el arma era un poco grande. Como Allende se sorprendió, Merino le dio una explicación. Como respuesta a la intención de Allende de prorrogar la entrega del mando de la Armada, el almirante Merino le manifestó que la institución tenía todo dispuesto para efectuar la transmisión ese mismo día viernes. Allende insistió que se trataba de un problema de imagen y de principio de autoridad, emitiendo duros epítetos contra el diario *Tribuna*. Merino prometió informar de la situación al alto mando institucional. Por la línea telefónica de la Armada, Merino llamó al almirante Sergio Huidobro Justiniano, comandante del Cuerpo de Infantería de la Marina y hombre de destacada actuación en la acción en curso. Se le explicó lo que había ocurrido y éste se demostró firmemente decidido a no cumplir con el deseo de Allende, llegando a manifestarle a Merino que él debía asumir el sábado 8 en la mañana y, que si había algún inconveniente, dispondría de tres mil infantes de Marina listos para actuar. Este espíritu y esta decisión no podían malograrse actuando unilateralmente. Todo debía coordinarse entre las Fuerzas Armadas y, en la medida que fuera posible, con Carabineros. Sólo podíamos correr los riesgos fríamente calculados. Pero Huidobro insistía en actuar el sábado o el domingo, ya que las fábricas estarían sin trabajadores. Esto era cierto, pero tampoco estarían los militares en sus cuarteles. Sólo se habría dispuesto de las Unidades de Emergencia. Era indispensable decretar acuartelamiento en la noche previa con cualquier pretexto y para ello era obligatorio que el día anterior al «D» fuera hábil, ya que los suboficiales se recogen a las 7 de la mañana y a esa hora ya habría sido tarde para comenzar. Por esta razón, y porque además Carlos Altamirano y Oscar Guillermo Garretón deben comparecer ese día ante la Corte de Apelaciones de Valparaíso, a raíz del proceso por insubordinación en la Armada, lo que configura un excelente pretexto, se acordó el martes 11 de septiembre como el día «D» con hora «H» las 6 de la mañana para Valparaíso y las 8,30 horas para el resto del país».

Ya todo estaba decidido.

# TERCERA PARTE

## CAPITULO XX
## MAÑANA YA ES TARDE

Horas después de aquella reunión, el general Leigh era informado de lo que se había resuelto. En él recayó la responsabilidad más delicada: comunicarle al general Augusto Pinochet la trama de un día sin punto de retorno.

En la tarde de ese viernes 7 de septiembre, al cruzar el amplio portón metálico de la Escuela Militar, el vehículo del general Arturo Yovane, jefe de Servicios de Carabineros, no fue registrado por la guardia de turno. Según su propio testimonio, las órdenes perentorias eran dejarlo pasar y dar aviso inmediato sólo al director de la academia, el coronel Nilo Floody[85].

Yovane avanzó lentamente por los amplios patios del alcázar. Decenas de cadetes vestidos con trajes de campaña se ejercitaban iluminados por los últimos rayos de sol. Yovane los observó con atención, pero no pudo despejar su nerviosismo. Sabía que en unos minutos estaría con representantes de todas las instituciones de la Defensa para tomar una decisión por largo tiempo fraguada. Miró su reloj. Faltaban sólo cinco minutos para las 19 horas. No pudo disimular una mueca de satisfacción: Yovane se enorgullecía por su puntualidad.

---

[85] De la entrevista realizada en revista *Cosas Nº 517,* por el periodista Francisco Artaza.

Floody lo recibió con un abrazo y lo hizo pasar a una pequeña sala donde ya se encontraba el general Arellano Stark. El «Lobo» lo saludó sonriente. Minutos después se unieron el coronel Fornet, de la Fuerza Aérea, y el capitán de navío Arturo Troncoso Daroch, quien gozaba de un reconocido prestigio entre los conjurados por su lucha en contra de la Escuela Nacional Unificada, la polémica ENU. Ambos ya habían participado de otras reuniones en nombre de Leigh y Merino. No fue necesario que ninguno de los asistentes hiciera encendidas arengas. Todos sabían el motivo de la cita secreta.

Cuenta Yovane:

«En un primer momento se habló de llevarlo a cabo el lunes 10 de septiembre. Sin embargo, después de un breve debate optamos por el martes 11. Así no se llamaría la atención. El fin de semana no se podía mantener acuarteladas a las tropas sin alertar al gobierno. Se decidió, entonces, que los comandantes darían de franco a la tropa, como es la costumbre. Si la manteníamos acuartelada, muchos oficiales estarían al tanto y se podrían producir filtraciones de información y deserción de uniformados. Dos cosas que había que evitar a toda costa. Sólo después que se estuvo de acuerdo en la fecha del Golpe, comenzamos a discutir si se le informaba al comandante en jefe del Ejército, general Augusto Pinochet. Su posición aún era un misterio, al menos para los allí reunidos. Arellano insistió en considerar al general Pinochet. Con voz terminante explicó el riesgo que significaba para todo el movimiento y para el país un quiebre dentro de la institución armada más poderosa. Todos los presentes accedieron y le encargaron al general Arellano la misión de hablar con el general Pinochet lo antes posible y de buscar, si éste no aceptaba, la forma menos conflictiva de levantar un nuevo mando dentro del Ejército».

Dice Yovane que desconocían cuál sería la reacción de los oficiales superiores de Carabineros. Aunque de escaso poder de fuego, pero con una gran cantidad de hombres armados, la institución albergaba el mayor número de «oficiales constitucionalistas»:

«Existía un serio temor respecto de la actitud que éstos podían asumir. Temíamos que se mantuvieran leales a Allende, lo que no sólo fortalecería la posición del gobierno, sino que también podría provocar una seria división al interior de las Fuerzas Armadas. Recordé que muchos militares tenían parientes en Carabineros, lo que hacía más difícil una reacción fulminante. En Carabineros existe un respeto muy fuerte por el Alto Mando y, en esa época, éste dependía directamente del Ministerio del Interior. No todos apoyaban abiertamente a Allende ni eran partidarios de la Unidad Popular, pero su apego a las normas institucionales, de respeto a la autoridad civil, podía llevarlos a rechazar el Golpe. Hasta ese minuto, sólo los generales Mackay y Contador eran partidarios del Golpe y habían participado de su preparación, de allí que en la exposición que hice en esa secreta y decisiva reunión descarté de plano involucrar a las dos primeras antigüedades en el mando de mi institución: los generales José María Sepúlveda Galindo y Jorge Urrutia Quintana. Para entonces, Sepúlveda, además de ser calificado como un «constitucionalista», integraba el gabinete del Presidente Allende como ministro de Tierras y Colonización, por lo que había dejado el mando de Carabineros en el general Urrutia. Otro antecedente se sumó para descartarlos. En agosto de ese año, Urrutia y varios miembros del Alto Mando de Carabineros invitaron al Presidente Allende a una comida en la Escuela de Oficiales en su honor. Yo y el general Mackay fuimos marginados de ese encuentro. Durante la cena, Allende tuvo un trato muy afectuoso con el general César Mendoza, incluso le hizo algunas bromas sobre la relación que habían entablado en la Escuela de Carabineros, a la que Allende concurría de vez en cuando para montar a caballo. Allende le dijo jocosamente a Mendoza que era él quien le había enseñado a montar. La sonora carcajada de los contertulios fue la espontánea respuesta. Este encuentro fue interpretado como un abierto apoyo de la institución a Salvador Allende, el que ya preveía una sublevación militar. Así fue como después Allende le enrostró a Mendoza su 'traición'...»

Al anochecer del 7 de septiembre, en la Escuela Militar, las luces de los comedores se encendieron. La reunión se había extendido demasiado y era peligroso prolongarla. Yovane había sido urgido a tomar el control de Carabineros. Esa misma noche conversó por separado y, bajo palabra de guardar estricto secreto, con dos generales de mayor antigüedad para saber si estaban dispuestos a encabezar la institución para dar el Golpe de Estado. Los generales Yáñez y Cádiz se excusaron esgrimiendo motivos diferentes. Yovane recorrió mentalmente el mando y pensó en Mendoza. Hablaría con él en las próximas horas.

Arellano, en tanto, había ido a la embajada de Brasil, donde se celebraba el día patrio de ese país. Pocos generales estaban presentes. La embajada brasileña se había convertido, en esos días, en un punto bajo la mira de los servicios de inteligencia del gobierno. Así lo entendía también Antonio da Cámara Canto, representante de la dictadura militar en Santiago, un jinete eximio y estrechamente ligado a los hombres de la conjura.

A pocas cuadras del lugar, Prats permanecía aún en la residencia destinada a los comandantes en jefe del Ejército. En medio de cajas apiladas, que anunciaban la mudanza, recibió al ministro de Defensa, Orlando Letelier. La conversación fue interrumpida en varias oportunidades. Había comenzado un operativo militar de la Fuerza Aérea en la industria textil Sumar. La conversación la relató así Letelier:

> Prats estaba en un estado anímico sumamente especial. Me dijo categóricamente: «Mira, Orlando, las cosas han llegado a un nivel tal que si el Presidente no toma medidas para sacar a algunos generales antes del viernes próximo, yo creo que el jueves o viernes (el 14 de septiembre) se produce un Golpe de Estado». Después, le pregunté acerca de la actitud de cada uno de los generales. Él tenía la convicción bastante clara de que el general Oscar Bonilla, director de Logística; el general Sergio Arellano, del Estado Mayor; y el general Héctor Bravo, jefe de la IV División con sede en Valdivia; el general Manuel Torres de la Cruz, en el sur; y Washington Carrasco, jefe de la III División del Ejército, de Concepción, estaban metidos en el Golpe. Tenía dudas frente a algunas personas, como el general

Herman Brady, nombrado el 27 de agosto jefe de la II División y comandante de la Guarnición de Santiago. Me comentó allí: «Bueno, Brady hace mucho alarde de su amistad con el Presidente Allende, pero realmente es una persona a la cual yo no le tendría gran confianza». Lo que es claro es que Carlos Prats, hasta esa noche, tenía una confianza muy grande en Pinochet. Hubo un momento en que después que él me planteó esto de que había que tomar alguna medida, yo le dije: «Si Pinochet está en una actitud de lealtad, a él también se le puede crear este problema de tener que renunciar. Como te ocurrió a ti, Carlos. O si no, quiere decir que Pinochet está contando y que en un momento determinado se va a plegar hacia el sector donde haya un mayor número de generales o de fuerzas, que eventualmente puede ser el sector que está por el Golpe». Prats no me rebatió muy categóricamente. Pero, en todo caso, me insistió en que él pensaba que Pinochet tenía una actitud de lealtad hacia el Presidente. Y que, en todo caso, Pinochet no estaría entre los traidores.

La larga conversación fue interrumpida por los acontecimientos de Sumar. Letelier se comunicó con Leigh que había llamado varias veces a su casa:
-Hay que retirar a la gente de la Fuerza Aérea de allí.
-Los disparos vienen desde el interior de la industria Sumar. Son ellos los que nos han atacado-, le dijo Leigh.
-Hablemos de este tema mañana. A las 9 en punto en mi oficina, por favor.
Letelier se fue y Prats volvió a sus papeles. Tuvo tiempo de releer la carta que ese mismo día le había enviado el general Pinochet:

*Al sucederle en el mando de la institución que usted comandara con tanta dignidad, es mi propósito manifestarle -junto con mi invariable afecto hacia su persona- mis sentimientos de sincera amistad, nacida no sólo a lo largo de nuestra profesión sino que -muy especialmente- cimentada en las delicadas circunstancias que nos ha correspondido enfrentar. Al escribir estas líneas, lo hago con el firme convencimiento de que me dirijo no sólo al amigo sino que ante todo, al señor general que en todos los cargos que le correspondió desempeñar, lo hizo guiado sólo por un superior sentido de responsabilidad, tanto para el Ejército como para el país. Es por tanto para mí profundamente grato, hacerle llegar, junto con mi saludo y mejores deseos para el futuro, en compañía de su distinguida esposa y familia, la seguridad de que, quien lo ha sucedido en el mando del Ejército, queda incondicionalmente a sus gratas órdenes, tanto en lo profesional como en lo privado y personal. Afectuosamente.*

Augusto Pinochet Ugarte.

Pinochet nunca mencionó esa carta a Prats ni sus conversaciones con Letelier en *El Día Decisivo*, cuando relató los acontecimientos de los días previos al 11 de septiembre de 1973:

> En el análisis de la situación se estableció que la batalla por Santiago sería de doble cerco. Para afrontarla era necesario disponer, desde luego, de dos agrupaciones, una que iniciaría el combate y formaría el primer cerco, y la segunda que daría el abrazo final, dejando dentro de ellos a los que nos estuvieran atacando... Pero también la fase de alistamiento previo debía hacerse totalmente en secreto, evitando cualquier filtración que pudiera alertar al gobierno, cuyo servicio de informaciones se sabía que estaba muy bien organizado, como yo mismo lo había comprobado... Tenían un buen Servicio de Inteligencia. El día 5 de septiembre me dirigí al gabinete del ministro de Defensa y allí le expresé la imposibilidad de efectuar la Revista Preparatoria de la Gran Parada con el total de las tropas. Agregué que iban a participar en ella sólo las tropas de la Guarnición de Santiago. Cuando el señor Letelier me pidió razones, aduje falta de atención alimenticia en Santiago para las unidades que venían de afuera y la necesidad de economizar combustible, que estaba faltando. El ministro aceptó mis razones. Así pues, para esa oportunidad, las otras guarniciones no concurrirían. Al dejarlas fuera de Santiago, podía disponer posteriormente de ellas para establecer el doble cerco. Sólo

vendrían el 19, el día de la Gran Parada Militar. Ello me permitió fijar la acción para el día 14 de septiembre. Las tropas de Santiago crearían el primer cerco sobre el centro de Santiago, el que sería a su vez atacado por los cordones y poblaciones marginales. Al producirse esto, entrarían en combate las tropas de las otras Guarniciones, creando el doble cerco... Los días 5 y 6 de septiembre llegó hasta mi oficina el almirante Patricio Carvajal. Me planteaba cualquier tema profesional, insinuando algo para que le preguntara por la posición de la Armada. Por mi parte, yo no le podía exponer qué iba a hacer el Ejército. Sin embargo, cuando vi que su inquietud aumentaba le dije: «Almirante, por ahora hay que mantener el compás de espera». Creo que me comprendió. Yo no le podía decir «el 14 es el día», pues cualquier indiscreción podía ser fatal. El viernes 7 de septiembre, el comandante en jefe de la FACH concurrió a mi despacho pero no me tocó el tema... Creo que se debió a la presencia de otros generales. Sin embargo, advertí que algún mensaje quería transmitirme, pero no lo hizo...

Muy distinto es el relato que hicieron de aquellas horas los generales Leigh y Arellano. El primero, le dijo en 1984 a esta periodista, bajo el compromiso de divulgar el testimonio después de su muerte, haber ido a visitar al general Pinochet ese sábado 8 de septiembre.

-Pero no me dejó ninguna oportunidad para que habláramos a solas.

Ese sábado, Arellano se levantó muy temprano en la mañana y se fue de inmediato, vestido de civil, al Ministerio de Defensa. Ahí se encontró al almirante Patricio Carvajal, ya reunido con unos diez oficiales «impartiendo las instrucciones definitivas». De allí Arellano se trasladó hasta las oficinas de Leigh para saber el resultado de su conversación con Pinochet. Su sorpresa fue mayúscula:

-Leigh me manifestó que no le fue posible conversar porque en todo momento estuvo acompañado de su esposa y del general Orlando Urbina. Fue entonces que Leigh me encargó que tratara de ubicar al general Pinochet en su casa para comunicarle que la posición que adoptara el Ejército sería vital y que el movimiento se llevaría a cabo de todas maneras el martes 11 de septiembre.

Del encuentro con Arellano, Leigh se trasladó a La Moneda para reunirse con Allende. Letelier le había informado que a las 12.30 horas se analizarían los graves acontecimientos ocurridos en la víspera en la industria textil Sumar. Alfredo Joignant llegó puntual al despacho presidencial:

-Ahí estaban Gustavo Leigh, Augusto Pinochet y el coronel Juan Soler Manfredini, de Inteligencia de la Fuerza Aérea. En presencia de ellos, el Presidente me pidió que pusiera el mejor equipo de la policía para que, junto con el servicio de inteligencia de la FACH, se clarificara qué había pasado en la industria Sumar. Dijo que Leigh le había informado que su gente había sido atacada con fuego por los trabajadores. El Presidente afirmó, también, tener una versión distinta. Leigh propuso que nos juntáramos al día siguiente en la tarde con Soler y gente del Servicio de Inteligencia de la FACH, con el fin de ir a Sumar y tener el lunes una primera evaluación. Al terminar la reunión, recuerdo que el general Pinochet se despidió del Presidente con un cálido gesto en que le dio la mano y le apretó el brazo al tiempo que le decía «¡descanse, Presidente!».

Mientras en un sector de La Moneda Allende se ocupaba de descifrar el misterio del enfrentamiento en Sumar, en otra ala del palacio, se reunieron los integrantes del Comité Ejecutivo de la Unidad Popular para pronunciarse sobre la convocatoria a plebiscito planteada por Allende.

Orlando Millas, ministro de Hacienda de Allende, integrante de la Comisión Política del Partido Comunista y uno de los dirigentes más influyentes de ese partido en esos años, revivió en sus *Memorias* la discusión de esa mañana y las negociaciones secretas que rodearon en forma previa la propuesta presidencial:

> Allende consideraba extremadamente negativo el curso de los acontecimientos y deseaba establecer algún puente hacia Frei Montalva. Nos dijo: «Por sobre las dife-

rencias personales, hay que ver en Frei al político más eminente de la oposición, el único que puede ayudar a salvar el país». Confidencialmente nos explicó que había pensado consultar por intermedio de Fernando Castillo Velasco cuáles eran los términos del llamado a un plebiscito que estaba gestionando en su diálogo con Patricio Aylwin y con la asesoría del ministro Carlos Briones. Estos -dijo- podrían ser hechos suyos por una serie de personalidades del mundo universitario muy cercanas a Frei y que seguramente lo consultarían antes de asumir cualquier compromiso. Sin embargo, al ir a poner en marcha esta operación política, Fernando sufrió un infarto. No podía esperarse hasta su restablecimiento porque la urgencia era extrema. Conocedor de mis relaciones afectuosas y de plena confianza con mi primo Juan Gómez Millas, nos preguntó si veíamos en él, a través mío, un emisario válido a fin de conocer la exigencia mínima de Frei para evitar realmente un enfrentamiento.

Los dos Millas cenaron esa noche en la casa del demócrata cristiano y volvieron a verse en cuatro oportunidades más. Orlando Millas nunca invocó a Allende. Pero estaba claro en nombre de quién hablaba. Gómez Millas propuso una fórmula de acuerdo, basada en una reforma constitucional sometida lo más rápidamente posible a plebiscito, la que debía contener no sólo los asuntos inmediatos sino también una gran iniciativa: la convocatoria a una Asamblea Constituyente que funcionaría paralelamente al Parlamento, elegida en comicios sin demora, en forma similar a las elecciones de diputados y con el plazo de un año para cumplir su cometido.

Si Allende aceptaba la iniciativa, un conjunto de personalidades del ámbito universitario, encabezadas por el mismo Juan Gómez, publicarían, en el mismo día un documento señalando que se había dado solución a la crisis política y pronunciándose contra el recurso de la fuerza.

-¿Y qué hará Frei?- preguntó Orlando Millas.

-Dará su apoyo en declaraciones a la prensa -dijo Gómez Millas.

La comisión política del PC fue aprobando lo conversado día a día. Allende lo ratificó y le anunció a los comunistas que formularía en los términos consensuados su mensaje al país.

-Esto lleva al problema del poder. Dispondremos, en lugar de tres años y meses, que constitucionalmente restan al actual período presidencial, de lo que medie a la inauguración y del período de un año de funcionamiento de la Asamblea Constituyente, o sea en total, menos de dos años; pero es un gran desafío. Tendremos que ganar la Asamblea Constituyente y creo que la ganaremos. En caso contrario, seremos momentáneamente derrotados de manera democrática y no en un Golpe de Estado sangriento. Apruebo y también hago mío este desafío- les dijo Allende.

El Presidente solicitó luego a la Unidad Popular que lo respaldara. Pero toda la primera semana de septiembre, el Comité Ejecutivo de la UP se empantanó en las discusiones. Y como los acuerdos requerían unanimidad fue difícil salir del laberinto. Los partidos Socialista, Izquierda Cristiana y MAPU rechazaron inicialmente la petición de Allende, aceptada por la mayoría formada por los partidos Comunista, Radical, el API y el MAPU Obrero-Campesino.

A las 10 de la mañana del sábado 8 se realizó una nueva reunión en La Moneda. Intervinieron Anselmo Sule, por el Partido Radical y Jaime Gazmuri, por el MAPU Obrero-Campesino, aprobando la proposición del Presidente. Rafael Tarud, por el API, reveló dramáticamente que, militantes de su colectividad relacionados con militares en retiro, habían informado de manera confidencial que se preparaba un golpe militar extremadamente violento. Millas habló a nombre de los comunistas y llamó a respaldar de inmediato a Allende con previsiones similares. Bosco Parra, por la Izquierda Cristiana, dijo que los argumentos expuestos lo habían convencido. Oscar Guillermo Garretón dijo sentirse impresionado por los nuevos antecedentes y agregó que no se atrevía a asumir la responsabilidad de ser el único que rechazaba la petición presidencial. Entonces llegaron Adonis Sepúlveda y Erick Schnake. El primero asumió la presidencia de la reunión y le cedió la palabra a Schnacke.

-Allende exagera los peligros -dijo en nombre de la comisión política del Ps. Y agregó que un paso de esta naturaleza era tan innecesario como peligroso. En el Ejército, dijo, predominan aún criterios favorables a la política del gobierno, lo que permite tener la certeza de que éste no seguirá un golpe de derecha.

-¿Y si ocurre lo contrario?- preguntó un participante.

-Vendrá un contragolpe para afirmar al gobierno y avanzar resueltamente en la aplicación de su programa -respondió Schnacke.

Bosco Parra dio marcha atrás y se alineó con los socialistas:

-Hay dos líneas de información totalmente distintas sobre la correlación de fuerzas en el Ejército. Sugiero que las comisiones militares de ambos partidos cotejen sus datos y después tomemos una decisión.

Una hora más se prolongó la discusión y la reunión se levantó sin respuesta.

Adonis Sepúlveda fue a informarle a Allende lo discutido, pero Millas, que tenía concertada previamente una audiencia, se le adelantó. A solas le comentó lo que había pasado en las horas previas y le pidió una cita con la cúpula del Pc. Los otros detalles de la conversación aparecen en sus *Memorias*:

> Allende me refirió una reunión que él había tenido media hora antes con los tres comandantes en jefe, a los que había citado para la tarde siguiente en su residencia en Tomás Moro. Me explicó que la reunión con nosotros sólo podría hacerse al día siguiente, en la mañana, porque tenía la tarde dedicada a otra actividad...

Mañana era ya demasiado tarde.

# CAPITULO XXI
## «¡DESCANSE, PRESIDENTE!»

Si en algo no podía pensar Allende ese sábado al salir de La Moneda era en su solaz. En el automóvil que lo llevaba a «El Cañaveral», trató de sacar la cuenta de las horas o los minutos que tenía a su favor. El auto avanzaba y cerró los ojos. «Descanse, Presidente», creyó haber escuchado esa mañana... El sol lo golpeó en la cara y lo sacó del estado de ensimismamiento. Ya faltaba poco.

Septiembre desplegaba sus primeras fuerzas para brindar el renacimiento de la vida en un país agotado. En «El Cañaveral», los árboles y las flores habían comenzado a cambiar la fisonomía del paraje. El intenso verdor impresionó a Prats al pisar la otra residencia privada de Allende. Tenían un almuerzo juntos, el primer encuentro entre ambos después de su renuncia. Mientras aguardaba al Presidente con el ministro Fernando Flores, quien también había sido invitado al almuerzo, éste hacía puntería desde el acantilado contra unas rocas del estero. El pequeño revólver se lo había facilitado un guardia:

-Usted es un neófito en el manejo de las armas -bromeó Prats.

Allende arribó después de las 15 horas. Su aspecto era el de un hombre agotado. Pero al sentarse en el comedor con vista al estero algo en él había cambiado. Prats relató:

«Pese a lo cansado de su apariencia, Allende me sorprende por su optimismo, en medio de tan lúgubres momentos para él. Está muy molesto por el allanamiento efectuado ayer por la FACH, en la empresa textil Sumar y me dice que ha nombrado una comisión investigadora, porque Leigh sostiene que la tropa de la FACH fue atacada a tiros desde las poblaciones próximas. Me expone su tesis. El Partido Demócrata Cristiano, que tiene mañana una reunión importante, tratará de provocar su renuncia, logrando una declaración de 'inhabilidad' del Parlamento. Esto se apoyará con una especie de ultimátum de Aylwin, que le lanzará el jueves 13, en una gran concentración pública de la Democracia Cristiana. Me dice que se adelantará, llamando el lunes 10 a un plebiscito. Piensa que en este veredicto saldrá perdedor, pero será una honrosa derrota para la Unidad Popular, porque habrá una expresión mayoritaria del pueblo que le permitirá evitar la guerra civil, tragedia que ni la más cara consideración partidista lo inducirá a promover. Lo contemplo estupefacto, como si mis oídos hubieran malentendido sus palabras. Me observa interrogadoramente, con sus ojos penetrantes».

-Perdone, Presidente -digo lentamente- mientras Flores se echa hacia atrás en su silla- usted está nadando en un mar de ilusiones. ¿Cómo puede hablar de un plebiscito que demorará 30 o 60 días en implementarse, si tiene que afrontar un pronunciamiento militar antes de diez días? Me explayo en mi convicción, sin otra prueba que la mecánica de los acontecimientos en marcha, de que es inminente un Golpe «blando» o «cruento», según quienes sean los que den el empujón decisivo a las Fuerzas Armadas: el sector duro de la DC o la derecha económica.

-¿Entonces, usted no cree que habrá algunos regimientos leales al gobierno, capaces de contener a los golpistas? ¿Entonces no cree en la lealtad de Pinochet y Leigh, a quienes yo nombré como comandantes en jefe? - me dice en tono alterado.

-Presidente, yo creo en la lealtad de Pinochet y también en la de Leigh, pero ellos serán sobrepasados por los generales golpistas, como lo será Montero por Merino, en forma tan sorpresiva, que no se producirá hacia abajo el quiebre de la verticalidad del mando, porque hasta los oficiales más constitucionalistas entienden que la división de las Fuerzas Armadas es la guerra civil.

-¿Qué salida ve usted, entonces, al problema que enfrenta la Unidad Popular, partiendo de la base que he tratado hasta el último de lograr un entendimiento con la Democracia Cristiana y que no quiero la guerra civil? - me pregunta el Presidente con un sutil tono sarcástico.

-Que el lunes usted pida permiso constitucional por un año y salga del país. Es la única fórmula que queda para preservar la estabilidad de su gobierno, porque volverá en gloria y majestad a terminar su período.

El Presidente se turbó y alzó el busto. Eran sus ojos y no sus labios los que decían que eso sería imposible. Prats escuchó un «¡Jamás!» y entendió el mensaje:

-Olvídese, Presidente, no he dicho nada...[86]

En otra parte de Santiago, Arellano abandonaba profundamente inquieto la casa de Leigh en la población de la FACH en Las Condes. De allí fue al Club de Carabineros para hablar con el general Yovane, pero no lo encontró. Fue a la casa del almirante Patricio Carvajal y ambos decidieron que había que cortar camino. Raudo enfiló hacia la casa de Pinochet.

Cuenta Arellano:

> Salí en mi automóvil a buscarlo cuando de improviso constaté que se me había agotado la gasolina. Me bajé y saqué del maletero el bidón con 20 litros de reserva que mantenía en permanencia por la dificultad para obtenerla en las estaciones de servicio. Ayudado por una pequeña manguera hice la conexión con el estanque del vehículo, pero mi falta de práctica me hizo tragar gran cantidad de gasolina. Manejé mareado desde la casa de Patricio Carvajal, en la Quinta Normal, hasta la calle Laura Neves, donde residía Pinochet.

Pero Pinochet no estaba. Almorzaba fuera de su casa.

---
[86] De las *Memorias* del general Carlos Prats.

Yovane también se agitaba en esas horas. Tenía que hablar con el general César Mendoza a más tardar esa misma noche:

> Llamé a un viejo amigo, que también era amigo de Mendoza, para que organizara una cena en su casa en la que pudiéramos hablar tranquilos. El empresario textil, Juan Kassis, accedió de inmediato. Apoyaba decididamente la caída de Salvador Allende. En el camino a la casa de Kassis, reflexioné en cómo le diría a Mendoza lo que estaba a punto de desencadenarse. Eramos amigos desde hacía años y sabía que detestaba el mando. En la institución poseía un enorme prestigio como deportista, pero no como policía. Desde que se había graduado en la Escuela de Oficiales, a fines de 1941, sólo por breves períodos se había desempeñado en funciones netamente policiales -en Molina y Talca y luego en la Sexta Comisaría de San Bernardo-. Había pasado más tiempo vinculado a labores docentes y administrativas, además de las fiscalías de carabineros. En ese momento, como director de Bienestar, estaba prácticamente marginado de la contingencia policial.

Al finalizar la comida, Yovane se decidió y le reveló los planes, requiriendo una respuesta inmediata. Mendoza titubeó unos minutos. Aunque una de sus frases predilectas era «la vida es demasiado seria para tomársela en serio», esa noche prefirió pensar dos veces antes de dar una respuesta. No estaba del todo sorprendido. El malestar de los militares era conocido, pero Mendoza dudaba de lo generalizada que podría ser la acción planificada. Al cabo de unos minutos, que se me hicieron eternos, Mendoza aceptó. Fue el momento de entrar en los detalles.

> Mendoza quería estar al tanto de todo. Yo me excusé, no por razones de seguridad, sino más bien argumenté que aún no existía un plan concreto sobre acciones conjuntas. Ahí comenzamos a discutir sobre lo que sucedería en el Alto Mando de Carabineros. Por respeto y para evitar un quiebre interno, los generales Sepúlveda y Urrutia no serían detenidos, pero sí marginados. La

sola imposición del ascenso de Mendoza, sexta antigüedad, los obligaría a renunciar...

Mientras Mendoza y Yovane finiquitaban la neutralización de los generales y oficiales constitucionalistas de Carabineros, y el almirante Patricio Carvajal revisaba una y otra vez los cursos de acción, viajando a Valparaíso y regresando de inmediato a Santiago, en una tranquila casa de calle Diagonal Oriente, los miembros del CENOP se reunían alrededor del camastro de Felix Huerta.

Recuerda Contreras:

-Tenía pegada en mi retina la imagen de cómo fue quedando La Moneda a partir del «tanquetazo»: en las oficinas del Ministerio Secretaría General de Gobierno, cuyo titular era Arsenio Poupin, los kárdex abiertos y las carpetas ordenadas y amarradas con cordel, los escritorios desocupados. La mudanza de la historia había comenzado en un marco de agonía... Ese sábado teníamos la convicción de que el gobierno estaba hundido; veíamos a Salvador Allende desesperanzado, convencido de su soledad, rodeado sólo por un pequeño grupo de fieles amigos y colaboradores. La gente estaba asustada, con un temor paralizante. Nosotros mismos en el CENOP habíamos sacado los documentos. Entre bromas y chistes, no pudimos desprendernos de una sensación de tragedia y fatalismo. En ese contexto, recuerdo que Claudio Jimeno exclamó: «cuando me muera quiero que en mi epitafio pongan: aquí yace Claudio Jimeno, nació en Parral, no debió haber salido nunca de allí». Tenía un humor extraordinario.

Felix Huerta también recordó esa noche y otras más:

-Esa semana tuvimos una de las conversaciones más bonitas con Allende y la más impresionante. Nosotros teníamos 28, 29 años y terminamos conversando, por primera vez, de mujeres con un hombre que tenía más de 60 años. Fue una noche medio mágica. Me quedé con esa expresión lúdica que le vi esa noche en su cara al hablar de mujeres. Y cuando de pronto surgió nuevamente el tema del Golpe que se anunciaba, Allende dijo: «Lo único que lamento es que va a morir mucha gente como ustedes, que no ha vivido todo lo necesario». Y acto seguido, gráficamente, nos describió cómo iba a morir en esa eventualidad: ¡pegándose un «rafagazo!». Así terminó esa charla, con la convicción de que ya no había nada que pudiera detener la destrucción...

# CAPITULO XXII
## ¿DE QUÉ LADO ESTÁ PINOCHET?

En la noche del sábado 8, Arellano seguía buscando a Pinochet por todo Santiago. Sabía donde podía encontrarlo a esas horas: en medio de la algarabía de un matrimonio. El prestigioso neurocirujano, Juan Ricardo Olivares, nunca hubiera imaginado que la boda de su hija Ximena con el ingeniero Rafael González Amaral, hijo del oficial retirado Rafael González, fuera el lugar geográfico donde se hicieron los últimos y fundamentales ajustes del asalto al poder.

Apenas terminada la ceremonia religiosa, Arellano recorrió con la mirada a la concurrencia y fijó sus ojos buscando al único hombre que le interesaba: Pinochet. Faltando pocos minutos para las 20 horas, constató que el comandante en jefe del Ejército no había concurrido.

Arellano relata lo que sucedió después:

> Decidí hablar con el general Augusto Lutz, Director de Inteligencia del Ejército, el que si bien nunca había participado de ninguna reunión previa con nuestro grupo, consideré que, dado el rol que tenía en la institución, había llegado el momento de al menos alertarlo de que algo iba a ocurrir. Lo mismo hice con el coronel en retiro Alberto Labbé. Eramos muy amigos y un hombre de mi plena confianza. Y tan amigos

éramos que, al ver que Pinochet ya no venía y sabiendo que debía hablar con él a toda costa, le dije que debía partir en su búsqueda y le pedí que se llevara a mi mujer de regreso a nuestra casa si al concluir el matrimonio no hubiera regresado. Tratando de pasar inadvertido salí y me fui directo a la casa de Pinochet, en calle Laura Neves, al lado del Estadio Israelita. Y allí finalmente lo encontré.

Poco antes de las 21 horas y en el escritorio de la casa típica de clase media que habitaba el matrimonio Pinochet-Hiriart, se inició la conversación crucial entre los dos hombres, contada por el visitante:

> Lo primero que hice fue un rápido recuento de la situación, indicándole que el momento que vivía el país hacía inevitable una definición de las Fuerzas Armadas y que ello ocurriría en la semana por iniciarse. Le agregué que la Fuerza Aérea iba completa con su comandante en jefe, general Gustavo Leigh a la cabeza; igual la Armada, con el almirante José Toribio Merino; que Carabineros sería dirigido por los generales César Mendoza y Arturo Yovane y que si bien había dudas de muchos generales de esa institución, contábamos con las Escuelas y el grupo de Servicios Especiales. Además, nos asistía la seguridad de que Carabineros deseaba volver a su normal cauce profesional, dejando definitivamente de lado la ruta desviada que le señalaba el marxismo. Finalmente, le manifesté a Pinochet que el Ejército estaba en la misma línea que las demás instituciones que pensaban actuar en contra del gobierno que destruía nuestro país. Tenemos dos alternativas -le dije-, o los generales con sus comandantes en jefes a la cabeza asumimos nuestra responsabilidad o nos desentendemos y la mayoría de los comandantes de unidades se plegarán por su cuenta a las otras instituciones, ya que la acción se haría de todas maneras el día 11. Esta última posibilidad, le recalqué, sería funesta para nosotros, porque el Alto Mando quedaría totalmente desprestigiado e inhibido para ejercer su influencia posteriormente. Pinochet habló poco esa noche. Estaba

preocupado: tenía que tomar una decisión. Así lo pensaba yo después que le había hablado con la pasión que nos inspiraba la gran causa que habíamos abrazado. En un momento me dijo textualmente: «¡Yo no soy marxista, mierda!» y golpeó el brazo del sillón en el cual estaba sentado. Le repliqué que lo sabía y que entonces lo pondría en contacto con el general Gustavo Leigh, que estaba esperando el resultado de esa conversación en su casa. Ahí Pinochet me dijo que no era necesario, que él mismo lo llamaría más tarde...

Arellano salió de la casa de Pinochet con la sensación de que ya nada podía impedir que el Ejército se plegara a la intervención armada. El tiempo apremiaba, por lo que nuevamente cruzó Santiago y tomó dirección sur, hacia el barrio de Quinta Normal, donde esperaba impaciente el almirante Carvajal.

Me fui a la casa de Carvajal para informarlo, no para darle cuenta, porque no era mi superior, pero él nos coordinaba. Le relaté la conversación y que Pinochet había quedado de llamar él mismo a Leigh, el que esperaba su llamado. Carvajal me preguntó en qué disposición lo había encontrado y le conté incluso su última exclamación...

De lo que el general Pinochet pensó e hizo esa noche sólo existe su testimonio. Pero lo real es que no se comunicó con el general Gustavo Leigh. El silencio de Pinochet encendió el estado de emergencia en el mando central de la conjura. En una entrevista que le hice en 1984, Leigh me relató lo que sucedió el domingo 9 de septiembre.
-Ese día Carlos Altamirano pronunció en la mañana, en una concentración en el Teatro Caupolicán, un discurso muy violento que fue transmitido por dos o tres radioemisoras. Lo escuchamos todos, es decir todo mi cuerpo de generales. En ese discurso, Altamirano dijo que había llegado el momento de actuar, que las Fuerzas Armadas eran pueblo y que nadie le podría impedir continuar con sus contactos con suboficiales de la Armada o de otra institución. Fue un discurso

desafiante. Los generales comenzaron a llegar a mi casa... Poco después, en horas de la tarde, conversé con el almirante Patricio Carvajal y ante el silencio de Pinochet, decidí dirigirme a su casa, que estaba como a dos o tres cuadras de la mía...

En la casa de Pinochet había ambiente de fiesta: se celebraba el cumpleaños de Jacqueline, su hija menor.

*El Día Decisivo* da su versión de los hechos:

> A la hora del té vino el comandante en jefe de la FACH, general Gustavo Leigh, con quien pasé al escritorio so pretexto de mostrarle un mapa recientemente adquirido. Allí podía exponerme ahora lo que no había podido hacer días antes. Me dijo que las cuatro instituciones unidas podían derrocar al gobierno marxista, que se nombraría una Junta de Gobierno, cuyo Presidente sería yo, pese a que él era dos días más antiguo, a lo que repliqué que esa afirmación era un error de su parte, pues los comandantes en jefe representan a sus instituciones en el orden Ejército, Armada y FACH. Como aceptó lo que yo le exponía y no era momento de discusiones, me limité a escucharlo y decirle que el Ejército no tenía problemas para actuar. Estábamos en ese lugar conversando sobre nuestra resolución, cuando llegaron a la casa dos altos jefes de la Armada, a quienes mi esposa hizo pasar al escritorio. Allí manifestaron que eran portadores de un documento del Almirante Merino, Jefe de la I Zona Naval...

El recuerdo de Leigh es diametralmente distinto:

-Le dije que la situación había llegado a un punto de tal gravedad, lo que confirmaba el discurso de Carlos Altamirano ese día, que la Fuerza Aérea y la Armada íbamos a actuar. No sé si tú lo harás -le dije- pero nosotros sí lo haremos, aunque tengamos que hacerlo solos. Yo sabía, le agregué, que la Marina estaba mucho más motivada que nosotros, sabía que contábamos con todo el apoyo de la Armada. Luego de escucharme, Pinochet empezó con elucubraciones. Dijo: «mira, pero tú sabes que esto nos puede costar la vida...» ¡Por supuesto!, le repliqué, pero aquí no queda otra cosa que jugarse. Él siguió especulando y vacilando. Nos interrumpió el timbre de la casa. Era el almirante Huidobro que venía con un mensaje del almirante Merino, con la famosa carta...

El almirante Sergio Huidobro ratificó en su libro *Decisión Naval* el contexto en el que finalmente se selló la conspiración. Ahí se relatan los antecedentes que se tenían en mano en la tarde del sábado 8 de septiembre, cuando, en Valparaíso, en la Academia de Guerra Naval, se realizaba el último Consejo Naval en democracia, encabezado por el almirante Merino:

> Existían antecedentes suficientes como para poder asegurar el compromiso de la Fuerza Aérea. En cuanto a Carabineros, en su gran mayoría habían podido dar testimonio de su plena concordancia; pero por su estructura, diseminada a lo largo del territorio en pequeñas unidades, era más difícil evaluar. Pero el Ejército continuaba siendo una incógnita... Así se llegó a un callejón sin salida, puesto que debíamos tener la plena seguridad de que las tres ramas de las Fuerzas Armadas y de Orden concordaban con un movimiento unitario, para evitar caer en una confrontación interna en que los partidarios de la Unidad Popular pudieran contar con el inevaluable apoyo de algún sector de las Fuerzas Armadas y de Orden, por fragmentario que éste fuera. La llegada del almirante Carvajal, con sus últimas informaciones, complicaron aún más la situación. El almirante Carvajal reiteró el pleno acuerdo de la Fuerza Aérea, pero lamentó informar no haber podido traer una respuesta categórica del Ejército... El almirante Carvajal me dijo: 'Se ha tornado muy difícil lograr un consenso absoluto y si el pronunciamiento sufre una postergación la situación puede ser muy negativa, de manera que le encargo agotar la forma de lograr que se llegue a una resolución afirmativa en horas, ojalá no más allá de 24 horas'... Se acordó, entonces, que, por razones de seguridad, básicamente para distraer la vigilancia que se ejercía sobre la mayoría de nosotros, debíamos reunirnos en la Capilla Naval de Las Salinas durante la misa a la que tradicionalmente concurrían los marinos del sector; y después,

pasar a un lugar privado. Inmediatamente el almirante Weber ofreció su casa, vecina a la Parroquia...

La reunión se realizó el domingo. Huidobro salió con la orden de viajar a Santiago y visitar a los generales Pinochet y Leigh. Huidobro relató:

> Con el comandante Ariel González salimos rápidamente de la reunión para evitar posibles cambios de opinión y nos dirigimos a Santiago... Al pasar frente al Santuario de Lo Vásquez, la Virgen nos ayudó. Nos faltaba algo importante: un documento, un testimonio que me acreditara representante oficial de la Armada, con poderes para establecer acuerdo; el «tradicional papelito», el «vale de cantina», como me comentó, riendo aliviado, el comandante González. Por asociación de ideas comprobé que no llevaba ni documentos personales ni dinero para el peaje. Regresamos, pues, a Valparaíso y nos dirigimos a la residencia del almirante Merino... Mi inesperada llegada sorprendió al almirante y escuchando el relato de lo ocurrido, tomó un block de su escritorio y, cuando iba a proveerse de la pluma para redactar el documento que me calificaba como su enviado especial ante los comandantes en jefes de las otras instituciones, me apresuré a pasarle la mía con la que escribió rápidamente y sin vacilaciones el documento siguiente:

*Gustavo y Augusto.*
*Bajo mi palabra de honor, el día D será el 11 a la hora 06.00. Si Uds. no pueden cumplir esta fase con el total de las fuerzas que mandan en Santiago, explíquenlo al reverso. El almirante Huidobro está autorizado para tratar y discutir cualquier tema con ustedes.*
*Les saluda con esperanza y comprensión:*
*Merino*
*Y al reverso de la nota se lee:*
*Gustavo: Es la última oportunidad.*
*J.T.*
*Augusto: Si no pones toda la fuerza de Santiago desde el primer momento, no viviremos para el futuro.*

A la periodista María Eugenia Oyarzún, Huidobro le reveló otro dato clave que ratifica la declaración de Gustavo Leigh y que permite entender el por qué se hallaban reunidos Leigh y Pinochet cuando llegó a la casa del último -«casualmente»- el almirante Huidobro:

> Llegamos a Santiago, a la Quinta Normal, donde vivía el almirante Carvajal, que estaba en el bautizo de su nieto menor. Apenas nos vio, comprendió. Le dije a Carvajal que estaba todo listo y que venía con este documento y que era mejor que él llamara al general Gustavo Leigh y al general Pinochet para ubicarlos. Él llamó a Leigh primero y le dijo que yo venía de Valparaíso y quería hablar con él. Leigh le respondió que lo telefoneara en media hora más. Después llamó al general Pinochet y éste le señaló que fuera inmediatamente a su casa... Leigh había pedido media hora para establecer primero el contacto para andar en coyunda, seguramente...

Pinochet cuenta ese episodio que se desarrolló en su casa:

> Leída nuevamente la comunicación enviada por el jefe de la I Zona Naval, rechacé la pluma fuente que me ofreció uno de sus portadores, expresándole que yo para este caso usaba lo propio y procedí a firmarla junto con el comandante en jefe de la FACH. Al término de este compromiso, les señalé a los jefes de la Armada y la FACH que el Ejército estaba listo y que actuaría el 11 de septiembre. No quise participarles cuánto me complicaba tener que apurar los acontecimientos en mi institución. Ello me obligaba a apresurar las órdenes y enviarlas el lunes 10 de septiembre. Más adelante conversé con el general comandante en jefe de la FACH sobre la participación de esa institución. Como prácticamente el problema era esencialmente del Ejército, le expresé que aceptaba el bombardeo de La Moneda, en caso de resistencia de parte de los marxistas, pues sabía que la acción, mientras más dura, produciría una más rápida decisión y con ello se ahorrarían muchas vidas... Los visitantes se retiraron, sin aceptar la taza de té que les ofrecí...[87]

---
[87] De *El Día Decisivo*.

El almirante Merino, finalmente en junio de 1992, cuando ya estaba retirado de la Marina, en entrevista hecha para el archivo de la Universidad Finis Terrae, reveló lo que el almirante Sergio Huidobro le informó al regresar esa noche a Valparaíso:

> Pinochet les dijo: «yo no tengo planes, no puedo traer tropas, no puedo hacer ninguna cosa» aludiendo a no sé qué cosa que había pasado antes..., el «Tacnazo» (la sublevación militar que fue sofocada en junio de 1973) o algo así. Así es que -dijo- ante cualquier movimiento del Ejército estaban encima Carabineros e Investigaciones (que los detectarían). Huidobro le dijo que lo importante es que aquí está la fecha y le dan un día de plazo, porque yo podría haber partido esa misma noche, pero no sacaba nada.

El relato del almirante Merino confirma la versión que me entregó Gustavo Leigh:

-Yo firmé de inmediato. Pinochet vaciló un poco buscando un timbre que quería colocar al lado de su firma y que no encontraba nunca. Luego me dijo que esto no podía decírselo a todo su Cuerpo de Generales, que él confiaba en cinco y no más. Muy de pasada, vimos que teníamos que tomar contacto con la gente de Telecomunicaciones para que estableciera los nexos entre los diferentes puestos de mando. Nos despedimos después de que Pinochet me invitó a almorzar el lunes 10, en la comandancia en jefe, para presentarme a los únicos generales de Ejército que estarían al tanto del asunto...

El hombre, que esa tarde de agosto de 1984, me relató cómo se rubricó el documento que le puso el sello definitivo al Golpe, poco se asemejaba al comandante en jefe de la Fuerza Aérea y miembro de la Junta Militar. Aquel Leigh, que en sus primeras palabras, cuando aún el humo salía de La Moneda, anunció que había que «exterminar el cáncer marxista». Once años después de la conjura, estaba de civil. Había sido obligado a despojarse de su uniforme un día de 1978, cuando otro Golpe, pero esta vez al interior de las

Fuerzas Armadas, lo expulsó del poder, arrastrando con él a la mayoría de los generales de la FACH. Fue el descabezamiento más importante vivido en esa institución. Nuestra entrevista terminó tarde en la noche. Al final, dijo con voz potente:

-El general Pinochet, en los libros que ha escrito, ha dejado ver que él preparó a conciencia los planes, con el pretexto de actuar frente a un supuesto plan subversivo, en el caso que los cordones llegaran a Santiago y de esa forma planificar cómo iban a actuar las Fuerzas Armadas. Los únicos que pueden desmentir en los hechos tales aseveraciones son los actuales generales de Ejército en retiro, como Sergio Arellano Stark. Pero ellos han guardado absoluto secreto. Algún día todo esto se aclarará y generales como Arellano, el director de la Academia de Guerra y otros contarán la verdad. Por el momento, yo lo único que sé es que cuando el 9 de septiembre fui a hablar con Pinochet, éste estaba totalmente en pampa. Incluso me pidió que al general Orlando Urbina, su amigo y a quien se sabía leal a Salvador Allende, lo trasladara a Temuco y no lo dejara salir de la ciudad... Eso es lo que sé...

Lo que no sabían Leigh ni los almirantes conjurados, la tarde del domingo 9 de septiembre de 1973, era lo que el general Pinochet había hecho ese mediodía en compañía precisamente del general Urbina, el hombre que Pinochet pide a Leigh que saque de Santiago y lo retenga lejos...

Pinochet nunca dirá una sola palabra del encuentro que, ese mediodía, tuvo con Allende, acompañado por su amigo y segundo al mando del Ejército, Orlando Urbina. Una reunión de la que sólo se enteraron, además de los ya nombrados, el asesor personal de Allende, Joan Garcés y el ministro Fernando Flores. Ellos vieron a Pinochet llegar a Tomás Moro, vestido de civil, junto a Urbina. El objetivo era breve pero vital: dar cuenta al Presidente de la situación que se estaba viviendo en los cuarteles y el desarrollo de las medidas que se estaban adoptando para neutralizar a los golpistas. Un plan que se había puesto en marcha cuando el general Carlos Prats fue forzado al retiro, y la alarma roja se encendió al mismo tiempo que una fuente confidencial y segura, le informó, el 22 de agosto a Allende, que aviones norteamericanos y tropas de infantería del Ejército de Brasil se habían apostado en la zona boliviana fronteriza con Chile.

A miles de kilómetros de distancia, en el cuartel general de la CIA, en Estados Unidos, el informe que el jefe de la estación de Santiago despachó, el 8 de septiembre, provocaba agitación:

> Según ... (tarjado en el original) la Armada está programada para iniciar un movimiento destinado a derribar al gobierno del Presidente Salvador Allende, el 10 de septiembre. (tarjado en el original), dice que la Fuerza Aérea apoyaría esta iniciativa de la Armada después que ésta realice una acción positiva como tomarse la provincia de Valparaíso, lanzando un ultimátum que pida la renuncia de Allende o amenace con avanzar hacia Santiago. (tarjado en el original) hizo notar que el almirante José Merino, comandante de la Primera Zona Naval de Valparaíso, está tratando infructuosamente de postergar esta acción hasta el 12 de septiembre, cuando espera ser nombrado comandante en jefe de la Armada. ... (tarjado en el original) informa que luego que la Armada realice una acción positiva contra el gobierno, la FACH silenciará todas las radios gobiernistas. Al mismo tiempo, la FACH proyecta establecer una red nacional de radios, utilizando las radios de oposición existentes, como Balmaceda, Minería y Agricultura... (tarjado en el original) informa que el general Gustavo Leigh ha tomado contacto con el comandante en jefe del Ejército, general Pinochet sobre este asunto, y Pinochet dijo que el Ejército no se opondrá a esta acción de la Armada. Él ... (tarjado) cree que las unidades del Ejército se unirán al Golpe después que la FACH preste su apoyo a la Armada. Sin embargo, dijo no saber si los generales del Ejército apoyarían activamente el esfuerzo de la Armada y la FACH para derribar a Allende... (tarjado) dice que el general Arturo Yovane, de Carabineros, prometió apoyar el Golpe y garantizó el apoyo de la Escuela de oficiales, del Grupo de Servicios Especiales y de los guardias de palacio. ... (tarjado) agregó que sería difícil tomarse el palacio

presidencial y la residencia de Allende, pero que con el apoyo de los carabineros las Fuerzas Armadas podrían tomar el control de esos lugares estratégicos. ... (tarjado) dice que un Golpe pudiera llevarse a cabo el 10 de septiembre o al menos en la semana del 10, que hay diversas circunstancias posibles que podrían parar un intento de Golpe. (tarjado) informa que si Allende renuncia, llama a plebiscito o anuncia la formación de un gabinete totalmente militar, se produciría una postergación de los planes de la Armada. (tarjado) dice que el almirante Merino, muy respetado por los nuevos oficiales en Valparaíso, podría ser capaz de convencer a los complotados en Valparaíso de postergar sus planes por varios días.

El informe concluye:

El Presidente Allende aún tiene algún espacio para maniobrar. Podría descomponer el reloj de los complotados o paralizarlos completamente con una iniciativa que saliera al encuentro de las peticiones de las Fuerzas Armadas y/o del Partido Demócrata Cristiano...

El «reloj de los complotados» estaba en total sincronización con Nixon, la CIA y el Departamento de Estado, al punto que el embajador de ese país en Chile, Nathaniel Davis, le anunció al ministro de Defensa, Orlando Letelier, el viernes 7 de septiembre, que debía viajar a Washington, llamado por Kissinger y que regresaría el martes 11 en la tarde para reunirse el miércoles 12, tal como lo habían acordado con antelación.

Cuando Davis, llegó a la Casa Blanca, el 8 de septiembre al mediodía, Kissinger lo recibió con una exclamación: «¡Bueno, ya está en marcha el Golpe en Chile!»[88].

Esa misma mañana, Allende se reunió con Luis Corvalán, Víctor Díaz y Orlando Millas. Fue la última entrevista, de

---

[88] Del libro *Los Dos Últimos Años de Salvador Allende* de Nathaniel Davis, quien regresa a Chile, según su versión, el domingo 9 de septiembre, horas antes que estalle el Golpe de Estado.

más de tres horas, con los máximos dirigentes comunistas. Millas dijo que Corvalán exhortó al Presidente a convocar al plebiscito aunque el PS discrepara. Pero Allende replicó que, siendo Presidente, aparecer desleal con el partido de toda su vida, le parecía imposible. Que por ello había dispuesto que el ministro Letelier hiciera una última gestión para conseguir la aprobación socialista. También había instruido al ministro Briones para que reforzara la preparación de un acuerdo con la DC. Por último, les dijo, a la una de la tarde llegarían los militares a los que anunciaría su decisión de llamar a plebiscito. Allende concluyó:

«Si llega a pasar algo y se repite lo del «Tanquetazo», será mi responsabilidad afrontar en La Moneda los acontecimientos. La vez pasada estuvo Orlando Millas a mi lado, era ministro. En una nueva dificultad prefiero que no se expongan los miembros de las comisiones políticas de la Unidad Popular. Me parece que saldremos adelante con éxito; pero si llegásemos a ser derrotados, tienen que contar la verdad sobre lo que hemos pensado y hecho y, sobre todo, deben continuar la trayectoria del movimiento popular sus dirigentes probados. Que quede claro que yo estaré en mi puesto y ustedes en el suyo. La historia de Chile no termina con la presidencia de Allende...»

Todos estaban obligados a situarse ante el peor de los escenarios. El PC decidió que alguien debía asegurar el contacto de Allende con su comisión política. El elegido sería el doctor Enrique Paris, nombre que Allende aceptó con satisfacción. A las 12 horas del domingo 9 de septiembre, en Tomás Moro, se decidió el destino de un médico cuya misión en La Moneda estaba sujeta al peor escenario. Resulta patético revisar hoy el diseño de la defensa del gobierno. Esta contemplaba, entre otras cosas, un refuerzo de mil hombres en la dotación de Carabineros de Santiago, por ser la institución de manifiestas señales de simpatía por las autoridades políticas y de mayor composición popular.

Ese domingo 9 de septiembre, Allende y Pinochet estuvieron frente a frente por última vez. El general fue breve y preciso. Expresó que estaba firmemente decidido a impedir la explosión de la violencia y reafirmó el pleno respeto del Ejército a la autoridad presidencial. Y puntualizó que sin el apoyo del Ejército, ni la Armada ni la Fuerza Aérea podían pensar siquiera en un plan de insubordinación.

Allende tenía prisa. En su mente estaba el texto del anuncio de plebiscito que haría al país en las próximas horas. «Es la única solución democrática para evitar el Golpe o la guerra civil», les dijo a Pinochet y a Urbina.

Cuando Pinochet regresó a su hogar, pasadas las 14 horas, el ministro Fernando Flores estaba en la puerta de la casa del general Carlos Prats, aún instalado en Presidente Errázuriz.

«Me dice que le preocupa mi seguridad, que no debo seguir viviendo en la residencia de los comandantes en jefe, donde considera que mi vida corre peligro», relató Prats más tarde.

Prats se quedó pensando en la amenaza que lo acechaba. Lo que se preparaba era el motivo de la agitación que dominaba al general Sergio Arellano, la madrugada de ese domingo 9 de septiembre. A las 6 de la mañana y habiendo dormido sólo tres horas, se levantó y fue a buscar a su chofer para continuar los preparativos del día 11. Al mirar su agenda se percató que era «San Sergio», lo que le brindaba un gran pretexto para llamar al general Yovane con la excusa de ponerse de acuerdo en la hora de su «festejo». El Club de Carabineros, al mediodía, fue el punto de reunión.

—Todo está listo para la acción del día 10 —le dijo Yovane.

Un sudor frío recorrió la espalda de Arellano al sólo imaginar lo que pudo haber ocurrido de no mediar la llamada de la mañana, ya que Yovane, erróneamente, creía que el día «D» era el 10. Cuando se fue, la ansiedad siguió en aumento. En su casa tampoco descansó, por lo que, en horas de la tarde, partió al comando de tropas en Peñalolén y revisó los proyectos de bandos militares con los que se anunciaría a la población el Golpe de Estado y las primeras instrucciones. Cuando terminó, cogió un libro y durante algunas horas se instruyó sobre el derecho a la rebelión.

Pero el desasosiego no acababa. El Comando de Aviación del Ejército fue su próxima parada. Allí inspeccionó los helicópteros PUMA. Había ordenado colocarles ametralladoras en ambas puertas. Los pilotos le comentaron sobre los resultados de la práctica de tiro que habían realizado en los contrafuertes cordilleranos. Arellano miró su reloj y partió a su próximo encuentro.

A las 19 horas en punto, sus tres invitados llegaron a su casa en calle Latadía: Jorge Fontaine Aldunate, Presidente de la Confederación de la Producción y el Comercio, el máximo organismo gremial del empresariado; el senador democratacristiano, Juan de Dios Carmona; y el coronel (R) Alberto Labbé Troncoso. A los tres informó de lo que ocurriría el martes 11 y lo que se esperaba de ellos. La conversación finalizó a las 21 horas. Arellano volvió a salir. Nuevamente la excusa del «San Sergio» lo llevó a la casa del general Sergio Nuño. A la reunión se sumó el general Arturo Vivero. Los tres afinaron detalles.

A la medianoche del domingo, los barcos de la marina norteamericana que debían participar junto a la escuadra chilena en la «Operación Unitas», habían tomado posición frente a Coquimbo.

La máquina de guerra estaba lista para entrar definitivamente en acción.

## CAPITULO XXIII
## LA ÚLTIMA NOCHE DE ALLENDE

Pinochet se incorporó finalmente a la conjura el lunes 10. En las dependencias del Ministerio de Defensa se reunió con Arellano para revisar los planes del día siguiente. El nerviosismo y la ansiedad por lo que se avecinaba apaciguaron la incómoda situación que se había instalado entre ellos. El jefe del Ejército sabía que su interlocutor había manejado el curso de acción, pero había llegado el momento de que él tomara el control y el mando.

Al terminar la sesión, Pinochet le informó a Arellano que esa noche se instalaría en Peñalolén, «para aprovechar las centrales de comunicación».

Arellano se cuadró en señal de subordinación.

A las 11 horas, en Peñalolén, la expectativa llegaba a su clímax. Arellano había citado a su cuartel general completo y a todos los jefes y oficiales de los Comandos de Ingenieros, Aviación y Telecomunicaciones. El silencio era total. Los rostros reflejaban la tensión extrema que precedía al asalto.

Arellano se situó en el medio para hablar. Con palabras cuidadosamente escogidas dijo que ante el caos reinante, las Fuerzas Armadas y Carabineros habían resuelto derrocar al gobierno marxista de la Unidad Popular. Y precisó:

-Mañana, a partir de las 8.30 horas, en Santiago y provincias, con excepción de Valparaíso, donde la hora «H» ha sido fijada a las 6.00 horas...

Un teléfono interrumpió la arenga. Los oficiales aprovecharon el paréntesis para hablar todos al mismo tiempo. Arellano pidió silencio y continuó con su informe:

-...El Ejército y la Fuerza Aérea entrarán en acción con sus comandantes en jefes a la cabeza. La Armada será comandada por el almirante José Toribio Merino y Carabineros por el general César Mendoza.

Con voz de mando fue entregando a cada unidad la misión que le correspondía. Ordenó la más completa reserva a todos los oficiales, la que hizo extensiva a sus familiares.

-Cualquier infidencia puede echar por tierra nuestros planes y desbaratar nuestra misión de asumir nuestra responsabilidad para con la Patria y con la historia.

Nuevamente, el silencio fue total. Arellano lo aprovechó para una última recomendación:

-Esta noche hagan que sus esposas e hijos duerman en casas de familiares o amigos. Es una medida especial de seguridad, ya que no se puede predecir la respuesta del enemigo.

Antes de concluir, notificó que su puesto de combate estaría en la oficina del comandante de la Guarnición de Santiago, desde donde dirigiría las operaciones. Los oficiales comenzaron a dispersarse. Arellano retuvo con un gesto al comandante del Batallón de Telecomunicaciones, el coronel Rafael Ortiz.

-Adopte todas las medidas para recibir en pocas horas más, en Peñalolén, al general Pinochet y a su plana mayor.

El mando ya estaba configurado y en conocimiento de cada jefe de unidad. La Guarnición Militar de Santiago quedó a cargo del general Herman Brady. Bajo su mando estaba Arellano, con el control de la Agrupación Santiago-Centro. El general César Benavides, en la Agrupación Este. El coronel Felipe Geiger, en la Agrupación Norte. La Agrupación Reserva (del regimiento Blindado Nº 2) fue encomendada al general Javier Palacios.

En el Ministerio de Defensa, el general Leigh recién controlaba la ira por el incidente que acababa de tener con Joignant, el director de Investigaciones. Este último reconstruyó las incidencias de ese episodio en una entrevista que le hice, veintisiete años después:

—El domingo 9, de acuerdo a lo convenido en presencia del Presidente, nos juntamos, a las tres de la tarde, con Soler Manfredini y su gente y partimos a Sumar. Al frente había varias casas de madera y la versión era que desde esas casas habían salido los disparos en contra de la Fuerza Aérea. La verdad es que no tuve ninguna duda de que los milicos habían disparado a granel: había impactos de armas de gran calibre. Pero también no hubo duda que habían disparado del otro lado. ¿Cuál era la diferencia? El calibre de las armas de uno y otro. El lunes 10 nos entrevistamos con Leigh, cada uno con su informe. Llegué a las 11 de la mañana a la oficina del comandante en jefe de la FACH, con los prefectos Romero y Rada. Leigh habló primero. Dijo: «¡para qué tanto informe si ya está claro que mis fuerzas han sido agredidas por los extremistas!». Pero el informe de la Policía decía todo lo contrario... «No tenemos la misma opinión», le dije, cuando le pasé nuestras conclusiones. Y ahí Leigh, iracundo, me dijo: «¿Y usted no sabe que un soldado de la Patria nunca miente?». La verdad es que perdí la calma: «¡Eso no se lo puedo aceptar!», contesté. Se inicio un intercambio duro y terminó de la manera más imprevista: expulsándome de su oficina. Con Romero y Rada atravesamos la plaza y entramos a La Moneda. Allende escuchó lo que había pasado hacía unos minutos. «Ya, no te preocupes: esta tarde hablo con Gustavo».

Poco después de las 13 horas, en el comedor del comandante en jefe del Ejército, en el quinto piso del Ministerio de Defensa, Pinochet fue consagrado como jefe de los golpistas en su institución en un almuerzo. Alrededor suyo, tomaron asiento Leigh y los generales de Ejército Bonilla, Brady, Benavides, Arellano y Palacios.

Pinochet cuenta en *El Día Decisivo*:

> A mediodía llamé al ayudante del comandante en jefe y le ordené que citara para las 12.30 horas, en mi oficina,

a los generales Bonilla, Brady, Benavides, Arellano y Palacios, los que al día siguiente iban a mandar las diferentes columnas hacia La Moneda. Hasta ese momento, persona alguna conocía mis propósitos para el día siguiente, salvo los otros jefes de las Fuerzas Armadas. A la hora señalada se presentaron los generales en el despacho del comandante en jefe. De inmediato cerré la puerta con seguro y les ofrecí asiento. Me acerqué al mueble donde se guardaba una réplica de la espada del general O'Higgins, la tomé y desenvainé y, solemnemente, los hice jurar, como soldados, que todo lo que se hablaría allí se mantendría en el más absoluto secreto, que debía ser guardado hasta el extremo de ni siquiera poder insinuar nada de lo que allí se expresara. Tomé la espada desenvainada y me coloqué frente a cada uno. De este modo, los generales fueron uno a uno jurando.

De ese juramento y de esa arenga no tienen recuerdo algunos de los presentes consultados.

Es más, aseguran que jamás ocurrió.

Lo que sí aconteció, ya que el tiempo apremiaba, fue la discusión en detalle de la acción del día 11. En un momento, Leigh tomó la palabra y, mirando fijamente a Pinochet, planteó el peligro que representaba mantener en Santiago al jefe del Estado Mayor del Ejército, general Orlando Urbina, por sus marcadas tendencias pro Unidad Popular.

-Habría que enviarlo a Temuco- dijo Pinochet.

Leigh cumplía la promesa hecha a Pinochet el día anterior. Pinochet indicó que se le entregara la misión de investigar las actividades guerrilleras que se habían detectado en esa zona. A las 16.30 horas, Urbina se embarcó en un avión de la FACH con destino al sur. Los pilotos fueron instruidos personalmente por el general Leigh de no regresar a Santiago hasta el miércoles 12 de septiembre[89].

Cuando el capítulo Urbina estuvo despachado, un Pinochet más cómodo participó en la actualización del estado de las acciones.

En otro lugar de Santiago, en el Edificio Norambuena, en Amunátegui y Catedral, y teniendo en el

---

[89] Pero el general Urbina regresó a Santiago el 11 de septiembre en la noche.

décimo piso la Central de Radio, que los mantenía unidos a todas las unidades policiales y a las tres ramas de las Fuerzas Armadas, los generales Yovane y Mendoza deliberaban desde tempranas horas. En un determinado momento, llamó Leigh e hizo ir al general Mendoza a su despacho para firmar el «acta de constitución de la Junta Militar». Pero éste se negó.

-Sólo lo haré cuando Pinochet haya estampado su firma.

La firma de ambos tuvo lugar recién en el transcurso de la tarde.

Como al día siguiente Mendoza estaba de cumpleaños, Yovane y el general Mackay organizaron un almuerzo en su honor. A su regreso y en un comedor del octavo piso, unos pocos oficiales de Carabineros levantaron sus copas para agasajar al nuevo director de la institución. Afuera, la mayoría de los carabineros, sumergidos en las tareas de vigilancia y resguardo de la población, ignoraba lo que se estaba tramando.

Pasadas las 13.30 horas, otro contingente de Carabineros adscrito a La Moneda saludaba a Allende y a los tres ministros que lo acompañaban hacia uno de los salones del despacho presidencial: Briones, Letelier y Sergio Bitar, ministro de Minería. En el recinto, donde sobresalía un crucifijo de casi un metro de altura tallado en madera en el siglo XVIII, esperaban Joan Garcés y José Tohá. El almuerzo se inició con un minucioso análisis de las acciones sediciosas[90]. Allende informó de su orden a Leigh de suspender los tres allanamientos que la FACH tenía previsto realizar esa misma tarde. Letelier habló de los trece sumarios en curso en las Fuerzas Armadas y que tenían relación con situaciones subversivas. Entre ellos, la difusión de panfletos golpistas en la Armada y el incoado en contra del capitán René Ballas, del Ejército, por haber participado con una encendida arenga en la manifestación en contra del general Prats, frente a su casa. Pero la atención la acaparó la carta que le habían enviado al Presidente los familiares de los sesenta suboficiales de la Armada que habían sido

---

[90] De los testimonios de Joan Garcés, *Allende y la experiencia chilena*, y de Orlando Letelier.

detenidos e incomunicados, bajo la acusación de intento de sublevación. Se revelaba, en ella, que esposos e hijos estaban siendo sometidos a torturas por haber denunciado a algunos oficiales que habían reunido a la marinería, en distintas unidades de la Armada, para preparar la escalada golpista. Allende y Letelier coincidieron en que fuera el propio Auditor General de la Armada (nada menos que Vío Valdivieso, miembro de la primera cofradía del Golpe, en casa del abogado Jorge Gamboa, en Lo Curro) el encargado de esclarecer la situación.

Allende se refirió más tarde al «Plan Hércules», preparado por el Estado Mayor de la Defensa para una presunta tentativa de alteración del orden constitucional. Había sido elaborado sobre la base de un diseño del general René Schneider, en 1970, cuando arreciaban los rumores de desconocimiento por parte de un sector del veredicto de las urnas[91].

-¿Cuándo se reúne con los comandantes en jefes por este tema? -preguntó Allende.

-El próximo miércoles 12- dijo Letelier.

Una vez hecha la precisión, Allende entró de lleno al aspecto medular de la cita en la Moneda.

-Me propongo dirigir al país un mensaje. Los he convocado para que analicemos la posibilidad de hacerlo esta noche. Ya está dispuesta la red oficial de radio y televisión. Es muy importante y hay que prepararlo bien... Por ello, quizá sea más conveniente que hable mañana al mediodía. En cualquier caso, quiero hacerlo antes que se reúna el Consejo Nacional de la Democracia Cristiana, mañana por la tarde. Ellos deben conocer mis planteamientos antes que empiece la sesión.

Allende miró su reloj y advirtió que eran más de las 15.00 horas. Hacía 24 horas, el «Plan Hércules» o «Plan H» ya había sido puesto en acción por los conjurados, pero para un fin radicalmente distinto al concebido.

A pocos metros de La Moneda, en el sexto piso del Ministerio de Defensa, Arellano daba todas las órdenes

---

[91] Es el mismo plan que con tanto afán modificó el coronel Manuel Contreras y que había intentado infructuosamente imponer y coordinar después de la asonada del Blindado.

restantes a sus subordinados. En un minuto se dio cuenta que su agrupación -Santiago-Centro- no disponía de Cuartel General. Le encomendó la tarea de organizarlo al coronel Enrique Morel Donoso, director subrogante de la Academia de Guerra, desde que su titular, Herman Brady, había sido designado comandante de la Guarnición de Santiago, en reemplazo del general Sepúlveda. Una hora más tarde, Arellano fue informado de que su jefe de Estado Mayor sería el coronel Sergio Arredondo González, integrante de la primera hora de la cofradía de Lo Curro y tercer hombre de la Academia de Guerra, uno de los núcleos más entusiastas de la conjura. Ambos hombres repasaron las fuerzas de que disponían: Escuela de Infantería, Escuela de Suboficiales, los Regimientos Tacna, Yungay (de San Felipe), Guardia Vieja (de Los Andes), Coraceros (de Viña del Mar), Maipo (de Valparaíso) y Escuela de Ingenieros (de Tejas Verdes). Cada uno de los jefes de las distintas unidades recibió, esa tarde, su misión específica: la acción frontal contra La Moneda sería ejecutada por la Escuela de Suboficiales y el Regimiento Tacna; el doble envolvimiento del Cordón Industrial Vicuña Mackenna lo haría la Escuela de Infantería; el Regimiento Maipo debería tomar el control de la zona de Maipú y el Cordón Industrial Cerrillos, antes de confluir a su objetivo: el centro de Santiago.

A las 17 horas, el subdirector del diario *El Mercurio*, Arturo Fontaine Aldunate, fue informado de los inminentes acontecimientos. Fontaine y el director René Silva Espejo acordaron verse el 11, a las 7 de la mañana, en la Editorial Lord Cochrane, en Providencia, al llegar a Eleodoro Yáñez. «Había que estar preparados para sacar un diario de emergencia desde esas prensas si es que el diario no pudiera salir en el centro». Un pequeño grupo de periodistas fue incorporado a la cita y al secreto.

Los conjurados continuaron revisando los detalles operativos y logísticos. Una y otra vez repasaron los movimientos en las zonas catalogadas como críticas, los «focos subversivos», el control de los medios de comunicación, la Directiva de Seguridad Interior, los borradores de bandos militares, el «Plan Silencio», para acallar las radios adeptas a la Unidad Popular, a cargo del coronel Sergio Polloni y Sergio Moller; los planes de Seguridad «Cobre» y «Ariete», con las primeras directivas acerca de qué hacer con los partidos marxistas, sus dirigentes y los documentos que fundamentaban el derecho a rebelión.

A medida que se aproximaba la noche crecía la ebullición en el sexto piso del Ministerio de Defensa y también el nerviosismo y el sigilo con que se desplazaban los conspiradores.

-Avise a las unidades de Valparaíso y Aconcagua que deben iniciar su desplazamiento a la hora precisa. Hay que estar en la línea de partida para el ataque a las 7.00 horas del día 11 -ordenó Arellano.

Una hora más tarde, instruyó el acuartelamiento en primer grado de la tropa. El pretexto había sido informado por Pinochet a Letelier: «se trata de prevenir cualquier tipo de desorden el día que la Corte de Apelaciones de Valparaíso debe resolver la petición de desafuero, pedida por la Armada, en contra del senador Carlos Altamirano y el diputado Oscar Guillermo Garretón».

Arellano regresó a su casa a la 1.00 de la madrugada del martes 11. Lo esperaban su hijo Sergio y su esposa. A esa hora, el general César Mendoza ya dormía en su casa, igual que Yovane, pero en la casa del empresario Juan Kassis. A su familia la había enviado a Colombia, «convencido de que si fracasaba el Golpe mi vida y la de mi familia correrían peligro».

Pasada la medianoche, Allende continuaba en Tomás Moro precisando detalles de su convocatoria al plebiscito. Había tenido una jornada agotadora. Entre tantas reuniones se había hecho tiempo para ir a buscar a su esposa y a su hija Isabel. Hortensia Bussi contó más tarde:

«Alcancé a llegar a Chile 36 horas antes del Golpe. Había viajado a México con mi hija Isabel para llevar ayuda debido a una catástrofe. Se husmeaba el Golpe. No se sabía la fecha pero se sentía su proximidad. Yo me resistí por ésto a viajar, pero Salvador insistió argumentando que el Presidente Luis Echeverría había enviado a su esposa para el terremoto con epicentro en la Quinta Región. Fui y al retornar, Salvador me esperaba en el aeropuerto. Lo noté muy tenso, irritable hasta en detalles... Lo dijo más de una vez: «¡A mí me van a sacar en pijama de madera de La Moneda, pero no voy a claudicar ni voy a salir arrancando del país en un avión!»[92].

Cuando Allende entró esa noche a Tomás Moro, pasadas las 21 horas, ya lo esperaban los ministros del Interior y de Defensa, Carlos Briones y Orlando Letelier, respectivamente, además de Augusto Olivares y Joan Garcés. También estaba Alfredo Joignant:

-Fui a hablar con el Presidente por las informaciones de movimientos de tropas sospechosos. Sabíamos que había un Golpe en marcha, pero que la fecha probable era el 14 ó 15 de septiembre. Le había entregado a Allende un informe de la policía política que decía que había dos líneas en el campo militar trabajando el Golpe: la de los militares pro DC, los del 'golpe blando', que otros le llamaban 'golpe blanco'; y, de otro lado, los 'duros', que seguían las orientaciones de un general que, oportunamente, Allende llamó a retiro: el «Macho» Canales. Esa noche Allende me informó del plebiscito y dijo: «Llamamos a plebiscito, lo perdemos, aunque saquemos una tremenda votación, pero salvamos el proceso, porque en este país es imposible gobernar sin la izquierda». Me fui a mi casa convencido de que aún quedaban días...

Antes de pasar a la mesa, Hortensia Bussi y su hija Isabel invitaron a Allende a probarse unas chaquetas de sport que les había encargado. Fue al baño, se las puso ¡y le quedaron perfectas! Mientras se miraba en el espejo lanzó una frase que su mujer jamás olvidaría:

-¡A ver si éstos me dejan usarlas!

En la comida tampoco hubo tregua. Augusto Olivares había recibido un mensaje para el Presidente: camiones con tropas salieron de la ciudad de Los Andes en dirección a Santiago. El mensaje, inquietante se contrarrestaba con la información de que los barcos de la Armada habían zarpado para integrarse a la «Operación Unitas».

---

[92] Entrevista en revista *Análisis*.

Cuando alguien comentó que el gobierno era prisionero de la legalidad, Allende replicó:

-Tiene usted razón, pero nosotros no podemos romper la legalidad porque somos, precisamente, el gobierno. Siempre hemos luchado a favor de que el respeto por la ley en un estado democrático corte el paso al despotismo o a la arbitrariedad, evitando que los chilenos acaben matándose unos a otros, así como para asegurar a los trabajadores sus conquistas.

Allende tenía fija la mente en el llamado a plebiscito, una obsesión que vislumbró todavía posible cuando Briones le dijo: «En lo que se refiere a los proyectos legislativos, aquí traigo el acuerdo convenido con la dirección de la DC. Han dado su conformidad en los términos especificados en estos documentos, así como sobre el modo de promulgar la reforma constitucional de las Areas de Propiedad».

Las bases del acuerdo eran el resultado de las reuniones que Briones había sostenido con Aylwin, y que continuaron con el intercambio de documentos entre Iván Auger y José Florencio Guzmán. La última reunión de ambos se realizó el sábado 8 de septiembre. Sobre este fallido intento de evitar la tragedia, Aylwin me dijo años más tarde:

-Hubo una salida democrática, en septiembre de 1973, que el Golpe militar frustró: el plebiscito al cual había resuelto llamar Allende. Yo estaba muy en contacto con el gobierno en esa época, y se me comunicó que Allende había decidido recurrir al plebiscito para dirimir el conflicto que se había creado entre el Poder Ejecutivo y el Poder Legislativo. Sólo podía resolverlo un árbitro: el pueblo chileno. Y Allende decidió buscar esa solución democrática. Pero, entre la derecha golpista, apoyada por el imperialismo norteamericano, y la intransigencia de la Unidad Popular, la DC se vio envuelta. Y tiene la responsabilidad histórica de haberse dejado envolver.

Esa noche fue la última de Allende en Tomás Moro.

## CAPITULO XXIV
## EL DIA 11

En la madrugada del 11 de septiembre, Salvador Allende, rodeado de su círculo más íntimo, concentraba sus esfuerzos finales en un plebiscito sin destino. Estaba corrigiendo el tono de la convocatoria, cuando otro llamado llegó a Tomás Moro. Era de la Oficina de Radiodifusión de La Moneda. La voz de René Largo Farías transmitió el parte de la Intendencia de Aconcagua:

-Se están desplazando tropas desde los Regimientos Guardia Vieja de Los Angeles y Yungay de San Felipe.

Allende se lo hizo saber a Letelier y el ministro de Defensa decidió hablar con el general Herman Brady, comandante de la Guarnición de Santiago.

-Son tropas para prevenir posibles desbordes por el desafuero del senador Carlos Altamirano y el diputado Oscar Guillermo Garretón -respondió.

Brady, masón como Allende, aún tenía la confianza del Presidente.

Pinochet tampoco dormía. Intentaba relajarse en la penumbra. Estaba solo en la cama de su dormitorio. Su mujer, Lucía Hiriart, y algunos de sus hijos, ya estaban seguros al cuidado de su amigo, el coronel Renato Cantuarias Grandón, director de la Escuela de Alta Montaña del Ejército, en Río Blanco (Los Andes), muy cerca de la frontera con

Argentina. Curiosa decisión aquella. Cantuarias era un destacado coronel, conocido por sus principios progresistas, los que no ocultaba. Su nombre había quedado registrado en la agenda del general Arellano, el 10 de julio de 1973, en un episodio que lo retrata:

> Presido la ceremonia del Juramento a la Bandera en Portillo. Debido a la intensa nevazón me es imposible regresar en el helicóptero y tampoco por tierra. Paso todo el día conversando con los oficiales y suboficiales y siempre con el coronel Cantuarias a mi lado. Surge el tema político, como es habitual, y Cantuarias defiende con tanto calor a la Unidad Popular, que debo manifestar con firmeza que nuestra obligación es defender el gobierno legalmente constituido mientras éste se mantenga en sus cauces institucionales, pero en ningún caso respaldar tendencias políticas o a determinadas personas. Y ahí corté la discusión.

¿Cómo era posible que Pinochet eligiera precisamente la casa de Cantuarias para poner «fuera de la línea de peligro» a su familia? La respuesta se develaría dramáticamente días después.

A la medianoche, en Valparaíso, uno de los dueños del Golpe, el almirante Merino, acababa de tomar posesión del mando de su institución.

-El día anterior a la batalla es mucho peor que la batalla- dijo, en la Academia de Guerra, rodeado del Alto Mando de la Armada. Merino y sus colaboradores bebieron whisky para aflojar la tensión y brindar por el éxito de la conjura[93].

A las 2 de la madrugada, en Santiago, Arellano estaba en el comedor de su departamento en Latadía. En la mesa comió algo rápido y luego trató de dormir, pero, una hora y media más tarde, el teléfono lo sacó de la cama. El llamado venía de Concepción.

-Sergio, ¿a qué hora llega la Tía Juana?- dijo el general Washington Carrasco.

---

[93] Entrevista póstuma que le hizo el equipo de la Universidad Finis Terrae.

-La embarqué en el tren nocturno por lo que calculo que debe llegar a las 8.30 horas.

La «Hora H» tenía sus criptogramas. Arellano colgó el teléfono y siguió durmiendo. En Valparaíso, en tanto, el primer toque de diana puso en acción al escuadrón de la «Operación Silencio». Debía acallar las radios y los sistemas de comunicación que unían al puerto con la capital. Otro piquete, con ingenieros y radiooperadores, se preparaba para silenciar, a partir de las 4.30, horas todas las radios afines a la Unidad Popular. A la par, se terminaban los preparativos para el inicio de la cadena de las fuerzas golpistas, a través de la Radio Agricultura, en contacto directo con el cuartel general en el Estado Mayor de la Defensa Nacional. Toda esa operación estaba al mando del coronel Sergio Polloni.

En Santiago, a las 4.30 horas, otro equipo de la Armada entró en acción en una casa de la calle Sánchez Fontecilla. En su interior dormía el almirante Raúl Montero. Ignoraba que ya no era el comandante en jefe de la Armada y que, en su patio, un piquete de la Marina, integrado por hombres que le habían jurado obediencia, cortaba sus teléfonos e inutilizaba su automóvil.

Pasadas las 4.30 horas, el teléfono retumbó una vez más en el oído de Arellano. Era Yovane. En otro léxico en clave le preguntó por el lugar destinado a la concentración de detenidos. La respuesta fue lacónica:

-En el Regimiento Tacna.

Arellano ya no pudo cerrar los ojos. A eso de las 5 de la mañana se levantó y lentamente se preparó para una jornada larga e impredecible. A las 5.45 horas debía venir su chofer. Pero a la hora convenida no hubo vehículo ni chofer. Arellano se felicitó por haber citado a una patrulla más, que sí llegó en jeep con exactitud. Pasó a dejar a su esposa a la casa de su amigo y compañero de curso, coronel René Zúñiga Cáceres, a pocas cuadras de su departamento.

En el quinto piso del Ministerio de Defensa, ya tomaban posición los hombres que se harían cargo de la radio que encabezaría las transmisiones de las fuerzas golpistas. Sergio Arellano hijo, llegó acompañado del coronel Polloni. Allí encontró al teniente coronel Roberto Guillard, profesor de la Academia de Guerra, en donde se habían preparado sigilosamente algunos de los planes más importantes de la conjura, y a dos civiles: Alvaro Puga y Federico Willoughby.

En Concepción, en la Base Carriel Sur de la Fuerza Aérea, poco antes de las 5 de la mañana, el oficial Mario López Tobar terminaba de ducharse. Era el «líder» de los pilotos seleccionados para maniobrar los doce aviones Hawker Hunter subsónicos de origen británico y comprados, en 1966, para otro tipo de utilización que la resuelta por los conjurados. Finalmente, fueron elegidos cuatro aparatos. Estaban armados con 32 cohetes Sura, cada uno de 8 centímetros de diámetro y con una carga explosiva de unos 350 gramos. Llevaban, además, cohetes Sneb, de 6 centímetros de diámetro, y proyectiles de 30 milímetros en los cuatro cañones Aden del aparato, con una carga de 60 gramos de explosivo. La caja de municiones tenía una capacidad de 200 tiros y los cañones una cadencia de fuego de 1.400 tiros por minuto, lo que le daba a cada Hawker Hunter la sorprendente cadencia de tiro total de 5.600 proyectiles explosivos por minuto. Al avión del segundo jefe se le habían adaptado dos modernos lanzadores franceses, recién llegados a Chile, con 18 unidades cada uno[94].

En la Escuela Militar, a las 6 horas en punto, el coronel José Domingo Ramos, jefe del Estado Mayor del Comando de Institutos Militares, se presentó ante el general Raúl César Benavides. La noche anterior, una patrulla militar le había transmitido la orden de su nuevo jefe: debía interrumpir sus vacaciones y presentarse a esa hora en su puesto de mando:

-Hoy se producirán los desafueros de Altamirano y Garretón. Prevemos desmanes y desórdenes. Hay que poner en ejecución el plan de seguridad interior, el «Plan A». Actúe en consecuencia- le dijo Benavides.

El «Plan A» establecía el estado de alerta para prevenir desbordes de la población. Benavides le informó, también, que dispondría de un refuerzo de cuatro oficiales del tercer

---
[94] Del libro *El 11 en la mira de un Hawker Hunter*, del general Mario López Tobar, «Libra».

año de la Academia de Guerra. Entre ellos estaba Ernesto Videla. Ramos también divisó a otro joven oficial: Luis Cortés Villa[95].

A las 6.30 horas, el rector de la Universidad Técnica del Estado, Enrique Kirberg, despertó sobresaltado por el incesante repiquetear del teléfono. Había dormido poco. El día anterior, hasta muy tarde, había preparado el gran acontecimiento del 11: esa mañana inauguraría la «Semana de lucha contra el fascismo, la guerra civil y por la vida», que presidiría Salvador Allende. Y desde allí, a las 11 horas, el Presidente llamaría a plebiscito.

-Un grupo de civiles armados ha atacado las instalaciones de la radio de la universidad- escuchó decir al otro lado del teléfono.

-¿Hay heridos?

-No dañaron a nadie. Sólo inutilizaron la antena. Tanto por el corte de pelo como por las armas que llevaban y el camión que los esperaba afuera, está claro que ha sido un grupo de la Armada.

Kirberg se fue directo a la universidad, ubicada en el sector de Estación Central. Decidió que una vez allá llamaría a Investigaciones. Pero nadie le contestó. Supo que algo raro pasaba...

A las 6.30, Arellano ya se había instalado en el Ministerio de Defensa. También lo habían hecho Patricio Carvajal y el general de la Fuerza Aérea, Nicanor Díaz Estrada, los dos jefes del Estado Mayor de la Defensa Nacional; Herman Brady y el general Sergio Nuño. Después, Arellano se reunió con todos los comandantes de unidades que participarían en la acción. Repasaron las misiones y aclararon dudas.

-A las 14 horas deben estar conquistados todos los objetivos fijados.

En ese frío y brumoso amanecer, a las 6.30 horas, el general Yovane iba al Edificio Norambuena, donde funcionaba la Dirección de Carabineros. Hizo un alto en el trayecto.

---

[95] Cortés llegó a general y en toda su carrera fue uno de los oficiales favoritos de Pinochet. Se fue a retiro en 1998, junto a Pinochet, y se incorporó a la Fundación Pinochet de la cual es director ejecutivo.

Inspeccionó los pequeños tanques de asalto y el contingente de la Escuela de Suboficiales y de las Fuerzas Especiales, que ya calentaban motores. Las tanquetas cumplirían un rol clave: debían rodear el palacio de gobierno y servir de escudo a la infantería.

En Carriel Sur (Concepción), a las 6. 45 horas, los aviones ya estaban listos para ser operados. La primera bandada debía despegar a las 7. 30 horas. Su misión: silenciar las antenas de radioemisoras de Santiago y luego permanecer media hora sobre la ciudad, en caso de que el general Leigh disponga otro objetivo.

El informe meteorológico indicaba a esa hora que Santiago estaba cubierto de nubes.

El nerviosismo entre los pilotos se delataba en los gestos y en el silencio con el que ejecutaban las maniobras. Era la primera vez que tenían una misión real de ataque a blancos terrestres.

En Tomás Moro, Allende ya estaba en pie y en conocimiento de que algo sucedía en Valparaíso. Una llamada de Alfredo Joignant, Director de Investigaciones, le transmitió más información:

-El prefecto Bustos de Valparaíso comunica que la Armada está copando la ciudad.

Y luego hubo otra comunicación confirmatoria del jefe de Carabineros de Valparaíso, coronel Manuel Gutiérrez. Las paradojas del destino habían hecho que fuera precisamente un férreo opositor al gobierno de la UP el encargado de dar la alerta en la trinchera oficial. Sólo semanas atrás Gutiérrez, cuyos dos hijos militaban en Patria y Libertad, había sido objeto de la ira gubernamental al ordenar disolver con extraordinaria rudeza una manifestación de izquierda. El gobierno le llamó la atención severamente y lo notificó que su ascenso a general estaba diferido[96].

Lo que desconcertó inicialmente al grupo de asesores de Allende fue que, cumpliendo el programa de la «Operación Unitas», la Escuadra había zarpado rumbo al norte. Pero todo fue un truco: los cruceros Prat y O'Higgins, los des-

---

[96] Entrevista al general Arturo Yovane. El coronel Manuel Gutiérrez fue llamado a retiro poco después del Golpe y no llegó a general.

tructores Cochrane, Blanco Encalada y Orella, y el submarino Simpson, habían llegado hasta la cuadra de Papudo, para regresar a su base y apostarse frente a un Valparaíso ocupado. Sólo entonces la tripulación de los barcos fue informada de la conjura.

-Orlando, comuníquese con los comandantes en jefes para saber qué está pasando en Valparaíso -le ordenó Allende a su ministro de Defensa.

Letelier intentó hablar con el almirante Montero: fue imposible. Llamó a Pinochet: estaba en la ducha, le dijeron. Buscó a Leigh y no lo encontró. Se iba configurando un cuadro alarmante. Finalmente, llamó a su oficina. Esperaba escuchar a su ayudante, el comandante González, pero otra voz lo atendió: la de Patricio Carvajal.

Orlando Letelier:

«Tuvo la opción de colgar el teléfono, lo que habría significado que me percatara de que había algo anormal. No lo hizo. Le dije que tenía información de los movimientos de tropas en Valparaíso y del desplazamiento de otras a Santiago. 'Mire, ministro, yo creo que es una información equivocada', dijo. No, almirante, no tengo ninguna información equivocada, repliqué. Y ahí dijo tartamudeando: 'Voy a tratar de averiguar'. Fue tal su titubeo que tomé el teléfono, lo acerque al oído de mi mujer y le dije en un susurro: ¡escucha como habla un traidor!. Trató de darme mil explicaciones elusivas. Finalmente le dije: Mire, almirante, yo voy de inmediato al ministerio»[97].

En Tomás Moro, Allende pidió que lo comunicaran con el general Brady. Este le respondió que requerirá información, que no tiene conocimiento de los hechos que menciona.

En Concepción, a las 7. 05 horas, los pilotos abordaron los cuatro Hawker Hunter. Veinte minutos después, despegaron de a uno para reunirse en formación de combate y tomar rumbo a Santiago. A 35 mil pies de altura, Mario López Tobar, el «líder», trató de escudriñar hacia abajo: sólo una espesa capa de nubes.

---

[97] De la grabación que hizo relatando sus últimos diez días como ministro de Defensa.

«Mi corazón galopando como nunca en mi vida. Nada de esto era normal ni previsible. Sólo un milagro habría podido detener ese ataque...»

A eso de las 7 horas, en el Ministerio de Defensa, Brady recibió un nuevo llamado de Allende. El Presidente ya sabía de qué se trataban los «rumores». Brady intentó tranquilizarlo.

-Me parece que no quedó satisfecho con mis explicaciones -le dijo, apenas colgó, el militar a Carvajal, Díaz Estrada y a Arellano.

Y tenía razón. Minutos después Allende, enfundado en un suéter de cuello alto, se puso una chaqueta de tweed y abandonó Tomás Moro junto a Augusto Olivares y Joan Garcés. Lo siguieron el jefe de la escolta de Carabineros, capitán José Muñoz, y un grupo del GAP, encabezado por Jaime Sotelo Barrera, más conocido como «Carlos Alamos». Partieron a toda velocidad hacia La Moneda. En el camino, Sotelo y Juan José Montiglio («Aníbal») fueron preparando las armas. Entre ellas, había seis ametralladoras AKA, todas regaladas por Fidel Castro al GAP. También tomaron su lugar Oscar Balladares y Manuel Mercado, ambos del GAP, el doctor Danilo Bartulín y el doctor Ricardo Pincheira, integrante del CENOP, más conocido como «Máximo».

Hortensia Bussi permaneció en Tomas Moro, bajo la protección de una escolta a cargo de Domingo Bartolomé Blanco. «Bruno» había sido miembro fundador del GAP y su jefe desde 1972, cuando el MIR abandonó la seguridad presidencial por diferencias políticas con el gobierno.

El sociólogo Claudio Jimeno, del CENOP, ya había sido advertido por «Máximo» Pincheira de lo que sucedía. Al igual que todos los miembros del secreto grupo de asesores de Allende, tenía fresco en su memoria el sarcástico comentario hecho por el Presidente el día del «Tanquetazo». Ese 29 de junio llegaron a La Moneda una vez que la sublevación fue controlada: «¡El CENOP brilló por su ausencia!», les dijo «el doctor». Se prometieron que no volvería a suceder.

-Gordo, tenemos que irnos de inmediato a La Moneda -le dijo Jimeno a «Felipe».

-¿Qué ocurre?

-Hay ruido de sables y ahora la cosa va en serio. Isabel tiene un problema con el auto y no me puede llevar así que me pasas a buscar. Después, recogemos a Jorge (el doctor Jorge Klein).

A las 7.40, Pinochet llegó al comando de tropas de Peñalolén. Lo recibió el general Oscar Bonilla, inquieto por su retraso. Reunió a todos los comandantes y dio inicio a la acción. El mayor Osvaldo Zabala, ayudante del jefe del Ejército, y antes en ese mismo puesto con Prats, le comunicó que estaba en profundo desacuerdo con la decisión adoptada por las Fuerzas Armadas. Fue detenido en una oficina del comando de tropas mientras a su alrededor la adrenalina fluía a raudales.

Letelier llegó al Ministerio de Defensa para intentar tomar el control de la situación. Arellano fue alertado al instante:

«A las 7.30 horas llegó el ministro de Defensa Orlando Letelier[98]. Su ayudante, el teniente coronel Sergio González, le manifestó que ya no era ministro y lo lleva a mi presencia. Dispuse su traslado al Regimiento Tacna con una patrulla. Fue el primer detenido del 11 de septiembre».

El jefe del equipo de Investigaciones de la seguridad presidencial, inspector Juan Seoane, había sido despertado por un llamado telefónico desde Tomás Moro con la primera señal de alarma. Llamó de inmediato a sus compañeros. Fueron unos 18 los que entraron a La Moneda:

«Faltaron sólo cuatro. Ellos vieron que la situación era muy difícil y no se atrevieron a enfrentarla. A las 8 horas, cuando ingresamos, el ambiente estaba muy convulsionado, barreras y tanquetas de carabineros rodeaban el lugar protegiéndolo. Me presenté de inmediato ante el jefe de la Casa Militar y hablé con el director de Investigaciones, Alfredo Joignant, quien me ordenó permanecer al lado del Presidente. No dudamos un minuto en quedarnos. Ahí estaba el gobierno legalmente constituido que habíamos

---

[98] En la puerta lo detiene el oficial de Inteligencia de la Armada Daniel Guimpert, quien se integró a la comisión del Estado Mayor de la Defensa Nacional que encabezó Nicanor Díaz Estrada y desde allí fabricó las confesiones del obrero socialista Luis Riquelme para inculparlo del asesinato del Edecán Naval de Allende, Arturo Araya.

jurado defender. Lo mismo habíamos hecho el 29 de junio para el 'tanquetazo'. Y ese día nos felicitaron. No éramos héroes, tampoco queríamos inmolarnos por un ideal político. Eramos servidores públicos, con mucho miedo, pero con la claridad suficiente para entender que si abandonábamos nuestro puesto éramos un fraude como policías».

A esa misma hora, el general Mendoza pasó frente a La Moneda en dirección al Edificio Norambuena. Con estupor contempló el despliegue de las tanquetas de carabineros en posición de defensa. Entró al edificio en busca de Yovane y le preguntó:

-¿Quién tiene el control de esa fuerza que está en La Moneda?

-Quédese aquí no más. ¡Todo está bajo control! Las tanquetas se retiran cuando yo lo ordene- respondió Yovane, que estaba al mando de la central de radio, desde donde se comunicaba por vía interna con Patricio Carvajal, en el comando central en el Ministerio de Defensa.

Allende se encontró en La Moneda con informaciones cada vez más alarmantes. A su lado estaban su secretario Osvaldo Puccio y su hijo Osvaldo, estudiante de Derecho y militante del MIR. A las 7.55 horas, los chilenos se enteraron por la primera alocución de Allende que algo grave estaba ocurriendo. En las casas los movimientos se congelaron.

-Lo que deseo es que los trabajadores estén atentos, vigilantes, que eviten provocaciones. Como primera etapa, tenemos que ver la respuesta, que espero sea positiva, de los soldados de la patria que han jurado defender el régimen establecido.

Unos partieron raudos a ocupar su puesto de combate, otros comenzaron a experimentar una sensación de alivio: el fin de la Unidad Popular se acercaba.

El general Prats escuchó, consternado, las palabras de Allende. Ya no se despegaría del receptor de radio en el departamento de su amigo, el general Ervaldo Rodríguez, Agregado Militar en Washington.

A las 8 horas, Valparaíso estaba totalmente controlada por la Marina. Merino lanzó su primera proclama:

-Las Fuerzas Armadas no pueden permanecer impasibles ante el derrumbe de nuestra Patria. Este no es un Golpe de Estado, sólo se persigue el restablecimiento de un Estado de Derecho. No tenemos compromiso, sólo gobernarán los más capaces y honestos. Estamos formados en la escuela del civismo, del respeto a la persona humana, de la convivencia, de la justicia, del patriotismo...

En la Escuela Militar, y cuando el reloj de su despacho marcó las 8 horas, Benavides le ordenó a su jefe de Estado Mayor, el coronel Ramos, que citara a reunión a todo el cuartel general. Ramos vio llegar en pocos minutos a los casi 20 oficiales en estado de excitación. A Ernesto Videla ya lo conocía como un excelente oficial. Pensó que era un buen refuerzo enviado por la Academia de Guerra. Se hizo silencio y Benavides comenzó a hablar:

-Las Fuerzas Armadas, a partir de ahora, se hacen cargo del país. Desde este momento somos gobierno. Esta operación está en marcha desde las primeras horas de esta mañana, ya más tarde ustedes sabrán de qué se trata. En todas las unidades del país están dadas las órdenes para que tomen las gobernaciones, las intendencias y se hagan cargo de todas las oficinas y dependencias del gobierno. Si hay alguien que quiera decir algo, este es el momento, porque no daremos ni un paso atrás.

Ramos miró a su alrededor. Nadie abrió la boca.

-Pido la palabra -dijo.

Benavides hizo salir a todos. Ramos habló:

-Mire, mi general, no comparto la solución que se ha adoptado para los problemas nacionales. Si me hubieran preguntado una semana antes, yo habría dado todas mis razones y habría explicado las formas de actuar en un caso así, porque para eso nos han preparado, para eso tenemos una profesión y una especialización en el mando. Pero ahora que usted ha dicho que no darán ni un paso atrás, todo lo que tendría que decir ya no tiene sentido. Mi general, disponga de mí, porque no lo voy a acompañar. Este no es el camino, va en contra de mis principios y de los de la institución, los de no intervención en la política nacional.

Benavides sólo dijo:

-¡Se acepta su retiro, coronel! ¡Puede entregar su cargo! Luego le ordenó que pasara a una pieza lateral. Ramos entendió que eso significaba quedar detenido.

-No, no iré a ese despacho. Sólo pido hacer entrega inmediata de mi puesto.

Minutos después, Ramos llamó a su esposa y le pidió que le enviara una muda de ropa civil. En su oficina ya estaba el comandante Roberto Soto Mackeney, su reemplazante. Poco después, con el único traje de calle que tenía, abandonó a pie la Escuela Militar. No imaginó que era el fin de su pertenencia a la «familia militar».

A las 8.20 horas, Allende habló nuevamente al país. Aún tenía la esperanza de que la sublevación sólo estuviera circunscrita a la Armada y a Valparaíso, y que la concentración masiva de trabajadores en las industrias ocupadas hiciera dudar a quienes querían desatar la masacre. En esos mismos momentos, los Hawker Hunter habían llegado al sector de Maipú para iniciar una penetración rápida rumbo a la Radio Corporación. Bajaron a más de 15 mil pies por minuto y cruzaron la espesa capa de nubes. Entre los cinco y los seis mil pies, los cuatro aviones que volaban casi ala con ala, se abrieron para dirigirse cada uno a su blanco bajo el mando del «líder»:

-¡Distancia de tiro! -dijo López Tobar. Apretó el disparador y ocho cohetes buscaron el objetivo, que voló en pedazos.

-¡Libra líder a Control Gato! La Corporación ya está totalmente fuera del aire, cambio...

-Recibido Libra líder. Libra 2 también ya batió su blanco. Falta saber del 3 y 4. Deme su posición y altura Libra líder. Cambio...

-Estoy orbitando sobre el centro a 20 mil pies. ¿Qué ha pasado?

-La resistencia ha sido casi nula, pero el Presidente todavía está en La Moneda. Hay gente disparando desde allí y también desde el techo del edificio del Banco del Estado y de algunos ministerios. Pero eso es asunto de los militares que están en el lugar. Los UH-1H (helicópteros) del Grupo 10 se encargarán de los que están en las techumbres.

En los estudios de Radio Corporación los locutores Sergio Campos y Julio Videla buscaban frenéticamente, junto a Erick Schnacke, cómo seguir en el aire. Radio Magallanes continuaba llamando a los chilenos a que defendieran el gobierno y permanecieran en sus puestos de trabajo. Los locutores concentraron sus ataques en la Armada, la única que había anunciado la sublevación.

En Valparaíso, atracado al molo, un barco cubano descargaba azúcar, cuando su capitán se percató de lo que ocurría. Sin dudar ordenó zarpar arrastrando las grúas que hacían la descarga. La alarma se encendió en el cuartel de Merino. Algunos oficiales se convencieron de que Carlos Altamirano y algunos «connotados marxistas» habían escapado a bordo y ordenaron salir a la caza de la nave. No obstante la orden precisa que se impartió, el comandante en jefe de la Escuadra y un comandante de buque no reaccionaron con prontitud. Su negligencia sería duramente sancionada con posterioridad.

A las 8.30 horas comenzó la guerra.

Diez minutos después, el teniente coronel Roberto Guillard abrió el fuego a través de las ondas de Radio Agricultura. Desde su comando, en el quinto piso del Ministerio de Defensa, transmitió la primera proclama del Golpe:

-...Teniendo presente; primero, la gravísima crisis social y moral por la que atraviesa el país; segundo, la incapacidad del gobierno para controlar el caos; tercero, el constante incremento de grupos paramilitares entrenados por los partidos de la Unidad Popular que llevarán al pueblo de Chile a una inevitable guerra civil, las Fuerzas Armadas y Carabineros de Chile...

Los movimientos en las calles, oficinas, industrias, universidades y en las casas volvieron a petrificarse. La voz de Guillard surgió más intimidatoria cuando anunció las exigencias de Pinochet, Leigh, Merino y Mendoza:

-Primero, que el señor Presidente de la República debe proceder de inmediato a la entrega de su alto cargo a las Fuerzas Armadas y Carabineros de Chile. Segundo, las Fuerzas Armadas y el Cuerpo de Carabineros de Chile están unidos para iniciar la responsable misión de luchar por la liberación de la patria del yugo marxista y la restauración del orden y la institucionalidad. Tercero, los trabajadores de Chile deben tener la seguridad que las conquistas económicas y sociales que han alcanzado hasta la fecha no sufrirán modificaciones en lo fundamental. Cuarto, la prensa, las radioemisoras y canales de televisión adictos a la Unidad Popular deben suspender sus actividades informativas a partir de este instante, de lo contrario recibirán castigo aéreo y terrestre.

-¡El pueblo de Santiago debe permanecer en sus casas a fin de evitar víctimas inocentes! -fue la orden final.

En la oficina de la secretaría general de la FACH, el general Alberto Bachelet, Secretario Nacional de Distribución, desde enero de ese año, era encañonado por el general del aire Orlando Gutiérrez. Junto a los comandantes, Raúl Vargas y Edgar Ceballos, le notificó su arresto. El primero, lo despojó en forma violenta de su arma de servicio y el segundo arrancó los teléfonos de la pieza.

En el Parque Forestal, los CENOP «Felipe», su esposa, Jimeno y Klein iban en su auto con destino a La Moneda. Al ver que patrullas militares fuertemente armadas desembocaban desde todos los costados para copar el sector, decidieron detener el vehículo para continuar a pie. Jimeno y Klein se bajaron primero.

-Estaciono y me encuentro con ustedes- les avisó «Felipe».

Los vio hacerle un gesto cariñoso con la mano y «Felipe» se dio vuelta para despedirse de su mujer:

«Cuando la miré su rostro había cambiado. ¡Tú, huevón, no vas a ninguna parte! Te devuelves conmigo!, me dijo. La discusión fue terrible y en el lugar y momento menos adecuado. Ella repetía ¡no me puedes dejar sola aquí! Y su rostro reflejaba toda la desesperación del momento... Me quedé junto a ella...»

Cuando Jimeno y Klein traspasaron la puerta de La Moneda, la dirección del Ps, encabezada por Carlos Altamirano, ya estaba reunida en la sede de la Corporación de Mejoramiento Urbano (CORMU), a pocos metros del alto mando del Golpe. Junto a Altamirano, se encontraban

Carlos Lazo, Adonis Sepúlveda, Rolando Calderón, Ariel Ulloa, Hernán del Canto. En contacto con ellos, pero en otro lugar de Santiago, estaba Arnoldo Camú. Un reducido grupo de socialistas lo conocía como el «comandante Agustín», responsable de la política militar del partido. Los hombres evaluaban la situación. Camú estaba en comunicación con Eduardo Paredes y «Máximo» Pincheira, instalados en La Moneda y con el grupo de GAP aún en Tomás Moro. Y además impartía instrucciones activando el dispositivo de seguridad, el que contemplaba en INDUMET, industria metalúrgica del «Cordón San Joaquín», intervenida por el Estado, un grupo de resistencia importante. Pero Camú sabía la dimensión de sus precarias capacidades. La dirección socialista creía que lo mejor era que Allende saliera de La Moneda. Se decidió enviar a Hernán del Canto a conversar con él para saber cuál era su disposición.

En La Moneda, Allende escuchó la primera proclama golpista y reaccionó de inmediato con un nuevo mensaje por las ondas de Radio Magallanes y Corporación, la que había logrado salir al aire a través de la antena de frecuencia modulada. Su voz sonó tranquila:

—En ese bando se insta a renunciar al Presidente de la República. No lo haré. Notifico ante el país la actitud increíble de soldados que faltan a su palabra y a su compromiso. Hago presente mi decisión irrevocable de seguir defendiendo a Chile en su prestigio, en su tradición, en su norma jurídica, en su Constitución...

A las 9.15 horas, Arellano recibió el primer informe de provincia. Era de San Antonio. La voz del coronel Manuel Contreras sonó triunfante:

—Ciudad tomada, mi general. Todos los interventores presos. Ya tengo habilitada una cárcel de hombres y otra de mujeres y también están ocupadas.

En ese preciso momento, el «líder» de los Hawker Hunter recibió nueva orden:

—Libra líder, este es Gato. Pase por Los Cerrillos y aterrice allí. Cambio.

A las 9.20 horas, «Libra» y su equipo aterrizaron en Cerrillos. Media hora antes en La Moneda se había producido un hecho que adquiriría ribetes dramáticos. Por calle Morandé y en una camioneta roja hizo su arribo Domingo «Bruno Blanco Tarres. Había abandonado Tomás Moro para plegarse a la defensa de Allende junto a los miembros del Grupo de Apoyo al Presidente (GAP) Juan Garcés Portigliatti, Oscar Marambio Araya, Jorge Orrego González, William Ramírez Barría, José Carreño Calderón, Carlos Cruz Zavala, Luis Gamboa Pizarro, Gonzalo Jorquera Leyton y Edmundo Montero Zalazar. Justo delante de la camioneta roja y frente a la puerta de Morandé 80 se detuvo un vehículo Renault 4CV en el que venía Miria Contreras, la secretaria y compañera de Allende, y que conducía su hijo Enrique Ropert, estudiante de Economía de 20 años y militante del Partido Socialista. Miria descendió presurosa. La calle estaba vacía. Se escuchaban disparos. Un grupo de carabineros de las Fuerzas Especiales que acaba de pasarse a las filas golpistas encabezado por los tenientes José Martínez Maureira y Patricio de la Fuente irrumpió por el costado de la Intendencia, rodeó la camioneta y procedió a encañonar y detener a Blanco y sus compañeros. Cuando Miria volvió su rostro observó con horror que el grupo de policías sacaba de forma brutal a su hijo del vehículo. Giró sobre sus pasos e intentó con desesperación liberarlo de sus captores. Fue imposible. Impotente vio cómo los sublevados lo arrastraban junto a Domingo Blanco y los otros hacia la Intendencia. Miria Contreras escuchó que los disparos se aproximaban. Ingresó al garage presidencial y se comunicó con el palacio. Habló con Eduardo «Coco» Paredes. Los minutos transcurrían y la desesperación de Miria se agigantaba. Paredes le señaló que el Presidente, informado de los hechos, le pedía que subiera de inmediato a su despacho para desde allí hacer lo necesario. La puerta de Morandé 80 estaba cerrada herméticamente. Miria ingresó por la puerta principal. En el camino se cruzó con el edecán naval. Le pidió ayuda para liberar a su hijo. Los dos volvieron hacia la Intendencia. Pero a poco andar el oficial naval renunció. Miria estaba nuevamente sola. En dos segundos cruzó nuevamente la puerta principal de La Moneda. Las puertas se cerraron...

Quien sí pudo llegar a La Moneda fue el socialista Hernán del Canto. El recibimiento de Allende no fue cálido. El Presidente tenía encontrados sentimientos en esos momentos, en que las tanquetas de Carabineros, las que creía comandaban tropas leales al gobierno, giraron iniciando la retirada. A ello se agregó la noticia de la detención de «Bruno» con el grupo del GAP y el hijo de Miria Contreras. Ya no había duda: el cerco se cerraba alrededor suyo y de los hombres que habían decidido resistir a su lado.

Por las ondas de Radio Magallanes las voces del Quilapayún rasgaban el aire con *El pueblo unido jamás será vencido* y luego la proclama de la CUT.

-¡A parar el Golpe fascista!

Hubo un corte extraño y luego irrumpió por tercera vez esa mañana Allende.

Su tono siguió sereno pero el acerado metal de su voz delataba hasta dónde llegaría.

-En estos momentos pasan los aviones. Es posible que nos acribillen. Pero que sepan que aquí estamos, por lo menos con nuestro ejemplo, que en este país hay hombres que saben cumplir con su obligación...

Patricio Carvajal llamó a La Moneda. Pidió hablar con Allende. Le reiteró lo que ya le había comunicado su edecán Aéreo, Roberto Sánchez: dispone de un avión para salir del país con su familia.

-¡El Presidente no se rinde!

Por la puerta lateral entró a La Moneda el edecán Sánchez, el único de los tres que había estado junto a Allende desde el inicio de su mandato. En un pasillo se juntó con los otros dos edecanes: el teniente coronel Sergio Badiola, del Ejército, y por la Armada, el comandante de fragata Jorge Grez. Les habían ordenado insistir en el ofrecimiento del avión. Los colaboradores y escoltas de Allende intentaron impedir que se quedaran a solas con él. Pero la voz de mando del Presidente hizo retirarse a sus hombres.

-Si no acepta, Presidente, la Fuerza Aérea bombardeará el palacio.

Así terminó su discurso uno de los edecanes. El silencio fue atroz, hasta que lo rompió Allende:

-Díganles a sus comandantes en jefes que no me voy de aquí y no me entregaré. Si quieren mi renuncia que me la vengan a pedir ellos mismo aquí. Que tengan la valentía de hacerlo personalmente. No me van a sacar vivo aunque bombardeen.

El edecán Sánchez diría más tarde:

«Allende tenía en sus manos una metralleta. Apuntó a su paladar y nos dijo: 'Así me voy a suicidar, porque a mí no me sacan vivo de aquí'. Me miró y dijo: 'Le agradezco, comandante Sánchez, el ofrecimiento, pero dígale al general Leigh que no voy a ocupar el avión ni me voy a ir del país ni me voy a rendir'. Eran como las 10 de la mañana...»[99].

El Presidente se despidió de sus tres edecanes, los que abandonan sin problemas La Moneda. Carvajal fue informado de inmediato del resultado de la gestión. Por el conducto interno se comunicó con el jefe del Ejército:

—Tú sabes que este gallo es chueco. Es al revés la cosa. Si él quiere va al ministerio a entregarse a los tres comandantes en jefes - dijo Pinochet.

—Yo hablé personalmente con él. Lo intimé a rendición a nombre de los comandantes en jefes y me contestó una serie de garabatos - dijo Carvajal.

—Quiere decir que a las 11 se van para arriba y van a ver qué va a pasar.

—Si las mujeres evacuan La Moneda va a ser fácil asaltarla.

—Una vez bombardeada por la vía aviación, la asaltamos con el Buin y la Escuela de Infantería. Hay que decirle así a Brady...[100]

Poco después de las 10 de la mañana, despegaron hacia Concepción los cuatro Hawker Hunter. Pero al sobrevolar Constitución, «Líder» recibió un llamado urgente de «Gato». El general Leigh había dispuesto el ataque aéreo a La Moneda y a la casa presidencial de Tomás Moro. Cuando aterrizaron en Concepción, se abocaron a preparar el ataque.

«Libra» relató:

«Uno de los pilotos me dijo que se deberían emplear cohetes y no bombas, dada la proximidad de edificios altos

---

[99] Revista *Análisis* N° 194.
[100] De la transcripción de las grabaciones secretas del Golpe, que entregó revista *Análisis* N° 122, del 24 de diciembre de 1985.

en el área céntrica. Estuve de acuerdo, porque si se lanzaban bombas, la destrucción sería total y las esquirlas alcanzarían a todos los edificios cercanos, por lo que la posibilidad de muchos muertos y heridos era muy factible. Entonces, concordé que la decisión involucraba el uso de Sura P-3, arma antiblindaje y capaz de perforar las gruesas paredes del edificio. Dos aviones atacarían La Moneda y otros dos Tomás Moro. El ataque a la Moneda sería de norte a sur y el de Tomás Moro de oeste a este».

En el Ministerio de Defensa se impartieron las últimas instrucciones para dejar listo el blanco a los Hawker Hunter. A través de la radio, la voz de Guillard irrumpió con un nuevo bando militar y un ultimátum:

-Si no hay rendición La Moneda será bombardeada a las 11 de la mañana...

El grupo de detectives que permanecía en La Moneda se enteró que los tres edecanes presidenciales se habían retirado del palacio, pero que la gran mayoría de los carabineros que formaban la escolta presidencial seguían en su puesto encabezados por su Director, el general José María Sepúlveda. Afuera, las tropas comandadas por el general Javier Palacios habían tomado posición.

El fuego se inició.

La defensa del palacio replicó.

Allende recorrió todas las dependencias dando órdenes.

-Si quieren abandonar el lugar, este el momento, pero dejen sus armas. ¡Las vamos a necesitar!- le dijo al general Sepúlveda. Un oficial trajo cascos y metralletas. En el salón rojo, el suboficial Jorquera, ayudante del edecán aéreo, le dio al secretario del Presidente un número telefónico.

-Comuníquese con el comandante Badiola.

Querían transmitir un nuevo recado: rendición inmediata y que Allende fuera a hablar con la Junta al Ministerio de Defensa. Puccio le pidió a Badiola que esperara y le informó a Allende.

-Un Presidente de Chile no se rinde y recibe en La Moneda. Si Pinochet quiere que vaya al ministerio, ¡que no sea maricón y que venga a buscarme personalmente! -le dijo a Puccio que respondiera.

El inspector Seoane se inquietó al enterarse que los jefes de Carabineros también se retiraban. De pronto, escuchó que Allende lo llamaba:

«Estaba en el salón Toesca, sentado sobre una mesa grande. Me dijo que yo y mi gente podíamos retirarnos. Insistió en que debía informar a mis hombres que estaban liberados. Cuando le dije que me quedaría, respondió algo así como que sabía que esa sería mi decisión. No fue nada grandilocuente. Transmití el mensaje a la dotación y todos decidieron quedarse. Sin grandes palabras, sin melodramas: estábamos cumpliendo con nuestro deber. Ya éramos 17, pues uno de los nuestros se había retirado. Después supe que lo habían visto en una patrullera llorando».

El detective Luis Henríquez:

«Si había alguien que tenía muy claro lo que venía y lo que tenía que hacer, ése era el Presidente. No lo vi en ningún momento titubear y tampoco flaquear. Cuando Seoane nos dijo que el Presidente nos dejaba en libertad de acción, pero que nuestra misión nos obligaba a permanecer en el palacio hasta las últimas consecuencias, nadie dudó. Escuché a Garrido argumentar que con qué cara nos íbamos a presentar ante nuestras familias y compañeros si abandonábamos nuestra misión. La opinión y certeza de los más antiguos primó. Nos quedamos todos».

La partida de los carabineros provocó un súbito silencio. Luego, nuevamente la balacera.

El cerco ya era casi total.

Arellano, en su puesto de comando, seguía atentamente la retirada de las tanquetas de Carabineros:

> La coordinación con Carabineros fue muy importante. La evacuación de la Guardia de La Moneda se coordinó con el general Yovane. Ella tuvo que hacerse con mucha habilidad, ya que no se podía despertar sospechas entre los extremistas y los GAP, que habían emplazado armas automáticas en los principales puntos del palacio. Yo apuraba a Yovane, porque el ataque de los aviones Hawker Hunter y después el ataque final de mis fuerzas no podía dilatarse más. Por pequeños grupos, los cara-

bineros fueron abandonando La Moneda y se dirigían al edificio de la Intendencia de Santiago. Para ello se aprovechó la llegada a la zona de los primeros tanques. Había transcurrido una hora más o menos, y ya estábamos en pleno combate, cuando avanzaron tres tanquetas de Carabineros hasta Morandé 80, creando gran confusión. Se expusieron al fuego de los francotiradores y de nuestras propias tropas. A través del intenso tiroteo se vio que alguien subía a una de las tanquetas, después de lo cual abandonaron rápidamente el lugar. A los pocos momentos, la unidad que cubría el sector Alameda con Manuel Rodríguez me llamó por radio: tenían detenidas a las tres tanquetas y en una de ellas iba el general de carabineros José María Sepúlveda, y que había sido sacado de La Moneda por orden de Yovane. De inmediato llamé a Yovane para hacerle ver el riesgo innecesario que se había corrido por no coordinar esa acción y exponernos a un choque entre Carabineros y Ejército por un hombre que no lo merecía.[101]

En INDUMET, su interventor, el socialista ecuatoriano Sócrates Ponce, casado con una hija del general de Carabineros Rubén Alvarez, habló ante la asamblea de trabajadores. Les informó lo que estaba ocurriendo y les dijo que habían decidido resistir, pero que los que quisieran irse podían hacerlo de inmediato. Menos de cien hombres permanecieron en sus puestos.

En La Moneda alguien habló con Badiola, que estaba en el Ministerio de Defensa y ofreció parlamentar para detener el bombardeo. Carvajal se comunicó con Pinochet y escuchó en boca de éste:

-Rendición incondicional. Nada de parlamentar. ¡Rendición incondicional!

-Muy bien. Conforme. Rendición incondicional en que se lo toma preso, ofreciéndole nada más que respetar la vida, digamos...

-La vida y su integridad física y enseguida se lo va a despachar a otra parte.

---
[101] Extracto de lo que escribió Arellano en su agenda el "día 11".

-Conforme. O sea que se mantiene el ofrecimiento de sacarlo del país.

-Se mantiene el ofrecimiento de sacarlo del país. Y el avión se cae, viejo, cuando vaya volando...[102]

Carvajal se rió.

En La Moneda no había lugar para la distracción. Allende fue hacia su escritorio y tomó el teléfono de magneto.

-Aló, Aló, radio Magallanes- repitió varias veces. La comunicación era casi imposible, hasta que de improviso el contacto funcionó. Alrededor de Allende se fueron congregando cerca de 40 personas. A su lado estaba su hija Beatriz. Allende no tenía ni un solo texto en sus manos. Eran casi las diez de la mañana cuando por la onda de Radio Magallanes surgió una voz.

-Aquí habla el Presidente...

Y esa voz fue como un aguijón en medio de los estruendos:

«Compatriotas: es posible que silencien las radios, y me despido de ustedes. Quizás esta sea la última oportunidad en que me pueda dirigir a ustedes. La Fuerza Aérea ha bombardeado las torres de Radio Portales y Radio Corporación. Mis palabras no tienen amargura sino decepción y serán ellas el castigo moral para los que han traicionado el juramento que hicieron, soldados de Chile, comandantes en jefes titulares, el almirante Merino, que se ha autoproclamado, el general Mendoza, general rastrero que sólo ayer manifestara su solidaridad, también se ha denominado Director General de Carabineros».

«Ante estos hechos sólo me cabe decirles a los trabajadores: yo no voy a renunciar. Colocado en un trance histórico, pagaré con mi vida la lealtad del pueblo. Y les digo que tengo la certeza de que la semilla que entregáramos a la conciencia digna de miles y miles de chilenos no podrá ser segada definitivamente. En nombre de los más sagrados intereses del pueblo, en nombre de la patria, los llamo a ustedes para decirles que tengan fe. La historia no se detiene ni con la represión ni con el crimen. Esta es una etapa que

---

[102] De las Grabaciones del Golpe publicadas por *Análisis* N° 122, el 24 de diciembre de 1985.

será superada. Este es un momento duro y difícil; es posible que nos aplasten. Pero el mañana será del pueblo, será de los trabajadores. La humanidad avanza para la conquista de una vida mejor».

«Trabajadores de mi patria: quiero agradecerles la lealtad que siempre tuvieron, la confianza que depositaron en un hombre que sólo fue intérprete de grandes anhelos de justicia, que empeñó su palabra en que respetaría la Constitución y la Ley, y así lo hizo».

«Es este el momento definitivo, el último en que yo pueda dirigirme a ustedes. Pero que aprovechen la lección. El capital foráneo, el imperialismo unido a la reacción, creó el clima para que las Fuerzas Armadas rompieran su tradición, la que señaló Schneider y reafirmara el comandante Araya, víctimas del mismo sector social que hoy estará en sus casas esperando con mano ajena conquistar el poder para seguir defendiendo sus granjerías y sus privilegios. Me dirijo sobre todo a la modesta mujer de nuestra tierra, a la campesina que creyó en nosotros, a la obrera que trabajó más, a la madre que supo de nuestra preocupación por los niños. Me dirijo a los profesionales de la patria, a los profesionales patriotas, a los que hace días están trabajando contra la sedición auspiciada por los colegios profesionales, colegios de clase para defender también las ventajas de una sociedad capitalista».

«Me dirijo a la juventud, a aquellos que cantaron y entregaron su alegría y su espíritu de lucha. Me dirijo al hombre de Chile, al obrero, al campesino, al intelectual, a aquellos que serán perseguidos, porque en nuestro país el fascismo ya estuvo hace muchas horas presente, en los atentados terroristas, volando los puentes, cortando las vías férreas, destruyendo los oleoductos y los gaseoductos, frente al silencio de los que tenían la obligación de proceder. Estaban comprometidos. La historia los juzgará».

«Seguramente Radio Magallanes será acallada y el metal tranquilo de mi voz no llegará a ustedes. No importa, me seguirán oyendo. Siempre estaré junto a ustedes, por lo menos mi recuerdo será el de un hombre digno que fue leal con la patria. El pueblo debe defenderse, pero no sacrificarse. El pueblo no debe dejarse arrasar ni acribillar, pero tampoco debe humillarse».

«Trabajadores de mi patria, tengo fe en Chile y su destino. Superarán otros hombres este momento gris y amargo donde la traición pretende imponerse. Sigan ustedes sabiendo que, mucho más temprano que tarde, se abrirán las grandes alamedas por donde pase el hombre libre para construir una sociedad mejor. ¡Viva Chile!, ¡viva el pueblo!, ¡vivan los trabajadores!».

«Estas son mis últimas palabras, teniendo la certeza de que el sacrificio no será en vano. Tengo la certeza de que, por lo menos, habrá una sanción moral que castigará la felonía, la cobardía y la traición».

# CAPITULO XXV
# BOMBAS SOBRE LA MONEDA

El metal de la voz de Allende se extingue. Los hombres y mujeres que lo rodean están mudos. Algunos tienen lágrimas en los ojos. Otros, tímidamente, se acercan y lo abrazan.

El detective David Garrido, trémulo, observa:

-Estaba en el living privado, al lado del despacho presidencial, mientras él hablaba con tanta entereza... Me abismó comprobar que tenía muy claro que iba a morir.

Juan Seoane:

-Era como si hubiera estado preparado para vivir ese momento. Estaba más entero que nadie. Manejaba completamente la situación. Seguía siendo el Presidente de la República.

Lo mismo debe pensar Arellano al escuchar las palabras de Allende por Radio Magallanes. No entiende cómo la emisora no ha sido aún acallada. Envía de inmediato una patrulla con la orden terminante de que deje de transmitir y se detenga a los responsables. La arenga que llama a defender el gobierno constitucional también es silenciada y ya no habrá más que una sola voz con marchas y bandos militares.

El doctor Danilo Bartulín, está al lado de Allende y participa de la discusión de los planes para sacarlo vivo de allí:

«Un grupo creyó que lo mejor era ir a parlamentar; otros, Arsenio Poupin y Jaime Barrios, estaban por morir combatiendo en La Moneda como ejemplo histórico para el pueblo de Chile. Allende vale más vivo que muerto decíamos con el «Perro» Olivares y el «Coco» Paredes. Teníamos que salir hacia una población y seguir resistiendo. ¿Cómo? El plan era cruzar Morandé en dirección al Ministerio de Obras Públicas, atravesarlo interiormente y llegar a calle Bandera, donde teníamos autos con los que nos comunicábamos por radio y salir a una población. Era posible, pero Allende no quiso. Eran las 10 pasadas...»[103].

Por fin, el Presidente conversa con Hernán del Canto. Lo recibe junto a Ricardo «Máximo» Pincheira. No está ahí como miembro del CENOP, sino en su condición de jefe del equipo de Inteligencia y Contrainteligencia del Partido Socialista. Allende le reitera a Del Canto con voz cortante que él no saldrá de La Moneda:

-La dirección del Partido Socialista debe saber también cumplir con su responsabilidad histórica.

Del Canto sale de La Moneda profundamente perturbado. El doctor Pincheira vuelve a ocupar su puesto al lado de Allende.

Cerca de su despacho, el detective Quintín Romero escucha sonar el teléfono y contesta:

-Habla el almirante Patricio Carvajal. ¡Póngame con el Presidente!

Romero va a buscarlo y lo acompaña hasta el teléfono. Escucha que Allende reta a su interlocutor y finalmente le grita:

-¡Usted está hablando con el Presidente de la República y el Presidente elegido por el pueblo no se rinde!

Allende corta.

-No quiero recibir nuevamente llamadas de este tipo.

El doctor Danilo Bartulín lo ve ir hacia el Salón Toesca:

«Nos reunió a todos y nos dijo que había una tregua de 10 minutos, que los únicos obligados a quedarse eran los miembros del GAP y todo aquel que tuviera un arma y

---

[103] Entrevista de Antonio Martínez en el diario *La Época*, del 1 de abril de 1990.

supiera usarla. Le pidió al resto que se fuera. Ahí se fueron Joan Garcés, René Largo Farías, los empleados de La Moneda, los carabineros... Quedamos más de treinta personas. El propio doctor organizó la resistencia. Decía: de aquí se dispara, de allá también...»

Osvaldo Puccio retiene las últimas frases:

«El que tenga un campo por sembrar, el que tenga un hijo por nacer, ¡que se vaya!».

El doctor Oscar Soto:

«Joan Garcés no quiere abandonar el palacio. Discuten de pie con el Presidente, en el patio de invierno, habiendo dejado Garcés en el suelo el maletín que portaba. Allende tiene un argumento definitivo: nadie mejor que Joan para relatar, con fundamentos, todo el proceso de la Unidad Popular y lo que él ha visto esa mañana. En el momento de una pequeña tregua, Garcés sale del palacio por calle Moneda»[104].

Isabel Allende abraza a su padre:

–A las 8 de la mañana me llamó Patricia Espejo, de la secretaría privada de mi padre. Me dijo: Isabel, ¡hay un Golpe! El ya está en La Moneda. Me levanté y partí. Después que ocurrió el «tanquetazo» y vi lo fuerte que significó para él no estar en La Moneda desde temprano, tuvimos clarísimo lo que haría si pasaba algo similar. Yo también tomé mi decisión. La conversamos con Romilio, mi compañero: yo estaría en La Moneda. Lo necesitaba. Romilio tomó a nuestra hija Marcia y a Gonzalo, mi hijo mayor, y se los llevó a La Cisterna, donde su familia. Como mi auto no tenía radio, no pude escuchar las noticias ni los bandos militares y sobre todo, mi gran frustración, sus últimas palabras... Llegué a La Moneda después de muchas dificultades. La gente salía del centro presurosa, en dirección opuesta. Carabineros me paraba en cada recodo y yo invariablemente repetía: «Soy la hija del Presidente y voy a La Moneda». Y me dejaban pasar. Cuando estuve cerca, por ahí por Amunátegui, dejé el auto y seguí a pie. A metros de la entrada principal, por Alameda, encontré carabineros

---

[104] Del libro *El último día de Allende*, de Oscar Soto.

en actitud agresiva. Un oficial bajó su ametralladora sólo después que un amigo, Jorge Echeñique, le explicó la situación. Entré por la puerta de Morandé 80. Creo que fui la última en poder ingresar... Mi recuerdo desde ese momento comienza a ser muy vago. Subí las escaleras corriendo y encontré a Beatriz. Me miró con cara de sorpresa y me dijo: «¡Qué haces aquí!». Y le contesté: «Lo mismo que tú!». «¡Te tienes que ir!, Tencha está sola en Tomás Moro», me insistió. Pero me quedé. Fue... un acto que me salió de muy adentro... casi visceral. Enseguida me encontré con Eduardo «Coco» Paredes. Estaba en la secretaría privada, sentado en el escritorio de Beatriz, y cuando entré ¡me miró con una cara! Me dijo: «¡Pero qué haces aquí! ¡No te das cuenta de que esto es hasta el final!»...Ellos sabían y yo no. Pero yo sé porqué fui a La Moneda. Necesitaba estar con mi padre. Mi vida habría sido muy distinta si no hubiera estado ese día con él... Jamás pensé que iban a bombardear Tomás Moro. Siempre creí que mi madre estaría a salvo... A partir de ese momento mis recuerdos son confusos. Veo a Carlos Jorquera, a Augusto Olivares... gente que se abrazaba... y en un momento mi padre, que sale de una oficina y me abraza..., me hace cariño... sentí que algo no le gustaba: nosotras estábamos allí. Nos llamó al Salón Toesca. Recuerdo que dijo que las mujeres y todos sus asesores que no tenían armas y no sabían usarlas abandonaran el lugar. Insistió en que no quería muertes innecesarias, que él era un hombre consecuente y por eso se quedaba. Comenzó a presionarnos para que nos fuéramos y nuestra reacción fue una rotunda negativa. Volvió a la carga por segunda vez, sin resultado. Insistió, la decisión ya está tomada, dijo. Había hablado con el general Ernesto Baeza y éste, dijo, se había comprometido a poner un jeep afuera para sacarnos. Beatriz le dijo que ese bien podía ser un chantaje, que nos podían tomar de rehén. Y contestó: «¡No lo creo, pero si llega a suceder el mundo lo sabrá!». El embarazo de Beatriz estaba bastante avanzado, pero en esos minutos sólo pensaba en nuestro padre. En un momento dado, y viendo la desesperación del «Chicho» le dijo: «¡Bueno, ya! ¡Vamos a salir!». Y después, de alguna manera, siempre se culpó por eso. Tati nunca se pudo conformar: quería quedarse hasta el final junto a mi padre y no hacerlo le dolió mucho... Es tan difícil hablar por alguien que ya no está... Beatriz tuvo más sentido común... Él nos dijo que lo importante era que fuéramos testigos de lo sucedido y rindiéramos testimonio afuera...

El compromiso de Baeza ante Allende fue confirmado por el propio general al periodista Sergio Marras, diciéndole que, a las 11 de la mañana, lo llamó Allende para pedirle una tregua que permitiera que salieran las mujeres de La Moneda. Él aprovechó para reiterarle que depusiera su actitud y se rindiera. La respuesta que recibió -dijo- fue un no rotundo. Terminó diciéndole: «¡Hagan lo que quieran!».

Isabel Allende ya está en la puerta de La Moneda:

-Quiso acompañarnos hasta Morandé 80. Quería asegurarse de que saliéramos. En la puerta nos abrazó... Esa fue la última imagen... Su abrazo, extremadamente emocionado... su mirada y luego nos encontramos con el silencio total.

Afuera no hay jeep. Nadie las espera.

Beatriz Allende camina tres pasos y súbitamente vuelve y golpea con sus nudillos con fuerza la puerta de Morandé 80. Lo hace una, dos, tres veces y cada vez más fuerte. Del otro lado está el doctor Bartulín. Tiene instrucciones precisas de no abrir.

En el Ministerio de Defensa, el general Nicanor Díaz se comunica con Leigh:

-Mi general, se trata de aguantar un poco el ataque, porque se habló con el señor Tohá y van a mandar un parlamentario, por lo que hay que esperarse un poquitito. Yo lo llamo por este mismo medio una vez que tengamos clara la situación.

Dice Leigh:

-¡Esta es una maniobra dilatoria! Deben salir las mujeres y algunos hombres que quieren abandonar La Moneda. Y si no, el entendido es el general Sepúlveda de Carabineros. Si no hay entendimiento con él procederíamos al ataque de inmediato. No más de 10 minutos.

Y Pinochet:

-Están ganando tiempo. No acepten ningún parlamento. Parlamento es diálogo. ¡Rendición incondicional! Si quieren, vienen acompañados de Sepúlveda y se entregan. Si no, vamos a bombardear cuanto antes...

Patricio Carvajal:

-Conforme. Le estamos dando 10 minutos de tiempo para que salgan de La Moneda. Yo estoy en conversaciones con José Tohá. Nos dice que están además allá Almeyda y Briones. Ya se le comunicó que en 10 minutos más se va a bombardear La Moneda. Así que tienen que rendirse incondicionalmente y si no sufrir las consecuencias.

Retoma Pinochet:

-Todos los que me acabas de nombrar, todos arriba del avión y se van de inmediato. A las 12 están volando para otra parte...

Las comunicaciones se interrumpen, la voz de Pinochet surge nuevamente con marcado tono de insistencia y alteración.

-No podemos aparecer con debilidad de carácter aceptando un plazo de parlamento a esta gente. No podemos aceptar plazos ni parlamentos que significan diálogos, debilidad. Todo ese montón de jetones que hay ahí, el señor Tohá, el señor Almeyda, todos esos mugrientos que estaban por arruinar el país deben pescarlos presos y el avión que tienen dispuesto ¡arriba!, y sin ropa, con lo que tienen, para afuera.

-Me han dicho que espere un momento para convencer al Presidente -dice Carvajal.

-Negativo- dice Pinochet[105].

Cuando sólo restan tres minutos para la hora fijada para el bombardeo -las 11-, una voz desde el comando coordinador le comunica a Leigh que en esos momentos sale un jeep hacia La Moneda para retirar a seis mujeres. La respuesta es tajante:

-¡Déjense de labores dilatorias, de mujeres y de jeeps! Yo voy a atacar de inmediato. ¡Cambio y terminado!

La comunicación surge desde otro terminal, el «Puesto 3»:

-Mensaje de Gustavo a Augusto: Augusto, voy a atacar de inmediato La Moneda y Tomás Moro con cuatro aviones.

---

[105] De la transcripción de las grabaciones secretas del Golpe que publicó la revista *Análisis* Nº 122 del 24 de diciembre de 1985.

-Mensaje de Augusto a Gustavo: Que esperen un minuto los aviones de La Moneda porque van a salir las mujeres. Los minutos pasan. El bombardeo es inminente. Pero Leigh no puede cumplir lo prometido. Los aviones que vienen de Concepción deben reabastecerse de combustible. Una nueva orden llena el vacío: ataque frontal al palacio por tierra. Las tropas militares disparan. Un tanque hace blanco y abre un tremendo orificio en la pared, a pocos metros de donde se encuentra el detective Quintín Romero:

-Nos arrinconamos todos. Cayeron brasas y comenzaron a quemarse las alfombras. Otro impacto cayó por la ventana que estaba abierta. ¡Fue terrible! Gateando llegamos hasta el fuego y lo apagamos con cojines. En ese instante comenzó a sonar el teléfono presidencial. Nadie lo atendía pues estábamos todos parapetados. De punta y codo, alcancé el aparato y levante el fono. «Habla Tencha, ¿con quién hablo?». Me identifiqué. Entonces la señora del Presidente me pidió que la comunicara con su esposo. Le expliqué que era imposible, que disparaban. «¿Dónde está Salvador?», preguntó. Traté de explicarle y después de un intervalo, terminó diciéndome: «Yo voy a salir de Tomás Moro. Comuníqueselo, por favor y... ¡cuídenmelo mucho!». Pero ese recado nunca pude dárselo...

El detective Luis Henríquez acaba de separarse de Allende:

-Vi al Presidente disparar desde una de las ventanas que dan a la Plaza de la Constitución y ante la presencia de un blindado. Pero fue retirado para evitar que siguiera exponiéndose. Con las armas que allí había, resistir era un chiste. ¡Cómo se puede enfrentar un tanque con una fusil ametralladora o una 9 milímetros!

Allende revisa las dependencias escogiendo el lugar donde debe parapetarse la gente. En la cocina, entre los muros interiores de 80 centímetros de espesor, Danilo Bartulín encuentra un lugar apropiado para que el Presidente y los GAP aguanten el bombardeo. Faltan minutos para el mediodía:

-Tengo hambre- dice Allende. Bartulín le alcanza un pedazo de pan.

Leigh pregunta por última vez si todo está listo para el bombardeo. A las 11.20, los dos Hawker Hunter hacen una pasada de estabilización sobre La Moneda, viran a la izquierda y se alejan tres kilómetros al norte para tomar el eje de ataque a 3 mil pies sobre el objetivo. En ese minuto «Libra» da la orden de separarse un kilómetro para atacar de a uno.

11.50 horas. En un pasillo del segundo piso de La Moneda, el detective David Garrido va con tres de sus compañeros camino al subterráneo en busca de máscaras antigases. Dos minutos más tarde caen las primeras bombas. El avión 1, lanza su carga al pasar por Estación Mapocho y da contra el frontis norte destruyendo la gran puerta y las dependencias de los costados e interiores:

-Sentimos silbar la bomba justo arriba de nosotros. Luis Henríquez y yo saltamos hasta la mitad de la escala. Cuando intenté ponerme de pie, me fui para atrás, me miré los zapatos y éstos ya no tenían sus tacos. La onda expansiva los había arrancado.

Luis Henríquez:

-El aire era irrespirable. Los otros colegas nos prestaban sus máscaras antigases para que pudiéramos respirar. Se inició el incendio...

Danilo Bartulín:

«Estaba preparando una olla cuando cayó la primera bomba justo al medio de La Moneda. Me tiró al piso. Unos vidrios me cortaron un dedo. Me fui al lado de Allende y ahí acurrucados en el piso, con cascos, aguantamos...»

El avión 2 dispara con mayor ángulo: sus cohetes entran por el techo. El incendio es instantáneo. La segunda pasada es contra el segundo cuerpo del edificio, entre el patio de los naranjos y el de los cañones. Los cohetes explosionan en el interior.

Luis Henríquez:

-El incendio avanzaba y la gente se fue concentrando en el ala que daba a Morandé, el sector que tenía menos daños. La confusión era total, los vidrios y escombros caían por doquier y el fuego cercaba. En eso vi al doctor. Subía, bajaba, se desplazaba dándole aliento y una palabra de ánimo a cada uno de los que allí estábamos. Yo era un atemorizado muchacho y en medio de esa situación caótica, ver al intelectual comportarse como el mejor soldado, me impactó.

Garrido:

-Quintín Romero y José Sotomayor quedaron aislados, sin poder regresar. Con Henríquez volvimos a la subida de Morandé 80, donde estaba el grueso del grupo. En un momento pensamos bajar por una escala de caracol que daba al comedor del primer piso. Cuando lo intentábamos, cayó otra bomba en el repostero y quedamos enredados entre los fierros de la escala. Ya había un hoyo y tuvimos que saltar para llegar nuevamente al segundo piso. Ya no pudimos bajar.

En la tercera pasada, uno de los cohetes rebota contra una de las gárgolas del techo y sigue su trayectoria hasta pegar en una oficina del segundo piso de la Cancillería. El detective Romero, aislado junto a Sotomayor, intenta parapetarse:

-Estábamos en una sala que daba sobre la capilla. Sentimos los aviones y luego el impacto, el ruido de los escombros y el polvo. El fuego surgió de inmediato. El rocket había perforado el techo. Quedamos incomunicados. Tratamos de arrancar hacia las oficinas de la señora Tencha, cuando sentimos nuevamente los aviones. Nos metimos debajo de los escritorios de una oficina. El ruido era tremendo. Cuando comenzó el incendio optamos por bajar. El bombardeo seguía y también las balas y las bombas lacrimógenas. El aire era irrespirable. Pensábamos que posiblemente nos quemaríamos vivos si nadie apagaba el incendio. Afuera se escuchaban gritos de militares. No sabíamos nada del resto de la gente. Cada cierto tiempo nos arrastrábamos hasta el baño para mojar nuestros pañuelos y poder respirar. Observábamos cómo se quemaba todo el sector presidencial.

Todo Santiago asistía enmudecido al sobrecogedor espectáculo. A seis kilómetros de distancia, desde los jardines de la residencia del embajador de Estados Unidos en Chile, Nathaniel Davis, su esposa Elizabeth también observaba. El ataque le provocaba sensaciones especiales:

«Era una escena pavorosamente bella. Aparecían de alguna parte, el sol resplandecía en sus alas. Había sólo dos. Aún en formación viraban grácilmente en el aire en un gran círculo, luego se inclinaban y picaban..., una bomba cada uno, después una suave curva hacia arriba y otra pasada...»[106]

Los aviones regresan esta vez con otra carga. El incendio se abre paso, cuando la orden del puesto de control le ordena a «Libra» regresar a Concepción. Dejan atrás dieciocho bombas en total y en sólo 16 minutos.

De inmediato sobreviene el estruendo del fuego de la artillería y armas pesadas de la Infantería apostadas en el frontis de La Moneda. En el comando central, en el Ministerio de Defensa, los hombres en su interior se mueven a tientas, mientras los proyectiles rebotan contra las persianas metálicas de las ventanas.

En La Moneda, el incendio, el polvo y los gases lacrimógenos hacen estragos entre los hombres que rodean a Allende. Se turnan con las pocas máscaras antigases disponibles. Como Allende ve muy poco sin anteojos, ponerle la máscara con ellos es algo complicado.

Danilo Bartulín:

«Lanzaron bombas lacrimógenas por arriba. El agua corría por las escaleras, el incendio... era un infierno. En un momento dado no había de dónde disparar porque al frente no se podía llegar. Pero el doctor gritaba: «¡que nadie se rinda!», «¡que la gente dispare donde pueda!».

Pinochet sigue en Peñalolén. Está inquieto. Teme que Allende huya en las tanquetas de Carabineros que abandonaron el cerco de La Moneda.

-Hay que impedirle la salida. Si sale hay que tomarlo preso. Hay que estar listos para actuar sobre él. Más vale matar la perra y se acaba la leva... -grita.

-El edecán Naval me ha dicho que el Presidente anda con un fusil ametralladora que tenía 30 tiros y que el último se lo va a disparar en la cabeza... -dice Carvajal.

-Esas son... Ese huevón no se dispara ni en las...

---

[106] Del libro *Los Dos Últimos Años de Salvador Allende*, de Nathaniel Davis.

El detective Juan Seoane se desplaza junto a Allende en La Moneda cercada por el fuego y la artillería pesada:
-Éramos 50 ó 60 personas. Vi al Presidente moviéndose de un lado a otro con casco y una ametralladora en la mano. A cada rato se sacaba el casco y alguien se lo pasaba. A mí me parecía que estaba viviendo una película, que todo era irreal. Vi a Enrique Huerta y a Eduardo Paredes, quien hacía prácticamente de cabeza de la gente del GAP. Vi a Enrique Paris, pero sin ametralladora, igual que Arsenio Poupin. En un momento, cuando ya no se esperó más ayuda exterior, se pensó en la posibilidad de salir abriéndose camino con los autos. Pero se desestimó: era arriesgar al Presidente. Por otra parte, Allende no permitió que ni siquiera se vislumbrara la posibilidad de que saliera oculto.

Arnoldo Camú, «Agustín», logra comunicarse con un semi asfixiado Eduardo «Coco» Paredes. A esa hora en INDUMET ya hay cerca de 400 hombres preparando la resistencia.

Por las ondas radiales, la voz del teniente coronel Roberto Guillard llega a miles y miles de chilenos con un comunicado que vuelve a dejar en suspenso los movimientos:
-Desde las 10.30 horas se ha requerido la rendición de Salvador Allende y ante la negativa de éste se inició ataque aéreo y terrestre contra La Moneda. Con esta acción se persigue evitar derramamiento de sangre...

El general Arellano está pendiente de la rendición de La Moneda, pero lo que sucede en Tomás Moro lo altera.

«La única descoordinación fue de responsabilidad del general César Raúl Benavides. Recibió la misión de sitiar la residencia a las 8.30 horas, evitando por todos los medios enfrentamientos con carabineros. Casi al mediodía cumplió con su deber. Fue una lástima, porque en el intertanto, abandonaron el recinto todos los GAP. Al quedar la casa sin custodia se produjo un saqueo que fue de conocimiento público y al que puso fin no Benavides sino la junta de vecinos del sector. Tampoco Benavides comunicó esta situación a su jefe directo, el general Brady, por lo cual no se avisó al general Leigh que suspendiera el bombardeo contra Tomás Moro por ser totalmente innecesario».

Los aviones bombardean Tomás Moro. El piloto del avión 2 confunde su blanco. Sus cuatro primeros cohetes caen en el Hospital de la FACH, aledaño a la residencia presidencial. Dos rebotan sobre grandes árboles y los otros dos en el segundo piso del recinto hospitalario. Gato ordena suspender el ataque.

En Tomás Moro, está «Manuel», el hombre que secunda a «Máximo», Ricardo Pincheira, en la tarea de Inteligencia y Contrainteligencia del Partido Socialista. Su verdadera identidad es Oscar Landerretche[107]. Han transcurrido 27 años y nunca antes había develado ni relatado lo que vivió aquel día como «Manuel». La entrevista se la hice en una larga jornada de domingo, en que juntos revivimos, minuto a minuto, aquel 11 de septiembre y la posterior lucha por la sobrevivencia:

-Ese día me despertó un compañero, pasadas las 6 de la mañana. Vivía con Trini, mi compañera y mi hijo, junto a 'Aníbal', otro miembro del aparato interno del PS, en una casa de seguridad en el Paradero 5 de Vicuña Mackenna, en la Villa Aurora. El 'Negro' Eusebio había ido a Tomás Moro esa noche y me informó que la cosa estaba muy fea. Al poco rato llegó otro grupo de compañeros y me informaron que acababan de bombardear las antenas de Radio Corporación. «Máximo» Pincheira se comunicó conmigo, me dijo que se iba a La Moneda, que tomara el mando y me entendiera con «Agustín» (*Arnoldo Camú*). Me fui de inmediato a una casa de seguridad en calle Ñuble. Allí teníamos un barretín -construido por los Tupamaros- con armamento pesado, el que nunca se había abierto porque estaba destinado a ser usado sólo en caso de guerra. Había ametralladoras, antitanques, lanza cohetes... «Agustín» me ordenó que me fuera a Tomás Moro con todas las armas que pudiera y que sacara de allá a los GAP que aún permanecían en la casa presidencial. Luego, debía irme a un punto de encuentro previamente fijado. Sacamos las armas que pudimos meter

---

[107] Oscar Landerretche, economista, vivió en el exilio, se doctoró en Oxford y regresó a Chile. En el Gobierno de Eduardo Frei fue nombrado Ministro de Energía. Desde abril del 2000 es uno de los directivos máximos de la Fundación «Chile 21», entidad que fundó Ricardo Lagos.

en el Peugeot 404 y me fui a Tomás Moro con Frank y Joaquín. Llegamos a Tomás Moro. La casa estaba rodeada por carabineros de la vigésimo cuarta Comisaría. Le dije a Frank que los apuntara y ante cualquier ataque no dudara en disparar. Mi padre había sido Prefecto de Carabineros de Valparaíso, muy facho, un huaso. Se retiró de coronel siendo muy conocido. Digo esto, porque mi trato con los carabineros era fluido, muchos me ubicaban. La primera respuesta que recibí fue que no se podía entrar a la casa del Presidente, vino un tira y afloja, otro oficial se acercó y me dijo que mejor no entrara, que la cosa se iba a poner muy difícil... Insistí y exigí que me abrieran la puerta. Por la radio del auto escuchamos la voz de un militar dando el ultimátum para la rendición de La Moneda o bombardeo. Con voz cortante repetí ¡ábrame! Entramos. Quedaba media docena de GAP y otros hombres. El que estaba al mando era «Mariano» Argandoña, «el arquitecto». Le comuniqué que las órdenes que tenía era que saliéramos y que el punto de reunión era el Hospital Barros Luco. El ambiente ahí era terrible. Los compañeros estaban mal, decían «están muriendo en La Moneda junto al Presidente y nosotros nos vamos a retirar. ¡No podemos!». Hubo un primer desconocimiento de la orden. Pero, como había más gente de afuera que de adentro, empezamos a organizar la retirada. La discusión seguía, había quienes continuaban en conversación con La Moneda y se quebraban al escucharlos relatar lo que estaba sucediendo. No querían abandonar la casa. A eso se sumaba la sensación de estar metidos en el medio del barrio alto, lejos de los puntos de encuentro en la zona sur. Para llegar allá teníamos que pasar por una masa de gente que no sabíamos ni cuántos eran ni en qué disposición se hallaban. Ahí apareció un helicóptero, justo arriba nuestro, lo que apresuró mi decisión de abandonar la casa. Le pedí a un compañero que buscara una salida por atrás y con Frank nos fuimos a cubrir la entrada. Otro grupo se fue al techo. Tomamos posición en la puerta. Los tipos del techo nos informaron que no se veía nada alrededor. «Mariano» dio la orden de atacar el helicóptero con una punto 30, y le empezaron a dar. Minutos después empezó el bombardeo y perdimos comunicación entre nosotros porque se acabó la calma. Mi último acto racional fue sacar de mi morral un cartón de cigarrillos Hilton, el que tenía guardado para esa ocasión, y repartirlos antes de ir a la pelea. Nos tiraron cohetes. Uno hizo trizas un cuadro de Guayasamín y dejó muy herido a un compañero. Eso aceleró la salida. Cargamos todos los fierros que pudimos en la ambulancia y en los autos. Ya sabíamos que había una posibilidad de ir por atrás, bajando con los autos unas escaleras. El auto 1 era el Peugeot 404 que yo conducía. Ibamos cargados hasta el techo. Iban conmigo Joaquín, Frank, «Mariano» y Mauricio, un capitán del Ejército cubano de 1.90 mts., rubio, con pinta de gringo. Recuerdo que se puso su uniforme verde oliva diciendo: «Si me voy a morir en Santiago, quiero hacerlo con mi uniforme». Detrás venía un Fiat 600, una camioneta y la ambulancia. Salimos llenos de polvo y en medio de una nube de humo producto del bombardeo...

Pasadas las 13 horas, en La Moneda sitiada y en medio del combate, Osvaldo Puccio, acompañado por Fernando Flores y Daniel Vergara, le comunica a Salvador Allende que acaba de hablar con el general Ernesto Baeza. Le dicen que hay un acuerdo para ir a parlamentar condiciones de rendición: no más bombardeos, formación de un gobierno con civiles y respeto de las conquistas sociales.

Los tres hombres salen de La Moneda.

-¿Qué es lo mejor: un tiro en la boca o en la sien? -le pregunta el «Perro» Olivares a Bartulín. Tiene una UZI en la mano.

-Cuando descargues la UZI te van a llegar 20 tiros, dice el doctor. Olivares siente que hay algo peor que la muerte: quedar herido. Bartulín no sabe que lo está instruyendo cuando dice:

-En la boca el tiro puede pasar entre los hemisferios cerebrales, lo más seguro es la sien, bien perpendicular...

El incendio avanza, igual que el cerco. De pronto, se escucha el grito del periodista Carlos Jorquera. Los hombres aguzan el oído y se movilizan. La noticia causa un efecto peor que las bombas: Augusto Olivares se acaba de suicidar. El detective Luis Henríquez se estremece:

-El rostro del Presidente era impresionante, eran muy amigos y él levantó la voz, la impuso tranquilizando a todos y nos pidió que guardáramos un minuto de silencio en su memoria... Jamás olvidaré esa cara...

Paredes, Ricardo «Máximo» Pincheira y Jorge Klein ya no se separan. Al igual que Bartulín, no han perdido las esperanzas de convencer a Allende de abandonar La Moneda. Por uno de los pocos teléfonos aún disponibles, Eduardo Paredes, ex director de Investigaciones, recibe un llamado. Es su sucesor, Alfredo Joignant. Desea hablar con Allende:

-Se ha llegado a decir que tuve una tremenda pelea con él y por eso llegó la hora de contar la verdad. Allende estaba muy alterado, y era muy comprensible: se había suicidado el «Perro» Olivares. Le dije: Mire, Presidente, hay que prepararse para la guerra larga. Pensaba que debíamos ir a los coscachos... Y le informé que le entregaría las armas de Investigaciones al Partido Socialista, a su aparato militar responsable, a Arnoldo Camú. Allende se alteró aun más, no estaba de acuerdo, y terminó diciéndome: ¡Alfredo, hay que saber morir como hombre! Por eso no hablé antes: porque efectivamente ya había entregado las armas al Ps. Y no fue todo: con Samuel Riquelme, comunista y subdirector de Investigaciones, nos repartimos las 120 metralletas Walter que allí había. La mitad para el Ps y la otra para el Pc. Yo las mandé a INDUMET. Ese era el acuerdo que yo tenía con Camú, el «comandante Agustín», con el que hablé en la mañana y me dijo que había llegado el momento de hacer lo acordado en caso de peligro de Golpe. ¡Y a esas alturas ya no había duda que eso enfrentábamos! Entregué las armas, a pesar de que tenía la certeza de que no había ningún aparato militar estructurado y que la vía armada no iba a funcionar.[108]

En el perímetro céntrico de La Moneda, desde los edificios públicos, aún se dispara hacia las fuerzas militares.

---

[108] Alfredo Joignant fue detenido esa misma noche en una casa en La Reina. Lo llevaron al Ministerio de Defensa, fue entregado al general Sergio Nuño y éste ordenó que lo llevaran al subterráneo. Estuvo largo tiempo preso en la Academia de Guerra Aérea donde fue torturado. Recorrió otros centros carcelarios y un día 11 de diciembre de 1976 lo sacaron directo al aeropuerto, expulsado de Chile.

Dentro de la sede presidencial, el inspector Juan Seoane recibe un llamado del Cuartel General de Investigaciones. Es el ayudante del director, Carlos Bravo.
-¿Cómo está el Presidente?
-Bien -dice un escueto Seoane, y luego pregunta por Joignant y Riquelme.
-Ya no están.
-¿Y quién está a la cabeza?
-El prefecto inspector René Carrasco.
-Infórmele de nuestra situación y pídale que me llame de vuelta.
Carrasco es el que lo llama minutos después:
-Todo está perdido para ustedes. He recibido una instrucción del Ministerio de Defensa. Dígale al Presidente que la situación la dominan los militares, que hay que evitar un derramamiento de sangre inútil y lo mejor que pueden hacer es retirarse. Yo hablo con ellos y consigo una tregua.
Allende se entera del diálogo por intermedio de Paredes. Está al lado de Bartulín. Lo mira y le dice:
-Danilo, tú has sido mi leal amigo. Si yo quedo herido, pégame un tiro.
-Doctor, usted es el último que tiene que morir aquí.
Allende le pide a Bartulín que vaya a una piececita en la entrada de Morandé 80, donde hay un citófono que conecta con el Ministerio de Defensa y averigüe qué ha sucedido con Flores, Vergara y Puccio. Se entera de lo previsible: los que fueron a parlamentar están presos.
-La rendición es incondicional - le repiten.
Arellano escribió en su agenda:
«Hasta que las tropas ingresaron a La Moneda, se combatió intensamente. El fuego de armas automáticas por ambos lados era impresionante, mientras gigantescas llamas consumían el Palacio. Se produjo el movimiento de tenazas que estaba previsto, prácticamente sin encontrar gran resistencia, ya que las unidades conquistaron sus objetivos a las 13.30 horas, media hora antes de lo calculado. El millón de trabajadores con que amenazaba Salvador Allende no apareció por ninguna parte. Pero en el centro, desde todos los edificios altos, se hacía nutrido fuego de armas automáticas contra

nuestras tropas. Empezamos a sufrir las primeras bajas. Particularmente activo era el fuego desde la Torre Entel, el Banco del Estado, el Edificio del Teatro Continental y desde el Ministerio de Obras Públicas. También hubo mucha actividad de armas de diferentes tipos desde otros edificios, como la Corfo, el Edificio Gabriela Mistral (ex UNCTAD), las Torres del San Borja y otros. Con un tiro de cañón montado en un jeep se silenció certeramente una ametralladora que había estado muy activa en la parte más alta de la Torre Entel. La valentía de que hacían gala nuestros hombres me produjo una extraña sensación de satisfacción y pena. Al comenzar la acción y ante el nutrido fuego que se recibía de los edificios altos, cayó nuestro primer soldado: un muchacho de 19 años. La reacción de su compañero, que estaba al lado del monumento a Bernardo O'Higgins, fue instantánea: salió a campo abierto, ubicó la ventana de la parte alta del edificio del Teatro Continental y vació con rabia todo el cargador de su fusil SIG. Sabían que luchaban por un ideal superior. Linda muerte la de estos muchachos y grande nuestra responsabilidad de no dilapidar su sacrificio».

Juan Seoane:
-Luego de una primera negativa, el Presidente accedió... Me comuniqué con Carrasco y le dije que el Presidente estaba de acuerdo, que todos íbamos a salir. Él dijo que teníamos que salir de a uno, sin armas y con una bandera blanca...

Desde su puesto de mando, en Peñalolén, el general Pinochet llama continuamente al Ministerio de Defensa para informarse de la situación. Los nervios lo traicionan. Habla a gritos:

-Ten cuidado con las famosas cartas del señor Allende, porque este gallo está jugando; juega y sigue muñequeando... No hay que aceptarle ninguna cosa. Hay que tirarlo p'afuera no más. Es más problemático tenerlo aquí adentro.

El general Javier Palacios se prepara para ocupar La Moneda:

«Sólo 24 horas antes recibí órdenes del general Pinochet. El ingreso a La Moneda me tocó por casualidad. Debía actuar en la reserva, porque como estaban construyendo el Metro, resultaba muy difícil pasar con los tanques. La idea era llevarlos en caso de emergencia. Pero sucedió al revés, en lugar de que reaccionaran los cordones industriales, lo hicieron los servicios públicos del centro de la capital: el Ministerio de Obras Públicas, la Caja de Seguro Obligatorio y hasta del Hotel Carrera. Allí mi misión cambió: rodear La Moneda con los tanques y hacer que Allende se rindiera. Después de tomar el mando indirecto de la unidad de blindados, me subí a un tanque y avanzamos por las calles de Santiago. Se rodeó La Moneda por todos lados. Recién ahí nos dimos cuenta que a los funcionarios públicos les habían dado armas y las sabían usar bastante bien. Vi el bombardeo de La Moneda. Después nos tocó el turno a nosotros...»[109]

Juan Seoane:
-Todos comenzaron a dejar las armas. En la punta de un palo largo se puso un delantal de médico. El doctor Oscar Soto tomó la bandera blanca. Estábamos todos en el segundo piso por Morandé 80. Comenzamos a bajar; al pasar por una ventana dispararon, rompieron los vidrios y el doctor Soto se cayó. La gente retrocedió y se rompió la fila.

David Garrido:
-Iba entre los primeros que salían y con los disparos retrocedí y me puse al final. Vi como el Presidente se fue despidiendo de todos, uno por uno. Me dijo: «compañero, muchas gracias y mucha suerte». Tengo grabada la imagen del Presidente con la Declaración de la Independencia de Chile en su mano, firmada por O'Higgins, Zenteno y la Primera Junta de Gobierno. Ese pergamino estaba en la Sala del Consejo de Gabinete, en el Salón Carrera, y cuando éste comenzó a quemarse alguien sacó el acta original desde la vitrina en la que estaba y se la pasó al Presidente. Hasta el final lo vi con ella en la mano... El humo hacía el aire irrespirable. Como no tenía máscara, cuando me ahogaba mucho, mi colega Douglas Gallegos y otros se sacaban las suyas y me la pasaban. Nos asfixiábamos...

---
[109] Entrevista en diario *Las Últimas Noticias*, del 10 de septiembre 1997.

Luis Henríquez:

-El Presidente conminó personalmente a sus colaboradores a que se rindieran. La gente empezó a salir por la puerta de Morandé 80. Yo me quedé con Garrido y otros de los últimos. Vimos al Presidente exigirle a cada uno que se rindiera y saliera y después, cuando al parecer ya habían salido los primeros, el doctor pareció tomar su decisión y se metió al salón contiguo al pasillo en donde nos encontrábamos... Nosotros alcanzamos a escuchar sus palabras: ¡Allende no se rinde, mierda!

Doctor Patricio Gijón:

«En el momento en que voy saliendo me digo que tengo que llevarle un recuerdo a mi chiquillo. Volví sobre mis pasos a buscar la máscara de gas. Rehice el camino por el mismo corredor. Ya habían salido prácticamente todos y justo frente a una puerta abierta veo como Allende se pega el tiro. ¡Fue desconcertante! Porque se estaba sentando en el momento de dispararse. En realidad lo que vi fue la levantada que le produjo el impacto. Entré inmediatamente y le tomé el pulso: estaba muerto. No tenía bóveda craneana... Había volado. Me senté al lado de él y me quedé pensando. Sabía que tendría que llegar alguien. Pensé: si no fui capaz de honrarte en vida por lo menos te acompañaré ahora que estás muerto».[110]

Juan Seoane:

-La fila iba saliendo, cuando llegó uno de los médicos. Dijo que Allende había muerto. Fue un momento terrible. Arsenio Poupin trató de matarse, alguien forcejeó con él y le arrebató la pistola. La voz de Enrique Huerta surgió: «¡Rindámosle un homenaje al Presidente!». La gente siguió bajando...

David Garrido:

-Al enterarse de la muerte de Allende, los que aún permanecían en el segundo piso, al final de la fila, intentaron volver para estar junto a él pero alguien lo impidió...

Luis Henríquez:

-No tuve el valor necesario para volver a verlo. Había que salir a un metro de distancia entre nosotros y con las

---

[110] Entrevista a revista Cauce Nº 24 (1984).

manos en la nuca. Mi presencia allí no fue precisamente la de un héroe, pero estoy conforme porque era mi obligación constitucional permanecer junto al Presidente hasta el final... ¡Y cuando el doctor se suicidó fue el final! Un impacto terrible. No tenía lógica. Sí, ¡derramé lágrimas, no lo niego! De impotencia por no haber hecho algo. Y me sentí muy culpable porque siempre pensé que nuestra misión era sacarlo vivo de allí. La verdad es que no estábamos preparados para algo así.

Desde el puesto de mando del Ministerio de Defensa se reanuda el contacto entre los jefes:

-Ha salido de La Moneda una cantidad de gente, pero todavía no me han confirmado si entre ellos está Allende. Parece que no. Actualmente se está disparando, porque se está reduciendo a francotiradores que hay sobre todo en el Ministerio de Obras Públicas. En este momento se acaba de producir un cese del fuego, espero que ahora se pueda producir la salida de Allende - dice Carvajal.

-Van dos helicópteros más a batir esos edificios. Yo voy a mandar de todas maneras el helicóptero presidencial de inmediato a la Escuela Militar. Me interesa que les avises que va a llegar el helicóptero y va a esperar ahí hasta las 4 de la tarde, hora en que el Presidente debe tomarlo. Si no llega a las 4, yo ese helicóptero lo retiro y el Presidente queda preso esta noche- dice Leigh.

Casi a las 14 horas, entran al palacio las tropas de ocupación encabezadas por el general Javier Palacios[111].

«Entré por Morandé 80. Momentos antes de que subiéramos bajó un doctor con una banderilla blanca diciendo que se rendían. Bajaron unos 14 ó 15 hombres, todos de delantal blanco. Hacía de portavoz el doctor Jirón. Arriba quedaron los GAP que no se rindieron. Yo subí. Había que andar con cuidado porque el incendio venía hacia nosotros. De pronto apareció un muchacho de rasgos araucanos con una metralleta que nos chorreó a balazos. Una de las balas rebotó en la muralla y me pegó en la mano».

---

[111] El general Palacios había sido compañero de estudios en el Liceo Alemán de los dirigentes socialistas Carlos Altamirano y Clodomiro Almeyda. Con el primero incluso fueron amigos hasta los 12 años.

La rápida actuación de su ayudante, el teniente Iván Herrera López, evitó que fuera alcanzado por otros proyectiles. Palacios sólo tiene una herida en su mano, pero Herrera recibe un impacto en el casco que le ocasiona una conmoción. Palacios sigue avanzando. Un teniente le sale al paso. Es Armando Fernández Larios[112]:

General Javier Palacios:

«Fernández Larios me vendó con un pañuelo que yo mismo le pasé -y no al revés como se ha dicho- para cubrir la herida. ¿Por qué estaba allí? Creo que el Servicio de Inteligencia del Ejército envió gente por su cuenta para identificar a los prisioneros[113]. Botábamos las puertas y entrábamos a los salones disparando sin saber con qué nos íbamos a encontrar. De pronto viene un suboficial: Mi general, en el salón Independencia está el Presidente. Y está muerto».

Salvador Allende yace encima de un sofá de terciopelo rojo con dos almohadones en sus costados. Su cuerpo se enfrenta al óleo de Fray Pedro Subercaseaux, que representa el momento de la proclamación de la Independencia de Chile, en la Plaza de Armas, el 18 de septiembre de 1810. Palacios recorre el cadáver con la mirada. Observa su saco de tweed, su pullover gris de cuello subido, el pantalón marengo y los zapatos negros. Se detiene en la metralleta, la inscripción y luego en sus manos: están llenas de pólvora. Su corazón se ha detenido, pero en su muñeca, su reloj automático de metal blanco marca Galga Coultre aún funciona. A su lado hay una máscara de gas y un casco. Cuando el general levanta la mirada se topa con el crucifijo del siglo XVIII tallado en madera y de casi un metro de altura que está adosado al muro sobre una mesa con un espejo.

-Tapen el cuerpo -ordena.

Alguien trae un chamanto boliviano. Le da una nueva mirada y se comunica con el almirante Carvajal:

---

[112] Armando Fernández Larios participó de la comitiva militar que encabezó Arellano al norte -»Caravana de la Muerte»- y formó parte de la DINA. Aparece vinculado al asesinato del general Carlos Prats, en Buenos Aires, en 1974, según la investigación judicial que se lleva a cabo en ese país. En 1976, participó en el atentado terrorista del que fue víctima el ex Canciller Orlando Letelier y su asistente Ronnie Moffit, en Washington. Se entregó a la justicia de Estados Unidos y vive bajo protección en ese país.

[113] Entrevista en *El Mercurio*, 12 de septiembre de 1999.

-Misión cumplida. Moneda tomada. Presidente muerto.

Carvajal activa de inmediato el puesto de control con los generales Pinochet y Leigh:

-They say that Allende committed suicide and is dead now. Díganme si entienden.

# CAPITULO XXVI
# VENCEDORES VENCIDOS

-...Que lo metan en un cajón y lo embarquen en un avión, viejo, junto con la familia. Que el entierro lo hagan en otra parte, en Cuba. Si no, va a haber más pelota pa'l entierro. ¡Si éste hasta para morir tuvo problemas! -dice Pinochet.

-Conforme. La información esta se va a mantener reservada -dice Carvajal.

El hijo del general Arellano, Sergio, estaba en el quinto piso del Ministerio de Defensa:

-Alguien llegó y dijo que había que informar al país que Allende se había suicidado. Nadie hablaba. Sentí un sonido, me di vuelta: vi al teniente coronel Sergio Badiola, al edecán de Allende, llorar...

General Palacios:

«Se suicidó con la metralleta que le había regalado Fidel Castro. Yo la tuve entre mis manos. Fue muy valiente, muy varonil. Hay que reconocer las cosas. Él dijo que no entregaba el mando y que estaba dispuesto a cualquier cosa. Era excelente tirador. Antes de entrar, lo veía desde la calle cuando se asomaba; de vez en cuando, sacaba la metralleta y disparaba. Creo que no le quedaba otra salida. Se le ofreció incluso un avión, pero él no quiso salir. Es lo mejor que pudo haber hecho. Entre los socialistas pasó a ser héroe.

Además, ¡la papa caliente que habría significado para el gobierno militar! ¡Qué se hacía con este caballero! ¡Dónde lo mandaban! ¡Habría formado un gobierno en el exilio!»[114]

Pasadas las 14 horas del 11 de septiembre de 1973, aún se divisaba desde todos los puntos de la ciudad la gruesa columna de humo que cubría La Moneda. En su interior, en medio de los escombros, su cuerpo yacía solitario, a la espera de lo que decidirían los generales y el almirante que acababan de derrocar al gobierno.

Por las ondas de la nueva cadena de radios surgió nuevamente la voz del teniente coronel Roberto Guillard, con el Bando Nº 5 de la nueva Junta Militar de Gobierno:

-...Décimo: que existe en el país anarquía, asfixia de libertades, desquiciamiento moral y económico y, en el gobierno, una absoluta irresponsabilidad o incapacidad, lo que ha desmejorado la situación de Chile, impidiendo llevarlo al puesto, que por vocación, le corresponde dentro de las primeras naciones del continente; undécimo, que todos los antecedentes consignados en los números anteriores son suficientes para concluir que está en peligro la seguridad interna y externa del país, que se arriesga la subsistencia de nuestro Estado independiente y que la mantención del gobierno es inconveniente para los altos intereses de la República y de su pueblo soberano; duodécimo, que estos mismos antecedentes son, a la luz de la doctrina clásica que caracteriza nuestro pensamiento histórico, suficientes para justificar nuestra intervención para deponer al gobierno ilegítimo, inmoral y no representativo del gran sentir nacional, evitando así los mayores males que el actual vacío de poder pueda producir, pues para lograr esto, no hay otros medios razonablemente exitosos, siendo nuestro propósito restablecer la normalidad económica y social del país, la paz, tranquilidad y seguridad perdidas...

La voz de Guillard tuvo un breve corte y luego, con un tono exultante, proclamó:

-Las Fuerzas Armadas y de Orden han asumido el deber moral que la Patria les impone de destituir al gobierno que,

---

[114] Entrevista en el diario *Las Últimas Noticias*, 10 de septiembre de 1997.

aunque inicialmente legítimo, ha caído en la ilegitimidad flagrante, y han decidido asumir el poder por el solo lapso que las circunstancias lo exijan, apoyados en la evidencia del sentir de la gran mayoría nacional, lo cual de por sí, ante Dios y ante la Historia, hace justo actuar y, por ende, las resoluciones, normas e instrucciones que se dicten para la consecución de la tarea de bien común y de alto interés patriótico que se dispone a cumplir... Firmado: Junta de Gobierno de las Fuerzas Armadas y Carabineros de Chile.

En la Universidad Técnica, el rector Kirberg aún no podía despegar los ojos del palacio de Gobierno en llamas:

-Estábamos todos, profesores, alumnos, trabajadores. Después se realizó una asamblea. Habló el presidente de la Federación de Estudiantes, Ociel Núñez y llamó a detener el Golpe, a resistir... La mañana había transcurrido de manera vertiginosa. Una delegación de profesores y estudiantes democratacristianos vino a decirme que se ponía a mi disposición. Cuando aún estábamos bajo el impacto del bombardeo, llegó una patrulla de infantes de Marina. Reclamaban por una bandera a media asta que alguien había puesto. ¡O la suben, o la bajan!, ordenaron. Acordamos quedarnos en la universidad. Éramos alrededor de mil personas.

Desde algunos edificios públicos del centro de la capital se seguía disparando contra las fuerzas militares.

Arellano:

«El fuego de los extremistas siguió muy activo, especialmente desde el Ministerio de Obras Públicas, en cuya terraza habían emplazado dos ametralladoras. Llamé al Comando de Aviación de Ejército, hablé con el coronel Pedro Yockum, a fin de que enviara un helicóptero PUMA a los cuales habíamos colocado dos ametralladoras. A los pocos momentos sentimos las potentes ráfagas que barrieron al grupo de hombres que las accionaban. El helicóptero hizo fuego de Este a Oeste, tomando a los extremistas por sorpresa, dio una vuelta y regresó a su base en Peñalolén».

Hasta el puesto de mando, en el Ministerio de Defensa, llegó un teniente con nueva información. Una patrulla tenía a diez dirigentes de la Unidad Popular que se encontraban en La Moneda. Entre ellos, Clodomiro Almeyda, José Tohá, Fernando Flores y Daniel Vergara. El general Sergio Nuño los trasladó al Estado Mayor de la Defensa Nacional.

-Que vayan a la Escuela Militar -dispuso el almirante Carvajal.

En La Moneda, el incendio continuaba expandiéndose. Arellano escribió:

«En una de las tantas llamadas de Pinochet, y cuando la situación en lo principal ya estaba dominada, le manifesté que había llamado a los bomberos para que sofocaran el incendio de La Moneda y poder salvar así la Cancillería y los valiosos cuadros y obras de arte ubicados en el sector sur del Palacio. La respuesta airada de Pinochet fue: «¡Por qué llamas a los bomberos! ¡Deja que se queme toda La Moneda para que no quede ni rastro de la Unidad Popular!».

Pero Arellano haría caso omiso de la indicación de Pinochet. Los bomberos entraron a La Moneda, cuando el general Palacios ordenaba que una guardia armada impidiera el paso al Salón Independencia, a la espera de un equipo de la Policía Técnica de Investigaciones y del Servicio de Inteligencia, encargado de certificar la defunción de Allende. En la sede de la Editorial Lord Cochrane, el reloj marcó las 15.30, horas cuando Arturo Fontaine, subdirector de *El Mercurio*, recibió una llamada desde La Moneda en llamas. Juan Enrique Lira, jefe de fotografía, debía ir a fotografiar el cadáver del Presidente. Pero primero llegó el equipo de peritos de Investigaciones, encabezado por el inspector Pedro Espinoza. Lo integraban, además, el ingeniero de la Sección Balística, Jorge Quiroga Mardones; el detective Julio Navarro Labra; los peritos balísticos Jorge Almazábal Mardones y Carlos Davison Letelier; el planimetrista Alejandro Ossandón Carvajal, el fotógrafo forense Enrique Contreras Riquelme y el experto en huellas, Héctor Henríquez Carvajal.

Juan Seoane estaba en el exterior de La Moneda:

-Estábamos tendidos en el suelo, había heridos y vi que separaban a algunos médicos del grupo. Había soldados que pedían que por favor los dejaran matarnos: «Mi teniente, deje que mate a estos comunistas y les reviento la cabeza aquí en la calle»...

El GAP que Seoane vio por última vez en una ambulancia fue a Antonio Aguirre Vásquez, de 29 años. El joven, de cabello rubio con un mechón rebelde que le caía sobre la frente, y que una de las pocas fotos de ese combate lo mostró disparando una ametralladora punto 30, desde uno de los balcones de La Moneda que da a la Plaza de la Constitución. Herido, fue trasladado a la Posta Central, desde donde lo sacaron días después cuando se convirtió en un «desaparecido», al igual que los GAP Manuel Mercado y Alejandro Morales.

David Garrido:

-Quedé tendido en la vereda, al lado de Eduardo Paredes. Él trató de sacarse el carnet de identidad y pasármelo. De inmediato lo empezaron a golpear y se subieron arriba de mi espalda.

Luis Henríquez:

-Entendí que los soldados nos golpearan, pero hasta hoy no puedo entender que los bomberos que llegaron a apagar el siniestro, nos patearan y se ensañaran con nosotros, que estábamos manos en la nuca tendidos en el suelo, con fusiles en nuestras cabezas.

David Garrido:

-Desde el suelo, vi venir un tanque. Al oficial que iba en la torreta le escuché decir: «¡Permiso mi general para pasarle el tanque por la cabeza a estos huevones!». Di vuelta la cabeza y vi al general Palacios, con su mano izquierda vendada y un fusil en la derecha. El tanque se movió y puso una oruga en la vereda...

Luis Henríquez:

-Entonces, una mujer, desde las oficinas del Ministerio de Obras Públicas, a escasos metros, llamó al general Palacios por su nombre. Le pidió ayuda para sacar de allí a la gente que se había refugiado durante el bombardeo. Surgieron voces alrededor de Palacios. Este ordenó que dejaran salir a la gente del Ministerio y nosotros seguimos vivos...

A esa hora, «Manuel» Oscar Landerretche, que había salido por la puerta trasera de Tomás Moro, intentaba llegar a la zona sur:

-De repente nos encontramos con una columna del Ejército. Los vi aproximarse. Tomé la decisión de seguir. Hasta hoy no entiendo por qué nos dejaron pasar. Nos vieron con los fierros saliendo por las ventanas, ¡y se quedaron parados! No tenían orden de combatir. Tomé por el camino a Las Perdices, crucé Macul, muy abajo, por Camino Agrícola, me tiré frente a Sumar. Ya habíamos perdido contacto entre nosotros y decidimos irnos a nuestro punto de reunión: el Hospital Barros Luco. Enfilamos por Santa Rosa. Como a tres cuadras dejamos los autos. Cargamos las armas y nos pusimos a caminar. Fue imposible no recordar la película *Morir en Madrid*... Como estaba nublado, era en blanco y negro, miles de personas venían caminando en sentido contrario, hacia el sur. No había ni un auto, ni una micro y, en el fondo, la gruesa columna de humo de La Moneda bombardeada. Nosotros íbamos cubiertos de polvo, cargados de armas, con un capitán del ejército cubano de uniforme de combate... ¡En esas tres cuadras ni una sola persona se unió a nosotros! Cuando llegamos, un compañero nos dijo que adentro los doctores estaban festejando. Nos invadió la ira. Entramos y gritamos: ¡Tienen 30 segundos para desalojar! ¡Estamos tomando el control de la zona sur de Santiago! Fue el desbande generalizado. Nuestro punto de encuentro era junto al pabellón del fondo. Miramos ¡y no había nada! Un solitario auto y punto. Allí estaba la querida Carolina Wiff[115]. Fue la única que llegó...

INDUMET ya había sido cercada por fuerzas policiales. Cuando éstas iniciaron el ataque, apoyadas por tres tanquetas Mowag de Carabineros, fueron repelidas. Hasta la calle Carmen, al norte de San Joaquín, llegarían nuevos contingentes de refuerzos con poderoso armamento. Se hizo evidente que las posibilidades de resistir eran exiguas. Entre el fuego cruzado se inició una loca y mortal carrera de retirada. Algunos cayeron, entre ellos el interventor Sócrates Ponce[116].

---

[115] Carolina Wiff, asistente social, tenía 34 años. Fue detenida el 25 de julio de 1975 por agentes de la DINA. Fue vista con vida en Villa Grimaldi y desde entonces integra la nómina de detenidos desaparecidos.

[116] Sócrates Ponce, de nacionalidad ecuatoriana, era abogado y socialista. Tenía 30 años, era casado con la hija de un general de Carabineros y tuvo un hijo póstumo. Fue presidente de los alumnos extranjeros de la Universidad de Chile. Fue detenido en INDUMET por Carabineros y llevado al Regimiento Tacna y luego al Estadio Chile. El 13 de septiembre su cuerpo apareció muerto en la vía pública con múltiples heridas de bala.

Otros se sumergieron en la clandestinidad. Un tercer grupo logró llegar hasta la población La Legua, para allí atrincherarse e intentar otro foco de resistencia.

A las 16 horas se inició la evacuación de los prisioneros de La Moneda. A culatazos, los hombres fueron llevados hasta dos buses de la Armada que emprendieron rumbo hacia el Regimiento Tacna. Los médicos Danilo Bartulín, Oscar Soto, Patricio Arroyo, Alejandro Cuevas, Hernán Ruiz, Víctor Oñate y José Quiroga fueron liberados. Arturo Jirón y Patricio Guijón serían trasladados al Ministerio de Defensa. Y Eduardo «Coco» Paredes, Enrique París, Ricardo «Máximo» Pincheira y Jorge Klein llegarían vivos al Tacna.

Isabel Allende iba a enterarse muy pronto respecto a lo que había sucedido con su padre:

-Cuando salimos de La Moneda éramos seis mujeres. Además de Beatriz y yo, estaba Nancy Julien, la esposa de Jaime Barrios, que había permanecido junto a mi padre; y las periodistas Frida Modak, Verónica Ahumada y Cecilia Tormo. Algo pasó en un minuto que Verónica y Cecilia se fueron por otro camino. Nosotras fuimos por calle Moneda, en dirección al Cerro Santa Lucía. Se oían tiroteos aislados. Tratamos de entrar al primer edificio que encontramos, pero el cuidador nos lo impidió. Llegamos a un hotel. En la recepción, un tipo escuchaba radio. Le pedimos dos habitaciones. Accedió. Nos sentamos, estábamos agotadas y en ese momento la música se interrumpió abruptamente y un flash noticioso anunció que, ante la resistencia presentada en La Moneda, la Fuerza Aérea se había visto obligada a bombardearla. ¡No lo olvidaré jamás! Me desarmé. Fue imposible evitarlo... Al verme así, el hombre de la recepción cambió de parecer y nos anunció que no nos rentaría las habitaciones. Nos dimos media vuelta y salimos... Beatriz estaba conmocionada... Su reacción fue sacar un cigarrillo... Trató de contener su intensa emoción fumando... ¡Y tenía un embarazo de siete meses y un poco más! Seguimos caminando... Hacia el Cerro Santa Lucía, sin lógica ni racionamiento... Lo único que nos movía era el instinto: salir de allí. Llegamos a la calle Santa Lucía y decidimos hacer auto stop a los pocos autos que pasaban. Nos pusimos de acuerdo en decir que éramos secretarias asustadas. Un auto grande paró, y sin hacer preguntas, su conductor nos instó a subirnos. En la Plaza Italia, soldados armados frenaban a todo el mundo. Vimos a los primeros detenidos manos en la nuca... Un soldado se acercó al auto y nos pidió los documentos. En ese momento Beatriz empezó a sentir contracciones. Mejor dicho: las fingió. Y eso fue lo que nos salvó, porque otro soldado llegó a mirar y después de consultarse entre ellos nos dejaron pasar. Seguimos por Providencia y a la altura de Seminario, de repente le pedí al conductor que parara. Nos bajamos, ante la mirada desconcertada de Beatriz y Frida. El conductor del auto nunca preguntó ni dijo nada. Nunca sabremos quién era. No me pregunte por qué decidí que nos bajáramos allí, salió así, porque recordé que una compañera de trabajo vivía en ese sector con su madre. Era una casa blanca, bajita, pareada... Entramos por Seminario buscando esas dos casas iguales. Al encontrarlas, tocamos el timbre. Vimos salir a mi compañera corriendo. Nos abrió su casa y allí nos quedamos. Ella se portó de manera maravillosa. Allí empezaron los contactos telefónicos. Tratamos de hablar con Tomás Moro para ver qué había sucedido con Tencha. Beatriz llamaba a la embajada cubana para comunicarse con su marido y, finalmente, a través de Olga Corsen, amiga de toda la vida de la familia, supimos que Tencha estaba bien, que había escapado del bombardeo y que estaba sana y salva en casa de Felipe Herrera... Beatriz se comunicó más tarde con Danilo Bartulín, quien había logrado salir de La Moneda. Fue él quien le dijo que Salvador Allende había muerto y Augusto Olivares también... Yo estaba a su lado. Era como hablar juntas... Recuerdo nítido cuando dijo: «¡Todo ha terminado!».

Una vez que los peritos hicieron su trabajo, el cuerpo de Allende fue sacado de La Moneda y llevado en ambulancia al Hospital Militar. La instrucción de Pinochet fue clara: había que certificar la causa de su muerte para deslindar responsabilidades futuras de los militares.

A esa hora, un bus con carabineros fuertemente armados, avanzaba lentamente por la población La Legua. Al llegar al cruce de las calles Toro y Zambrano y Estrella Polar, el proyectil de un lanza cohetes lo impactó de frente. Hubo muertos y heridos entre los uniformados.

En Valparaíso, a las 17.30 horas, el almirante José T. Merino se subió a un helicóptero junto al Auditor de la Armada, almirante Rodolfo Vío, otro de los cofrades de Lo Curro. Fueron hacia Santiago, a la primera reunión de la Junta Militar. También viajaba el doctor Miguel Versín, jefe de Sanidad de la Armada.

Pasadas las 17.30 horas, en el pabellón de cirugía del Departamento de Otorrinolaringología del Hospital Militar, se instaló sobre la mesa central una camilla de lona de campaña. Encima estaba el cuerpo de Allende. La inspección se haría bajo la supervisión de los cuatro jefes de Sanidad de las Fuerzas Armadas.

En otro sector de Santiago, peritos de Investigaciones, al mando de Luis Raúl Cavada Ebel, jefe del Laboratorio de Policía Técnica, hacían su informe de lo ocurrido en La Moneda.

A las 19 horas, en la Escuela Militar, los nuevos jefes del país darían comienzo a su primera reunión. Fue breve. El trámite importante fue la designación del general Pinochet como presidente de la Junta Militar, una decisión que quedó registrada en el acta de constitución de la Junta de Gobierno que estaba preparada con antelación. Allí se dice:

**Considerando:**

1. Que la fuerza pública, formada constitucionalmente por el Ejército, Armada, Fuerza Aérea y Carabineros de Chile representan la organización que el Estado se ha dado para el resguardo y defensa de su integridad física, moral e identidad histórica-cultural;
2. Que, su misión suprema es la de asegurar por sobre toda otra consideración, la supervivencia de dichas realidades y valores, que son los superiores y permanentes de la nacionalidad chilena, y...
Y en cumplimiento del impostergable deber que tal misión impone...

-Que con esta fecha, esta Junta asume el mando supremo de la Nación, con el patriótico compromiso de restaurar la chilenidad, la justicia y la institucionalidad quebrantada...[117]

Mientras, en la Sección Química y Física del Laboratorio de la Policía Técnica, otro equipo iniciaba el análisis de cuatro muestras que los peritos recogieron del cuerpo ya sin vida de Allende, ayudados por una hoja de afeitar previamente limpiada con alcohol y enseguida frotada con papel filtro. Los peritos que firmaron el estudio fueron: Carlos García Gallardo, Leopoldo Dussert León, Omar Labra Correa y Ricardo Rosas Hohmann.

A las 20 horas, en el Hospital Militar, se inició la autopsia del cadáver de Allende. Fueron cuatro largas horas. Al bordear la medianoche, el equipo compuesto por los doctores Tomás Tobas Pinochet y José Luis Vasquez, asistidos por el auxiliar especializado Mario Cornejo Romo, concluyó la tarea y redactó el informe. «La causa de la muerte es la herida a bala cérvico-buco-cráneo-encefálica reciente, con salida de proyectil... El disparo corresponde a los llamados «de corta distancia» en medicina legal... El disparo ha podido ser hecho por la propia persona».

La ametralladora con la que combatió el Presidente y con la que se quitó la vida, regalo de Fidel Castro, jamás ha sido entregada a sus deudos. El arma quedó en manos del general Javier Palacios. Así lo testificó el general Ernesto Baeza y los peritos de Investigaciones en su informe.

El 11 de septiembre de 1973 había llegado a su fin. Recordando el que fue el día más importante de su vida, el general Arturo Yovane[118] comentó:

«La guerra terminó en el preciso instante en que los vencedores detienen a los vencidos y los fusilan...»

---

[117] Copia original del Acta se incluye en los Anexos. Fue publicada el 18 de septiembre en el Diario Oficial y fue el Decreto Ley N° 1 de la nueva Junta Militar.
[118] El general Arturo Yovane asumió poco después como ministro de Minería pero poco duró en las filas activas. El «dueño» del Golpe en Carabineros, fue sacado de la línea de mando, aceptó ser enviado a Irán como embajador y poco después debió irse a retiro en el más completo anonimato.

## CAPITULO XXVII
## EL PRIMER DESAPARECIDO

Chile se había fracturado en dos. Mientras unos celebraban con champagne, otros inauguraban las cárceles. Los muertos comenzaron a ser apilados en el Instituto Médico Legal. En el Regimiento Tacna, los «prisioneros de La Moneda» vivían una pesadilla de la que muy pocos sobrevivieron.

Juan Seoane:

-Nos hicieron bajar de rodillas y a culatazos para meternos en el patio del regimiento, hincados, a 20 metros de las ametralladoras. Llegó el comandante, el coronel Joaquín Ramírez Pineda, gritando como desaforado: '¡Los vamos a fusilar de inmediato!'. Estaba fuera de sí...

Quintín Romero:

-Se acercaron a él un par de oficiales y escuché algo parecido a 'hay que esperar'. De repente, dos personas de civil nos pidieron los documentos, los que echaban en una caja. Otros, nos hicieron sacar la ropa y nos dejaron en cuatro filas. De rodillas nos llevaron a una caballeriza donde nos dejaron tendidos, manos en la nuca y con las piernas separadas. Nos daban culatazos.

Seoane tuvo allí tiempo para observar a su alrededor. Vio a Paris, Klein, Pincheira y Claudio Jimeno; a Jaime Barrios, Arsenio Poupin, Oscar Balladares y Daniel Escobar. A

Enrique Huerta, Intendente de Palacio y hermano de Felix Huerta (del CENOP)... Y más gente detenida llegó hasta el despuntar del nuevo día...

En una casa de calle Seminario estaba Isabel Allende:

-Fueron horas muy tristes. Primero, saber la muerte de mi padre... Nancy Julien estaba muy desesperada, supo que su esposo Jaime Barrios había partido de La Moneda junto a los otros y ya no hubo más información. No paraba de llorar... Nunca más supo de él. En la tarde, las malas noticias siguieron llegando. Nos comunicamos con Tencha, había recibido la instrucción de presentarse en el Hospital Militar para enterrar a Salvador Allende. Ella quería que la acompañáramos... Una delegación militar fue a negociar con el embajador de Cuba y Luis Fernández, marido de Beatriz, un salvoconducto que la autorizara para ir al entierro de mi padre. Pero fue sólo un pretexto, porque los hicieron salir y los atacaron. Desde dentro contestaron el fuego, y el embajador Mario García quedó herido en un brazo. Luis Fernández le dijo a «Tati» que por ningún motivo saliéramos: no había garantías. Fue muy duro saber que no íbamos a poder acompañar a Tencha. Costo muchísimo tomar esa decisión, pero no había ninguna seguridad y en ese momento sí pensamos en el hijo que esperaba Beatriz. Fue uno de los momentos más duros... Esa noche no dormimos. Había demasiado dolor, demasiadas preguntas...

En la Universidad Técnica, también se vivieron horas aciagas.

El Rector Kirberg:

-Un mayor de carabineros, al mando de una patrulla, llegó en horas de la tarde del 11 a comunicarnos que estábamos acordonados: 'Nadie puede salir, ni siquiera pasar de un edificio a otro porque van a recibir fuego. Estamos en Estado de Sitio y ya entró en vigencia el toque de queda'. Empezó una larga noche, vehículos recorrían los alrededores disparando para atemorizarnos. A medianoche, llamaron de la Escuela de Artes y Oficios. Me informaron que había un herido. Un camarógrafo, al que llamaban 'El Salvaje', se asomó a una ventana y recibió un balazo en la espina dorsal que le comprometió los riñones. Estaba muy grave. Pedí asistencia hospitalaria, insistí frente a los militares, esperamos toda la noche y nuestro hombre se nos murió... Y debo decir que no había armas dentro de la Universidad y tampoco hubo resistencia. Se ha creado un mito, se cree que resistimos... Me da un poco de pena desilusionarlos...

En el sector sur de la ciudad, un grupo de socialistas intentaba armar un foco de resistencia. Allí estaba Ricardo Solari, de 18 años, dirigente universitario:

-Esa misma mañana desocupamos la sede de la Juventud Socialista y nos fuimos a una Escuela Industrial en San Miguel. Desde el techo vimos el bombardeo de La Moneda. La escuela fue el lugar que se nos había asignado en la hipótesis de tener que defender al gobierno. Éramos un grupo cercano a cien. El nuestro fue uno de los pocos que funcionó. Lo cual sorprende, porque éramos los que teníamos la postura menos radical. Hasta allí llegó toda la dirección de la JS, encabezada por Carlos Lorca, quien venía sin su característica barba. Yo había regresado al país en agosto, después de seis meses de ausencia. Volví a un Chile en penumbras, en el que nada funcionaba. Presenciar el bombardeo, con el Presidente en su interior, fue algo dramático. Pero ahí me di cuenta del drama mayor: mi partido había fallado de una manera rotunda. Nada de lo que se dijo se implementó. Había gente que decía que había un gran aparato paramilitar y descubrir que era una mentira... Lo vi y lo viví. Habíamos sido, antes del 11 de septiembre, los que considerábamos que todo el alarde de las armas era una estupidez, y que por ese camino no podíamos ganar. Aún así llegamos hasta la escuela. Lo que encontramos era absolutamente ridículo: 8 a 10 armas personales, propias de un grupo escolta, pero no de un grupo paramilitar. Ni siquiera había alimentos. La desolación que sentimos fue indescriptible. Empezaron a sobrevolar helicópteros y una voz sensata dio la orden de disolvernos. Con un amigo muy querido, Camilo Escalona[119], salimos caminando,

---

[119] Camilo Escalona fue también dirigente clandestino del PS de Clodomiro Almeyda durante la dictadura; participó del proceso de reunificación socialista, fue diputado y presidente del PS durante el gobierno de Eduardo Frei Ruiz Tagle (1994-2000) y líder de un sector de ese partido denominado «Nueva Izquierda».

pasamos por la casa de sus padres y después fuimos a una población. Allí sí hubo enfrentamientos. En ellos participaron los socialistas que efectivamente resistieron el Golpe, encabezados por Arnoldo Camú[120]. La gente mayor se iba yendo. El interventor de Sumar, Rigo Quezada, intentaba darnos fuerzas, ánimo para seguir. Las pocas armas fueron extrañamente siendo abandonadas por sus propietarios, que no éramos nosotros. Pasados varios días, el grupo se hizo francamente pequeño y la gente que nos alojaba empezó a tener mucho miedo. Recibíamos noticias terribles. Terminamos todos escondidos en la misma casa y enterramos las banderas del partido. Al final, quedamos sólo los jóvenes. Los otros ya tenían plena conciencia de la irreversibilidad de lo ocurrido. En el PS se vivía una crisis muy profunda. Con Carlos Lorca, pertenecíamos al sector más moderado y teníamos una creciente articulación respecto a la lealtad al gobierno que estaba muy cuestionado en la dirección. Incluso había gente que estaba por salir del gobierno. El domingo 9, en el Teatro Caupolicán, cuando Carlos Altamirano hizo su famoso discurso, nos dimos cuenta que estábamos al borde de la catástrofe. Lorca fue un hombre muy importante para todos nosotros. Nos enseñó la importancia de educarnos para ser militantes, la importancia de estudiar. Nos impulsaba a ser buenos profesionales. Viví el duelo de su desaparición... Es un asunto que quedará entre nosotros para siempre... Tengo dos primos desaparecidos, mi único hermano estuvo largo tiempo secuestrado en Villa Grimaldi... Uno no sobrevive de la estrategia contrainsurgente. Uno sobrevive a sus propios miedos... Por eso, ese martes 11 me marcó... Ese día por primera vez vi y viví el miedo...[121]

---

[120] Arnoldo Camú Veloso fue detenido, el 24 de septiembre de 1973, en la vía pública, por civiles armados. Fue herido de bala por sus aprehensores, falleciendo el mismo día a consecuencias de las heridas, en la Posta Central. Tenía 36 años, era abogado, casado y padre de dos hijos. El «comandante Agustín» era miembro de la dirección del Partido Socialista y responsable de la política militar de dicho partido.

[121] Ricardo Solari fue un miembro importante del PS clandestino, cuya dirección encabezó Clodomiro Almeyda cuando éste se dividió en plena dictadura y que más tarde formó, junto al PC y la Izquierda Cristiana, el Movimiento Democrático Popular (MDP). Tuvo destacada participación en el Comando del NO, para el plebiscito del '88, y cuando asumió el Presidente Patricio Aylwin, en 1990, fue nombrado subsecretario del Ministerio Secretaría General de la Presidencia. En marzo del 2000, fue nombrado, por el Presidente Ricardo Lagos, ministro del Trabajo.

Para un grupo de dirigentes de la Democracia Cristiana, ese 11 de septiembre también se iniciaba una nueva vida. En la casa del ex Vicepresidente de la República, Bernardo Leighton, escribían una página de la historia. Uno de los presentes fue el abogado Jorge Donoso. Tenía, entonces, 33 años:

-Cuando llegué, a las 8.30 de la mañana, salía Radomiro Tomic. Me dijo que había una persona allí que no le daba confianza. Así, fueron llegando Jorge Cash, Andrés Aylwin, Renán Fuentealba[122], Fernando Sanhueza, Mariano Ruiz Ezquide, Claudio Huepe, Sergio Saavedra, Belisario Velasco, Ignacio Balbontín, Florencio Ceballos... Puede que se me olvide alguno. Recuerdo en forma especial a don Ignacio Palma, quien estuvo a punto de convencer a don Bernardo de partir a La Moneda. Al final, y por distintos motivos, desistieron. Habíamos llegado a la conclusión de que lo único que podíamos hacer era una declaración condenando el Golpe. Esta declaración salió el día 13. Vivimos en la casa de Leighton el bombardeo a La Moneda. Desde allí, don Bernardo interpuso el primer recurso de amparo a favor de Clodomiro Almeyda, Carlos Briones y otros que supimos estaban detenidos. Nos separamos al borde del toque de queda. Cuando llegué a mi casa, un vecino, simpatizante democratacristiano, me invitó a celebrar la caída del gobierno. Ese fue el momento en que no aguanté más y me puse a llorar... Ese día cambió la vida. Mucha gente amiga murió, otros fueron presos o se fueron al exilio. Se quebró la vida cotidiana y sus lazos estrechos e invisibles, las raíces, el futuro que uno estaba construyendo...

Lejos de la casa de Leighton, otro dirigente democratacristiano, Manuel Bustos, presidente del sindicato de la industria textil intervenida, Sumar, vivió una dura experiencia:

-En la mañana hicimos una asamblea para repudiar el Golpe. Como presidente del sindicato, decidí quedarme en la fábrica con unas 300 personas que no alcanzaron a retirarse cuando se anunció el toque de queda.

---

[122] Presidente del PDC entre 1971 y mayo del '73, cuando asume Patricio Aylwin.

**-¿Se discutió la posibilidad de resistir?**
-No, pero en la fábrica que estaba al lado, la de poliéster, sí. En la nuestra, de algodón, no. En mi turno había unos mil trabajadores y yo sostuve que debíamos retirarnos. Pero muchos no alcanzaron a llegar muy lejos porque ya no hubo movilización. Entonces volvieron a la fábrica buscando refugio. Y el día 12, como a las 6 de la mañana, llegaron los militares en camiones. Nos lanzaron a todos al suelo y comenzaron a golpearnos. Traté de explicarles, pero me llegaron más golpes. Fui detenido junto a unos 150 trabajadores. Nos sacaron manos en la nuca y a punta de golpes nos llevaron al Estadio Chile. Recuerdo que muy cerca mío mataron a un trabajador. Nunca supe su nombre, pero la imagen me quedó grabada. Pasaban militares por los pasillos y con la metralleta uno le golpeó la cara. El hombre le gritó '¡fascista!' y le dispararon. Estaba pegado a mí. Dos compañeros de fábrica se volvieron locos por lo que vieron y por el encierro. Uno ya murió y el otro anda vagando por ahí...»[123]

Enrique Kirberg, Rector de la Universidad Técnica, fue por un camino similar al de Bustos, aun cuando sus ojos ni sus miedos se encontraron:

-En la mañana del día 12 me cambié de camisa, me afeité y de repente sentí un estruendo terrible. Fue un cañonazo que lanzaron a quemarropa hacia el edificio de la universidad. El obús abrió un boquete inmenso y estalló dos oficinas más allá de donde yo estaba. Quedé masticando trozos de concreto. Me asomé y vi tropas atrincheradas que disparaban hacia la universidad. Los vidrios del frontis se quebraron haciendo un ruido espantoso. Nos tuvimos que tender en el suelo para evitar los disparos. Como el ataque no cesaba, tomé mi camisa blanca, me acerqué a la

---

[123] Manuel Bustos estuvo detenido luego en el Estadio Nacional y logró salir en libertad en diciembre de 1973, por intervención directa del Cardenal Silva Henríquez. Poco después se convirtió en el motor del movimiento sindical opositor, como presidente de la Coordinadora Nacional Sindical (CNS). En 1983, desde el Comando Nacional de Trabajadores, impulsó las primeras jornadas de protesta. Detenido y relegado varias veces fue, también, expulsado de Chile, regresó y continuó en la acción sindical unitaria. Fue uno de los líderes más importantes de la oposición a Pinochet. En 1990, cuando se recuperó la democracia, fue el primer presidente de la nueva CUT. En 1997 fue elegido diputado por la Democracia Cristiana. Murió de cáncer en 1999.

ventana y la saqué hacia fuera. Oí gritos: '¡Salgan con los brazos en alto!' Una mujer empezó a llorar... Me escuché decir ¡no es hora de llorar! La gente empezó a salir con los brazos en alto pero aún así no dejaban de disparar. Mi impresión fue que los soldados estaban más asustados que nosotros. En forma violenta obligaban a la gente a tenderse en el suelo. Yo también lo hice, pero el comandante, el coronel Johow, me hizo parar a punta de culatazos y me gritó: ¡Así que tú eres el rector tal por cual! ¡Ahora vas a ver lo que es la autonomía universitaria! Violentamente me tomó de un brazo. Me tiró contra una pared, amartilló su arma y me apuntó: Tienes 15 segundos para decirme dónde están las armas, ¡de lo contrario, disparo! Tuve muy claro que estaba frente a mi universidad, a mi gente, profesores y estudiantes me escuchaban. No sé de dónde saqué fuerzas, pero muy sereno respondí: "Las armas de la Universidad son el conocimiento, el arte y la cultura". Pasaron los quince segundos y el hombre que me apuntaba no apretó el gatillo. Llamó a un soldado y le dijo: ¡Apúntalo!, y si no dice dónde están las armas, tú sabes... Dispararon un segundo cañonazo y luego se llevaron el cañón hacia la Escuela de Artes y Oficios. Mi gente seguía tendida en el suelo. El soldado seguía apuntándome, se oían gritos y órdenes, mientras las tropas derribaban puertas y ventanas y entraban disparando a los edificios. Después me subieron a un jeep. A un costado de la calle, las mujeres con los brazos en alto formaban una fila. Alguien sacó a mi mujer de la fila para que se despidiera. Nos dimos un apretado abrazo. No la volvería a ver en largos once meses... Permanecí en el jeep sin saber cuál sería mi destino y de pronto se acercó un coronel de carabineros: 'Allende se suicidó. Quiso emular a Balmaceda pero no le alcanza', dijo. No respondí... Me llevaron al Regimiento Tacna. Me recibió un capitán muy deferente. Quedé solo en una pieza. Apareció un soldado con aire nortino, muy hermético, el que me vigilaba, apuntándome con su metralleta. El mismo capitán me preguntó si se me ofrecía algo. Contesté que no había tomado desayuno. Al rato me trajeron una taza de café con una marraqueta con mantequilla. El soldado miraba mi pan. Le ofrecí la mitad. Vi la tremenda lucha del muchacho que, al final, cogió su parte. Luego, las descargas de los fusilamientos. Pronto sería mi turno... Una descarga, otra y luego una más, y más... Me convencí de que ese sería mi destino. Imaginaba la escena: me pondrían contra la muralla, ofrecerían vendarme, cosa que yo rechazaría... Y, como soy enemigo de las cosas tragicómicas, dudaba en si gritar o no algo antes de la descarga... Me convencí de que no sería tan terrible. Noté que tenía el cuerpo húmedo, el corazón me latía con rapidez, pensaba en la familia. Quise sacar un papel y dejar un mensaje... Me arrepentí... Cuando ya estaba preparado, me vinieron a buscar, me subieron a un jeep y me llevaron al Ministerio de Defensa. Me instalaron en un subterráneo muy oscuro. Vi a varios civiles de rodillas. Me obligaron a tomar la misma posición. Un cabo recorría el recinto con un yagatán en la mano. Después, un oficial me sacó, me subieron a un jeep y me llevaron al Estadio Chile. Apenas llegué, me ubicaron contra la pared, con los zapatos pegados a la muralla y los brazos en alto. Un soldado me apuntaba. Vi llegar más gente, en fila y con las manos en alto y trotando. Vi pasar a Víctor Jara a mi lado. Me dirigió esa sonrisa ancha que lo caracterizaba. Le hice señas con mi mano... Una hora más tarde me subieron a otro jeep y regresamos al Tacna. Minutos más tarde apareció Orlando Letelier. Estaba muy pálido. Igual increpaba duramente a los militares. Traté de tranquilizarlo mientras nos conducían a la Escuela Militar...

Kirberg no vio a los «prisioneros de La Moneda» en el Tacna. Su destino se entrelazaría con el de otros cincuenta altos dirigentes de la Unidad Popular. Todos ellos desembarcarían en calidad de «prisioneros de guerra» en el campo de concentración de Isla Dawson, en el extremo sur.

En el Tacna, el detective David Garrido cuenta que, a eso de las dos de la tarde del miércoles 12 de septiembre, sacaron de allí al grupo de la escolta presidencial de Investigaciones, por intervención directa del nuevo director de la policía, el general Ernesto Baeza. La misión fue encomendada a los funcionarios Santiago Ciro Planes y Juan Otto.

Garrido:

-Nos dejaron mojarnos la cara, nos dieron café y un plato de porotos y nos devolvieron nuestras pertenencias y la placa policial. Cuando pedimos cigarrillos, un oficial nos dijo apuntando con su dedo el montón de ropa que nos habían sacado a todos al llegar: «¡Busquen ahí todos los cigarrillos que encuentren!, total esos huevones no van a fumar nunca más». Cuando nos dijeron que nos llevaban al cuartel de Investigaciones, preguntamos qué pasaba con nuestro jefe: Seoane...

Juan Seoane:

-Cuando sacaron al resto de mis compañeros, un civil me llevó a otra caballeriza, al lado de la anterior. Ahí había tres muchachos pobladores, muy humildes. Me senté con ellos encima de unas lonas. Era ya de noche, hacía bastante frío y me quedé dormido. A la mañana nos hicieron limpiar letrinas con las manos. En un momento, un civil me sacó y me regresó a la otra caballeriza donde estaban todos los prisioneros. Estando tendido en el suelo, llegaron unos soldados y nos empezaron a amarrar con alambres los tobillos y las manos a la espalda. Daban varias vueltas y hacían torniquete, para luego cortar el alambre con pinzas. Quedamos todos tirados en el suelo, amarrados como muertos... Llegaron camiones y unos soldados leían nombres de una lista, cuando el preso contestaba, lo tomaban como bulto y lo tiraban al camión. Cuando terminó la lista, era el único que quedaba. Los camiones comenzaron a moverse, yo tenía la cara rota entre los golpes y la posición... Me dejaron un rato solo y después me tiraron sobre las lonas de la caballeriza... No sé cuánto tiempo estuve ahí hasta que me sacaron para interrogarme...

Seoane fue arrojado a una cuadra del Tacna, en donde encontró al diputado Vicente Sotta, del Mapu, parado en medio de un grupo de soldados que lo custodiaban. Los dos hombres se abrazaron y Seoane no pudo contener las lágrimas. «Llore, compañero, llore, si nada le va a pasar», le dijo Sotta:

-Transmitía una fuerza increíble. Gritó: ¡Soldado, vaya a buscarle un café al compañero! Y el soldado obedeció.

Después, uno de los soldados se acercó y me dijo: «De buena se salvó, porque a todos los que se fueron en los camiones los llevaron a Peldehue y los fusilaron. Antes, los hicieron cavar sus propias tumbas...»

La verdad sobre los «prisioneros de La Moneda» no está aún aclarada, salvo que ninguno de ellos apareció con vida. El 14 de septiembre, *El Mercurio* informó que Eduardo «Coco» Paredes había muerto en un enfrentamiento. Era falso, pero nadie pudo desmentirlo porque los detectives que sobrevivieron sabían que su vida pendía de un hilo. Seoane fue llamado a retiro de inmediato, Romero un mes después. Garrido permaneció en actividad hasta 1979: «pero siempre me sentí un funcionario cuestionado».

Luis Henríquez siguió siendo un policía:

-Sabía que no era cierto que Paredes hubiera muerto en ese enfrentamiento, pero debí callar. Investigaciones posteriores indican que el grupo fue llevado a una unidad militar al norte de Santiago, se habla de Peldehue, y que fueron fusilados y enterrados allí. Pero otros hechos desmienten eso, como que los restos de Paredes fueron hallados en la fosa común del Patio 29 del Cementerio General, junto a otros de los miembros del GAP que cayeron detenidos con nosotros... Nuestro camino fue incierto. Nos hicieron un Consejo de Guerra. Debimos prestar testimonio varias veces frente a un fiscal militar. Se nos acusó de haber opuesto resistencia, ¡un chiste!: sólo habíamos cumplido con nuestro deber constitucional y, además, ¿con qué armas? Yo puedo decir lo que vi: fusiles AKA y nosotros teníamos pistolas 9 milímetros y subametralladoras Walther, armas de mucha precisión. Es cierto, algunos de nosotros disparamos, como legítima defensa. Pero hay mucho mito sobre el llamado 'combate de La Moneda'. Se habla de la 'toma de La Moneda' y para mí no fue tal, porque no hubo real resistencia. Hubo un amague, pero muy esporádico y de parte de un par de muchachos del GAP que murieron en ese combate desigual. Creo que, al interrogarnos, ellos trataban de determinar qué había ocurrido en el interior de La Moneda con el doctor Allende. Se rumoreó que lo habían asesinado y nosotros teníamos una sola versión: la verdad.

Después, algunos nos reintegramos a nuestras funciones llevando el estigma de 'los de La Moneda'. Seoane, ya en retiro, se las ingenió para hablar con cada uno de nosotros, como si hubiésemos sido sus hijos. Nos dijo que habíamos cumplido con nuestro deber, que habíamos hecho lo correcto, que había llegado el tiempo de callar pero no olvidar. Y nosotros no podíamos conciliar el sueño, haciéndonos mil preguntas sobre si habíamos cumplido o no nuestra misión y pensando mil veces que habría sido mejor haber muerto allí... Hoy, si hago el balance, me siento orgulloso de haber pertenecido a la última dotación de Investigaciones en La Moneda...[124]

En la calle Diagonal Oriente, acostado en su camastro, Felix Huerta, del CENOP, estaba más informado que nadie de lo que había ocurrido en La Moneda... Y no podía mover más que un dedo:

-En la madrugada recibí los primeros llamados. Ya estaba claro que ante un Golpe no teníamos nada que hacer, salvo morir dignamente. Claudio Jimeno me llamó varias veces desde La Moneda. Jorge Klein otras tantas... Y esos llamados siguieron hasta después del bombardeo. Entonces vinieron las despedidas. Klein no creía que lo fueran a matar. Era un optimista impenitente. Claudio, en cambio, se despidió en forma más certera. Mi hermano Enrique también sabía que moriría... Fueron conversaciones... muy complicadas... La última fue ya en la tarde... Después...el silencio total. Hasta que llegó a mi casa el teniente coronel Manuel «Polaco» Rodríguez, del Servicio de Inteligencia Militar (SIM). Me interrogó. Y es el hombre que no me mata finalmente. Me anunció que me iba a fusilar. Le dije: «Le va a costar un poco, porque va a ser medio difícil ponerme de pie». Tuvimos muchas conversaciones. El quería algo muy simple: me cambiaba a mi hermano preso por la identidad de un hombre: «Máximo», uno de mis mejores amigos. ¡Y no se habían dado cuenta que ya lo habían matado! Rodríguez me tuvo a su merced, pudo haberme liquidado cuando quiso... No lo hizo...no sé por qué... Me vigilaron durante

---
[124] Luis Henríquez siguió siendo funcionario de Investigaciones. En el año 2000 es Prefecto Inspector, jefe de la Región Policial de Talca.

muchos años... Años muy primitivos, en que lo único era intentar sobrevivir, conseguir un lugar para que pasara la noche un compañero, escribir mensajes en letras minúsculas y meterlos en cápsulas, que después en los allanamientos había que comerse... Son curiosos los recuerdos... Les costó saber que «Máximo» era Ricardo Pincheira, porque nosotros no hablábamos más de la cuenta. Éramos así porque no nos interesaba el poder, la figuración y menos el dinero. La honestidad era una cuestión básica y el quiebre de la norma era castigado. Pincheira, además, era un tipo muy reservado. La primera conversación, realmente personal, la tuvimos tres días antes del Golpe. Nos quedamos toda una noche hablando y contándonos nuestras historias amorosas. Sabíamos que venía el Golpe...¡fue una noche muy bonita! A Carlos Lorca lo tomaron detenido un día jueves... Teníamos cita para el sábado siguiente. Desde el Golpe que no nos veíamos, a pesar de haber trabajado juntos todos esos años con él, Exequiel Ponce y Ricardo Lagos[125]... Y todos desaparecidos...

Así como los restos de Paredes, «Máximo» Pincheira, Enrique París y otros integrantes del GAP aparecieron muchos años más tarde junto con los de otros desaparecidos enterrados en una fosa común del Patio 29, en el Cementerio General, el cuerpo del hijo de Miria Contreras, Enrique Ropert, fue hallado, el 19 de septiembre, en las orillas del Río Mapocho, cerca del Puente Bulnes, con seis balas en la cabeza y diversos hematomas en el cuerpo. Una llamada anónima advirtió del hecho a la hermana de su madre, Mitzi. Esa misma noche su casa fue allanada por fuerzas del Ejército. Su hijo y su yerno fueron detenidos. A pesar del duro golpe emocional, la hermana de Miria Contreras fue a la mañana siguiente a la Morgue. Cientos de cadáveres en fila y amontonados en el suelo hicieron muy difícil el reconocimiento, pero, finalmente, Mitzi logró encontrar a Enrique Ropert. Lo enterró el 3 de octubre. El sepelio fue

---

[125] Ricardo Lagos (que por supuesto no es el hombre electo Presidente de la República el 2000)y Exequiel Ponce fueron detenidos junto a Carlos Lorca, todos ellos miembros de la dirección clandestina del PS, el 25 de junio de 1975, por agentes de la DINA. Después integraron nómina de detenidos desaparecidos.

vigilado por un fuerte contingente policial que estaba tras la captura de su madre. Su padre, Enrique Ropert Gallet, no pudo asistir al funeral. Estaba detenido en el Estadio Nacional.

Para Arturo Fontaine, la madrugada también se iniciaba con sorpresas:

«Lira sacó las fotos, pero ninguna llegó al diario, porque fueron recogidas por el propio Ejército. Después llegó el director de *El Mercurio*, René Silva, y con el gerente de la empresa fuimos convocados, junto con otros medios, a una reunión en una unidad militar en la calle Castro, donde un oficial nos dijo que no saldrían los diarios al día siguiente y que se establecería la censura militar. Volví a la redacción. Nos quedamos como 25 personas que fuimos preparando el primer diario que salió después. Esa noche dormí en una pieza que daba a calle Morandé y pude oír tremendos tiroteos. Había un francotirador en un edificio ubicado al lado de la Catedral que disparaba hacia la Plaza Montt Varas. Lo silenciaron y su cadáver quedó colgando de la ventana. Fue una cosa macabra»[126].

El 12 de septiembre de 1973, en La Moneda bombardeada, los ecos de las últimas palabras de Salvador Allende siguieron incrustándose en los muros y confundiéndose con las cenizas que las esparcieron por el aire y cruzaron la cordillera y el mar. Su cuerpo yacía solitario en una fría sala del Hospital Militar, la que fue custodiada toda la noche por soldados fuertemente armados. En otro sector de Santiago, su edecán, el comandante de la Fuerza Aérea Roberto Sánchez, lo acompañaba a la distancia. No había podido dormir pensando en la misión que debería cumplir esa mañana y que le fuera anunciada la noche anterior por otro de los edecanes presidenciales: el teniente coronel Sergio Badiola.

«Me informó que, al día siguiente, debía realizarse el funeral de Salvador Allende y que yo debía asistir. Me ordenaron presentarme a las 7 de la mañana en el Ministerio

---

[126] Arturo Fontaine asumió la dirección de *El Mercurio* en 1978 y la dejó el 13 de mayo de 1982, después de que el presidente del consejo de la empresa le exigió su inmediata renuncia a raíz de tres editoriales abiertamente críticas a la gestión del régimen militar.

de Defensa. Así lo hice, y el almirante Carvajal me dijo que a las 10 de la mañana llegaría el cadáver del Presidente al Aeropuerto de Cerrillos y que entonces debía partir inmediatamente en un avión C- 47 a Quinteros. Me fui a Cerrillos. De lejos vi llegar una ambulancia custodiada por una tanqueta blanca de Carabineros. Sacaron el ataúd cubierto con una manta...»

Allí ya estaban Hortensia Bussi; Laura Allende, hermana del extinto Presidente, y los hermanos Patricio y Eduardo Grove Allende, hijos de la hermana mayor, el último acompañado de su hijo y ahijado de Allende, Jaime Grove Kimber. La comitiva, integrada además por los cuatro tripulantes del avión, llegó a la Base Aérea de Quinteros cerca de la una de la tarde. Los esperaba un carro fúnebre de la Armada y dos automóviles.

Hortensia Bussi:

-Cuando llegamos a Quintero, bajaron el féretro y pedí que me dejaran ver y tocar a mi marido... No me lo permitieron. En dos autos seguimos el coche fúnebre hasta el Cementerio Santa Inés, en Valparaíso. En el trayecto divisé gente que nos miraba con asombro. Allá, de nuevo pedí insistentemente que me dejaran verlo por última vez. Abrieron el ataúd y sólo pude ver el sudario que lo cubría. Cogí unas flores y las arrojé sobre el ataúd ya cubierto de tierra...

Roberto Sanchéz[127]:

«Cuando llegamos con el ataúd sellado ya estaba abierto el mausoleo y cavada la tumba. Tomamos el féretro los dos hermanos Grove, los sepultureros -no más de seis- y yo. Lo bajamos. Cada uno de los presentes echó un puñado de tierra. Estábamos todos pálidos, desencajados, no habíamos dormido. A la distancia vi un jefe de la Armada, aparentemente encargado de que todo se realizara según las instrucciones del almirante Carvajal. Yo andaba con mi uniforme de servicio. Los sepultureros siguieron paleando el terreno y cuando la faena estuvo terminada, en medio de un completo silencio, la señora Tencha tomó unas flores y dijo: 'Quiero que todos los que están presentes sepan que aquí

---

[127] El comandante Roberto Sánchez debió irse a retiro en diciembre de 1973.

se ha enterrado al Presidente constitucional de Chile'. Y puso las flores sobre la tumba. La soledad era total. Daba la impresión que habían hecho desalojar el lugar. Todos nos tragamos nuestros sentimientos en ese instante... Volvimos a Quintero, abordamos el mismo avión y regresamos a Santiago».

Allende yacía bajo tierra. Los integrantes de la Junta Militar enterraron su cuerpo en el total sigilo y guardaron su autopsia como el mayor secreto, pero olvidaron un detalle: inscribir su fallecimiento. Salvador Allende no tuvo certificado de defunción. El hombre que fue enterrado en Valparaíso oficialmente fue un NN. Se convirtió, así, en el primer desaparecido. En junio de 1974, manos curiosas, o temerosas sacaron de la caja de seguridad los papeles de su muerte y se constató la irregularidad. Se extendió el certificado y se agregó al legajo. Y nuevamente el olvido. Faltó el último trámite, por lo que Allende siguió siendo un desaparecido. Hasta que el 7 de julio de 1975 su fallecimiento fue inscrito en el Registro Civil de Independencia, bajo el número 593. Habían transcurrido veintidós largos meses...

Para entonces, ya muchos otros engrosaban la lista de los desaparecidos. Y sus partidarios vivos, aquellos que habían querido, hacía sólo cinco años, tocar el cielo con las manos, transitaban entre el dolor y los atisbos de aquello que llaman la esperanza. El cielo era otra vez inalcanzable. Uno de ellos, Ricardo Núñez[128], dirigente socialista, no ha podido jamás olvidar aquel 11 de septiembre de 1973:

-Teníamos la visión de que la revolución chilena pasaba en algún momento por el asalto al Palacio de Invierno. Pero teníamos un problema: ese Palacio, símbolo del poder institucional, estaba ocupado por un socialista, Salvador Allende... Los dirigentes de la Unidad Popular debieron preguntarse: ¿qué pasó con las promesas de enfrentar el intento de derrocar el gobierno con las armas en la mano?

---

[128] Ricardo Núñez estuvo preso, debió partir al exilio, fue un importante protagonista del movimiento de renovación socialista y a su regreso fue presidente del Partido Socialista y senador. Cuando Ricardo Lagos asumió la Presidencia, en marzo del 2000, es nuevamente presidente del PS. Esta reflexión es parte de una entrevista publicada en revista Análisis N° 175, el 18 de mayo de 1987.

La clase obrera, el día 11, se encontró desmovilizada, sin efectiva conducción y sin armas.

El Palacio fue tomado por otros. Nada fue igual en adelante. Otro Chile nació de las llamas y el humo de La Moneda.

# EPILOGO

# CAPITULO XXVIII
## LAS BOMBAS DE RACIMO

¿Cómo fue nuestro despertar ese 12 de septiembre de 1973? Las respuestas de los chilenos darían la magnitud del terremoto que había sacudido el país y cuyas secuelas quedarían imborrables por el resto del siglo. Miles de hombres y mujeres, que durante los últimos tres años habían osado acercar el cielo a sus manos, sin fijarse demasiado en los destrozos que dejaban en su intento, debían observar ahora con horror cómo ese mismo cielo se les caía a pedazos y que la peor de las pesadillas recién comenzaba. El derrumbe del cielo arrastraba todo a su paso: vidas, sueños, casas, amistades, caricias, fotografías, techos, libros y paredes. La intemperie total.

Para otros, era el inicio del camino de la victoria. Una que no envolvió a todos por igual. La Moneda bombardeada era el símbolo del cambio radical. Esa misma tarde, cuando el comandante Roberto Sánchez, ex edecán de Allende, regresó del entierro del Presidente no pudo reprimir el deseo de entrar al palacio presidencial. Su excusa fue imbatible: debía retirar sus efectos personales.

«El edificio estaba casi desocupado. Pasé por el Salón Independencia y vi el sillón manchado con sangre y restos de masa encefálica... Los impactos de bala en la muralla de atrás... Fue muy fuerte ver eso... Me senté en el sofá de felpa roja... Recordé que, pocas horas antes, al momento de despedirse de nosotros, el Presidente nos explicó cómo se iba a suicidar... Hice la repetición de sus movimientos... ¿Habrán sido éstos? ¡El Presidente cumplió con lo que nos dijo!».[129]

Sánchez era ajeno al nuevo orden que se imponía bajo el amparo del propio presidente de la Corte Suprema: Enrique Urrutia Manzano. A sólo horas del bombardeo de La Moneda y la muerte de Allende y cuando el Estadio Chile y el Nacional comenzaban a abarrotarse de detenidos, Urrutia Manzano proclamó su «más íntima complacencia, en nombre de la administración de justicia en Chile», con los propósitos del «nuevo gobierno». Dos días después, los otros jueces del alto tribunal fueron recogidos en sus domicilios por un vehículo militar y llevados a la sede de la Corte Suprema, donde ratificaron esos dichos, dando su anuencia al nuevo régimen de facto. Ninguno de ellos tuvo reparos en el Decreto Ley N° 1 de la Junta Militar, el que estipuló que respetarían las resoluciones judiciales sólo «en la medida que la actual situación lo permita para el mejor cumplimiento» de sus postulados. La Corte de Apelaciones de Santiago fue también «íntimamente complaciente» con lo dicho en ese primer decreto ley y rechazó el primer recurso de amparo que presentó Bernardo Leighton en favor de Carlos Briones, Clodomiro Almeyda y otros.

La efervescencia en esas horas se concentraba en el Ministerio de Defensa. Allí se organizaron las fuerzas para asegurar el control de la capital a través de un masivo despliegue de tropas y bandos militares que se difundieron por cadena oficial. La exigua resistencia despertó temores y elucubraciones. Se sospechó que era sólo el preludio de nuevos combates. Los papeles se apilaban y ellos no satisfacían la mayor duda: ¿dónde estaban los dirigentes importantes de la Unidad Popular? La cacería recién se iniciaba.

Al caer la noche, por calle Franklin y en dirección al oeste, un bus de la CTC (compañía estatal de transportes) avanzaba con lentitud. Se internaba en la zona calificada

---

[129] El comandante Roberto Sánchez se fue a retiro en diciembre de 1973.

como «peligrosa» por los nuevos mandos militares. Allí donde las sombras y el miedo pertenecían a los pobladores. En una esquina, una patrulla militar reforzada le ordenó a su conductor detenerse. Desde la puerta abierta asomó un hombre joven con uniforme policial y presillas de teniente. Le pidieron el santo y seña. El teniente lo entregó. El uniformado de la guardia, con su fusil en alto, escudriñó con la mirada el interior del bus: sólo carabineros de rostros tensos y agotados. Con tono molesto, preguntó por qué no portaban el brazalete naranja que identificaba a las fuerzas «legales». El teniente, escueto, replicó que se les habían quedado en el cuartel ya que habían salido a la carrera a ejecutar una misión. Sus compañeros aguantaban la respiración con las armas listas para ser activadas. Las barreras se abrieron y el bus siguió su marcha. Pero el jefe del piquete no quedó satisfecho. Decidió comunicarse con un equipo del Ejército apostado a sólo tres cuadras de allí y le transmitió sus sospechas. A los pocos segundos, el jefe de la otra patrulla avistó el bus y ordenó a sus hombres que lo detuvieran. Esta vez el vehículo siguió su marcha. La orden fue más potente. El conductor aceleró. El estallido de un bazooka retumbó en el vecindario. Desde los fierros retorcidos sacaron más tarde a veintisiete hombres. El parte con el relato de la acción fue concluyente: «27 delincuentes políticos resultaron muertos». Sus restos fueron a parar a La Morgue.

No tuvo el mismo destino el piquete de hombres que, apostado en el sector de Cerrillos, atacó un helicóptero UH de la Fuerza Aérea que apoyaba un operativo en el cordón industrial de la zona. Después de derribarlo se perdieron en la oscuridad refugiándose en la población La Legua.

A las 20 horas, en la Escuela Militar, en el sector alto de la capital, la Junta Militar procedió a nombrar a los ministros del primer gabinete. Fue la segunda decisión colegiada importante, después de que en la noche anterior, acordaran que la presidencia de la Junta sería rotativa.

Gustavo Leigh:

-Todos estuvimos de acuerdo. Fue un compromiso verbal. Ni siquiera se dieron plazos. Tampoco hubo problemas cuando Pinochet quiso asumir la cabeza de la Junta en función de que el Ejército era más poderoso y cubría todo el país. Las prioridades eran otras.

La CIA también fue informada del mando rotativo y de muchas otras decisiones que ni Pinochet ni Mendoza conocían aún, pero que estaban condensadas en los documentos preparados con antelación por los equipos de Merino y Leigh. En el informe, que el jefe de la estación en Santiago despachó el 11 de septiembre, se dice:

1. Según (...tarjado en el original), la Junta se rotará periódicamente entre los representantes de las Fuerzas Armadas.
2. El actual Congreso será cerrado.
3. La CUT será clausurada.
4. La ley de inamovilidad será abolida, la ley que impide el despido de empleados públicos también.
5. Se creará una nueva Constitución que será aprobada en un plebiscito.
6-. La Junta seguirá el modelo brasileño...

Merino declaró que la Marina se haría cargo de la conducción económica. Para eso se había preparado. Así le explicó a la periodista Malú Sierra su decisión:

«Dije que tomaba esa área porque acababa de ser director General de los Servicios de la Armada, lo que equivale a ser gerente general de la Marina y siempre me había gustado la economía. La había estudiado como hobbie. Había seguido cursos en la Enciclopedia Británica».

Pero su respaldo estaba condensado en «El Ladrillo», el documento preparado desde el año 72, en estricto secreto y por orden de la Armada, por un grupo de economistas bajo el alero de la SOFOFA. El mismo día 11 se sacaron cientos de copias, las que estuvieron listas para ser distribuidas entre las nuevas autoridades. Si bien Pinochet no puso objeciones a la decisión que anunció Merino, sí insistió en que el ministro de Economía fuera un miembro del Ejército.

Pinochet y Merino, ambos de 57 años, eran los más antiguos. Leigh, con sus 53 años, era el menor y el más vigoroso. Era, además, el que infundía el mayor temor entre los partidarios de Allende, que recordarían durante muchos años su promesa hecha al momento de asumir su puesto en la Junta Militar: «hay que erradicar el cáncer marxista de raíz». En las filas del Ejército sobresalían los generales, Oscar Bonilla (55 años) y Sergio Arellano (52 años).

Al momento de anunciar los nombres de los nuevos ministros quedó claro que los «dueños del Golpe» en la Fuerza Aérea, la Marina y Carabineros habían sido recompensados. En el Ministerio de Relaciones Exteriores se designó al almirante Ismael Huerta (58 años)[130], el hombre que había asumido muchas veces la representación de Merino en las reuniones de la cofradía golpista en Lo Curro. En esa misma cartera tomó su lugar, como asesor, Orlando Sáenz, presidente de la SOFOFA y jefe del «comando de guerra» de los empresarios. En una posición paralela quedó el empresario Ricardo Claro. En Defensa se ubicó el almirante Patricio Carvajal (53 años), el gran coordinador de la conjura, función que pudo continuar al tener bajo su dependencia el Estado Mayor de la Defensa Nacional. Y la cartera de Hacienda quedó en manos del contralmirante Lorenzo Gotuzzo.

Arturo Yovane, el jefe del Golpe en Carabineros, fue nombrado ministro de Minería, un puesto clave tras la reciente nacionalización del cobre, y dos de sus pares en la ruta anti-Allende, los generales Diego Barba Valdés y Mario McKay, en Tierras y Colonización y Trabajo, respectivamente. Las carteras de Obras Públicas, Agricultura y Salud quedaron para la Fuerza Aérea. Leigh marcó de inmediato la diferencia. En la segunda cartera, nombró a Sergio Crespo. No era coronel en retiro de la FACH, desde el punto de vista estrictamente militar, sino ingeniero y agricultor de Colchagua asimilado. El general Nicanor Díaz Estrada mantuvo su cargo en el Estado Mayor de la Defensa Nacional, la poderosa estructura que seguiría manejando los hilos del poder, incluyendo la tarea de inteligencia, durante los primeros días. En cuanto al general Francisco Herrera,

---

[130] Ismael Huerta también fue recompensado con un ascenso. El 16 de septiembre un decreto ley lo ascendió a vicealmirante.

éste recibiría la misión de organizar los primeros campos de prisioneros.

Pinochet se encargó, en esa primera decisión importante, de demostrar quién tenía el control de la situación en el Ejército. De los «dueños» del Golpe en esa rama institucional, los generales Arellano, Nuño, Vivero y Palacios, sólo Vivero fue ubicado en el gabinete: lo designó ministro de la Vivienda. En Economía nombró al general Rolando González Acevedo, tercera antigüedad, un hombre de su confianza y testigo de su relación con Allende, ya que había sido el último ministro de Minería del recién fallecido Presidente. Hubo sorpresa entre algunos hombres del Ejército que participaron de la conjura. Pensaban que ese cargo le debió haber correspondido al general Sergio Nuño, uno de los principales autores del «memorándum secreto» que enviara el «Comité de los 15», en julio, a Salvador Allende y comentarista económico permanente de la marcha del gobierno de la Unidad Popular en los consejos de generales. Nuño debió conformarse con la vicepresidencia de la CORFO. Merino, que no confiaba ni en las capacidades de Pinochet ni en las del general González, el día 12 de septiembre, a sólo horas del Golpe, llamó a su amigo Roberto Kelly, ex marino e integrante de la «Cofradía Náutica» donde se gestó «El Ladrillo» y le dijo «¡Tráeme nombres!».[131] Kelly cumplió. Y él mismo se convirtió, ese mismo día, en uno de los hombres más trascendentes en marcar la impronta de los «Chicago» en el régimen militar, al asumir como ministro de Odeplán.

Tanto le importaba la conducción económica a Merino que, un día después de convocar a Kelly envió una patrulla a la casa del economista Sergio de Castro, uno de los autores de «El Ladrillo», con un mensaje urgente: se requería su presencia. Cuando lo tuvo al frente le pidió que se incorporara de inmediato como asesor económico de la Junta Militar. De Castro, como futuro ministro de Hacienda y Kelly desde el semillero de «Chicagos», en Odeplán, serían los dos pilares del nuevo orden económico.

---

[131] Del libro *Los economistas y Pinochet*, de Arturo Fontaine Aldunate.

No fue la única ayuda que tuvo Merino esos primeros días en el poder. El 13 de septiembre, acompañado del almirante Lorenzo Gotuzzo, recién nombrado ministro de Hacienda, visitó las bóvedas del Banco Central para constatar la reserva de que se disponía. Un tercer hombre integraba la comitiva: Antonio da Câmara Canto, embajador de Brasil en Chile. El día 11 había sido uno de los rarísimos civiles en presenciar la toma del poder de la Junta Militar, y el primer representante de un gobierno extranjero en reconocer al nuevo mando del país. Los lazos de la dictadura de Brasil con la de Chile quedarían sellados de manera más sólida esa mañana en el Banco Central, cuando el poderoso embajador obtuvo, con una simple llamada telefónica, el primer préstamo internacional: seis millones de dólares. Poco después aterrizaban en Santiago los primeros oficiales de las Fuerzas Armadas de Brasil que, bajo el pretexto de ayudar en la captura de los «extremistas» de ese país que se habían refugiado en Chile, asesorarían en la técnica de interrogatorios.

Dos civiles integraron ese primer gabinete. En Educación, fue designado José Navarro, un ex profesor de Augusto Pinochet, que duró apenas algunos días en el cargo antes de ser enviado a Costa Rica, como embajador. En Justicia fue nombrado Gonzalo Prieto, hijo de oficial de la Armada y él mismo estrechamente vinculado a la Auditoría de esa institución. En el cargo de director de Prisiones nombró al coronel de Carabineros Hugo Hinrischsen, quien se había integrado a la conjura en presencia de Arellano y Yovane. Ni Prieto ni el coronel Hinrischsen[132] sospechaban cuán difícil e ingrata sería la tarea que iniciaban en Justicia.

Para la principal cartera, la de Interior, Pinochet escogió al general Oscar Bonilla. La decisión ya la había adelantado el lunes 10, cuando reunió, en el comedor de la comandancia en jefe del Ejército, a los generales que iban a participar al mando de la acción golpista. Ese día, y ante la presencia de Leigh, Pinochet comunicó que si algo le ocurría, su «sucesor» sería Bonilla, quien se desempeñaba

---

[132] El coronel Hugo Hinrischsen tuvo serios problemas con Manuel Contreras en 1974 por el trato con los prisioneros y debió irse a retiro sin haber ascendido a general.

como director de Logística del Ejército. Y lo instaló en el Comando de Tropas de Peñalolén, cuyo mando pertenecía a Arellano, desde donde dirigió las operaciones del Golpe. Si bien, para la mayoría de la población, Bonilla era un conspirador de la primera hora, la verdad fue otra: no había participado en sus acciones preliminares. Sus relaciones privilegiadas con la Democracia Cristiana habían comenzado en 1966, cuando fue designado edecán del Presidente Frei Montalva. Allí conoció a todos sus ministros y dirigentes importantes de ese partido, en especial, a Juan de Dios Carmona, ministro de Defensa y uno de los principales instigadores del Golpe, desde el mismo día en que Allende ganó la elección del '70. Fueron dos intensos años de contacto directo con los pasillos del poder. Cuando, en 1967, le entregó el cargo a Sergio Arellano y partió a España como Agregado Militar, Bonilla no tenía un diploma, pero los que lo conocían supieron que había adquirido un roce político del que sus pares carecían. Y era consciente de su valor.

Bonilla fue uno de los dos oficiales del Ejército que vivió los acontecimientos de esos primeros días de toma del poder en el escenario principal. El otro fue el coronel Pedro Ewing Hodar, al que Pinochet designó ministro Secretario General de Gobierno y oficiaría de secretario de la Junta. Hubo un tercer oficial de Ejército que también tuvo acceso privilegiado al nuevo círculo de los «elegidos»: el coronel Enrique Morel Donoso[133], «cofrade» de Lo Curro de la primera hora. Se había convertido en edecán de Pinochet el 10 de septiembre, cuando el general Arellano lo propuso para esos efectos.

Morel había asumido, en junio de 1973, la subdirección de la Academia de Guerra, bajo el mando del general Herman Brady, a quien los conjurados miraban con recelo

---

[133] Enrique Morel ascendió a general en 1974 y dejó de ser edecán. En 1977, fue el jefe militar de la Zona de Santiago. Fue presidente de Soquimich y en 1979 le dejó su cargo a Julio Ponce Lerou, yerno del general Pinochet. En marzo de 1981 fue designado embajador extraordinario y plenipotenciario ante todas las sedes diplomáticas de Chile en el extranjero. En 1982 fue presidente de Codelco y director del Banco del Estado, desde 1982 a 1989. Fue rector de la Universidad de Chile. En 1989 reemplazó a Pedro Ewing en la Dirección de Frontera y Límites en la Cancillería.

por el episodio que lo llevó al generalato. En enero de 1971, el Senado objetó su ascenso y la intervención directa del ministro José Tohá, a pedido de Allende, masón como Brady, le permitió seguir en actividad. A pesar de que Brady se había hecho respetar, no tuvo todos los méritos para ser incorporado al grupo golpista de la Academia de Guerra, encabezado por Morel y el teniente coronel Sergio Arredondo, el mismo que asumió el 10 de septiembre como jefe de Estado Mayor del general Arellano para la operación del Golpe.

La actividad conspirativa desplegada por Morel y Arredondo, líderes del «grupo de los coroneles», tuvo un impulso cuando, el 24 de agosto, Pinochet nombró a Brady comandante de la Guarnición de Santiago en reemplazo del general Mario Sepúlveda. Hasta ese momento, el grupo de la conjura en la Academia de Guerra lo integraba un reducido grupo de profesores: los coroneles Roberto Guillard[134] (profesor de Logística) y Carlos Meirelles (Historia Militar y Estrategia); los tenientes coroneles Oscar Coddou (profesor de Geografía Militar y Geopolítica), Walter Dorner (Historia Militar y Estrategia), Charly Hensel (Informaciones); y el mayor Atiliano Jara. A ellos y en un lugar de primacía, se unía otro profesor, el coronel Eduardo Fornet[135], oficial de la Fuerza Aérea y miembro también originario de la cofradía de Lo Curro. Y en otro lugar destacado se ubicaba el capitán de fragata Rodolfo Calderón Aldunate, profesor de Guerra Marítima. Un oficial ecuatoriano seguía los pasos de los conjurados: el teniente coronel Luis Cuevas Alfaro, profesor de Logística.

En los primeros días de septiembre, los profesores decidieron ampliar el grupo, incorporando a determinados alumnos del curso que se graduaba ese año. Entre los veinticinco alumnos, destacaban Alejandro González

---

[134] Roberto Guillard fue el locutor oficial del Golpe el 11 de septiembre. Integró la CONARA y en 1976 fue subsecretario de Guerra. En 1981 dirigió el COAP, que luego se transformó en Estado Mayor Presidencial. Desde 1979 hasta 1982 fue director de la Compañía de Teléfonos. Ministro de Vivienda en 1982 y 1983. Intendente de Santiago, en 1984 y Agregado Militar en Estados Unidos hasta 1986. En 1985 ascendió a mayor general y en 1987 asumió la Dirección de Logística. En 1988 pasó a retiro y fue nombrado por Pinochet cónsul general en Los Angeles.

[135] Eduardo Fornet fue después Director de Inteligencia de la Fuerza Aérea.

Samohod[136], Gustavo Abarzúa, Carlos Parera[137], Héctor Darrigrandi, Raúl Iturriaga Neumann, Rolf Wenderoth y Ernesto Videla[138].

Con el coronel Enrique Morel de edecán de Pinochet, la dirección de la Academia de Guerra quedó acéfala. Asumió de oficio el teniente coronel Sergio Arredondo. Y si bien el hecho rompió con todas las tradiciones y estructura del mayor centro de formación del Ejército, en esos días de septiembre de 1973 las preocupaciones y afanes eran otros. Al punto que la gran mayoría de los oficiales -profesores y alumnos- serían llamados a ocupar funciones relevantes de asesoría de gobierno.

Si aparentemente los que partían eran mirados como los «elegidos», en estricto rigor, los oficiales que se quedaron en la Academia de Guerra bajo el mando transitorio del teniente coronel Sergio Arredondo, serían los que muy pronto tuvieron el mayor poder jamás desplegado en la historia del régimen militar: a fines de septiembre, instaló allí su base de operaciones el coronel Manuel Contreras Sepúlveda.

Pero para eso faltaban aún otros acontecimientos importantes.

Las bombas que cayeron en La Moneda resultaron ser de racimo. Una de ellas explotó a miles de kilómetros, en el medio de Europa. La muerte de Allende y el Golpe de

---

[136] Alejandro González Samohod, considerado un intelectual dentro del Ejército, después del Golpe se integró a la COAJ, formó parte de la comisión que creó la CONARA y fue el primer jefe del Departamento de Racionalización. En 1975, fue observador de la ONU en Medio Oriente. Desde 1975 a 1981, comandante del Regimiento Copiapó e Intendente de Atacama. Fue Agregado Militar en Argentina y jefe de gabinete de Gordón en la IV Comisión Legislativa. Ascendió a general en 1986. En 1987 fue comandante del Comando de Telecomunicaciones y luego Intendente de la IX Región. En 1989 fue designado comandante de la Guarnición de Santiago pero, finalmente, por extrañas razones, no se trasladó, siendo designado comandante de la Región Militar Austral. En 1989 ascendió a mayor general. Después de su retiro ingresó a la UDI.

[137] Carlos Parera, del arma de Artillería, fue jefe del Departamento Exterior de la DINA, director de la Escuela de Paracaidistas y Fuerzas Especiales, en 1981, y en 1985, Agregado Militar en Francia. Ascendió a general en 1986. En 1989 fue designado comandante en jefe de la II División del Ejército. En 1990, el Presidente Patricio Aylwin vetó su ascenso a mayor general. Fue enviado a Sudáfrica como Agregado Militar y al año siguiente pasó a retiro.

[138] Ernesto Videla fue uno de los primeros integrantes del COAJ y desde allí fue asignado a la Cancillería, en 1976. En 1986 ascendió a general y al año siguiente fue nombrado subsecretario de Relaciones Exteriores. En 1988, viceministro de Relaciones Exteriores. Se fue a retiro en 1988.

Estado provocaron un efecto traumático sobre la izquierda europea. Impresionantes multitudes de hombres y mujeres de todas las edades salieron a las calles a rendir homenaje a Salvador Allende, símbolo del socialismo democrático. En Italia, Enrico Berlinguer, secretario general del Partido Comunista, la misma noche del 11, se encerró en su casa a escribir, impactado por las noticias que llegaban desde Santiago. La derrota de la «vía chilena al socialismo» tenía lugar cuando su partido iniciaba el difícil, pero acelerado, alejamiento del modelo soviético. Cuatro días más tarde, el sábado 15 de septiembre, Berlinguer llegó a las oficinas de *Rinascita*, el semanario ideológico del partido, con un extenso artículo titulado «Reflexiones después de los acontecimientos de Chile». En él, por primera vez, un alto dirigente comunista proponía una alianza histórica con sectores no marxistas, como condición para materializar un proyecto de cambios. Berlinguer planteó, en síntesis, que los militares chilenos habían demostrado que en los países bajo la poderosa influencia de Estados Unidos -y guardando las proporciones, decía, Chile y Italia eran comparables en ese parámetro- no bastaba con acceder al poder político con casi un 50% de los sufragios. Lo que se requería era el mayor apoyo popular posible, una mayoría que, en Italia, no podía construirse sino en alianza con la Democracia Cristiana. Berlinguer finalizaba sus «lecciones» con un llamado a rubricar un gran «compromiso histórico» entre el PC y la Democracia Cristiana italiana. Esa estrategia encontraría un oído receptivo en el dirigente DC, Aldo Moro[139].

En Francia, Alain Touraine, uno de los cientistas políticos más reputados de ese país, escribió en *Le Nouvel Observateur* del 1 de octubre de 1973:

> La sentencia de muerte de la Unidad Popular la dictó su incapacidad para integrar los elementos contradictorios que la componían. Era una especie de federación de movimientos que divergían cada vez más. Desde la

---
[139] Aldo Moro fue secuestrado por las Brigadas Rojas el 16 de marzo de 1978, siendo presidente de la DC italiana. Su cuerpo sin vida fue encontrado en el baúl de un automóvil, el 9 de mayo de 1978. Con él desapareció el único líder de ese partido que consideraba el «compromiso histórico» como una vía posible y necesaria.

primavera de 1972, ya no existía prácticamente una unidad de dirección económica. Por un lado, estaba la tentativa de izquierda en el seno del Ps y por otro, la voluntad del Pc de dialogar con la Democracia Cristiana. Después del Golpe abortado del 29 de junio, la evolución divergente de las dos tendencias de la Unidad Popular se acentuó. Vivimos, en el mes de junio, un juego institucional florentino en la cumbre y una explosión de fuerzas sociales en la base. En la disgregación general, las FF.AA. asumieron el papel de «defensoras de la Nación». Intervinieron tanto para quebrar la izquierda como para romper el sistema político... No puede separarse el análisis del Golpe del análisis de la crisis de la UP misma. Y de su incapacidad para ejercer una gestión económica coherente.

En Argentina, el Presidente Juan Domingo Perón también se inquietó ante las informaciones que provenían de Chile. Y de la inquietud pasó a la preocupación: empezó a temer un cerco sobre su país. No estaba equivocado. Las primeras acciones conjuntas que emprenderían poco meses después la DINA con su símil argentino, el SIDE (Servicio de Inteligencia del Estado) y la «Triple A» lo corroboraron. El derrocamiento, años después, de su viuda Isabel, que asumió la Presidencia tras su muerte, estuvo en parte prefigurado en Santiago.

Es probable que el general Carlos Prats haya pensado encontrar algo de alivio en el vecino país. Ignoraba que allí también se incubaba un Golpe con mucha antelación. Pero, las horas posteriores al 11 de septiembre no daban demasiado espacio al análisis. La vida del antecesor de Pinochet al frente del Ejército se había trastocado por completo y estaba a tal punto amenazada, que sólo le quedó tomar la drástica y rápida decisión de partir. Antes, debió desmentir, ante las cámaras de televisión, que encabezaba a fuerzas rebeldes que venían desde el sur, un mito ampliamente difundido, especialmente entre los escasos grupos armados que resistían el Golpe. «Por conciencia de cristiano y formación de soldado, no deseo contribuir al derramamiento de sangre entre compatriotas...», dijo, en su dramática intervención. Fue, también, su última aparición pública: nunca más daría una entrevista. A las cinco de la tarde del viernes 14, Prats se despidió de su familia y también de su esposa Sofía, la que se quedó en Chile acompañando a su hija mayor (Sofía), embarazada de ocho meses. Cargó una pistola distinta a la habitual, más potente, amartillada, lista para ser usada en cualquier momento. La guardó con gesto decidido y se fue con su chofer, Germán López, en dirección al paso fronterizo Las Cuevas. Pero, en algún recodo del camino Prats descendió del vehículo y el coronel René Escauriaza tomó su lugar. Para ser un señuelo perfecto se puso incluso la gorra de Prats. En otro automóvil, Prats, en compañía del mayor Osvaldo Zabala, se dirigió al aeródromo de Tobalaba. Un helicóptero esperaba. Una versión indica que cuando el piloto se mostró dudoso de emprender el viaje hacia Portillo, Zabala lo apuntó con su pistola. Lo cierto es que Prats llegó a Portillo a las 7.40 horas del 15 de septiembre. Y de allí se fue en auto a la frontera, donde era esperado por altos oficiales del Ejército argentino, enviados por el general Jorge Raúl Carcagno, comandante en jefe. Un general que acababa de impugnar la «Doctrina de Seguridad Nacional», el TIAR, y el sistema interamericano de defensa. Antes de despedirse de sus amigos y camaradas de armas, Prats les entregó una carta para Pinochet:

*El futuro dirá quién estuvo equivocado. Si lo que ustedes hicieron trae el bienestar general del país y el pueblo realmente siente que se impone una verdadera justicia social, me alegraré de haberme equivocado al buscar con tanto afán una salida política que evitara el Golpe.*

El domingo 16 de septiembre marcó la agenda del país en el nuevo orden que se iniciaba. Habían transcurrido sólo cinco días y parecía un siglo. Los dirigentes de la Unidad Popular y ex ministros de Allende, detenidos en la Escuela Militar, jamás han podido olvidar ese domingo. Allí estaban los ex ministros Orlando Letelier, Sergio Bitar, Fernando Flores, Clodomiro Almeyda, Anibal Palma, José Tohá, Jaime

Tohá, Jorge Tapia, Orlando Cantuarias, Luis Matte, Edgardo Enríquez, Arturo Jirón, Pedro Felipe Ramírez. También llegarían Carlos Lazo, Miguel Lawner, Daniel Vergara, Julio Stuardo, Aniceto Rodríguez, Osvaldo Puccio y su hijo Osvaldo, quien se resistió a abandonar a su padre enfermo...[140]

Enrique Kirberg, rector de la Universidad Técnica del Estado era uno de ellos:

-De improviso, llegó un hombre al que nos presentaron como el recién nombrado ministro de Justicia, Gonzalo Prieto. Nos dio el pésame por la muerte de Salvador Allende y luego nos preguntó si estábamos dispuestos a partir al destierro. Todos respondimos negativamente. Los ministros, ejecutivos de gobierno y parlamentarios dijeron que querían dar cuenta pública de su gestión y vida. Se redactó un documento explicando nuestras razones. Nos vigilaba gente del último curso de la Escuela Militar, nos trataban muy mal, con constantes vejámenes. Al tercer día, el sábado 15, mientras hacíamos cola para el escaso almuerzo, nos subieron a unos buses. No sabíamos adónde nos llevaban y comencé a inventar una historia: nos llevaban al aeropuerto, nos dejarían en un avión Air France y partiríamos todos a Francia. ¡Qué forma tan infantil de relajarme! Llegamos a la Base Aérea El Bosque. Soldados nos revisaron minuciosamente, nos pusieron en el césped y un sargento se acercó. No había tenido oportunidad de romper mi carnet del PC, el que había escondido al interior del calcetín y el sargento lo encontró. Me miró y sin decir una palabra, pero mirándome fijamente, lo tiró a unos matorrales teniendo cuidado que no lo descubrieran. Nos subieron a un avión. Cuando a uno de nosotros le quitaron una prenda y le dijeron: «¡en

---

[140] La nómina de los primeros «prisioneros de guerra» de Dawson es la siguiente: Clodomiro Almeyda, Vladmir Arellano, Sergio Bitar, Orlando Budnevich, José Cademartori, Orlando Cantuarias, Jaime Concha, Luis Corvalán, Edgardo Enríquez, Fernando Flores, Patricio Guijón, Alejandro Jiliberto, Arturo Jirón, Alfredo Joignant, Carlos Jorquera, Enrique Kirberg, Miguel Lawner, Carlos Lazo, Orlando Letelier, Maximiliano Marholz, Carlos Matus, Luis Matte, Hugo Miranda, Carlos Morales, Héctor Olivares, Miguel Muñoz, Julio Palestro, Tito Palestro, Aníbal Palma, Walter Pinto, Osvaldo Puccio G., Osvaldo Puccio H., Pedro Felipe Ramírez, Aniceto Rodríguez, Camilo Salvo, Erick Schnake, Andrés Sepúlveda, Adolfo Silva, Hernán Soto, Julio Stuardo, Anselmo Sule, Ariel Tacchi, Jorge Tapia, Benjamín Teplisky, Jaime Tohá, José Tohá, Luis Vega, Daniel Vergara, Sergio Vuskovic y Leopoldo Zuljevic.

Punta Arenas te la entregamos!», tuvimos el primer indicio de nuestro próximo destino. En el avión nos vigilaban soldados con fusiles de repetición. La llegada a Punta Arenas fue increíble. Era de noche y aterrizamos en un aeropuerto secundario. El sector estaba alumbrado con reflectores y soldados rodeaban el recinto con sus bayonetas armadas. Después de tomarnos una fotografía a cada uno, nos colocaron una capucha amarrada detrás de la nuca y nos hicieron subir a tientas a unos camiones. El oficial al mando de nuestro grupo, dijo: «Tengo una pistola en la mano, al que haga el más mínimo movimiento le disparo». A un soldado muy nervioso se le escapó un tiro el que rebotó en el camión y la bala se le introdujo a Daniel Vergara entre los dos huesos del brazo. Nadie hizo nada, lo dejaron que sangrara profusamente. Fueron largos minutos hasta que los vehículos se detuvieron. Bajamos de a uno. Después de un recorrido, que nadie sabía si llevaba a la muerte, nos metieron en la bodega de una barcaza. Nuevamente la orden fue de no hablar, no hacer ni un solo movimiento... De pronto, la barcaza zarpó. Era cerca de la medianoche. El sueño golpeaba a todos, pero también estaba prohibido dormir. Cuando la nave paró y salimos, estaba amaneciendo. Ante nuestros ojos se abrió un espacio lleno de nieve. Teníamos mucho frío. Fue un desembarco triste y tétrico. Escuchamos la voz del capitán gritar: «¡Ustedes son prisioneros de guerra!». Eran las seis de la mañana del domingo 16. Asumí, por primera vez, que estábamos en guerra. ¡Habíamos llegado a Isla Dawson!

Para la familia de Salvador Allende, ese domingo también se iniciaba un nuevo ciclo.

Isabel Allende:

-En el refugio de calle Seminario, el 12 de septiembre vivimos con Beatriz cada minuto del entierro de nuestro padre a la distancia. Imaginábamos a Tencha sola... El tiempo no se detenía... Avanzada la tarde, Beatriz recibió una llamada de su marido (Luis Fernández, alto funcionario de la embajada de Cuba). Le dijo que esta vez sí había garantías y que la pasaría a buscar para abandonar el país de inmediato. Luis llegó escoltado por un jeep militar. Al partir,

Tati me dijo: «Bueno, ¡y ahora a salir de aquí!». La despedida fue muy rápida, demasiado rápida... Esas horas únicas nos unieron mucho. Me paré en la puerta y vi partir el jeep que se llevaba a Beatriz... Entré a la casa e inmediatamente llamé al embajador de México. «Isabel, ¿dónde estás? ¡Voy a buscarte de inmediato!», dijo. Llegó en un auto con bandera blanca y un salvoconducto, después de haber traspasado ocho barreras militares. Traía un papel que lo autorizaba a retirar a Isabel Allende y dos menores. Se suponía que estaba con mis hijos. Cuando le dije al embajador que estaban conmigo Nancy Julien y Frida Modak, su reacción fue: «¡Las llevamos!». La despedida con la dueña de casa fue muy emocionante. Salimos, nos pararon las mismas ocho barreras militares. La actitud del embajador de México fue decisiva para poder llegar a la sede diplomática. De inmediato, partimos a buscar a Tencha a la casa de Felipe Herrera... El encuentro fue muy emotivo. Mi madre había enterrado a Salvador Allende sin nosotras, había pasado todas las humillaciones, no la dejaron abrir el cajón... Siempre tuvo la duda de si efectivamente lo había enterrado... Nos recibió emocionada y llorosa y, cuando el embajador le dijo «¡vamos a la embajada!», ella dijo «¡no!» Un no rotundo. Decía que debía permanecer en Chile. Nos costó mucho convencerla de que no era posible. El embajador le propuso, entonces, que fuera su invitada durante un tiempo. Fue la única manera de convencerla de salir... Era la noche del miércoles 12. De ahí nos fuimos a buscar a mis hijos. Pero en la casa de Gran Avenida no estaban ni Romilio ni los niños. Mucha gente me reconoció y empezó a salir de sus casas. Debimos salir rápido de allí. Un funcionario de la embajada de México volvió más tarde a buscar a mi marido y mis hijos. Cuando nos abrazamos, Gonzalo estaba muy afectado. El encuentro fue... dramático. Cuando nos separamos el día 11, Gonzalo supo que me iba a La Moneda para estar junto a mi padre. Romilio los dejó en casa de unos conocidos porque pensó que la casa de su familia representaba un peligro. Pero mi hijo, que tenía ocho años, vio televisión todo el día y presenció el bombardeo sabiendo que su madre y su abuelo estaban allí adentro... Creyó que yo también estaba muerta... Y todo eso lo vivió solo, ya que Marcia, con su año y ocho meses, era sólo una guagua. Gonzalo me abrazaba una y otra vez, no podía creer que estuviera viva... Fue difícil convencer a mi madre de abandonar el país. Al final, puso una última condición: se iría, pero con toda la familia. Beatriz ya había salido, yo estaba con toda mi familia, y mi hermana Carmen Paz, que nunca se había metido en política, recibió la ayuda de una médico amiga, Mónica Bruzzone, y pudo llegar con todo su grupo familiar. Por fin estuvimos todos reunidos. No sé por qué se me vino a la memoria una anécdota banal. Tencha no tenía ropa y se acordó que tenía ciertas cosas donde una costurera que vivía cerca del Estadio Nacional. Convenció a María Teresa, esposa del embajador, para ir a buscarla. Tencha se bajó del auto y al entrar al pasaje donde vivía la señora, algunas personas la reconocieron y corrieron a abrazarla. Con el bullicio, más gente salió de sus casas y pronto eso era una verdadera manifestación, ante la mirada horrorizada de María Teresa. La costurera le llevó a mi madre a la embajada un traje amarillo lúcuma, el único que tenía. Abandonamos el país... Al llegar a México nos esperaba el Presidente Luis Echeverría, su esposa María Ester y el gabinete completo en el aeropuerto. Las mujeres, vestidas del más riguroso luto, y todos los hombres con corbata negra. Y Tencha se bajó con su traje amarillo lúcuma... Era el domingo 16 de septiembre, día de México...

En Santiago, ese primer domingo después del Golpe, el sol alumbró la capital. La familia Allende ya estaba fuera y los «jerarcas» de la Unidad Popular en Dawson. Los presos seguían poblando el Estadio Chile y el Estadio Nacional. Aquel día, el general Bonilla, ministro del Interior, decidió salir a terreno. Y para ello escogió los sectores de poblaciones de menos recursos en donde los militares sabían que la UP y, sobre todo Allende, tenían su mayor sostén. Bonilla alimentaba una secreta ambición: rescatar el apoyo de los pobres con medidas efectivas que permitieran revertir el miedo y dar garantías de que el nuevo régimen los apoyaría. La prensa lo acompañó durante un recorrido en el que se palpaba el miedo de los pobladores, bajo permanente control, con allanamientos masivos y operativos de ocupación. Bonilla, un hombre alto y delgado, siempre sonriente y hábil con las palabras, demostró ante las cámaras que poseía carisma y don de comunicación y que, además, imponía respeto por presencia. Un respeto que no emanaba sólo del temor al nuevo orden militar.

A esa misma hora, en otro sector de Santiago, otro oficial de Ejército, el coronel Julio Canessa, desplegaba la fuerza de todas las unidades bajo su mando pero para fines diferentes. Los habitantes del sector comprendido entre Vicuña Mackenna, Parque Forestal, Portugal y Torres del San Borja, se vieron abruptamente arrastrados fuera de sus hogares ante un despliegue masivo de militares fuertemente armados que acordonaron las calles e ingresaron a las casas con violencia. Los gritos se mezclaron al ruido de puertas derribadas y al del paso de las botas de más de mil efectivos del Ejército y Carabineros. Las horas de terror fueron más intensas en el área de las Torres del San Borja. Hasta allí llegaron militares con planos de los edificios, iniciando un allanamiento metro por metro. Las alcantarillas fueron el foco de otro grupo especializado. Las órdenes eran perentorias. Se registró a cada persona y cada rincón de los departamentos. Poco después, en la calle, se fueron apilando cerros de literatura considerada «subversiva» por los soldados. La TV siguió en detalle la operación, hasta el momento en que el jefe dio la orden de quemar el material incautado. El fuego consumía los libros y algunos de los títulos - muchos clásicos y autores de renombre de la literatura mundial- alcanzaron a ser filmados antes de que fueran incinerados frente a la mirada vigilante de los soldados. Las imágenes dieron la vuelta al mundo y se ganaron un lugar en la historia. La medida, que se convirtió en símbolo de la barbarie militar, causó una de las primeras discusiones abiertas en el nuevo cenáculo del poder. Y en el Estado Mayor de la Defensa Nacional, la indignación tuvo un nombre esa noche: el coronel Julio Canessa, director de la Escuela de Suboficiales.

Canessa, el mismo coronel que sólo pocos días antes había corrido hasta la oficina de su superior, el general César

Benavides, y de su amigo el coronel José Domingo Ramos, para comunicarles, alarmado, que se estaba preparando un Golpe de Estado y que algo había que hacer...

Bonilla fue informado de lo sucedido. El episodio se agregó a una larga lista de desaciertos. Esa misma noche, a través de una cadena de radio y televisión, intentó tranquilizar a una parte de la población aterrorizada por las acciones militares de esos días:

>  -...Quisiera esta noche tranquilizar a mucha gente que está confundida por rumores que no tienen fundamento. Esta noche, justamente en la víspera de iniciar mañana las actividades que permitirán que la capital recupere su ritmo normal, hay posiblemente temor en algunos hogares. Aunque sean pocos, esos hogares nos interesan porque son de chilenos. Entendemos su aflicción y les damos la mano. ¿Quiénes tienen temor? El funcionario del gobierno anterior, el poblador que piensa que le van a quitar su rancho, que le van a bombardear su casa, la madre del detenido o el hijo que espera a su padre. Nosotros queremos decirle a cada uno de ellos que no perseguimos las ideas sino los hechos, que no miramos su color político sino su eficiencia y honestidad. En consecuencia, nada tienen que temer los que nada han hecho. Queremos solamente, en este Chile, cicatrizar la gran mancha de odio que se había enseñoreado en el país y que había separado en bandos la nación. Por eso, está muy lejos de nosotros ese espíritu de revancha o de buscar motivos para dejar hogares sin sus medios de sustento. A los parientes que tienen detenidos y que somos los primeros en lamentar, les decimos que tengan paciencia. Aproximadamente, hay unos cuatro mil detenidos en este momento en Santiago. La mayoría de ellos ha sido tomado en acción contra francotiradores, actuando desde edificios. Posiblemente ha caído mucha gente que es inocente. Entre estos detenidos no hay ninguno de los grandes apóstoles de la violencia. La mayoría de ellos, como digo, son inocentes. Pero no podemos darnos el lujo de equivocarnos. No tenemos derecho a equivocarnos, pero eso requiere tiempo. Tenemos que detectar a los verdaderos

culpables y eso requiere un proceso. Hay que interrogar a mucha gente. Es necesario tener paciencia, pero pronto la mayoría saldrá en libertad... Se ha designado al general, señor Herrera de la FACH, para que tenga a cargo este servicio y todo lo que se refiere a los detenidos. Hay un alto jefe encargado de todo lo que se refiere a sus necesidades materiales, a la atención médica, a la atención sanitaria y a ropa y frazadas para dormir, a su alimentación e higiene. Y también hay otro jefe encargado de aumentar, multiplicar y guiar, con una dirección unificada, todos los equipos de interrogadores, de manera que esto salga mucho más rápido de lo que hasta ahora ha marchado. En pocos días más posiblemente ya estaremos en condiciones de entregar las listas de todos los detenidos y también de instalar, en el lugar donde estén recluidos, un servicio de información que permita a sus familiares informarse sobre el estado de sus parientes. En todo caso, cualquier detenido que esté en el lugar de detención va a ser sometido al procedimiento legal que corresponde, de acuerdo a lo que se ha establecido para nuestros Consejos de Guerra. Va a tener su derecho a defensa y nadie será omitido de este procedimiento judicial... Al poblador, al cual se le hacen llegar muchos rumores infundados, le decimos que los rechace porque no tienen ninguna raigambre. A ese poblador le digo que recuerde cuando llegó al cuartel: ¿quién estaba a su lado a la primera hora de la mañana al toque de clarín?, ¿quién estaba presto, afectuoso, listo para iniciarles sus enseñanzas, sus primeros hábitos de higiene? Su sargento, su capitán. Yo le pregunto a este poblador si cree que estos mismos hombres, sus antiguos compañeros de fatiga, van a ser los que les van a quitar su sitio y los que van a bombardearles su casa. ¡Es absurdo! Las Fuerzas Armadas quieren sólo una cosa: que nadie toque su sitio y que su «mejora» se transforme en una casa de verdad. Las Fuerzas Armadas, en estos allanamientos dolorosos, pero indispensables, no buscan pobladores. Buscan armas y también a los que las empuñan y que se esconden entre ellos. Quien debe temernos es el extremista que insiste en la violencia y que insiste en crear un estado en que obligue a perturbar las actividades de la nación, al extranjero que ha abusado de la hospitalidad y con el cual no tendremos consideración alguna. Lo perseguiremos hasta el final, porque ese extranjero tiene que saber que, mientras haya un soldado, nada sacará con una bala asesina con la que busque eliminarlo, porque diez soldados correrán a recoger su fusil. También tiene que temernos el delincuente, el que ha abusado de un cargo, de una función para cometer una fechoría. Esos son los únicos que tienen que temer. La gran mayoría, funcionarios honestos, correctos, cualquiera sea su color político o sus ideas, nada tiene que temer... Por eso, esta noche, antes de que se inicien, mañana, de nuevo las actividades normales en Santiago, queremos decirles: tengan confianza y optimismo. Detrás de esta noche, detrás de estos días oscuros, hay un gran amanecer para Chile. Tengan confianza. Son las Fuerzas Armadas de este país las que les hablan. Fuerzas Armadas que todos conocen desde largo tiempo, que todos respetan y que nosotros estamos obligados, por esa misma razón, a respetar esta palabra y cumplirla. Muy buenas noches.

## CAPITULO XXIX
## CONTRERAS, EL PUÑO
## DE LA DEPURACION

Vencidos y vencedores escucharon a Bonilla con atención. El coronel Manuel Contreras, en la Escuela de Ingenieros en Tejas Verdes, prefirió el silencio. Ya tenía repletas las dos cárceles -una para hombres y otra para mujeres- que había preparado con antelación, de la misma forma que dos de sus hombres de mayor confianza ya se habían hecho cargo de la actividad pesquera del puerto, controlando la principal empresa del Estado en la zona. En un cajón de su escritorio tenía el plan de inteligencia que esperaba su día. Y éste había llegado.

Pinochet también escuchó y siguió con atención el desplazamiento y las palabras de Bonilla. Al día siguiente reunió al Cuerpo de Generales del Ejército. Era un tiempo de reuniones diarias e imprescindibles. Cada general comunicaba las acciones y situaciones derivadas del Golpe de Estado y se invitaba a los generales de provincia para que dieran cuenta de su región. También se intercambiaban opiniones acerca de las principales materias de gobierno y, entre ellas, el plazo que deberían darse los militares para «normalizar» el país y entregarle el poder a los civiles.

Los plazos fluctuaban entre tres y seis años.

Unos pensaban que bastaba con completar el período de Allende, es decir tres años, mientras otros veían que la tarea requería de más tiempo, en un máximo de seis años. Otro punto de discusión fue si el mando de la Junta debía ser rotativo. La mayoría se pronunció en contra. Les complacía que fuera el comandante en jefe del Ejército el que asumiera la supremacía. Y para asegurarla, Pinochet había logrado imponer en la Junta un orden de prelación, en base a la antigüedad de las instituciones: Ejército, Armada, Fuerza Aérea y Carabineros. Pero el mando era colegiado y eso sí no estaba aún en discusión.

O al menos se creía.

Pero ese lunes 17 de septiembre, Pinochet abrió la reunión con sorpresivas novedades: «Señores, aquí no va a haber un mando colegiado». Y no hablaba de la Junta, sino del Ejército. Si bien el intercambio de opiniones no se detuvo, algo sutil pero muy profundo, había cambiado. Para hombres acostumbrados al mando jerarquizado, cada orden, cada palabra tenía su significado. Tutearse, hablarse de igual a igual y tener demostraciones que revelaban una relación más allá de los cuarteles, podía debilitar el mando. Lo mismo si el control de la situación no estaba en manos de quien tenía las presillas de jefe.

Eso fue lo que ocurrió, dos días después, cuando el empresario Juan Kassis decidió hacer un gran cóctel en su casa en Pajaritos, en honor a los hombres de la conjura, a los que había prestado tanta colaboración y que ahora ya tenían el control del poder.

Los generales y almirantes de las cuatro instituciones fueron invitados, a los que se sumó un grupo escogido de empresarios. Todos llegaron a la cita puntualmente. La casa estaba llena de flores y exquisiteces, lo que ayudó a crear un ambiente de relajo entre los uniformados que no habían tenido ocasión de celebrar el triunfo del Golpe. El clima se hizo propicio para que los «dueños» de la conspiración se buscaran y se entregaran al recuento de los episodios que cada uno de ellos había protagonizado en sus contactos secretos preparatorios. En el centro del grupo estaban el almirante Merino y el general Leigh. Ambos dominaban la situación. Con su rostro inescrutable, el almirante Carvajal asentía y aportaba un dato o un nombre a los dichos de Merino. También estaban Yovane y Arellano. El general Nuño también participaba, así como el general Nicanor Díaz Estrada. La conversación estaba salpicada de sorpresas, pues de cada episodio surgía alguna novedad que los otros desconocían. Sin embargo, había un secreto que todos compartían: su pertenencia al núcleo original de la conjura. Las confidencias los envolvieron, al punto de no percatarse que un hombre observaba la escena y seguía, con mirada torva, el curso de los relatos.

Era Pinochet.

De improviso, se acercó a Arellano y le dijo con tono socarrón: «¡Así que con esas teníamos!». Yovane, en el calor de la velada, le replicó con su acostumbrado tono familiar: «Pero general, si estas cosas no se improvisan, esto hay que conversarlo, coordinarlo, prepararlo...»

La relación de Pinochet con Arellano no volvería a ser nunca más la misma. A pesar de que era uno de los pocos generales que lo tuteaba, de que eran de la misma arma (Infantería) y que eran amigos desde el año 41, una frontera infranqueable se había instalado entre los dos.

Con Leigh, la relación de Pinochet sería desde un principio tensa y distante. A Pinochet le disgustaba la soltura de Leigh para asumir el mando político. Y, más aún, le molestaba la adhesión que los subordinados le dispensaban, al punto de que ninguno lo tuteaba. Pero cuando Leigh propuso formar una comisión para estudiar las reformas a la Constitución del '25, no discutió. Y Pinochet saludó a los cuatro recién llegados: Jaime Guzmán, Enrique Ortúzar, Jorge Ovalle y Sergio Diez.

Pocos días después, Manuel Contreras desembarcó en la Academia de Guerra. Lo esperaba su viejo amigo, compadre y compañero de curso en la Escuela Militar, Sergio Arredondo y otro de sus amigos y compañero de armas más cercano: Oscar Coddou Vivanco. Contreras llegó a una casa que le era familiar. Hacía sólo dos años que había abandonado esos territorios. Entre 1969 y 1971 había sido su Secretario de Estudios. Allí también había hecho su curso de oficial de Estado Mayor (1962-1964), obteniendo el primer lugar de su promoción, logrando superar a Dante Iturriaga y Rigoberto Rubio, segundo y tercer lugar respectivamente. La distinción le fue entregada por Pinochet, entonces director de ese centro de formación militar y con quien Contreras había entablado una estrecha relación. Al pisar nuevamente sus aulas y recorrer sus pasillos, Contreras recordó que, allí mismo, había desarrollado su primer plan de inteligencia para la seguridad nacional, el que había sido rechazado y obstaculizado por el empecinado general Pickering[141]. El mismo general, que sólo meses antes, y cuando aún era comandante de Institutos Militares, lo había defendido con vehemencia cuando el gobierno de Allende pidió que fuera enviado a retiro, después de que ordenara censurar una radio de San Antonio y allanar locales sindicales y políticos. Fue Pickering el que impidió que Contreras saliera a retiro. En esa ocasión, afirmó que, si Contreras se iba, él también debía seguir el mismo camino, ya que, como su superior, se hacía responsable de las decisiones adoptadas por el director de la Escuela de Ingenieros de Tejas Verdes. Pero ahora todo era diferente. Pickering era sólo un mal recuerdo para Contreras. Su atención estaba puesta en la audiencia que le había pedido a Pinochet para exponerle su plan de inteligencia. Era exactamente lo que el país necesitaba, ahora que, por fin, se iniciaba la lucha antisubversiva para la que él se había preparado con rigurosidad y método.

De la reunión con Pinochet, Contreras salió convertido en un nuevo hombre. A partir de ese momento, transitaría entre sus dos bases de operaciones: Tejas Verdes y la Academia de Guerra, su primer cuartel en Santiago.

Mientras Contreras preparaba los detalles de la exposición, que en los próximos días debería hacer ante los representantes del nuevo poder militar, el general Bonilla trabajaba en una directiva para concretar los criterios anunciados

---

[141] El general Guillermo Pickering, desde el día del Golpe de Estado, fue sometido a la marginación total de las filas del Ejército. Ni su nombre ni su obra figuran en ninguna de las academias a las que dedicó su vida. Falleció el 21 de octubre de 1987. Su única compañía fue su compañero de la misma ruta: el general Mario Sepúlveda, quien lo sobrevivió y falleció, después que la democracia había sido instalada, el 27 de noviembre de 1995. Ninguno de los dos ha recibido nunca un homenaje de la civilidad.

en su alocución del 16 de septiembre: unificar la acción de la justicia y la información sobre los detenidos, neutralizando, así, y de manera rápida, los focos de descontento y desconfianza de grandes sectores de la población. Su interlocutor formal era la Junta, pero en la práctica lo sería Pinochet, su superior. Fue entonces que Pinochet convocó a Arellano, aún jefe de la Agrupación-Centro que había actuado para el Golpe, y le ordenó una nueva misión.

Sergio Arellano:

-El general Pinochet me informó que en la parte jurisdiccional existía un caos absoluto y se había decidido modificar el artículo 57 del Código Militar, el que determinó que la facultad del juez quedara delegada en los comandantes de unidades o jefes de división. La información de que se disponía indicaba que en el país había desorden en los procesos, en su desarrollo y dilación y diferencias en las condenas. Había que regularizar esa función, impartir criterios para uniformar procedimientos de los Consejos de Guerra. Existía una gran preocupación en no debilitar el apoyo civil por desaciertos y excesos de gente inexperta o simplemente exacerbada por el nuevo poder que se le había conferido. Había, además, necesidad de recabar información en terreno de lo ocurrido después del 11. Y, también, existía gran preocupación, porque en algunas zonas se estaba actuando con extrema debilidad. Pinochet me ordenó recorrer todas las unidades del país...

Arellano partió al sur. Arredondo, su jefe de Estado Mayor, no formó parte de su comitiva. Ya estaba nuevamente instalado en la Academia de Guerra. Su lugar lo tomó el teniente coronel Carlos López Tapia, de la dotación del comando de tropas de Peñalolén. Cuando, el 2 de octubre, se oficializó la modificación al Código de Justicia Militar, el hombre fuerte de Talca, el coronel Efraín Jaña, ya había sido destituido de su cargo por Arellano, el que le ordenó presentarse en Santiago ante el jefe del Estado Mayor del Ejército. Lo mismo hizo con el jefe zonal de Carabineros, el general Enrique Gallardo, a quien despojó de su cargo, previa consulta con los generales César Mendoza y Arturo Yovane. Y siguió su viaje.

La encrucijada que vivió en esos días el coronel Jaña también envolvía a otros oficiales y de manera más dramática. Ese 2 de octubre, un rumor corrió como un murmullo aguijoneante por los altos mandos del Ejército. El coronel Renato Cantuarias Grandón, el que hasta hacía muy pocos días había sido director de la Escuela de Alta Montaña (situada en Los Andes), el mismo que había escogido Pinochet para proteger a su familia y dejarla fuera de la línea de fuego el día 11 de septiembre, el hombre conocido por sus ideas proclives a la izquierda, se había suicidado.

El coronel José Domingo Ramos se enteró de la noticia cuando se preparaba su funeral:

-Me enteré que el general César Benavides, comandante de Institutos Militares y ante quien yo renuncié como su jefe de Estado Mayor, el mismo día 11, lo mandó llamar poco después del Golpe de Estado. Unos dijeron que lo llamaba para que asumiera como mi reemplazante. Pero Cantuarias había tenido algunos problemas... Se podría decir que se había definido como partidario de la Unidad Popular, que algunos oficiales de sus subalternos hicieron informes, que hubo un sumario y que finalmente no tuvo el respaldo de quienes habían sido sus amigos... Un episodio dramático y confuso...

Tan confuso fue que nunca más se habló de su suicidio y de todo lo que rodeó el traslado a Santiago del coronel. Como si Cantuarias hubiera sido otro de los desaparecidos que yacían en algunas fosas comunes, pero cuya existencia no se reconocería sino muchos años más tarde. «Desaparecido»: una palabra que nadie quería pronunciar en el Chile de comienzos de octubre de 1973. Ni vencidos ni vencedores.

Tampoco la mencionaba aún el pequeño grupo nucleado alrededor del Cardenal Raúl Silva Henríquez. El prelado reunió a todas las congregaciones religiosas (católica, evangélicas, ortodoxa y judía) y el 6 de octubre formó el Comité Por la Paz, iniciando así la defensa de los perseguidos. De inmediato, abogados de todos los credos religiosos -o sin ninguno- se integraron a la tarea de buscar presos, encontrar refugio para los que escapaban, asumir la defensa de prisioneros en los Consejos de Guerra, presentar habeas corpus y denunciar torturas y asesinatos. A todo ello, los jueces respondían automáticamente con un escueto «no ha lugar». Una respuesta a tono, por muchos años, con la «íntima complacencia» que había proclamado el primer día después del Golpe, el presidente de la Corte Suprema, Enrique Urrutia Manzano.

Los pasos del Cardenal eran vigilados y el nacimiento del Comité Por la Paz no fue una buena noticia para los nuevos dueños del poder. El informe del equipo CIA en Santiago, enviado el 18 de octubre, así lo constata:

> El allanamiento de la casa del Cardenal Silva Henríquez fue realizado por tropas de la Fuerza Aérea, alrededor del 6 de octubre, cuando el Cardenal estaba ausente. El allanamiento causó una fuerte reacción negativa en la Universidad Católica, de la cual el jefe titular, el almirante (R) Jorge Swett, delegado militar en la Universidad, se quejó formalmente a la Junta y pidió una investigación para determinar quién era el responsable.

Pero el suicidio de Cantuarias y la suerte de los miles de prisioneros que atiborraban cárceles y estadios, no eran las preocupaciones fundamentales de los integrantes de la Junta Militar en los primeros diez días de octubre. La economía estaba en el foco de atención. Y no había un solo criterio. Pronto el conflicto estalló. La permanencia del general Rolando González en el Ministerio de Economía fue muy efímera. Duró menos de un mes. Merino diría más tarde: «Estábamos hasta la coronilla con el general González. ¡No entendía nada!»[142]. La noche del 10 de octubre de 1973, Merino llegó feliz a su tradicional reunión de la «Cofradía Náutica», que le correspondió ofrecer a Hernán Cubillos en su casa. Apenas entró, les comentó a sus amigos que acababa de nombrar a Fernando Léniz nuevo ministro de Economía[143].

---

[142] En entrevista con la Universidad Finis Terrae del 23 de junio de 1992.
[143] De *Los economistas y Pinochet*, de Arturo Fontaine Aldunate.

No sólo González sería efímero. También lo fue el ministro de Educación, José Navarro. Ambos recibieron el sobre azul, pero no quedaron cesantes. El primero fue nombrado embajador en el Paraguay de Alfredo Stroessner y el segundo en Costa Rica. Y el sillón principal del Ministerio de Educación fue ocupado por otro de los antiguos conjurados: el contralmirante Hugo Castro.

Pinochet entendió en toda su magnitud la precariedad de su posición. La conjura era de larga data y había creado lazos profundos e indelebles entre los hombres de las distintas instituciones, incluyendo la suya.

Él era un recién llegado.

Y por si fuera poco, en el sector clave del control del país, la economía, la Armada ya tenía un plan confeccionado y un compacto y selecto grupo de asesores que además planteaban romper con las políticas estatistas imperantes en el país y en el Ejército. La situación le resultaba en extremo incierta.

Para Merino las cosas tampoco eran fáciles. La alegría por haber logrado desbancar a González duró poco. El problema principal era la falta de acuerdo entre los cuatro integrantes de la Junta Militar en los principios económicos a aplicar. Merino, diría más tarde: «La intención inicial fue devolver todas las empresas que tenían dueño, pero enseguida, tanto Pinochet como Leigh, manifestaron su deseo de mantener una economía controlada por el Estado. Por eso, la primera vez que se habló de economía social de mercado yo usé mucho la palabra 'controlada', que significaba que el Estado podía, en ciertas cosas, meter su mano. Por eso, al principio fue muy difícil que entrara el plan 'Ladrillo'. ¿Y qué es el 'Ladrillo'?, preguntaban».

Hernán Cubillos, integrante de la «Cofradía Náutica» y ex oficial de la Armada, quien fue después ministro de Relaciones Exteriores del régimen militar, afirmaría:

«Al comienzo, Merino asumió el esquema económico y se lo dejó a la gente de Odeplán (*donde asumió Kelly*). Los asesores de Pinochet le empezaron a decir que se le estaba yendo de las manos y los militares comenzaron a meterse en la parte económica. Ahí hubo conflictos serios entre gente que era nombrada por Merino y gente de Pinochet»[144].

Contreras le aportaría a Pinochet el instrumento preciso para reforzar su mando. Fue en esos días cuando llegó con su grueso legajo, al Edificio de la ex Unctad. A la reunión asistieron los cuatro integrantes de la Junta Militar y los jefes de Inteligencia de todas las ramas de las Fuerzas Armadas y el Estado Mayor de la Defensa Nacional. Todos sabían el motivo de la reunión: la necesaria reorganización y coordinación de la tarea de inteligencia para eliminar el peligro de los grupos «subversivos». Sólo poco antes de la cita, Pinochet informó que sería el teniente coronel Contreras el encargado de exponer y explicar el proyecto que planteaba la creación y organización de una Dirección Nacional de Inteligencia.

Contreras partió diciendo que, en términos militares, inteligencia es el conocimiento del «enemigo» y afirmó que se debía asumir que, en esos momentos, se estaba en un estado de «guerra interna», en la que el enemigo principal era el «subversivo». Después de hacer una larga explicación del peligro inminente que se cernía sobre el país al no estar ni desarticulado ni neutralizado, y menos destruido, ese «enemigo subversivo», delineó la organización que debía tener el nuevo organismo que tendría que abocarse a esa tarea. Dijo, también, que ello implicaba el desarrollo inédito de los servicios de contrainteligencia y reseñó la centralización de medios materiales y humanos que la tarea prioritaria imponía.

La principal objeción que recibió la propuesta de Contreras fue, que siendo un organismo básicamente de contrainteligencia, su creación y coordinación conllevaría necesariamente el debilitamiento de la acción que, hasta ese momento, realizaban los servicios de inteligencia de cada rama de las FF.AA. La otra objeción se fundamentó en el flanco que se abriría frente al resguardo de inteligencia ante el enemigo tradicional: el extranjero. El tercer reparo fue estrictamente militar: el nuevo organismo quedaría a cargo

---

[144] Entrevista en *Qué Pasa*, del 1 de septiembre de 1996.

de un teniente coronel -Contreras- el que debería coordinar y mandar oficiales de rango superior de otras instituciones. Eso hacía prácticamente inviable su eficiencia. La cuarta impugnación, la más poderosa, no fue nunca planteada en esa mesa, pero sí fue motivo de arduas discusiones en los altos mandos de las otras instituciones: el proyecto de Contreras dejaba a Pinochet a las puertas de un poder que, eventualmente, podría romper los equilibrios del mando colegiado que habían decidido aplicar.

La discusión se prolongó y se hizo cada vez más tensa. Finalmente, los cuatro integrantes de la Junta decidieron que Contreras debía empezar a trabajar de inmediato en el proyecto y que su estructura y posición en el organigrama se vería en su momento. Contreras había conquistado su primer bastión. Cuando llegó a la Academia de Guerra se abocó de inmediato a la primera tarea: seleccionar a los hombres indicados para conformar el alto mando del organismo, cuyo entrenamiento llevaría a cabo en las instalaciones, ya preparadas para esos efectos, en Tejas Verdes. En pocos días tomaría forma una nueva organización secreta que - tal cual lo había alertado Pickering- iba a someter a todo el resto de las estructuras militares bajo su mando. Un pequeño dato se agregaba: ahora no sólo pondría bajo control a las estructuras militares, también caerían en su radio de acción las del Estado.

Arellano regresó del sur y debió partir al norte, en la misma misión encomendada por Pinochet. Antes de iniciar el viaje, Pinochet lo llamó para ordenarle que no olvidara pasar por la oficina salitrera de Chacabuco. Allí se había instalado un campo de concentración con alrededor de 200 dirigentes de la Unidad Popular[145]. Arellano afirma que se enteró, en ese momento, que Arredondo, su jefe de Estado Mayor desde el 11 de septiembre con la formación de la Agrupación Santiago-Centro, y en ese momento director de oficio de la Academia de Guerra, lo acompañaría en su viaje al norte y haría los últimos preparativos. Entre los doce integrantes de la comitiva estaban, Marcelo Moren Brito y

---

[145] Estuvo funcionando hasta 1975 y llegó a tener más de mil prisioneros.

Armando Fernández Larios, ambos provenientes de dotaciones de La Serena y San Bernardo. Y al igual que en su viaje al sur, Pedro Espinoza iría con una misión encargada por el Director de Inteligencia, general Augusto Lutz.

El helicóptero emprendió el vuelo. En sus escalas en Copiapó, La Serena, Calama y Antofagasta, los hechos que se desencadenaron dieron como resultado decenas de ejecutados. Algunos fueron enterrados en el desierto. Hechos que durante un cuarto de siglo siguieron haciendo historia, al constituirse en la pieza acusatoria de uno de los procesos más relevantes de los últimos veinticinco años en Chile: el juicio por el desafuero de Pinochet. Las ejecuciones sumarias y entierros clandestinos ocurridos en esas cuatro ciudades fueron hechos desconocidos y silenciados durante largo tiempo. Mucho después, cuando algunos detalles fueron conocidos, la misión fue bautizada como la «Caravana de la Muerte». Veintisiete años más tarde, la búsqueda de los cuerpos de las víctimas y de las responsabilidades penales de sus victimarios continúa.

El general Arellano, antes de proseguir su gira al norte decidió regresar a Antofagasta. Allí habló con el general Joaquín Lagos, comandante de la zona. Entre los dos hombres existía una gran enemistad, al punto que la mínima comunicación les era difícil. Las ejecuciones de Calama y Antofagasta entraron en esa línea de conflictos. Arellano dice que le pidió un sumario por lo ocurrido. Lo que nadie niega es que esos dos generales hablaron, ese día, de las ejecuciones en Antofagasta y Calama y, también, que el coronel Arredondo había hecho un informe en el que asumió la responsabilidad por lo sucedido en esa última ciudad. Después, Arellano retornó a Santiago y le informó a Pinochet en detalle, lo ocurrido. Lo mismo hizo el propio Joaquín Lagos[146].

Los tres hombres sabían que se trataba de ejecuciones que violaban la propia legalidad de la guerra, ya que los

---

[146] El general Joaquín Lagos fue enviado a retiro por Pinochet en 1974. Desde el inicio del juicio por las ejecuciones de Calama y Antofagasta, en octubre de 1973, ha reclamado su completa inocencia, entregando al juez importantes documentos que prueban la adulteración de los oficios que se hizo en la época.

prisioneros ejecutados estaban ya condenados a penas menores por Consejos de Guerra. Pero no hubo investigación ni sanción. Así como muchos de los cuerpos quedaron enterrados en algún lugar secreto, los hechos también fueron sepultados en una fosa de silencio, que afectaba por igual a medios de comunicación, jueces y al aparato del poder. El silencio o la falta de reacción no era sólo un producto del temor o la complacencia. En Santiago, otras ejecuciones y detenciones masivas creaban nuevos y más graves problemas con la Iglesia Católica y organismos internacionales. Y esta vez, la Iglesia Católica levantó la voz y exigió respuestas.

La DINA había irrumpido en Santiago de manera tan brutal como secreta. Las técnicas del terror que comenzaron a ser practicadas ya habían sido aplicadas en San Antonio, en donde el puño de hierro de Manuel Contreras se hacía sentir. Ese puño metálico, cerrado sería precisamente el símbolo que «Mamo», como le decían sus amigos a Contreras, escogería para su nuevo organismo, cuyos primeros altos mandos ya estaban reclutados. Algunos de ellos serían Raúl Iturriaga Neumann, Gustavo Abarzúa[147] y Rolf Wenderoth[148], todos ellos alumnos de la Academia de Guerra. Como asesores, trabajarían los profesores Sergio Arredondo, Oscar Coddou, Walter Doerner[149]. Y como operativos, ya formaban parte del nuevo organismo los hombres reclutados por Arredondo y que acababan de

---

[147] Gustavo Abarzúa, artillero, fue secretario de estudios de la DIBA. Después pasó al DINE, fue Agregado Militar en Uruguay y volvió al DINE, donde estaba en 1984 como coronel. Llegó al generalato en 1987 y fue nombrado jefe del DINE. En marzo de 1988, hizo declaraciones en las que amenazó con un nuevo 11 de septiembre. En 1989 tenía también la dirección de la CNI. En marzo del '90, en la reestructuración por el traspaso del poder, continuó como director del DINE, pero en octubre pasó a retiro. Se lo relacionó con el escándalo de «La Cutufa».

[148] Rolf Wenderoth, ingeniero, formó parte del alto mando de la DINA y fue subdirector de Inteligencia Interior. En 1975 fue jefe de Villa Grimaldi. Fue destinado después a la CNI. En 1986 participó de la creación de una unidad especial antisubversiva. En 1987 fue Agregado Militar en República Federal Alemana y a su regreso, en 1989, se fue a retiro. Ha sido sometido a proceso en varias oportunidades por su participación en la detención y desaparición de personas e invariablemente ha pedido se aplique la Ley de Amnistía.

[149] En 1976, siendo coronel, fue destinado al Instituto Interamericano de Defensa. Era considerado por el FBI como el «jefe de la DINA» en Estados Unidos. Es el año del asesinato de Orlando Letelier en Washington.

acompañar al general Arellano a su primer encuentro con la muerte: Marcelo Moren Brito[150] y Armando Fernández Larios. A ellos se había agregado un contingente de aproximadamente quince oficiales, también reclutados por Arredondo en Calama: eran los fusileros que actuaron en las ejecuciones de octubre en dicha ciudad.

Gran poder demostró tener en esos días el teniente coronel Sergio Arredondo. Su influencia no provenía sólo de su reciente designación de oficio como director de la Academia de Guerra, desde donde operaba la DINA. Se sentía uno de los «dueños» del Golpe y su participación en la cofradía de Lo Curro, desde la primera reunión, así lo acredita. Un informe que despacharon el coronel Eldon L. Cummings y el capitán J.R. Schweitzer para la CIA, dice: «Fue uno de los planificadores clave del Ejército durante la preparación del Golpe de 1973. Le gusta Estados Unidos y es uno de los anticomunistas y antimarxistas duros. Está preocupado por una tendencia muy liberal de Estados Unidos, que podría conducir a su caída. Aficiones: scotch y piscosour. Con él puede hacerse cualquier amistad hablando de caballos. Calza normalmente botas de caballería. Calvicie pronunciada».

Pero en otras ciudades del país, el horror también se instalaba derribando a su paso vidas y raíces. Las bombas de La Moneda eran de racimo. Tan sólo una historia para ilustrar. Es la que vivió, el 25 de octubre, un niño de 12 años en Temuco. Ese niño se llamaba Jecar Neghme y moriría acribillado muchos años después en la calle Bulnes, en Santiago:

-Mi padre era profesor normalista y dirigente socialista. Íbamos a todas partes juntos. De niño viví con él la magia del allendismo, los actos, los rayados murales, las marchas... Me hizo conocer a los campesinos y los mapuches. El Golpe

---

[150] Marcelo Moren, en 1973, era mayor de la dotación del Regimiento Arica de La Serena y se incorporó, en septiembre, a la DINA, a la que perteneció hasta 1977. Fue el segundo jefe de Villa Grimaldi y jefe de Brigada «Caupolicán» de la DINA. En 1976 cumplió misión en Brasil. Desde 1977 y hasta 1981, siendo coronel, fue asignado a la comandancia en jefe del Ejército. Del '81 al '84 estuvo en la Guarnición de Arica y del '84 al '85 en el Estado Mayor General del Ejército. Se fue a retiro en 1985. Ha sido sometido a proceso en múltiples oportunidades por su responsabilidad en la detención y desaparición de personas.

también lo vivimos juntos. Por las radios y los diarios aparecieron listas con los nombres de los hombres más buscados. Mi padre apareció entre ellos y quedó con arresto domiciliario. No quiso escapar. Sabía que lo podían matar. Y me preparó. Nunca olvidaré esa tarde que me llevó a un bosquecito, atrás de la casa, y me habló. Dijo que no arrancaría, que seguramente lo matarían, que yo iba a conocer el fascismo, que sería peor que en la España de Franco y que había que seguir adelante... El 25 de octubre, tropas del Ejército hicieron una razzia y se llevaron a varias personas. Entre ellas, a mi padre. Fue en la madrugada, estábamos acostados. Se lo llevaron en un camión lleno de militares armados. Mi abuela me sujetó mientras se lo llevaban... No pudimos hacer nada... Al día siguiente, de madrugada, mi madre salió a buscar a mi viejo al regimiento. En su ausencia llegó una vecina y, como mi abuela estaba deshecha, ella me comunicó que mi padre estaba muerto. Esa tarde partí a la escuela... Debía decirles a mis compañeros y profesores que la versión que estaban dando por las radios, que mi padre había muerto en un enfrentamiento, ¡era falsa! Tenía que decirles que yo mismo había visto cómo lo sacaron de su cama y se lo llevaron... Y terminé rindiéndole un homenaje a Pablo Neruda. ¡Lo entregaron muerto...! Luego, los rumores: que ahora era el turno de mi madre... Agarramos el ataúd, lo metimos en un cacharro, recogimos todas las cosas que pudimos y nos vinimos a Santiago con el cuerpo de mi padre. Acá lo enterramos... A media voz, casi para mí solo, le canté la Marsellesa socialista... Yo llevo su mismo nombre...[151]

La historia no se detuvo con la masacre de Calama un día 16 de octubre, ni con las de Temuco y tampoco con las de Paine, Mulchén, Los Angeles, Laja, Lonquén y tantas otras. Era sólo el principio. En Santiago, Manuel Contreras había encontrado la fórmula de sortear los obstáculos para oficializar la DINA.

---

[151] Jecar Neghme fue un destacado dirigente del MIR de los años 80, que impulsó la lucha por la recuperación de la democracia rechazando la vía armada. Fue asesinado en la calle Bulnes en 1989, poco después que me concediera la entrevista de donde se extrajo este episodio. En ella dijo: «No he conocido el odio porque creo que he aprendido a conocer la naturaleza de las cosas». Sus asesinos no han sido individualizados.

Manuel Contreras:
«El 12 de noviembre de 1973 fui llamado por la Junta de Gobierno al Edificio Diego Portales, siendo yo, a la sazón, teniente coronel de la Escuela de Ingenieros Militares de Tejas Verdes. Se me informó que el llamado tenía por objeto encomendarme la misión de organizar un servicio que se había acordado denominar Dirección de Inteligencia Nacional. Fue así como comencé la organización de dicho servicio y conjuntamente se me designó, también, como Director de la Academia de Guerra del Ejército, ambos destinos aquí en Santiago»[152].

Contreras, a los 44 años, se había convertido en el primer jefe de la DINA y nuevo director de la Academia de Guerra. Este último cargo, el que gentilmente le cedió el coronel Sergio Arredondo, se oficializó en enero y lo mantuvo hasta octubre del año 74. Fue ese nombramiento el que le permitió acceder al mando de la DINA. Junto con su nueva destinación, Contreras recibió de manos de Pinochet sus presillas de coronel. No fue la única distinción. En el mismo acto, Pinochet le entregó la Medalla de Oro Minerva y la Cruz de Malta, según informó el jefe de la estación de la CIA en Santiago. El coronel condecorado y director de la escuela formadora de los futuros generales del Ejército, ya tenía autoridad y rango para mandar y coordinar a los otros jefes de inteligencia[153].

En una entrevista, publicada en esos precisos días de noviembre, Pinochet definió los propósitos del movimiento que encabezaba: «cívico-militar depurador».

Contreras sería el puño blindado de la depuración.

---

[152] Declaración judicial en el curso del proceso por el asesinato de Orlando Letelier, en Washington, en 1976.
[153] En el Decreto Ley N° 117, dictado en los últimos días de octubre y que creó la Secretaría Ejecutiva Nacional de Detenidos (SENDET), uno de sus artículos registró el nacimiento de la «Comisión DINA», la que tuvo por funciones «fijar normas para interrogatorios, clasificar presos y coordinar funciones de inteligencia».

## CAPITULO XXX
## PINOCHET, DIOS Y LA DINA

A principios de noviembre de 1973, el teniente coronel Manuel Contreras se convirtió oficialmente en el jefe del nuevo servicio secreto de inteligencia del régimen militar. Si formalmente respondía a los cuatro comandantes, la subordinación real era de Pinochet. Aunque hasta ese momento nadie conocía sus planes, en su mente ya estaba diseñada una central de inteligencia con poder absoluto; ya pensaba en expandir su poder más allá de las fronteras y también tenía en la mira el nuevo poder económico emergente. En el organigrama de la DINA, que afinaba en esos días, había dos departamentos tan secretos como potentes: el «Económico» y el «Exterior». En el primero, jugaría un rol clave el ex oficial de la Armada Humberto Olavarría y en los dos, el mayor Raúl Eduardo Iturriaga Neumann[154].

---

[154] Raúl Eduardo Iturriaga Neumann, comando y paracaidista del Ejército, con cursos en Panamá, en la «Escuela de Las Américas» de Estados Unidos, fue jefe del Departamento Económico y Exterior de la DINA. Usaba las identidades de «Don Elías» y «Luis Gutiérrez». Tuvo bajo su control los principales nexos con una red de terroristas extranjeros y los hilos de la «Operación Cóndor». Fue jefe directo de Michael Townley. Fue, también, jefe de la Brigada «Mulchén» de la DINA. En 1980 fue designado comandante de la Guarnición de Putre. En 1983, Agregado Militar en Francia y luego comandante en jefe de la VI División del Ejército. En 1989 ascendió a mayor general y en 1990, asumió el cargo de Director de Movilización. Se fue a retiro ese mismo año. Fue condenado en Italia por el atentado terrorista en contra de Bernardo Leighton, en 1975, y está procesado en Argentina por su participación en el asesinato del general Carlos Prats.

En esos mismos días de noviembre, otro oficial ingresó al nuevo y reducido grupo de los «elegidos» de Pinochet. El coronel Julio Canessa, el hombre que había ordenado la quema pública de libros y revistas frente a las Torres del San Borja, fue escogido para encabezar un nuevo organismo asesor de las tareas de gobierno que debía funcionar como un Estado Mayor. Algo así como el Estado Mayor de la Defensa Nacional, bajo el mando de Carvajal y Díaz Estrada. Al nuevo Comité Asesor de la Junta (COAJ), llegó como subjefe el coronel Horacio Toro y los mayores Roberto Soto Mackenney, Luis Danús, Gastón Frez y Bruno Siebert[155], entre otros. Primero funcionaron en la Escuela de Suboficiales, la que aún dirigía Canessa, y después, cuando el COAJ estuvo oficializado, se trasladaron al edificio Diego Portales, donde ya estaba instalada la Junta Militar. Su primer trabajo fue desmontar la relojería de la presidencia rotativa de la Junta.

En su trinchera, Contreras organizaba los cuadros de acción, identificando a los «enemigos subversivos» y también a sus potenciales «enemigos internos». En la última lista, rápidamente, se inscribió un nombre: el general Sergio Nuño, vicepresidente de la CORFO y articulador del Golpe en el Ejército. Un informe de la CIA da cuenta del episodio que lo puso en la mira del jefe de la nueva DINA:

> A fines de octubre, el general Nuño, de la CORFO, se identificó con la línea suave, en relación con algunas medidas duras que aplicó el gobierno militar contra supuestos subversivos. Nuño ubicó al general Bonilla en la misma categoría e identificó a Pinochet y a Leigh como duros. Nuño dijo que no se opondría a la ejecución de personas como Carlos Altamirano, pero que se opondría a instancias en que los trabajadores y/o dirigentes sindicales fueran acusados y ejecutados sumariamente sin juicio justo. Como ejemplo de estos excesos, citó el caso de 11 trabajadores y un dirigente sindical en una fábrica de explosivos en Antofagasta, y de la que Nuño era director, que fueron ejecutados

---

[155] Bruno Siebert fue ministro de Obras Públicas, entre 1982 y 1989, y en democracia, ya en retiro, ingresó a Renovación Nacional y es senador.

porque se les encontró un plano de la fábrica con algunos explosivos y documentos que los vinculaban con grupos extremistas. Nuño dijo que había llevado el caso a la última reunión del Consejo de Ministros, como ejemplo de represión innecesaria y distanciamiento de la clase obrera. Si bien fue apoyado por Bonilla, los generales Pinochet y Leigh se expresaron enérgicamente a favor de tan dura acción.

Nuño fue identificado, a partir de ese momento, como una pieza a neutralizar en el tablero de juego. En Santiago, mientras, los tambores de la guerra interna no lograban asfixiar el ruido que provenía desde la frontera norte. Los informes hablaban de una inminente arremetida bélica de Perú. A los pocos días de haber regresado del norte, Arellano fue convocado por Pinochet y le ordenó una nueva misión.
Arellano:
-Pinochet disolvió la Agrupación Santiago-Centro (constituida para ejecutar la operación del 11 de septiembre) y me ordenó una nueva misión: ir a Perú y Bolivia a fin de llevarle un mensaje personal a los Presidentes Juan Velasco Alvarado y Hugo Bánzer, que los orientara acerca de la caótica situación que había vivido nuestro país y de la decisión que habíamos tomado las Fuerzas Armadas el 11 de septiembre. El Presidente Alvarado me manifestó que su posición era de no intervención en la política y situación interna de Chile o de cualquier otro país. Al parecer, esa fue una especie de explicación por la psicosis de guerra contra Chile que se había vivido en Perú, la que llegó a su punto culminante el 12 de septiembre de 1973, fecha en que los generales izquierdistas del Ejército peruano estimaban propicio para atacar a Chile, aprovechando su momentánea vulnerabilidad. Prevaleció la opinión de los generales moderados y fundamentalmente de la Armada. Estuvo presente, durante toda la entrevista, el Primer Ministro y comandante en jefe del Ejército, general Edgardo Mercado, el que expresó su deseo de efectuar una reunión de los jefes de Inteligencia de ambos países. Tuve múltiples reuniones con el alto mando de las Fuerzas Armadas de Perú. El 15 de

noviembre viajé a La Paz. Era la primera vez que un general chileno llegaba a Bolivia en misión «no oficial», desde la ruptura de relaciones en 1962. Constaté que la Fuerza Aérea era la más entusiasta con nuestro movimiento. El martes 20 de noviembre se realizó mi entrevista con el Presidente Bánzer en su residencia, en la que éste profundizó sobre la mediterraneidad y las compensaciones que recibiría Chile por la cesión de un corredor. Aquí se echaron las bases para la reunión que tendría más tarde con Pinochet, en Brasilia. Bánzer comprendía que si le cedíamos una franja a Bolivia -de acuerdo a la instrucción que recibí- eso tendría un impacto desfavorable en la opinión pública de Chile, por lo que estimaba que su país debía pensar en adecuadas compensaciones.

Cuando Arellano regresaba de Bolivia, después de haber sido despedido en el aeropuerto de La Paz por el propio Bánzer, decidió no continuar viaje a la Argentina, como se lo había ordenado a última hora Pinochet, poco antes de embarcarse. Su misión, en Buenos Aires, era gestionar una entrevista con el Presidente Domingo Perón. Se vino directo a Santiago para comunicarle de inmediato y personalmente el resultado de su gestión. En su oficina en el Diego Portales, Pinochet no insistió en su viaje a la capital argentina. Le comunicó que debía asumir la jefatura de la Guarnición de Santiago.

Años después, en 1999, surgió un documento desclasificado de la CIA que da cuenta de la versión que una fuente militar entregó acerca de los motivos del viaje de Arellano a Buenos Aires, aunque nada se dice de su anulación a última hora. Así se lee en el despacho enviado el 27 de noviembre de 1973:

1. (...tarjado todo el inicio que revela fuente) general Sergio Arellano, comandante de la II División de Ejército, dejó Santiago en misión especial a requerimiento del liderazgo de la Junta... (resto tarjado)
2. En Buenos Aires, Arellano pedirá a los militares argentinos toda la información que ellos tengan con relación a las actividades del general (R) Carlos Prats, ex comandante en

jefe del Ejército chileno. Arellano también intentará llegar a acuerdo para que los argentinos mantengan control sobre Prats e informen regularmente a los chilenos de sus actividades. En Asunción, Arellano hará un llamado de cortesía al Presidente Alfredo Stroessner en nombre de la Junta. Sin embargo, su verdadera misión será hablar con el general (R) Roberto Viaux, quien está allá exiliado. Arellano informará a Viaux que la Junta ha decidido que, por razones políticas internas, debe continuar cumpliendo la decisión de la Corte Suprema chilena que condenó a Viaux a una sentencia de extrañamiento de cinco años. Arellano también indagará si Viaux tiene problemas financieros y actuará a nombre de la Junta para solucionar cualquier necesidad económica de Viaux durante el período de su condena.
3. Está tarjado entero.[156]

¿Quién era esa fuente que informó de la «misión» de Arellano en Argentina? Es uno de los misterios que investiga la justicia de Estados Unidos y Argentina. De que éste no viajó, existe constancia, pero de lo que también hay pruebas es de la estrecha vigilancia que se ejercía sobre el general Carlos Prats, desde el mismo 17 de septiembre, cuando llegó a Buenos Aires. Uno de los hombres que debió cumplir esa tarea fue el coronel Carlos Ossandón, Agregado Militar de Chile en Argentina. Fue el propio Ossandón el que me lo relató una tarde de 1985:

-Yo recibí al general Prats, desde el momento en que llegó a Buenos Aires, el 17 de septiembre de 1973. Lo esperé en el departamento de calle Malabia 3359, donde se instaló, y esa tarde tuvimos una larga conversación. Desde ese día nuestro contacto fue muy estrecho. Yo debía informar al general Augusto Lutz, Director de Inteligencia del Ejército, sobre cada uno de sus pasos. En mis informes lo llamaba «René Sánchez», por razones de seguridad, y yo tenía además acceso directo a los jefes del SIE (Servicio de Inteligencia del Ejército argentino) encargados de la seguridad del general Prats.

Por uno de esos informes, Pinochet se enteró que el 1 de octubre, Prats había sostenido una larga entrevista privada

---
[156] Este documento fue desclasificado en septiembre de 1999.

con el Presidente Juan Domingo Perón en su residencia oficial. Y en otro de los informes, Ossandón escribió: «Diría que todo el Alto Mando de las Fuerzas Armadas de Argentina está interesado en conversar con el general Prats». En contrapartida, Perón dilataba una entrevista solicitada por Pinochet.

A fines de año, los informes de Ossandón registraron un cambio importante en el dispositivo de seguridad que rodeaba a Prats, que estaba en manos del SIE, Servicio de Inteligencia del Ejército de Argentina. Abruptamente, una orden la derivó al SIDE (Servicio de Inteligencia del Estado), cuyo símil en Chile era la DINA. En esos momentos, Perón, de 78 años, ya tenía un poder en las sombras: José López Rega, ministro de Bienestar Social y fundador de la Alianza Anticomunista Argentina (AAA), antecesora del terrorismo estatal de 1976, y quien a través del SIDE armaría una red de siniestra huella con la «Triple A» y miembros del grupo ultranacionalista «Milicia». Simultáneamente, en Chile, también se materializaron otros cambios, que en el tráfago de acontecimientos pasaron casi inadvertidos. El general Lutz[157] fue sacado de la Dirección de Inteligencia del Ejército y, en su lugar, Pinochet nombró en diciembre al coronel Julio Polloni, viejo amigo de Contreras, uno de los integrantes de la cofradía de conjurados de la Academia de Guerra y jefe, durante el 11 de septiembre, de la «Operación Silencio», que acalló las radios afines al gobierno de Allende.

Todo ello cobró otro significado muchos años más tarde, cuando la jueza argentina María Servini de Cubría descubrió que, en ese preciso mes de diciembre, hubo un primer complot para asesinar al general Prats, a través de una operación que la DINA trabajó con sus «vecinos». Los detalles de este atentado frustrado están en poder de la justicia argentina, así como las pruebas de la entrega de 200 mil dólares a los miembros del SIDE que no pudieron cumplir con lo prometido.

Otros cambios importantes se registraron en esos días en la cúpula del Ejército. El general Manuel Torres de la Cruz, el hombre que los conjurados habían visualizado como el

---

[157] El general Augusto Lutz falleció el 28 de noviembre de 1974, en el Hospital Militar, víctima de una infección generalizada. Su hija ha denunciado que su muerte fue provocada.

que debía encabezar las fuerzas golpistas del Ejército en el supuesto que Pinochet no se plegara, fue llamado a Santiago para asumir la Inspección General de la institución. Torres se convirtió, así, en la tercera antigüedad, pero era sólo la antesala de otra decisión que lo afectaría radicalmente. Debió abandonar la lejana y poderosa Región Militar Austral, donde ejercía el mando indiscutido sobre las otras tres instituciones castrenses. El hombre que lo reemplazó era de la absoluta confianza de Pinochet: César Raúl Benavides, ex comandante de Institutos Militares.

En el área chica, Pinochet demostró esos días tener dominio del juego de piernas. Contreras, su corpulento jefe de inteligencia, no lo hacía mal. Muy pronto advirtió que su principal obstáculo para alcanzar el control total sería el grupo de Inteligencia de la Fuerza Aérea. Pero a eso se abocaría más tarde, cuando los 600 efectivos seleccionados, en noviembre, en todas las unidades militares del país, terminaran el entrenamiento intensivo en Tejas Verdes.

Samuel Fuenzalida se incorporó como recluta al Regimiento de Calama, en marzo de 1973. Para el Golpe le tocó actuar en Chuquicamata y luego lo enviaron al Campo de Prisioneros de Chacabuco:

-A mi compañía le tocó instalar los explosivos en todos los lugares estratégicos de acceso al campamento. El que estaba a cargo era el capitán Carlos Minoletti. Poco después me citaron a la ayudantía de la comandancia del Regimiento. Estaba el capitán Langer y el suboficial Rojo, del Servicio de Inteligencia Militar. El capitán me comunicó que había sido elegido entre los soldados para «pasar unas vacaciones en la playa». Me hizo llenar un papel con mi nombre -el que he conservado (y lo muestra)- y en el que se lee: «Dirección Nacional de Rehabilitación Dinar», con fecha 30 de noviembre de 1973 y que lleva la firma de Roberto Echaurren Figueroa, «Director General del Comité de Preservación de Recursos Humanos Utiles». Otros soldados también fueron llamados. Del Regimiento Calama fuimos transportados en un avión hasta el aeropuerto de Cerrillos, en Santiago, y luego viajamos a Tejas Verdes en un bus y, finalmente, llegamos a unas cabañas en Santo

Domingo. Al día siguiente, luego de la diana y la formación, nos recibió el comandante vestido en tenida de campaña. Después supe que era el coronel Manuel Contreras Sepúlveda, acompañado de un oficial de apellido Neckelmann (y de nombre Guy). Allí nos dijo que habíamos sido escogidos para integrar la Dirección de Inteligencia Nacional... Durante dos meses fuimos entrenados en la que se llamaba «Escuela de Inteligencia de la DINA» por el oficial Krassnoff Martchenko, en «Técnicas de Guerrilla Urbana y Suburbana»; por un oficial Labbé, como preparador físico; y Manuel Manríquez, en un curso de Inteligencia, entre otros. Nos graduamos alrededor de seiscientos. Fuimos destinados. Yo partí a la Brigada de Inteligencia Metropolitana (BIM) de la DINA, en Santiago. Su cuartel general estaba en la Rinconada de Maipú, que corresponde al Fundo de Experimentación de la Universidad de Chile. Y comenzamos a operar...

Arellano asumió el 2 de diciembre, la jefatura de la Guarnición de Santiago y la comandancia de la Segunda División (con jurisdicción desde la provincia de Coquimbo hasta la de O'Higgins). Ese mismo día, comenzó a escuchar la palabra DINA. Su principal interlocutor sería el ministro del Interior, Oscar Bonilla.

Sergio Arellano:

-Como jefe de la Guarnición de Santiago me llegaba la gente a plantear todo tipo de problemas. Llegaban sacerdotes y obispos evangélicos a reclamar por gente detenida que no aparecía o simplemente fallecida, y el nombre de Contreras empezó a surgir y con ello nacieron también mis problemas. Uno de ellos ocurrió a principios de diciembre. Después supimos que allí había instalado Contreras el cuartel central de la DINA. Pero, ese problema era menor frente al cúmulo de peticiones, papeles y reclamos que originaban los detenidos sin autores identificados. El Juzgado Militar era una de las actividades que me demandaba especial atención. En 1974, trabajamos alrededor de cuatro mil procesos, con un equipo de fiscales permanentes, al que se agregó otro extraordinario de treinta fiscales. Debí arrendar, incluso, un edificio para atender los problemas de la justicia militar. Con la Iglesia

Católica teníamos comunicación permanente; el enlace era el Obispo Auxiliar, monseñor Sergio Valech, como él mismo lo ha testimoniado. Y con las Iglesias Evangélicas, eran el Obispo Juan Andrés Vásquez y Samuel Nalegach.

A principios de 1974, el debate sobre la forma y los plazos que debía asumir el mando de la Junta Militar cobró nueva fuerza, a raíz de la discusión de la Declaración de Principios del régimen militar que elaboraba el COAJ y cuyo borrador le fue encomendado a Jaime Guzmán. El calor del verano agudizó más los conflictos, pero el agua corría por vertientes subterráneas. Nada trascendió a la opinión pública. En esos meses, el COAJ fue afianzando su poder y con ello marcando la supremacía del Ejército. Y Contreras ya tenía a los escuadrones de la DINA desplegados por todo el territorio. Un informe, que el jefe de la estación de la CIA despachó el 8 de febrero de 1974, da cuenta de la situación que se estaba configurando:

> La fuente, conversando con R.O. sobre otro tópico, dijo que «eso puede hacerse si se consigue la aprobación de la DINA». Cuando R.O. le preguntó a qué se refería, respondió que en Chile había tres fuentes de poder: «Pinochet, Dios y la DINA». El tema original era la legalidad y la fuente expresó: «Ningún juez en ningún juzgado y ningún ministro de gobierno va a seguir discutiendo el asunto si la DINA dice que ella lo está tratando» ... Si la DINA se ha desarrollado al punto que puede tomar un caso fuera de los conductos legales sin recurrir a las cortes u otras agencias ejecutivas, se ha convertido en un poder que debe ser observado.

Ese proceso tendría un hito importante el 11 de marzo de 1974, cuando la Junta Militar cumplió seis meses y promulgó su Declaración de Principios. Un cambio sutil, pero importante, se manifestó en el discurso cotidiano de Pinochet. Ya no habló más de plazos. La palabra clave sería ahora «metas». Pero el debate no estaba cerrado. Y tampoco estaba resuelto el conjunto de problemas que generaba el mando colegiado. Sería el Ejército el primer campo de batalla donde desplegaría su fuerza Pinochet.

El 10 de abril se entregó la nómina de retiros y ascensos en esa institución. Los seis generales que antecedían a Bonilla, entre ellos Torres de la Cruz, se fueron a retiro y éste pasó a ocupar, ahora oficialmente, el puesto del «sucesor». Pero la lista de los que partían no se detuvo en el ascenso de Bonilla. El general Sergio Nuño también fue sacado de las filas. Dos de los llamados «dueños» del Golpe en el Ejército, Nuño y Torres de la Cruz, abandonaron el tablero de operaciones, al que se incorporaron los coroneles Julio Canessa, jefe del COAJ, y Julio Polloni, nuevo director de Inteligencia, dos nuevos generales. La jugada habían sido maestra.

Los juegos de guerra de abril tuvieron también repercusiones en Buenos Aires. El coronel Carlos Ossandón[158] recibió la orden de abandonar su cargo de Agregado Militar y con ello la seguridad de uno de los hombres que más admiraba, el general Carlos Prats. Fue reemplazado por el coronel Joaquín Ramírez Pineda, ex comandante del Regimiento Tacna y responsable de la ejecución y desaparición de los «prisioneros de La Moneda»[159].

Esa calificación marcaría el inicio de una ceremonia que los medios de comunicación seguirían año a año con la misma expectación que despertaban en democracia las elecciones parlamentarias o los cambios de gabinete. Develar los ungidos y despojados del poder de facto se convirtió, así, en un ritual festivo de la dictadura.

Nuño supo, en ese momento, que tanto sus críticas en materia de Derechos Humanos, como su oposición a que grupos económicos tomaran el control de la devolución de empresas estatizadas o intervenidas por el gobierno de Allende, lo habían convertido en pieza a neutralizar. Un nuevo poder económico arremetía por todos los flancos dejando muchos heridos en el camino. Los muertos corrieron por cuenta de la DINA.

---

[158] Carlos Ossandón regresó a Santiago y debía ascender al generalato, pero no lo hizo. Se fue a retiro. Sus hijos fueron detenidos por la DINA.

[159] Joaquín Ramírez Pineda llegó en abril de 1974 a Buenos Aires y dejó la agregaduría militar en noviembre del mismo año, días después del asesinato del general Carlos Prats. A su regreso, fue premiado con los directorios de las empresas más importantes: Copec (1975-1980), Celulosa Arauco y Constitución (1979-1980), presidente de Entel (1979). Fue también embajador en Sudáfrica (1983) y luego Rector de la Universidad de La Serena.

Andrés Allamand, el joven líder de la protesta estudiantil secundaria contra Allende, estudiaba Derecho en la Universidad de Chile. Un episodio de esos días determinó no pocos de sus comportamientos posteriores.

Andrés Allamand:

-Miguel Allamand, mi padre, ingeniero y ejecutivo de Indugas, había desarrollado en esa compañía un importante proyecto industrial durante la época de la Unidad Popular. Su relación con los trabajadores era muy buena por lo que varias veces que quisieron tomarse la fábrica, hubo quienes alertaron a mi padre. Cuando eso sucedía, él nos levantaba a todos los hermanos y éramos nosotros los que nos tomábamos la fábrica, cambiábamos todos los candados y la cerrábamos. Afuera se formaban piquetes y ahí salía mi papá y les decía a los dirigentes que no se olvidaran que él estaba adentro. La respuesta, invariable, era que la acción no estaba dirigida en su contra. Pero, finalmente, se la tomaron. Vino el Golpe y el 19 de septiembre los militares nombraron interventor de Indugas a mi padre. Ayudó a mucha gente y la echó a andar. Lo curioso fue que los dueños de la empresa, tan pronto la recuperaron, lo echaron. Eso sucedió cuatro o cinco meses después. Al parecer, hubo algunos directores o accionistas que se molestaron porque el gobierno lo designó sin consultarlos. ¡Una injusticia descomunal! ¡El pago de Chile! De ahí para adelante, no necesito que nadie me explique cómo actúa la llamada derecha económica.

Una apreciación que en esos días compartía el general Bonilla, ministro del Interior. En una de sus alocuciones por radio y televisión, les habló a los «que viven de un sueldo y un salario»:

-Nosotros estamos observando. Nos preocupa la suerte de ustedes. No teman, porque estamos con ustedes y no los vamos a dejar solos. Porque no pocos empresarios -muchos de ellos en el extranjero- al enterarse de que un pronunciamiento militar había puesto punto final al experimento socialista, pensaron que ello significaba el regreso brusco de la época de las vacas gordas del liberalismo manchesteriano...

Bonilla no estaba dispuesto a cederle el control del nuevo gobierno a determinados empresarios, que ya se instalaban en algunas posiciones de poder y tampoco a un grupo de economistas que también comenzaban a ejercer su influencia. Pero su problema mayor lo tendría con Manuel Contreras y los servicios de inteligencia, los que en marzo le declararían la guerra.

El 15 de marzo de 1974, se informó de manera escueta, que José Tohá, el ex ministro de Interior y Defensa de Salvador Allende, hasta hacía pocos días prisionero de guerra en el campo de concentración de Isla Dawson, «se había suicidado». Los partidarios de la Unidad Popular se estremecieron en las cárceles secretas y oficiales, en las casas y en todos los países donde miles habían encontrado refugio. Tohá se había ganado la confianza y el cariño de partidarios y simpatizantes de la Unidad Popular. Tan breve fue la noticia como inmensa la duda que se instaló. Nadie creía que Tohá, cuya salud estaba gravemente deteriorada, se hubiese suicidado. Bonilla tampoco lo creyó. Hacía sólo una semana había ordenado su traslado al Hospital Militar. Y como no confiaba en Manuel Contreras, recurrió a su amigo, el general Ernesto Baeza, director de Investigaciones, para que esclareciera los hechos. Un informe confidencial del «coronel H. Hon, Gs», enviado al Departamento de Estado de los Estados Unidos, ilustra sobre los enemigos que enfrentaba el ministro del Interior:

> REF (A) Informó que el gobierno está impulsando una fuerte campaña de prensa para convencer a la gente de que la muerte de Tohá fue el resultado de una larga enfermedad más que del maltrato recibido mientras estuvo en manos de los militares. La fuente dijo a R.O. el 16 de marzo, que la contrainteligencia chilena (CECIFA) había tenido a Tohá bajo su control hasta una semana antes de su muerte. Que éste estaba recibiendo toda la atención médica necesaria y había decidido voluntariamente escribir una serie de papeles sobre su relación con el ex gobierno de la UP. Estos papeles estaban proporcionando valiosa información a la CECIFA, implicando a varios militares en los asuntos del anterior gobierno. Hace alrededor de una semana, el general Bonilla había sacado a Tohá del control del CECIFA,

transfiriéndolo al Hospital Militar. En ese momento, Tohá dejó de escribir para la Cecifa, cortando una valiosa fuente de información. A las 12.55 horas del 15 de marzo, Tohá, que sufría de úlceras graves y no de cáncer, se ahorcó en su pieza de hospital. El general Bonilla, en vez de ponerse en contacto con la Cecifa, pidió personal de Investigaciones, los que interrogaron a 35 empleados del hospital. De este modo, la noticia se difundió rápidamente, exactamente lo que la Cecifa no quería... Como resultado de lo que se considera un tratamiento inepto de la muerte de Tohá, la Cecifa y el resto de los servicios de inteligencia están muy disgustados con Bonilla... La fuente dijo que este disgusto ha llevado a los servicios de inteligencia a reexaminar sus informaciones sobre los contactos del general Bonilla con los demócrata cristianos y el Cardenal Silva Henríquez.... El general Bonilla ha sido criticado a menudo por sus contactos con la Dc y otros grupos que no están en la Junta. Esto, unido a la pérdida de información y al pobre tratamiento dado a la muerte de Tohá, puede significar que los servicios de inteligencia traten de socavar la posición de Bonilla...

Los problemas derivados de los prisioneros o del manejo económico no eran los que copaban la agitada agenda del flamante general Canessa en esos días. A partir de su ascenso a general, éste tuvo la autoridad para convertir el Coaj en la gran instancia coordinadora del gobierno, desplazando en esas labores al Estado Mayor de la Defensa Nacional. Y la primera área sensible a la que se abocaron fue la separación de las funciones ejecutivas y legislativas y un reglamento de funcionamiento de la Junta que delimitara el campo de acción de cada integrante. El borrador del Decreto Ley 527 ya estaba en marcha.

En la Fuerza Aérea el debate de fondo concitó la participación de todo el Cuerpo de Generales, el que tenía lugar, principalmente, en los almuerzos que cada lunes los congregaba en el comedor de la Comandancia en Jefe del edificio de calle Zenteno. En ellos, Leigh informaba en detalle de la marcha del país y de las decisiones que se estaban adoptando. Algo que en el Ejército jamás ocurrió.

El general de la Fuerza Aérea, Nicanor Díaz Estrada, era un comensal importante de esas reuniones. Como secretario del Estado Mayor de la Defensa Nacional, secundaba al almirante Carvajal en la coordinación de las tareas que el nuevo orden militar diseñaba, del mismo modo como antes lo había hecho para la actividad secreta de la conjura. Fue, por tanto, un protagonista de la primera fila del proceso en el que las Fuerzas Armadas asumieron el poder:

-Desde un principio se dijo que estaríamos en el gobierno solamente el tiempo indispensable para rectificar, lograr los objetivos trazados y devolver el gobierno a los civiles. Ese plazo nosotros lo estimábamos entre dos y cuatro años.

**-Cuando dice nosotros, ¿a quiénes se refiere?**

-A los generales que participamos en el Golpe de Estado. Porque yo participé en un Golpe y no en un «pronunciamiento», un eufemismo inventado para ocultar la verdad. Me refiero a los generales de la Fuerza Aérea, de la Armada y del Ejército que nos coordinamos para hacer esa acción. Y todos pensábamos que en tres años podíamos crear condiciones para que se eligieran autoridades nuevas. Y también que, en no más allá de cuatro años, estaríamos en condiciones de volver a nuestros cuarteles.

**-¿Y cómo fue qué se produjo el cambio de plazos y decisiones?**

-Eso yo no lo sé. Hay que preguntárselo al señor Pinochet. Fue él quien cambió los plazos. Hubo algunos señores que quisieron aprovecharse de las circunstancias para hacer una Constitución a su medida. Pero eso jamás partió de los militares. Y cuando surgieron las primeras proposiciones, nosotros, en la Fuerza Aérea, lo discutimos y todos estábamos de acuerdo con el general Leigh. Por ese y otros asuntos fueron los choques entre él y el general Pinochet. Y tan de acuerdo estábamos con Leigh que nos fuimos todos cuando a él lo echó Pinochet... El «movimiento del Once» buscaba hacer de Chile una sociedad más justa, más solidaria que nos permitiera a todos los chilenos sentirnos como tales, en primer lugar, y tolerar disentimientos naturales sin afectar nuestra ciudadanía común. Eso no se logró porque después del 11 de septiembre, particularmente por presiones de grupos civiles de extrema derecha. Y así, la división no sólo se mantuvo sino que se acrecentó.[160]

El general Horacio Toro[161] fue otro testigo privilegiado de ese proceso, desde el segundo puesto de mando de la COAJ:

-El Cuerpo de Generales del Ejército jamás discutió ni analizó -como sí ocurrió en Uruguay y Argentina- las decisiones políticas del gobierno. Cuando se formó el COAJ, éramos un grupo de oficiales atónitos, perplejos, sorprendidos por la responsabilidad que nos caía. Llegamos con los conocimientos de oficial de Estado Mayor o de ingenieros politécnicos, con una gran voluntad de servir a la causa, una inexperiencia en el manejo político enorme, pero armados con ciertos elementos de análisis, de orden metodológico, técnicas en el trabajo de equipo y de apertura hacia las asesorías no militares, que nos permitió salir de un estado inicial de inoperancia. Fue un proceso, y en él se fue formando a oficiales en el manejo de la cosa pública y se fue convirtiendo no tan sólo en un órgano asesor, sino en una pequeña escuela de militares en lo político. De allí salieron subsecretarios, jefes de empresas importantes del Estado e incluso ministros. A mí me toco participar en el equipo que elaboró la Declaración de Principios de la Junta de Gobierno y el trabajo se hizo en medio de fuertes presiones y mucha tensión interna.

La arremetida de Pinochet y el Ejército fue fuertemente resistida por las otras instituciones castrenses. Fue en ese momento que el coronel Manuel Contreras, que para entonces desayunaba diariamente con Pinochet, devino en el mejor antídoto para inhibir las críticas y aumentar su poder: la «amenaza subversiva». En mayo presentó un informe, producto de la infiltración que dos de sus hombres

---

[160] Entrevista publicada por revista *Cauce* N° 23 (17 de septiembre de 1984).

[161] Toro estaba en Santiago, pues días antes, en agosto de 1973, siendo comandante del Regimiento «Guías» de Concepción, el general Prats lo había separado del mando, a raíz de un memorándum sobre el descontento en las FF.AA. que circuló en esos días en los cuarteles de la capital y regiones. El 11 de septiembre del '73 lo sorprendió en Santiago. Participó en la ocupación y toma de prisioneros de la Universidad Técnica del Estado y luego secundó, durante algunos días, al general Ernesto Baeza en la reestructuración de la Policía de Investigaciones, hasta que Pinochet lo nombró en el COAJ. Esta entrevista fue hecha en 1988.

habían hecho en Argentina a «grupos extremistas». Ante la Junta Militar en pleno, dio cuenta de la reunión que se había realizado, en San Rafael, Mendoza, de los movimientos y partidos revolucionarios de Argentina, Bolivia, Chile, Uruguay y Brasil. Se está creando, dijo, un potente movimiento de liberación latinoamericano. Pocos días después, Pinochet proclamó, en Osorno: «Al otro lado de la frontera se preparan 14 mil extremistas con el fin de desarrollar actividades de índole terrorista en el país».

En esos mismos días, el general Bonilla tuvo un enfrentamiento determinante con el coronel Contreras. Fue el 15 de mayo, en un episodio que le reveló el abogado Eugenio Velasco, opositor al gobierno de Allende y ex decano de la Facultad de Ciencias Jurídicas de la Universidad de Chile, al periodista Hernán Millas[162].

«El 16 de mayo de 1974 fui citado por el general Bonilla a su despacho. El ministro de Justicia, Gonzalo Prieto, se ofreció a pasar a buscarme y dijo que me acompañaría a la audiencia. Acepté. Me encontré con un hombre amable. Cordial. Empezó diciéndome que estaba enterado de mi intervención en la asamblea del Colegio de Abogados[163]. Le respondí que no me extrañaba porque debían haber estado presentes varios agentes de seguridad. Me contestó que en sus palabras no viera una amenaza, y que sólo quería felicitarme por mi coraje y mi valentía. Estaba confundido... 'Todo lo que usted dijo ahí es cierto y por eso lo he mandado a llamar', me expresó con voz firme. 'Quiero pedirle a usted, como a don Jaime Castillo, que me ayuden a parar los abusos', me añadió. Encontré desusada su petición. Además de que no podía colaborar con un régimen que no

---

[162] Artículo publicado en *La Época* el 17 de marzo de 1991.
[163] En diciembre de 1973, Velasco junto a otros once abogados -entre ellos Andrés Aylwin, Juan Agustín Figueroa, Jaime Castillo Velasco, Luis Ortiz Quiroga y Adolfo Zaldívar- le enviaron una carta a la Junta, a la Corte Suprema y al Colegio de Abogados, en la que reseñaban, desde la postura de adherentes al nuevo gobierno, el cuadro de violaciones a los Derechos Humanos en que se estaba incurriendo. Pedían, al final, la suspensión del Estado de Guerra. El documento motivó la reacción airada de Bonilla. El presidente de la Corte Suprema se comprometió a entregar el documento al pleno, pero nunca lo hizo y fue en el Colegio de Abogados donde, finalmente, en el curso de una asamblea, Velasco irrumpió y expuso en público «los angustiosos casos que estamos conociendo» ante el estupor de los abogados presentes. Los fiscales militares se retiraron de la sala.

era democrático, ¿cómo se explicaba que el segundo hombre del gobierno necesitase ayuda de un civil disidente? Me replicó que los mandos medios se habían sublevado y estaban cometiendo tropelías. Le contesté que me disculpase, pero encontraba muy extraño que en los gobiernos militares no fueran respetuosos del mando. De ahí que su explicación no me podía convencer. Fue, entonces, que el general Bonilla me hizo una espectacular revelación. 'Le voy a contar algo de lo que le pido me guarde la más absoluta reserva', empezó diciéndome. 'Ayer quise constatar si eran ciertos los rumores que me llegaban. Tomé mi helicóptero con mi ayudante y me trasladé a la Escuela de Ingenieros Militares en Tejas Verdes. Le dije a su comandante, el coronel Manuel Contreras, que quería visitar los calabozos. Titubeó, pero tuvo que llevarme. En mi recorrido me encontré con hombres tendidos boca abajo en el suelo, otros desnudos y amarrados, algunos colgados de los brazos y con su cuerpo en el aire. Se podía percibir que habían sido golpeados o torturados. Cuando comprobé que la realidad era más horrible que lo que me habían dicho, llamé al subcomandante y le comuniqué que él asumía el mando, y que el coronel Contreras quedaba arrestado para ser sometido a proceso'».

Pero Contreras no se había sublevado como pensaba Bonilla. Su poder emanaba del hombre que ocupaba el sillón principal, como lo constataría sólo días después el propio Bonilla.

El 14 de junio, la Junta Militar aprobó, finalmente, el Decreto Ley (521) que dio vida autónoma a la DINA y que se publicó en el Diario Oficial, del 18 de junio, pero sin los tres últimos artículos considerados «materia reservada». Un cable enviado por George Landau, embajador de Estados Unidos en Chile, al Departamento de Estado da cuenta del texto de esos tres artículos secretos: 9, 10 y 11. Allí se lee:

> Artículo 9: El Director de Inteligencia Nacional y los jefes de servicios de inteligencia, dependientes de las instituciones de la Defensa Nacional podrán coordinar directamente sus actividades para el cumplimiento de sus misiones específicas. Sin perjuicio de lo anterior y

cuando lo reclamare la necesidad imperiosa de la defensa del régimen institucional del Estado, la Junta de Gobierno podrá disponer la participación o coordinación de todos los organismos de inteligencia anteriormente mencionados en funciones propias de la DINA.
Artículo 10: Para el ejercicio de las facultades de traslado y arresto de personas, que se conceden por la declaración del Estado de Sitio u otras que pueden otorgarse en las circunstancias de excepción previstas en la Constitución Política, la Junta Militar podrá disponer de las diligencias de allanamiento y aprehensión, si fueren necesarias, sean cumplidas además por la DINA.
Artículo 11: La Dirección de Inteligencia Nacional será la continuadora legal de la comisión denominada DINA y organizada en el mes de septiembre de 1973.

Allí queda constancia que la verdadera acta de nacimiento de la DINA fue la comisión denominada DINA, organizada en septiembre de 1973. Nueve meses más tarde, el puño acerado y cerrado pudo al fin tener su timbre propio, en el que se lee: «República de Chile. Presidencia de la República. D.I.N.A.». La dependencia exclusiva de Pinochet fue también oficializada. El decreto salió publicado en el Diario Oficial el 18 de junio de 1974. Un día antes, tuvo lugar una de las reuniones de la Junta más importantes desde el 11 de septiembre.

Ese día, Pinochet entregó el proyecto de estatutos de la Junta Militar, el que separó las funciones, dejando las legislativas en manos del mando colegiado y las ejecutivas, en forma exclusiva y excluyente, en el Presidente de la Junta Militar, general Augusto Pinochet. El documento, de 14 artículos y con detalladas atribuciones para el Presidente, las que se incluyen en el artículo 10, provocó una áspera discusión pero finalmente fue aprobado. Canessa[164] fue infor-

---

[164] Julio Canessa presidió después, durante seis años, la CONARA, siendo, al mismo tiempo, Inspector General del Ejército. Fue comandante de Institutos Militares. En 1981, vicecomandante en jefe del Ejército, el segundo después de Pinochet. En 1985 dejó la vicecomandancia en jefe y asumió como integrante de la Junta Militar en representación del Ejército. En 1991 obtuvo el grado de magíster en Ciencias Políticas en la Universidad Católica, con una tesis titulada: «Estabilidad de los partidos políticos en el sistema institucional». Senador designado por el Consejo de Seguridad Nacional.

mado y preparó en el más completo sigilo la gran ceremonia pública que le daría vida legal a la transformación. El 27 de junio todo estuvo dispuesto. La puesta en escena incluyó la confección de una banda presidencial y una piocha que copió a la perfección la original, la que había pertenecido a O'Higgins y que se había perdido entre las cenizas y los escombros de La Moneda el 11 de septiembre. El único problema fue que los otros integrantes de la Junta no fueron informados. Sólo horas antes, cuando en el Salón Azul del Diego Portales ya estaba todo en su punto, con prensa incluida, los otros integrantes de la Junta Militar fueron notificados del detalle del acto al que debían asistir. Nunca antes se había producido un intercambio tan duro de opiniones y epítetos entre ellos. *En La Historia Oculta del Régimen Militar* (de Ascanio Cavallo, Manuel Salazar y Oscar Sepúlveda) se relata parte importante de ese episodio.

-¡Te creís Dios! - le gritó Leigh a Pinochet en un momento- ¡Hasta cuándo!

-¡Aquí ya está bueno de joder! ¡Si hay tanto barullo se suspende todo y vemos cómo se arregla esto! No voy a permitir que se juegue con el país! -replicó Pinochet, con la misma ira.

Enfurecido, el general Pinochet terminó sus palabras golpeando con su puño la cubierta de vidrio de la mesa. Hubo un ruido seco y luego un crujido de astillas. El cristal se rajó: aquella fractura sería todo un símbolo.

-Has convocado a la prensa, a las autoridades, a medio mundo. ¡Qué vas a suspender! - gritó Leigh.

Los cuatro entraron al Salón Azul con evidentes huellas del incordio no resuelto. La ceremonia, breve, resultó emotiva para Pinochet. Con los ojos brillosos agradeció al presidente de la Corte Suprema, Enrique Urrutia Manzano, la colocación de la banda presidencial y la investidura del principal cargo del país. Hacía sólo un año que, en el frontis de La Moneda, había sellado con un abrazo al general Prats y frente a todos sus hombres la lealtad a su mando y a la defensa del gobierno constitucional ante la rebelión del Blindado («Tanquetazo»). Ese 27 de junio, el general Prats también estaría presente. Cuando la ceremonia concluyó, le mandó la carta que sólo esperaba su nueva investidura para ser despachada a Buenos Aires. Allí se lee:

*Debo expresarle que se ha mantenido hacia su persona una línea deferente y la Institución ha guardado silencio, pese a que en sumarios de otras instituciones su nombre ha figurado en repetidas oportunidades, sin embargo no se ha querido ahondar en esta materia por tratarse de un ex comandante en jefe que merece la consideración que se le debe a todo general.*

*Ahora bien, con respecto a su afirmación de que «no se ha entrometido en el quehacer de su sucesor», estimo no es procedente tal declaración, puesto que el suscrito en su calidad de Presidente de la Junta de Gobierno y comandante en jefe del Ejército, no se lo aceptaría ni al Sr. General ni a nadie.*
*Augusto Pinochet Ugarte*
*Presidente de la H. Junta de Gobierno*
*Y Comandante en Jefe del Ejército*

Lo que venía ya estaba preparado, por lo que sólo necesitó unos pocos días para ultimar detalles. El 11 de julio se procedió al cambio de gabinete. Era el primero que se adecuaba al nuevo mando de la Junta Militar. El almirante Patricio Carvajal, cuya situación en Defensa había quedado en desmedro, ya que el Estado Mayor de la Defensa Nacional había sido sepultado por el COAJ, fue premiado con la cartera de Relaciones Exteriores. Su antecesor, el vicealmirante Huerta, debió partir como embajador a la ONU. A la Fuerza Aérea intentó calmarla aceptando que Leigh impusiera a dos de los articuladores del Golpe: el general Nicanor Díaz Estrada, secretario del Estado Mayor de la Defensa Nacional, fue nombrado ministro del Trabajo; y el general Francisco Herrera, ministro de Salud. No tuvo la misma suerte el general Arturo Yovane, ministro de Minería. Pinochet aprovechó la ocasión para sacar a la pieza más débil del grupo de la conjura inicial y en su lugar puso al recién ascendido a general de Ejército Agustín Toro Dávila. El otro frente importante fue el área económica. El almirante Gotuzzo debió cederle el paso al nuevo ministro de Hacienda, Jorge Cauas, hasta ese momento vicepresidente del Banco Central. En el banco quedó Pablo Baraona. Y en la CORFO, el general Nuño ya había abandonado el proceso de reorganización de las empresas estatales, las que en su mayoría habían sido puestas en manos de uniformados en servicio activo o en retiro, a la espera de la devolución a los antiguos propietarios de las que habían sido intervenidas por el gobierno de Allende. Esa fase era la que venía. Con esos cambios se consagró el nuevo dominio del grupo de economistas que comenzaba a tomar el control en el país.

El cambio más importante fue entre los generales de Ejército. Y Bonilla, el principal sacrificado. Sin que mediara explicación pública alguna, el ministro del Interior y «sucesor» oficial de Pinochet, fue sacado de esa titularidad y enviado al Ministerio de Defensa. En su reemplazo llegó el general César Raúl Benavides, el hombre de confianza, el que le debía su ascenso y la permanencia en el puesto en forma exclusiva a Pinochet. No fue la única jugada. Los «dueños» del Golpe en el Ejército tuvieron otra pérdida. A la salida de Nuño se agregó la del general Arturo Vivero. Al Ministerio de Vivienda llegó el contralmirante Arturo Troncoso, otro de los grandes conjurados.

Siguiendo el camino que había escogido para el general Rolando González, el general Sergio Nuño fue enviado de embajador a Bélgica y Yovane[165] a Irán. El general Manuel Torres de la Cruz recibió la embajada en El Salvador.

Los cambios dejaron a muchos perplejos y sin voz. Los militares habían vuelto a ser los grandes mudos del sistema. Bonilla nada dijo. Manuel Contreras tampoco apareció en el escenario central. Su poder lo ejercía en las sombras y, principalmente, cada mañana, cuando desayunaba con Pinochet y aprovechaba de informarle de los enemigos externos e internos. El camino estaba más limpio sin Bonilla en el Ministerio del Interior y sin Gonzalo Prieto de ministro de Justicia. Este fue también cambiado por el general de Carabineros, Hugo Musante. Además, ahora tenía a uno de sus hombres en una posición clave para controlar a Bonilla

---

[165] El general Arturo Yovane fue después embajador en Honduras (1977) y luego en Turquía y Pakistán. Falleció en septiembre de 1997.

y mantenerlo neutralizado: el coronel Oscar Coddou[166] fue nombrado subsecretario de Guerra. Por su mano pasarían los fondos reservados y destinaciones que él requería para la DINA.

La operación del nuevo financiamiento para la DINA pudo ser iniciada. La fase previa había sido ejecutada sólo días antes: el 24 de julio tuvo lugar la primera sesión del directorio de la empresa «Pesquera Chile». Los directores nombrados por la CORFO -comandantes Gonzalo Ramírez Zepeda, Mauricio Silva Celis, Carlos Penaglia y Hubert Fuchs Asenjo- constataron la excelente marcha financiera de la empresa. Eso fue todo. Una vez que Pinochet ejecutó los cambios en el gabinete, Contreras movió las siguientes piezas en su tablero económico. El 29 de julio, el ministro de Agricultura, Tucapel Vallejos, (general de Carabineros) autorizó la transformación de la «Pesquera Harlyng» en «Empresa Pesquera Chile Limitada» («Pesquera Chile») así como el traspaso de todos sus activos y pasivos. Todo ello lleva la firma de Vallejos, del ministro de Hacienda, Jorge Cauas y de Augusto Pinochet, Presidente de la Junta de Gobierno. El 30 de agosto, en la segunda sesión del directorio de la «Pesquera Chile», el gerente general designado por la CORFO delegó todas sus facultades en tres hombres de Contreras: Hubert Fuchs, Luis Díaz Andrade y Luis Valdebenito.

El documento vino a oficializar el control que ejercía Contreras sobre esa empresa desde el mismo 11 de septiembre y que también incluía a la «Pesquera Arauco», donde instaló a otro de sus hombres: Hubert Fuchs, ex oficial de la Armada. Ese control se legalizó en escritura pública, el 21 de octubre de 1974. Así, dos oficiales en retiro de la Armada -Olavarría y Fuchs- se convirtieron en los pilares de un poder económico autónomo que le iban a permitir a Contreras montar una máquina de represión

---

[166] Oscar Coddou estuvo siempre estrechamente ligado a Manuel Contreras, al punto de que fueron socios en la empresa CONAS. En los años 70, fue investigado por el FBI, ya que, según un informe interno, él habría sido el hombre que sacó al extranjero la documentación secreta de la DINA cuando ésta dio paso a la CNI en 1977. Fue rector de Inacap.

y sometimiento, la que abarcó, incluso, a los partidarios del nuevo régimen.

En la agenda de uno de los generales «dueños» del Golpe en el Ejército, se lee en una página de agosto de 1974:

«Diría que a partir del segundo semestre de 1974, el gobierno chileno empezó a tomar una marcada tendencia de extrema derecha, prescindiendo, incluso, de sectores importantes del ex Partido Nacional que habían apoyado sin reservas la acción de las Fuerzas Armadas».

# CAPITULO XXXI
# LOS NUEVOS «DUEÑOS» DEL GOLPE

La escarcha acompañó todo el invierno de 1974. Para miles de chilenos la esperanza de la primavera se ahogaba en un septiembre que traía el sonido y el rostro de la brutalidad. Para Manuel Contreras, en cambio, fue su época del máximo despliegue de energías. En agosto le dio el vamos a su proyecto más ambicioso: la exportación de la represión. La «Pesquera Chile» entregó un documento a las autoridades económicas en el que informó de «una situación delicada: la planta de merluza congelada ha reducido su producción en un 50%, lo que obliga a estudiar alternativas de exportación y una consecuente línea de crédito».

El segundo paso fue obtener del Banco Central una línea de créditos para exportación. Los buenos contactos del ex marino Humberto Olavarría Aranguren[167], el asesor financiero de Contreras, agilizaron los trámites. Las preguntas molestas fueron anuladas con un escueto: «por orden del Presidente de la Junta». Otro flujo potente de dólares engrosó las arcas de la DINA en esos días. Se le traspasó la seguridad de todas las embajadas de Chile en el mundo.

---

[167] Olavarría Aranguren, jefe del Departamento Económico de la DINA, fue socio del Banco Fomento del Bío-Bío y dueño de la concesión del Casino de Puerto Varas. Fue también vicepresidente de la RCA Víctor y dueño de radios en Valparaíso y de otras empresas en Brasil.

Para las cuentas públicas se llenaba una planilla mensual que incluía cada embajada, el monto que se gastaba en moneda extranjera y su equivalente en moneda nacional. Simple y expedito.

Pero los «enemigos internos» continuaban acechando a la DINA e iban más allá de la Iglesia Católica y el Comité Por la Paz. Los informes «estrictamente secretos» le decían a Contreras que Bonilla y Arellano ahora «complotaban» juntos. Que el ministro del Trabajo, Nicanor Díaz Estrada, azuzaba a los sindicalistas afines al régimen en contra del manejo económico. Y que el general Gustavo Leigh insistía en fijar plazos. Y para colmo, la DIFA (Inteligencia de la FACH), acumulaba éxitos en la lucha antisubversiva y sin dejar huellas, socavando su autoridad.

En septiembre, la Junta Militar celebró su primer aniversario con un gran acto en la avenida Bustamante. Dar la vida en defensa de Chile contra los enemigos externos e internos fue el mensaje central que los organizadores repitieron una y otra vez.

Dar la vida... Eso fue precisamente lo que hizo el general Carlos Prats y su esposa Sofía Cuthbert, el último domingo de septiembre en Buenos Aires. En la mañana habían sido los invitados de honor de un almuerzo campestre en las afueras de la capital trasandina. En la tarde, junto a Ramón Huidobro, ex embajador de Chile en ese país y su esposa Panchita, fueron a ver la película italiana *Pan y Chocolate*. Al finalizar la jornada, los cuatro se trasladaron al departamento de los Huidobro. La conversación fue intensa. Huidobro quería convencer a Prats de abandonar cuanto antes la Argentina ante la amenaza cierta que lo cercaba. No tuvo éxito. Prats fue enfático en decir que no se iría mientras la embajada de Chile no le diera los pasaportes que desde hacía meses solicitaba. «Un general chileno no viaja con pasaporte extranjero», afirmó. Había angustia y urgencia en las palabras de Huidobro y una serenidad desconcertante en los dichos y gestos de Prats. Quince minutos después de la medianoche, el matrimonio Prats se despidió de sus amigos, subió al auto Fiat 125 color gris y enfiló hacia Palermo.

Nadie sabrá nunca cuáles fueron las últimas palabras que cruzaron en el camino de regreso. Tampoco sabremos si al momento de detener el auto frente al número 3359 de la calle Malabia, el general le dio una última mirada a su esposa. Es probable que uno de los dos haya dicho algo sobre la extraña oscuridad que se cernía sobre el barrio. Prats se bajó y fue a abrir las pesadas puertas de la cochera. Con paso lento, regresó al volante. Quizás, en ese preciso momento, Sofía miró su reloj. Marcaba las 0.40 horas cuando la bomba estalló. Fue activada por control remoto y había sido colocada bajo el asiento del conductor. Los dos cuerpos fueron despedazados y sus restos se esparcieron a varios metros a la redonda, rasgando la intensa oscuridad de la calle. Los faroles, extrañamente, se habían descompuesto sólo horas antes.

La mano que activó la bomba a la distancia dejó una estela de huellas que llevaron, más tarde, a Michael Townley y Enrique Arancibia Clavel. Pero, también, a Raúl Eduardo Iturriaga Neumann, José Zara, Armando Fernández Larios y a Manuel Contreras. Todos ellos oficiales del Ejército de Chile.

No hubo honores militares para el general. La llegada del cuerpo de Prats no detuvo la máquina de la DINA. En la madrugada del 4 de octubre, cuando Prats y su esposa Sofía eran velados por sus tres hijas en la Iglesia Transfiguración del Señor, en la comuna de La Granja, en Paraguay Nº 1473, siete hombres fuertemente armados y al mando del oficial Fernando Laureani, secuestraban a los hermanos Juan Carlos y Jorge Elías Andrónico Antequera. Los dos fueron llevados hasta una casa en José Domingo Cañas, una de las cárceles secretas de la DINA. Allí se perdería el rastro. Sus nombres, con el rótulo «desaparecidos», llegarían después a las manos del Obispo Auxiliar Sergio Valech, el mismo que esa mañana ofició la misa por Prats, por encargo del Cardenal Silva Henríquez. Al tiempo que se desarrollaba el funeral del matrimonio Prats con una gran vigilancia policial, el teniente Armando Fernández Larios, uno de los hombres que participó en el atentado terrorista en su contra, secuestraba, desde la Penitenciaría, al ingeniero David

Silbermann, ex gerente general de Cobre Chuquicamata. Había sido detenido, juzgado y condenado a 13 años de prisión. Nunca más regresaría con vida. Y a la misma hora en que el ataúd con los restos del ex comandante en jefe era sepultado, civiles sin identificación llegaron hasta Catedral 2808 para detener a Amelia Bruhn. Las huellas de los hermanos Andrónico, de Silbermann y Amelia Bruhn se encontrarían más tarde en la cárcel secreta de José Domingo Cañas y luego en Buenos Aires. Sus nombres se unieron al de Prats en esa jornada del 4 de octubre de 1974, como una prueba indeleble de los lazos secretos y poderosos que unían a los servicios de inteligencia chilenos y argentinos.

El ministro de Defensa, Oscar Bonilla, se vio en ese mes de octubre con las manos cada vez más atadas. Su relación con Arellano se hizo más cómplice, pero entre líneas. Otros oficiales observaban, desconcertados, el desarrollo de una situación que se les escapaba de las manos. El proceso de calificaciones del Ejército fue el escenario escogido por Bonilla para hacer su segunda arremetida contra Contreras. Con una carpeta llena de papeles que testimoniaban de su brutalidad y del daño que estaba ocasionando al «movimiento», Bonilla pidió su retiro. Arellano buscó otro camino. Le escribió, en esos días, una carta a Pinochet:

*Demás está que renovemos nuestra absoluta convicción de no permitir bajo ninguna circunstancia el regreso del marxismo. Su fracaso, corrupción y deshonestidad están todavía muy frescos en la mente de la mayoría de los chilenos... Pero creo que hay algunos factores que considerar y que algunos chilenos (lamentablemente poderosos) parecen olvidar. Existe un grupo de clanes, empresarios industriales y malos comerciantes que aparentemente están convencidos que nuestra histórica decisión fue en su beneficio personal y no del país. Este tipo de gente nos aplaude con gran entusiasmo y sin restricciones. No debemos dejarnos llevar por este adulo y halago interesado. Debemos combatir con energía y apartar de nuestro camino a esta clase de gente. Sé que es difícil, porque se escurren como expertos guerrilleros. Pero debemos estar alertas y vigilantes...*

*...Y aquí entro en un terreno ingrato... Analizando la votación de la* ONU, *creo que debemos hacer una serena apreciación y tratar de encontrar las razones por las cuales algunos países no marxistas nos negaron su apoyo... Otro aspecto que puede haber incidido en esta materia es la acción que ha realizado la* DINA *y, en menor escala, la Fiscalía de Aviación. Algo de esto te conversé en tu gira a la provincia de Coquimbo. Ninguno de estos dos organismos depende de mí, pero debiera trabajar en una estrecha colaboración y armonía con ellos, ya que como no proporcionan información a civiles, estos recurren indefectiblemente a la Comandancia de la Guarnición, al igual que instituciones y otras autoridades civiles, lo que me ha permitido orientarme de algunas técnicas y modalidades de trabajo, que me hacen concluir que se han olvidado de lo que significa derechos humanos fundamentales y que vivimos en un Estado donde la legalidad tiene plena vigencia... Se puede buscar y encontrar donde está la falla, y la vemos claramente en los procedimientos que emplea, los cuales nos han creado y nos seguirán creando problemas, salvo que pongamos drástico término a algunas tácticas y técnicas inaceptables, las cuales, muchas veces magnificadas, han llegado a conocimiento de importantes círculos civiles, religiosos y también uniformados...*

*Debemos tener paciencia y preocuparnos fundamentalmente de mantener cohesionado nuestro frente interno. Y para ellos es necesario que se respire confianza en la más amplia extensión de la palabra. Esto no sucede en la actualidad en la proporción que corresponde, por algunas prácticas incorrectas de la* DINA *y de la Fiscalía de Aviación. Se ha maltratado y sometido a diversos apremios físicos, en forma innecesaria y torpe, a muchos detenidos. La acción contra el extremismo debe continuar en forma enérgica y decidida, pero obedeciendo fielmente y siguiendo, sin ninguna variación caprichosa, la política dispuesta por el gobierno. No es posible que ya se esté hablando de una* GESTAPO, *con todos los macabros recuerdos que esta palabra trae desde los tiempos de la Alemania Nazi, cuando se encerraba a los Jefes en una torre de marfil y se les hacía navegar en una maraña de intrigas y soplonaje, que significó el comienzo del fin del citado sistema de gobierno.*

*No son pocos los casos de detenciones de personas no marxistas, todas justificadas y por necesidades de investigación, las cuales han sido maltratadas de hecho o de palabra, con las consecuencias negativas que ello tiene para nuestro gobierno. A esto hay que agregar la dificultad para obtener información por parte de los familiares directos. Los afectados, sus parientes y amigos, de projuntistas los vemos después de su experiencia transformados en nuestros enemigos. ¿Por qué? Por la torpeza, el abuso, la prepotencia y la forma poco humana como algunos de los integrantes de los Servicios que ya he mencionado están cumpliendo con su misión.*

*Pero tenemos una gran herramienta en nuestras manos. Nuestra capacidad de rectificación para enmendar un error antes de que se convierta en incontrolable... No podemos permitir que nada ni nadie pierda de vista el histórico significado de ese 11 de septiembre al cual nos entregamos y nos seguimos entregando con tanta fe y esperanza.*

*Te saluda con especial afecto tu invariable amigo*
*Sergio Arellano Stark*

La carta enviada el 24 de noviembre no tuvo respuesta. Por otras vías, Arellano se enteró que Pinochet se la había mostrado a Contreras y palpó en su mirada y en sus dichos la molestia que le había generado. Pinochet no tenía tiempo, en esos últimos días de noviembre, para nada más que la preparación del acto más importante desde el 11 de septiembre. El 17 de diciembre, Pinochet dio el verdadero gran golpe cuando logró, después de nuevas escaramuzas guerreras, que los otros miembros de la Junta firmaran el Decreto Ley 806 que lo designó Presidente de la República, jefe de la Junta, del Ejecutivo y Jefe Supremo de la Nación.

Habían sido meses de tensión extrema. Poco después, el almirante Merino se enfermó gravemente y debió permanecer alejado de la Junta Militar. Fue la ocasión propicia para que Pinochet tomara en sus manos los complejos hilos de la conducción económica. El general Bonilla también se enfermó y debió internarse en la Clínica Alemana. El 22 de febrero se fue al sur. Anunció que pasaría dos semanas de reposo en el fundo de su amigo Gerardo Rodríguez, muy cerca de la localidad de Romeral. En la misma ocasión, ordenó a sus subalternos que un helicóptero de la Aviación del Ejército lo fuera a buscar el 3 de marzo.

Sólo tres días después que Bonilla partió, Contreras hizo una nueva operación. El 28 de febrero de 1975, las firmas de dos ministros oficializaron la nueva adquisición de Contreras. La «Pesquera Chile» asumió la deuda que la «Pesquera Arauco» tenía con la CORFO (dos millones de dólares) y luego se materializó la fusión de las dos grandes pesqueras de San Antonio bajo control autónomo y total de la DINA.

El 3 de marzo, hasta el fundo de los Rodríguez, en Romeral, un helicóptero francés, Bell Cobra UH 1H, llegó puntual a buscar a Bonilla. El informe meteorológico señalaba que el clima estaba inestable, enrarecido. Las versiones oficiales indican que se debió esperar largas horas antes de emprender el vuelo. En la tarde, la nave inició el viaje de regreso. Pero no llegó muy lejos. Se estrelló en los terrenos del fundo Santa Lucía de la misma región, de propiedad de la familia Lazcano. Bonilla y toda su comitiva fallecieron. La noticia se esparció por todo el país provocando consternación en el círculo del poder y también en algunos sectores populares en donde Bonilla había logrado ser visto como el único que les tendía la mano. Dos técnicos de la compañía francesa fabricante del aparato, y que estaban en Chile supervisando la compra de otros helicópteros, se enteraron de lo ocurrido y se desplazaron de inmediato al lugar del accidente. La primera inspección de la nave siniestrada corrió por cuenta de los franceses. El sumario abierto por la FACH fue derivado al Ejército pero nada arrojó, salvo la destitución del coronel a cargo del comando de Aviación de la institución. Bonilla y sus hombres no serían las únicas víctimas de ese episodio. Los técnicos franceses también fallecerían en otro accidente de aviación. La duda quedó, al igual que los rumores que recorrieron todos los pasillos de los cuarteles. Una leyenda negra había nacido.

No alcanzaron a pasar 48 horas y Pinochet ejecutó una rápida y drástica reestructuración de su gabinete y del Ejército. Como la segunda antigüedad del Ejército le correspondía al general Héctor Bravo, la solución fue la misma que había utilizado ya tantas veces. Lo nombró embajador en Tailandia. El 5 de marzo, el general Herman Brady pasó a ser el tercero en el escalafón y nuevo ministro de Defensa en reemplazo de Bonilla. Pinochet tuvo, al fin, a sus dos escudos históricos flanqueando sus costados: Benavides y Brady[168]. Y Arellano fue sacado de la poderosa Segunda División del Ejército y enviado al alicaído y ya marginal Estado Mayor de la Defensa Nacional. Para anular toda amenaza futura, dividió de inmediato las antiguas funciones de Arellano. Las de la Guarnición le fueron encomendadas a Rolando Garay y como juez militar de la zona más conflictiva, Contreras logró el nombramiento de su viejo cómplice: Julio Polloni[169], nuevo general.

Ese mes de marzo, Pinochet no dio tregua. Una vez finiquitado el tablero del poder militar, la acción se volcó al área económica. La crisis internacional que se avecinaba imponía decisiones pero no había acuerdo. Allí también se requería hacer un cambio de peones. Los miembros de la Junta sabían que las disparidades de criterios ya no se sostenían. El grupo de «El Ladrillo» ya tenía preparado el plan para dar un giro radical e iniciar el tratamiento de shock con una decidida política de ajuste. Sólo faltaba que Pinochet lo aceptara y ordenara las piezas para que, al igual como él lo había hecho en la Junta, el poder de decisión radicara en una sola mano. El personaje clave: el ministro de Hacienda, Jorge Cauas, que había ido desplazando, aceleradamente, a Fernando Léniz, ministro de Economía.

En el tablero, otro personaje había cobrado importancia. El asesor de Léniz, Sergio de Castro, también había dado

---

[168] César Raúl Benavides fue ministro del Interior desde 1974 hasta 1978 -cuando lo reemplazó Sergio Fernández- y ministro de Defensa desde 1978 a 1980. Uno de los primeros tres «tenientes generales» del Ejército, distinción que le otorgó Pinochet, en 1978, «por orden de comando», al cumplir 41 años de servicio. Asumió como integrante de la Junta Militar en representación de Pinochet y lo reemplazó Julio Canessa como «sucesor». Hermán Brady fue ministro de Defensa hasta 1978. Fue otro de los tres primeros «tenientes» generales» nombrados por Pinochet en 1978. Después, Pinochet lo designó presidente de la Comisión Chilena de Energía Nuclear a la que le dio rango de ministerio.
[169] Julio Polloni estudió en la escuela de telecomunicaciones, del Ejército de los Estados Unidos, fue embajador en Paraguay y jefe de Asuntos Internacionales de la Subsecretaría de Telecomunicaciones, en marzo de 1983 y también presidente de la Compañía de Teléfonos y presidente de Entel.

su veredicto frente a la Junta: si el ajuste traía consigo un aumento del desempleo, más pobreza y marginalidad, eso representaba un problema menor. El discurso que se repetía y que emanaba del grupo liderado por Kelly y de Castro señalaba que, finalmente, el resultado, después de dos o tres años, sería la salud financiera del país.

A principios de abril, Roberto Kelly, ministro de Odeplán, regresó de una reunión de la ONUDI en Lima. En el aeropuerto lo esperaba su grupo asesor con noticias alarmantes: «La situación es de gravedad inminente; no hay tiempo que perder; se prevé para 1975 una inflación cercana a la de 1973; la inversión pública se ha desbordado en 1974; empezando el año, el Banco Central tiene ya emitido todo lo que razonablemente se esperaba que librara en los doce meses de 1975. O alguien manda en la política económica y sanea a fondo la situación del sector público, o esto va a la ruina»[170].

Kelly se entrevistó de inmediato con Pinochet. Su decisión fue rápida y la orden precisa. En dos días debía preparar un plan junto con el Estado Mayor Presidencial, al que acababa de llegar el general Sergio Covarrubias. A las 9 de la mañana del domingo 6 de abril llegaría Kelly junto a Miguel Kast y Ernesto Silva hasta el palacio presidencial del Cerro Castillo en Viña del Mar. Pinochet los escuchó con atención. A su lado estaba el hombre que concentraba el mayor poder en Chile, después de Pinochet: el coronel Manuel Contreras. Desde el primer minuto y por boca del propio Pinochet quedó claro que su presencia no era decorativa. Tampoco lo eran los hombres de Contreras, que, a una discreta distancia, escucharon la exposición compleja y drástica que hicieron Kelly y su equipo. Si Pinochet entendió o no a cabalidad las consecuencias de las decisiones que adoptaría esa mañana es un elemento que sólo él podría dilucidar. Lo que sí ocurrió es que Pinochet salió de allí con cuatro escudos. En el Ejército estaban Brady y Benavides. Y en el gobierno, a un lado tenía a la DINA y por el otro al nuevo jefe supremo del recién bautizado «Programa de Recuperación Económica».

---

[170] El texto entre comillas y un detallado relato de lo que ocurrió en esos días está en *Los economistas y el Presidente Pinochet*, de Arturo Fontaine Aldunate.

El 8 de abril, el ministro Benavides fue el encargado de pedir la renuncia a todo el gabinete para dejar en libertad a Pinochet de readecuar sus equipos y enfrentar la crisis económica. El secretario de la Junta ya tenía preparado el Decreto Ley 966, que desplazaría el centro de gravedad histórico de la economía desde el Ministerio de Economía al de Hacienda. Jorge Cauas sería el hombre que llegaría con amplias facultades para controlar y dirigir toda la actividad económica del país, dando inicio al plan de ajuste. Bajo su mando, se subordinarían diez ministerios: Economía, Agricultura, Minería, Obras Públicas, Transportes, Vivienda, Salud, Trabajo, Odeplán y Corfo. Cauas tuvo, incluso, el poder de remover y nombrar a todos los funcionarios bajo su dependencia a excepción de los ministros.

El 14 de abril se oficializó el gabinete con el nuevo súper ministro de Hacienda, Jorge Cauas. Fue el momento de hacer otros cambios de piezas. Fernando Léniz fue reemplazado por Sergio de Castro en el Ministerio de Economía. Al equipo estelar se unió Pablo Baraona, como presidente del Banco Central y Juan Carlos Méndez, director de Presupuesto. El empresario Francisco Soza Cousiño se hizo cargo de la Corfo y otro empresario, esta vez un antiguo conjurado, Hugo León Puelma, recibió la cartera de Obras Públicas. El equipo de civiles se completaría con dos nuevos integrantes: Miguel Schweitzer Speisky, quedó a cargo del Ministerio de Justicia, y a los pocos días Luis Enrique Valenzuela asumió en Minería.

Marzo de 1975 marcó el hito más importante en el proceso iniciado el 11 de septiembre de 1973 y sin retorno. Arturo Fontaine dice sobre ese momento: «Jornada decisiva. El Presidente tiene el control completo y sin retorno de la política económica del gobierno. Ya no hay grupos de economistas o asesores que no dependan directamente de él».

Manuel Contreras supo que había llegado el momento de atacar en dos frentes: el de las «operaciones exteriores» y la aniquilación de la DIFA (Dirección de Inteligencia de la Fuerza Aérea), que, bajo el mando de los coroneles Horacio Otaíza y Edgar Ceballos, continuaban poniendo en duda su autoridad y competencia. En 1974 habían logrado desarticular a la comisión política del MIR con una audaz operación y sin ruidos molestos de los organismos de derechos humanos. La guerra subterránea se desató en las calles -con la disputa de los «prisioneros subversivos»- y en las oficinas de la comunidad de inteligencia, en Santa Rosa. Y también en las dependencias de la Junta. El 31 de julio de 1975 el coronel Otaíza falleció en un nuevo y extraño accidente de aviación. La guerra emergió a la superficie. Nadie dudó en la DIFA que la mano de Contreras había estado detrás. Contreras atacó nuevamente y mostró papeles que revelaban «traición» y «contactos con el enemigo» en los cuarteles de la FACH. La orden perentoria no tardó: la DIFA debía terminar con la «guerra subversiva». Ceballos partió a Israel a un curso de inteligencia estratégica, táctica y guerra política. Contreras había ganado nuevamente. Pero el «Comando Conjunto» no murió. Roberto Fuentes Morrison y el coronel Juan Francisco Saavedra lo convertirían en un ente clandestino de la guerra sucia, el que tuvo a la nueva Base Aérea de Colina como centro de operaciones[171].

Entre tanto, el primer frente de la DINA, el de las «operaciones exteriores», ya extendía su red. En marzo, Contreras inició, desde una oficina tan secreta como sus cárceles, ubicada en calle Doctor Charlín 1475, en pleno corazón de Providencia, la expansión de la guerra al plano de la coordinación con las otras dictaduras de América Latina. El financiamiento de la «Operación Cóndor» ocuparía un espacio relevante en la nueva estructura ideada por Manuel Contreras. Treinta empresas reales o de ficción fueron creadas para esos efectos. Un despliegue que contó con todo el apoyo del aparato del Estado. Fue tal la inmunidad de la que gozó Contreras que, en 1976, se instaló legalmente como presidente de la «Pesquera Chile» y en el directorio de la empresa nombró a los comandantes, Pedro Espinoza y Vianel Valdivieso, a los mayores Juan Morales Salgado, Alejandro Burgos de Beer y al capitán Christopher Willike más el teniente Hugo Acevedo. Todos ellos, integrantes del alto mando de la DINA. Tanto esa escritura como la que

---

[171] Ver *Los Secretos del Comando Conjunto* de Mónica González y Héctor Contreras.

consagró la hipoteca de los barcos Sudhelde, Nordsee, Eversen, Foche y Llolleo, todos ellos de propiedad del Estado, a cambio de un crédito de tres millones de dólares del Banco Continental, fueron aprobadas y firmadas por las nuevas autoridades económicas del país[172].

Al igual que los anillos concéntricos que se descargaron sobre La Moneda el 11 de septiembre, en marzo de 1975, otros anillos se fueron armando alrededor del círculo que copó todas las posiciones de poder. Uno de ellos fue el que formaron los oficiales de Ejército, que, desde el interior del propio régimen militar, vivieron el drástico giro.

Horacio Toro:

-Me tocó vivir la etapa inicial del Comité Asesor (COAJ) marcada por el espíritu de defender las empresas estratégicas y sostenedoras del proceso de desarrollo frente a los grupos que querían privatizarlas. Hubo muchos militares comprometidos en esa lucha. Tal vez el que más destacó fue el general Gastón Frez. Dio grandes luchas frente al Presidente y el equipo de economistas civiles y tuvo una aprobación silenciosa de la mayoría del sistema militar. Puede que estuviéramos equivocados, pero pasar de esa lucha por evitar la privatización ciega y con excesos, a que otro grupo de militares se beneficiara después de ella, es evidentemente contradictorio. Algo se quebró entre esas dos actitudes y éticamente aparece sospechoso.

**-¿Cómo se logró, entonces, la adhesión incondicional de los oficiales al régimen militar?**

-La adhesión no es tanto al modelo como al líder, al que se le reconoce la atribución de fijar los modelos políticos, económicos, sociales y llevarlos a la práctica. Los sistemas institucionales mantienen su lealtad y su adhesión a esa jefatura, que pasa a tener la responsabilidad histórica de la materialización de los proyectos. Y en ésto hay un peligro que el sistema militar percibe a medias, y es que la sociedad lo ve en su conjunto asumiendo la responsabilidad histórica del régimen y no solamente a un hombre -Pinochet- o cuatro: la Junta de gobierno.

---

[172] Las escrituras de las 30 empresas que la DINA constituyó en Chile y Panamá están debidamente legalizadas y son el fruto de una larga investigación que me tomó varios años.

Que las Fuerzas Armadas no asumieron como tales la función del control del Estado, es un tópico sobre el cual Orlando Sáenz tiene una opinión tajante:
-Las Fuerzas Armadas nunca fueron gobierno. Estaban tan poco capacitadas, que la verdad de las cosas es que nunca asumieron el gobierno.
-¿Y quién asumió el control entonces?
-El general Pinochet con sus amigos y el grupo en el cual él confía, sean civiles o militares. Hay que definir primero qué es ser gobierno. No significa tener un cargo. Hace gobierno mucho más el que gesta políticas que el que las aplica. Desde ese punto de vista, las Fuerzas Armadas nunca han sido gobierno en Chile. Ser gobierno es incompatible con ser militar. Si se respeta el principio militar, se obedece como autómata, sin discusión y se va al gobierno a aplicar ese principio. Las Fuerzas Armadas han sido sólo sostén del gobierno. Si se transforman en elementos deliberantes, destruyen lo que es esencial en su estructura. El fracaso de las FF.AA. como gobierno en toda América Latina no es más que el resultado de esta antinomia. En Argentina se transformaron en partidos políticos y se pudrieron, se envilecieron.
-¿Y en Chile qué les paso?
-Optaron por mantener la estructura jerárquica, la trasladaron al gobierno civil y fueron un fracaso. Es la estructura apropiada para combatir en una guerra y no para gobernar un país. Entonces se transformaron en un Ejército de ocupación. Las Fuerzas Armadas no gobiernan, ocupan Chile[173].

No sólo en Chile los hombres de Manuel Contreras se comportaron como fuerzas de ocupación. El 6 de octubre, las agencias de noticias informaron del atentado terrorista del que fue víctima, en Roma, Bernardo Leighton, ex Vicepresidente de la República y destacado dirigente democratacristiano. Leighton y su esposa Anita lograron sobrevivir pero quedaron con graves secuelas. Esta vez la DINA había utilizado la mano terrorista del grupo Avanzada

---

[173]Entrevista hecha en septiembre de 1984.

Nacional, liderado por Stephano Delle Chiaie. A todos ellos, la DINA los recibiría más tarde en Chile y les daría departamentos (en las Torres del San Borja), oficinas y dinero para expandir sus operaciones. El atentado remeció a muchos. Otros pocos se estremecieron al escuchar los testimonios de los sobrevivientes de las cárceles secretas, que revelaban la existencia de torturas brutales, aplicadas a centenares de chilenos, cuyo rastro se perdía sin retorno. La palabra «desaparecido» aún no era pronunciada por vencidos ni vencedores.

En el Comité Por la Paz las pruebas se acumulaban. Desde que, en julio, la prensa chilena y dos efímeros diarios extranjeros habían publicado una nómina de 119 «extremistas» como «asesinados por sus propios compañeros» fuera del país, el horror sobrepasó lo imaginable. Porque en el Comité estaban las pruebas de que habían sido detenidos, torturados y jamás liberados. Pero los jueces seguían siendo «complacientes», ciegos y sordos. Mucho más tarde se sabrían los detalles de la llamada «Operación Colombo», que la DINA montó, con colaboración del SIDE argentino, para intentar ocultar las ejecuciones sumarias y entierros clandestinos. Quisieron revertir la condena por las violaciones a los derechos humanos y lo que lograron fue que las puertas de juzgados, cárceles y autoridades fueran golpeadas con más fuerza.

Cuando el año 1975 llegaba a su fin, los problemas de la DINA con la Iglesia Católica, y en especial con el Comité Por la Paz, habían permeado nuevas posiciones en el entorno de Pinochet. Contreras decidió que había llegado el momento de embestir. El cerco sobre el Comité y el Cardenal Silva Henríquez se hizo férreo y sostenido. El conflicto amenazó con estallar. A ello se agregó que el general Leigh retomó con más intensidad su propuesta de fijar plazos para la normalización del país. Fue, entonces, que un nuevo rumor surgió y esta vez fue noticia: Pinochet había ordenado el retiro del general Sergio Arellano. El rumor creció, mientras el Cardenal Silva Henríquez recibía en silencio un ultimátum: el Comité por la Paz debía cerrar sus puertas.

Arellano calló. Pero la historia oficial de su retiro se había iniciado el 28 de julio, al término de una reunión de generales. Ese día, Pinochet lo invitó a conversar en una de las oficinas del Ministerio de Defensa y le ofreció la embajada en España, considerada como el mejor premio en el exterior. Arellano rechazó el cargo y le pidió continuar en el Ejército. No se habló más del tema. El 14 de octubre, Pinochet volvió al ataque: le ordenó asumir esa embajada y en el más breve lapso. La respuesta fue nuevamente una negativa.

-¡Tú siempre me estás contradiciendo las órdenes! Entonces, eso quiere decir que tienes que irte a retiro -exclamó Pinochet.

Arellano tomó su maletín, buscó en su interior y sacó una hoja escrita. La puso sobre el escritorio, la firmó, colocó la fecha y le entregó su renuncia a Pinochet, que lo observaba asombrado. Diez días más tarde se filtró que el comandante en jefe había dispuesto el retiro del «Lobo». Hubo discusión en pasillos y oficinas y el eco llegó hasta el despacho presidencial. Transcurrieron otros dos meses y cuando se creía que la decisión había sido revocada, el 31 de diciembre Pinochet le ordenó, a través de un subalterno, que se hiciera cargo de la embajada de Chile en Bolivia. Una vez más rechazó la propuesta. Fue la lápida para el último general de Ejército «dueño» del Golpe que quedaba en el tablero de los juegos de guerra.

En el informe, despachado por el embajador de Estados Unidos en esos días, se lee:

> El 2 de enero, el Ejército anunció el retiro del general Sergio Arellano, ampliamente reconocido como el único general en servicio con cualidades, carisma y arrastre que representa una clara alternativa al Presidente, general Pinochet. Al contrario de lo informado por el Ejército, el retiro es esencialmente involuntario y se entiende que haya sorpresa en el Ejército y preocupación en algunos círculos que ven su dimisión como una indicación más del creciente poder personal de Pinochet.
> COMENTARIO: Arellano había sido ampliamente considerado como uno de los principales candidatos

para ser el futuro jefe del Ejército. Era un oficial poderoso, respetado por los oficiales superiores de su institución y altamente considerado por los líderes de otras instituciones. Al principio del período post Golpe fue una figura controvertida en el área de derechos humanos, pero, por otra parte, era considerado uno de los generales de Ejército con moderación y respeto y contactado con los críticos democráticos del gobierno, tales como los demócratas cristianos. Es demasiado pronto para juzgar la caída de Arellano, pero está claro que hay mucha discusión y especulación en círculos militares. Hay, también, considerable sorpresa. Es improbable que algo ocurra, en el corto plazo, al menos. Es un axioma del Ejército chileno que los oficiales pierden influencia una vez fuera de cargos de actividad. Parece probable que Arellano acepte su derrota personal como buen soldado... Teniendo en cuenta que se le ha visto como potencial reemplazante de Pinochet, los descontentos con el desempeño de éste en el gobierno sentirán que han sufrido un retroceso... Pinochet ha ganado al menos una ventaja temporal...

Pero el general Gustavo Leigh no estaba dispuesto a concederle ventajas temporales a Pinochet. En la reunión que la Junta Militar tuvo el 5 de enero de 1976, pidió la palabra y con un tono más enérgico que el habitual de esos meses, de soterrados y agudos conflictos con el presidente de la Junta, le pidió que levantara el Estado de Sitio y dictara un Acta Constitucional, regulando los derechos ciudadanos. No fue lo único. Al finalizar, pidió que el coronel Manuel Contreras fuera sacado de la dirección de la DINA. Como de costumbre, el general César Mendoza guardó silencio. Pero Merino esta vez apoyó a Leigh. Pinochet decidió callar y levantó la sesión.

Leigh no estaba dispuesto a perder esa batalla. Tanto el conflicto como sus peticiones muy pronto fueron recogidas por sus subalternos y transmitidas en todos los pasillos del Edificio Diego Portales. De allí llegaron a los corresponsales extranjeros y Leigh esta vez no lo desmintió. *The New York Times* publicó una crónica revelando, por primera vez, las discrepancias en torno al poder de Pinochet y la DINA y también frente al conflicto mayor: los plazos para la normalización del país.

Uno de los generales «dueños» del Golpe en el Ejército, le escribió a Sergio Arellano en esos días:

*Yo era uno de aquellos, que antes del «Tanquetazo», todavía pensaba en una solución constitucional, forzando al Presidente a enmendar rumbos y dar término a los reiterados atropellos a la Constitución y la Ley. Después de la sublevación del Blindado, integramos el Comité de los 15, que preparó aquel documento que debería ser un verdadero ultimátum al señor Allende. Fue nuestro último e ingenuo intento de hacerlo rectificar su política...*

*En mi opinión, en el Ejército había tres grupos de Generales: los que se consideraban constitucionalistas, pero que ya se habían entregado a lo que creían inevitable; los que preferían no definirse y jugarse sólo cuando la balanza estuviera muy cargada a un lado y con los cuales jamás habríamos podido contar y no estaban en nuestro grupo; y, finalmente, un tercer grupo, el de los preocupados por la inevitable caída a una dictadura del proletariado. Pensaban ellos que era un deber salvar a Chile y que las Fuerzas Armadas estaban enfrentadas a una responsabilidad histórica. Esos idealistas, rebeldes y luchadores ya tenían sus horas contadas... Aún me parece ayer cuando alguien dijo: «Esto se lava con sangre de Generales» y esa era nuestra sangre. Después vino el 11 y todo lo demás. La verdadera historia del 11 hasta ahora no se ha escrito. Es cierto que quienes planificaron el 11 no tuvieron tiempo de pensar qué se haría después. ¿Cuál sería el tipo de gobierno? ¿Cómo se ejercería el poder? ¿Qué orientación se le daría? ¿Quiénes asumirían las responsabilidades de gobierno? Mil interrogantes cuya decisión quedó delegada en los Comandantes en Jefes. Después, cada uno asumió las responsabilidades que se nos asignaron y comenzamos, así, sin una orientación definida, nuestra tarea de reconstrucción. Esa falta de orientación y planificación del futuro nos ha hecho, sin duda, cometer algunos errores. En lo fundamental, diría que faltó una mayor participación de todos los chilenos. De ésto no creo sea sólo responsable la Junta sino muy especialmente la incomprensión, la ceguera y la ambición política de algunos. El momento exigía actuar sin odios, sectarismos ni persecuciones, pero con un gobierno autoritario y firme. No era necesario un pronunciamiento contra los partidos políticos, ni aún perseguir a los que hubieran aceptado sus errores y expresado su deseo de colaborar... Creo que tú merecías una carrera normal y que faltaba mucho para los 40 años de servicio. Aún más, tu permanencia me parecía indispensable. Lástima que la Junta no hubiese tomado inicialmente la decisión de crear un Consejo Consultivo constituido por el Cuerpo de Generales, habiendo mantenido en sus Instituciones aquellos que dieron una lucha y que se sienten totalmente identificados y comprometidos con su gestión. Siempre pensé que el gobierno se orientaría en un franco, abierto y cordial diálogo y se mantendría la confianza. Tal vez faltó que quien asumía el gobierno tuviera conciencia que no lo hizo por designación ni derecho divino. Nadie puede, por su propia decisión, constituirse en gobernante vitalicio. Participo de que era necesaria la designación de un Presidente, pero él debe dar la impresión, y con hechos que no se siente el hombre predestinado, sino miembro de un Cuerpo de Generales a quienes debe escuchar y en cuya representación en cierto modo actúa. Nuestra Patria vive hoy momentos muy delicados en lo interno y externo. Más que nunca el gobierno requiere todo nuestro apoyo.*

Es muy probable que, el 27 de enero, ese mismo general haya estado presente en el gran acto de desagravio a Pinochet, organizado por el ministro del Interior, general César Raúl Benavides. Ocho mil soldados desfilaron desafiando la «afrenta del enemigo». Toda esa parafernalia sirvió para mostrar al «frente interno» la férrea unidad de la Junta en torno a su conductor: Pinochet.

En enero de 1976, Pinochet era un inequívoco vencedor. El Comité por la Paz cerró sus puertas, pero no fue el fin de la defensa de los perseguidos. El Cardenal fue una vez más visionario y aceptó sacar el rótulo para fundar, con los mismos equipos y archivos, la Vicaría de la Solidaridad. Serían ellos los que ayudarían a miles de hombres y mujeres a pronunciar por primera vez la palabra «desaparecido», iniciando así, una de las batallas más increíbles de lucha por la vida. Leigh debió asumir que había perdido la batalla. Pero no la guerra. En diciembre de 1977, Pinochet anunció que convocaría a una «consulta» para que la ciudadanía se pronunciara sobre la resolución de Naciones Unidas que había condenado las graves violaciones a los Derechos Humanos en que incurría la Junta Militar. No podía llamarse plebiscito ante la ausencia de registros electorales: habían sido incinerados. A última hora, Pinochet informó a la Junta que le agregaba otro acápite a la «consulta»: «la legitimación del gobierno del general Pinochet para encabezar soberanamente nuestro proceso institucional». Pinochet encontró la forma de obtener así amplios poderes para el proceso de gestación, aprobación y promulgación de la nueva Constitución Política del Estado. Era la legalización de la prolongación del régimen militar. La pieza que faltaba en el tablero. Leigh volvió a ponerse su traje de combate. Se opuso de manera terminante. Y esta vez nuevamente recibió el apoyo de Merino. El 23 de diciembre ambos le escribieron a Pinochet una carta en la que enumeraron una a una sus discrepancias. Pinochet puso todo su poder sobre la mesa y logró revertir la situación. Merino terminó por retirar su protesta y su carta y Leigh quedó nuevamente solo. La «consulta» tuvo lugar el 4 de enero de 1978. Fue el momento que eligió Pinochet para ordenarle a Hugo León Puelma, ministro de Obras Públicas, iniciar los planes para la reconstrucción de La Moneda.

Pero Leigh no se dio por vencido. El 21 de marzo, en la Base Aérea El Bosque, frente a sus hombres y teniendo delante a Pinochet, pidió públicamente el retorno al Estado de Derecho con una transición programada y un itinerario cronológico de cinco años. Sería su última batalla. Días después, un nuevo Golpe lo expulsaría del poder junto a casi todos los generales de la Fuerza Aérea. Fue el mayor descabezamiento que haya sufrido esa institución castrense.

En la primavera de 1999, los juegos de guerra aún no habían terminado. Es probable que nunca terminen, pero las condiciones entonces eran ya distintas. El general Pinochet estaba detenido en Londres, la ciudad donde siempre quiso vivir. Y el general Sergio Arellano cumplía con arresto domiciliario por los muertos que se le adjudican a la misión militar que él encabezó por orden de Pinochet y que recorrió el norte del país en 1973. Se ha negado a que le apliquen la Ley de Amnistía y exige que se clarifiquen las responsabilidades. El juez Juan Guzmán será el encargado de entregar el veredicto de la justicia. Una sentencia para los anales de nuestra historia. Pero, para la historia de esta investigación, esta mañana yo le pido al general Arellano una respuesta:

**-Usted afirma que le informó al general Pinochet de lo ocurrido en Antofagasta y también del Consejo de Guerra en Copiapó. De las ejecuciones en Calama. ¿Por qué no exigió, con la misma fuerza conque emprendió la organización del Golpe de Estado, que se investigaran los hechos y se sancionara a los culpables?**

-Sí, le informé a Pinochet de lo ocurrido, apenas regresé a Santiago. Recuerdo, como si fuera hoy, cuando entré a su oficina y le relaté los hechos. También recuerdo sus palabras, sus interrupciones... No me respondió y, cuando más tarde volví a preguntarle, tampoco lo hizo. Me habló de mi próxima misión a Perú y Bolivia... Del peligro de guerra... Y yo no insistí. Vi en su mirada la misma intensidad del sábado 8 de septiembre, cuando finalmente lo encontré en su casa y le informé que el Golpe iba de todas maneras, que él debía ser el hombre que encabezara las fuerzas del Ejército... Y puse por encima la necesidad de cohesión interna que requería la nueva etapa. Estaba convencido que cualquier quiebre interno provocaría un desastre mayor. Porque la verdad es que la única alternativa era que me rebelara. Y eso, señora, eso no lo habría hecho jamás. ¡Por mi Institución!

**-¿Privilegió a su Ejército por sobre la vida de chilenos indefensos, condenados a penas menores, asesinados fríamente y sus cuerpos enterrados clandestinamente?**

-...Júzgueme. Eso es lo que han hecho hasta ahora muchas personas. Pero nadie se detiene a pensar en por qué he rechazado, una y otra vez, y desde el inicio del proceso, que se me aplique la Ley de Amnistía. He tenido muchos años para lamentar no haber sido más enérgico y hasta terminante en exigir una investigación y castigo para los responsables. Sí, no eludo mi responsabilidad de haber llevado en esa comitiva a hombres que se comportaron como asesinos. Tampoco le diré que no soy responsable por no haber exigido ante el general Pinochet una investigación acuciosa. Pero si querían que me rebelara, ¡eso no! Sólo Dios y mi familia saben el costo que he debido pagar por ello. Un costo que también alcanza a los míos. No pretendo eludir mi responsabilidad como jefe militar ante lo obrado por mis subordinados. Por eso fui enfático en pedir al Ejército un Tribunal de Honor. Lo único que cabe ante un hecho que puede empañar a la Institución es que lo que no se hizo entonces se haga ahora. Para que quienes realmente cometieron delitos sean sancionados. Viéndolo en retrospectiva debí llegar más lejos con Pinochet... No lo hice porque quise evitar un mal mayor y así también provoqué que no se esclareciera oportunamente lo sucedido. Pero había odio en esos días. Un odio inmenso que no justifica nada de lo sucedido. Asumí, entonces, la misma actitud que cuando, poco después, me enviaron a retiro... Puse al Ejército por encima de todo, porque siempre he creído que es la Institución a la que le debo todo... Y no me pregunte qué le diré a Dios cuando llegue la hora... No sé si llegaré ante Dios... Espero solamente que Pinochet tenga también el coraje de enfrentar la verdad para que sean los hombres y no la Institución los que reciban castigo...

Es la primavera en Santiago. En una tranquila calle de La Reina, está Felix Huerta, el joven que hace casi treinta años, en otro septiembre, se convirtió en asesor de Salvador Allende. Uno de aquellos que formaron su «GAP intelectual». Después del Golpe, logró mover su cuerpo y sus manos y, sobre todo, su fuerza para transformar su entorno. Y se volcó a los niños y jóvenes que, en su colegio Rubén Darío, reciben el caudal de su mística. Pero la coraza que lo envuelve es de acero. Allí están, pegados a la piel, todos sus recuerdos y el amor por Ricardo «Máximo» Pincheira, Claudio Jimeno, Jorge Klein, Carlos Lorca, Exequiel Ponce, Víctor Zerega y tantos otros; un grupo de hombres con los que vivió los años más intensos y felices de su vida.

**-Se siente culpable por ser un sobreviviente...**

-¡Sí! ¡Y cómo pesa...! Los sentimientos de culpa me han acompañado durante ya no sé cuántos años. Porque a muchos de ellos los metí yo en la pelea... Porque cuando me fui a Cuba no le dije nada a nadie, simplemente desaparecí. Sentía que era muy probable que me mataran y no quise llevarme a otro. ¡Y sólo yo estoy vivo! Sí, sobreviví... Cuando salí de Cuba los médicos dijeron que me quedaban ocho años de vida. Siempre decía «me falta poco...» Y he ido enterrando a todo el mundo... ¡Cómo no voy a ser un sobreviviente!

El último encuentro de Huerta con Ricardo «Máximo» Pincheira tuvo lugar un año antes. Fue en el Instituto Médico Legal a donde llegó respondiendo a un llamado de la madre de «Máximo»: al parecer habían identificado sus restos, entre otros que sacaron del Patio 29.

-Me comuniqué con una doctora de la Morgue, la que supo que había estudiado Medicina. Me encerró en una sala y me pasaron los huesos y fotos. Estuve como dos horas con los datos que me decían muy poco. Luego me pasaron otro cráneo. Yo tenía que dar una opinión: cuál de ellos correspondía al de «Máximo». Uno tenía una bala en la sien y le habían volado parte de la mandíbula. El otro correspondía a un individuo al que le habían hecho una necropsia. Los tenía a los dos al frente... Y me quedé con el cráneo del tiro de gracia: una muerte menos... Pero no estaba en lo correcto. El cráneo de Ricardo era el otro...Y repasé su muerte... Lo quemaron entero, lo torturaron brutalmente... tiene no sé cuántos impactos de bala pero ninguno mortal... lo fueron matando de a poco y finalmente lo tiraron moribundo, o ya muerto, por aquí, por Macul. De allí fue recogido y tirado al Patio 29, en el Cementerio General... Estuve largas horas haciéndole cariño a sus huesos y despidiéndome de mi amigo... Fue un viaje impresionante a las profundidades...

Es septiembre y la primavera está allí, al alcance de la mano.

La vida comienza de nuevo.

# ANEXOS

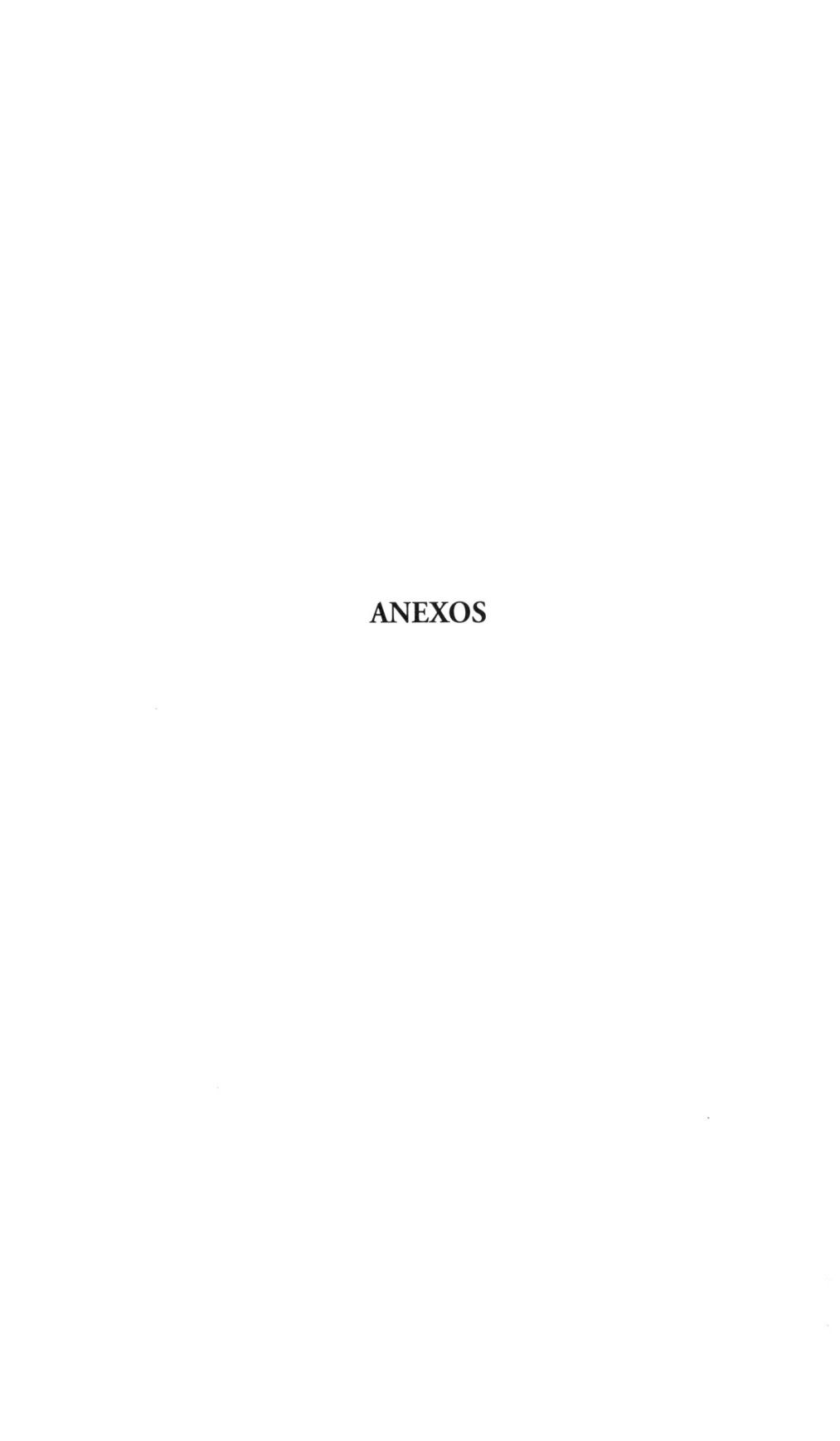

1a. FISCALIA MILITAR
SANTIAGO

CAUSA Nº S/N°

Santiago, 11 de Septiembre de 1973

El Instituto Médico Legal practicará la autopsia del cadáver de Salvador Allende Gossens

enviado por ................................................................

a ese Establecimiento e informará a esta Fiscalía acerca de la causa precisa y necesaria de su muerte, con indicación de las menciones que señala el Art. 126 del Código de Procedimiento Penal.

Procédase a inscribir, para los efectos de sepultación, en la Oficina del Registro Civil de la Circunscripción respectiva.

SECRETARIO         FISCAL

INSTITUTO MEDICO - LEGAL
Dr. CARLOS YBAR
Av. La Paz 1012 - Teléfono 370389
SANTIAGO - CHILE

Informe de autopsia N° 2449/73 de:
SALVADOR ALLENDE GOSSENS.-_____./

TTP/ehm
17

SANTIAGO,

SEÑOR FISCAL:

   Con fecha 11 de septiembre de 1973, siendo las 20 horas, los peritos médico-legistas que suscriben, asistidos por el auxiliar especializado del Instituto Médico Legal señor Mario Cornejo Romo, nos constituimos en el Hospital Militar de esta ciudad, en cumplimiento de disposiciones dictadas por el señor Fiscal de la Primera Fiscalía Militar, por las cuales se nos comisionaba para practicar la autopsia médico legal al cadáver del señor SALVADOR ALLENDE GOSSENS.

   El examen de los restos fue practicado en el pabellón de cirugía del Departamento de Otorrinolaringología del referido Hospital, en cuya mesa central, reposando sobre una camilla de lona de campaña y cubierto con una gruesa manta, yacía el cadáver en posición de cúbito dorsal.

   La autopsia del cadáver fue presentada por un reducido grupo de personalidades debidamente autorizadas por el señor Fiscal, instructor de la causa.

   La diligencia se terminó de cumplir hacia las 24 horas del día 11 de septiembre en curso, quedando los restos a disposición de las autoridades correspondientes para los trámites ulteriores.

   Pasamos, a continuación, a hacer la relación de nuestras observaciones.

Cadáver de sexo masculino, que se presenta vestido con sus ropas en relativo orden, estando el abrigo sobrepuesto, el que presenta manchas de sangre e impregnación de substancia cerebral atricionada en su delantero derecho, manga de este lado y en su parte interna y posterior. También se observan las mismas manchas en forma de salpicaduras en el lado izquierdo del cuello. Manchas de sangre y substancia cerebral atricionada se observan también en la parte anterior y lateral externa del lado izquierdo y cara anterior de la pierna derecha del pantalón. Manchas de sangre en forma de salpicaduras se observan en el dorso del zapato derecho y parte interna de ambos calcetines. Manchas de sangre y substancia cerebral atricionada se observan también en el hombro, delantero, manga derecha y parte posterior del vestón, y en menos

//

INSTITUTO MEDICO - LEGAL  (2a. hoja de informe de autopsia N° 2449/73)
Dr. CARLOS YBAR
Av. La Paz 1012 - Teléfono 370389
SANTIAGO - CHILE

//cantidad, en las mismas regiones del lado izquierdo. Las ropas interiores también se presentan profusamente impregnadas de sangre.

EXAMEN EXTERNO:

Rigidez generalizada, marcada. Livideces de mediana intensidad, en el plano posterior, desaparecen con la presión del dedo.

Los pulpejos de los dedos de ambas manos se presentan impregnados de tinta morada de tampón para tomar las impresiones digitales.

En la región ínguino-abdominal derecha hay dos cicatrices antiguas de tipo quirúrgico, muy próximas entre sí, oblicuas hacia abajo y adentro, de 11 y 6 cms. respectivamente.

En ambas manos hay salpicaduras de sangre, especialmente en la derecha.

En la parte externa de la palma de la mano izquierda hay una zona de impregnación de substancia negruzca, que cubre un área de 2 por 1 cms.

Ambos párpados del ojo derecho se presentan equimóticos, de color amoratado-azulejo, especialmente el superior. Una lesión análoga, de 1 cm. de diámetro, se constata en el párpado superior izquierdo en su parte media. Por dentro de ella, hay un pequeño desgarro superficial de 1 cm. Por dentro de este último, se observa otro análogo, de forma semilunar de 3 cms.; todos ellos con infiltración sanguínea periférica.

En la región sub-mentoniana, inmediatamente a la izquierda de la línea media e inmediatamente por detrás del borde inferior del hueso maxilar inferior, se observa un orificio de entrada de proyectil, de forma irregularmente estrellada, cuyo diámetro es de aproximadamente 2 cms. Sus bordes son muy irregulares, dentellados, presentando cinco desgarros de disposición radiada, el mayor de los cuales mide 2,5 cms. siendo de sólo 0,5 cms. el menor. Tanto los bordes mismos como los márgenes del orificio, se presentan abundantemente impregnadas de substancia negruzca granulosa, la que forma un halo de 1,5 cms. de anchura en su cuadrante inferior y de 0,5 cms. en el cuadrante inferior y de 0,5 cms. en el cuadrante opuesto. Además de los cinco desgarros indicados, existe otro vertical, que parte desde la porción superior del orificio y termina en el borde del labio superior a 1 cm. a la izquierda de la línea media. El proyectil atraviesa los tegumentos y perfora el piso de la boca, determinando un estallido de la lengua con amputación de su extremo anterior y una fractura conminuta de la parte anterior del cuerpo del hueso maxilar inferior, con avulsión de algunas piezas dentarias y

//

− 490 −

INSTITUTO MEDICO - LEGAL  (3a. hoja de informe de autopsia N° 2449/73)
Dr. CARLOS YBAR
Av. La Paz 1012 - Teléfono 370389
SANTIAGO - CHILE

//fracturas alvéolo-dentarias. La mucosa de la lengua y en parte la de las encías se muestran con impregnación de substancia negruzca granulosa abundante. Perfora luego el paladar en su parte posterior y media, determinando su estallido, con múltiples fracturas del macizo óseo y de la mucosa gingival, la que presenta también impregnación negruzca granulosa y con formación de un desgarro cutáneo que compromete el dorso de la nariz en su mitad superior y la región cilio-palpebral interna derecha. Penetra al cráneo inmediatamente por delante del cuerpo del esfenoides, arrastrando a su paso un fragmento desprendido de la lengua, el que se encuentra incrustado en la masa cerebral y determina la atrición total de la base craneana, con desprendimiento de esquirlas grandes y pequeñas. Desde esta zona de atrición de la base del cráneo se desprenden numerosos rasgos de fractura que ascienden hacia la bóveda, dividiéndose y subdividiéndose y circunscribiendo múltiples esquirlas de diversos tamaños, algunas de las cuales se han perdido. El proyectil, continuando en su avance, se abre paso a través de la masa encefálica, determina la atrición casi total de ella, parte de la cual se encuentra fuera de la cavidad craneana, y en cuyo espesor se encuentran incrustadas esquirlas óseas y un puente de prótesis dentaria, constituido por un soporte de metal dorado posterior que sostiene cuatro piezas: el incisivo lateral superior derecho, el canino vecino y los dos premolares que le siguen. Entre las esquirlas que se encuentran desprendidas, se observa una que muestra un segmento de orificio redondeado, tallado a bisel externo de aproximadamente 2,5 a 3 cms. de diámetro. El proyectil sale finalmente al exterior por la parte alta y mitad posterior de la bóveda craneana, dejando un gran desgarro del cuero cabelludo de 28 cms. de longitud, que se extiende desde la parte interna de la región ciliar izquierda hasta la región occipital de este lado, con una derivación anterior y derecha hacia la región parietal de este lado de 10 cms. El gran desgarro ántero-posterior descrito, en correspondencia de la unión de su tercio medio con su tercio posterior, lugar que coincide con el tercio posterior de la sutura sagital, presenta una zona constituida por diversos desgarros de disposición radiada, //a expensas de los cuales es posible reconstituir un orificio irregularmente redondeado, de labios evertidos, de aproximadamente 3 por 2,5 cms. de diámetro. Estos desgarros radiados miden entre 1 y 2,5 cms. de longitud.

De la descripción que acabamos de hacer se deduce que el proyectil describe una trayectoria intra-corporal de abajo

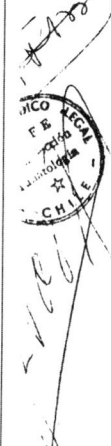

//

INSTITUTO MEDICO - LEGAL  (4a. hoja de informe de autopsia N° 2449/73)
Dr. CARLOS YBAR
Av. La Paz 1012 - Teléfono 370389
SANTIAGO - CHILE

//hacia arriba, de delante hacia atrás y sin desviaciones apreciables en sentido lateral.

La dentadura presenta piezas desprendidas que se encuentran en el fondo de la cavidad bucal y piezas fracturadas, además de piezas protésicas. En la arcada superior, se encuentran: el primer gran molar derecho fracturado, el segundo gran molar en su sitio; el tercer gran molar falta por caída antigua. En seguida está la prótesis descrita, que por su parte posterior es de metal dorado, en cuyo incisivo hay un pequeño vástago metálico vertical, advirtiéndose, en el primer premolar, una excavación que encaja en el resto de la pieza dentaria correspondiente. Le sigue el incisivo central derecho, que presenta una obturación metálica dorada en su borde libre. A continuación está el incisivo central izquierdo, con una obturación de metal dorado de todo su borde libre. Enseguida, el incisivo lateral izquierdo y el canino de este lado. Termina esta arcada con un resto de la corona del primer premolar izquierdo, en donde se ven dos pequeñas perforaciones. En la arcada inferior falta el último gran molar derecho. Están presentes ambos primeros grandes molares, cada cual con obturaciones metálicas. Se observa después el segundo premolar derecho; luego el primer premolar de este lado, cuya corona se encuentra fracturada. Luego está el incisivo lateral y ambos centrales, fracturados. El canino izquierdo, como asimismo el incisivo lateral de este lado, faltan. Siguen, a continuación, en una esquirla ósea semi-desprendida, el primer premolar izquierdo, luego el segundo premolar de este, con sus coronas fracturadas; y a continuación, ambos primeros grandes molares, cada uno con una obturación metálica. El último gran molar izquierdo falta.

EXAMEN INTERNO:

Cráneo: De paredes de espesor normal, con las extensas lesiones dejadas por el proyectil.

Encéfalo: En gran parte atricionado, con zonas hemorrágicas subaracnoideas y reducido en parte a papilla, debido al paso del proyectil.

Pulmones: Libres, con discreta antracosis. Al corte, algo pálidos, con pequeñas hemorragias por aspiración sanguínea.

Corazón: De tamaño ligeramente aumentado, contiene sangre líquida escasa en sus cavidades. Válvulas y aorta limpias. Coronarias con pequeñas manchas lipoídeas y ampliamente permeables. Pequeñas hemorragias subendocardíacas en el ventrículo izquierdo en correspondencia del tabique. Miocardio pálido al corte.

//

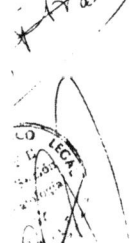

INSTITUTO MEDICO - LEGAL  (5a. hoja de informe de autopsia N° 2449/73)
Dr. CARLOS YBAR
Av. La Paz 1012 - Teléfono 370389
SANTIAGO - CHILE

// Hígado: Liso, anémico, con discreta infiltración grasosa. Vesícula de aspecto normal.
Bazo: De cápsula arrugada, con la pulpa firme y pálida.
Riñones: De superficie muy fina y regularmente granulosa, con la cortical algo disminuida de espesor. Al corte, pálidos.
Estómago: Contiene aproximadamente 50 cc. de una papilla semi-líquida de color amarillento cremoso, entre la que se descubren pequeños grumos blanquecinos, con olor ligeramente ácido. Mucosa limpia, algo pálida, con escasos puntos hemorrágicos.
Organos visuales: Macroscópicamente sin alteraciones de sus medios transparentes.
EXÁMENES DE LABORATORIO:
Informe N° 2784.
Muestra sangre.
Resultado:
Grupo sanguíneo: A.
Alcoholemia: 0,00 g. por mil.
Informe N° 2782.
Muestra de piel palma mano izquierda.
Examen solicitado: Pólvora.
Resultado:
Piel palma mano izquierda.
CARBON: en pequeña cantidad.
NITRATOS: negativo.
Informe N° 2783.
Muestra de: Orificio entrada bala región submentoniana (Piel-lengua-esquirla ósea base cráneo).
Examen solicitado: Pólvora.
Resultado:
PIEL: CARBON en regular cantidad. NITRATOS: negativos. Se observan fibras textiles (negras y rojas).
LENGUA: CARBON en regular cantidad. NITRATOS: indicios.
Esquirla ósea base cráneo: CARBON en pequeña cantidad.
NITRATOS: indicios. Se observan dos fibras textiles rojas.
CONCLUSIONES:
1°.-Cadáver de sexo masculino, identificado como SALVADOR ALLENDE GOSSENS.
2°.-La causa de la muerte es la herida a bala cérvico-buco-cráneo-encefálica, reciente, con salida de proyectil.
3°.-La trayectoria intra-corporal seguida por el proyectil, estando el cuerpo en posición normal, es: de abajo hacia
//

INSTITUTO MEDICO - LEGAL         (6a. hoja de informe de autopsia N° 2449/73)
Dr. CARLOS YBAR
Av. La Paz 1012 - Teléfono 370389
SANTIAGO - CHILE

//arriba, de delante hacia atrás y sin desviaciones apreciables en sentido lateral.

4°.-El disparo corresponde a los llamados «de corta distancia» en medicina legal.

5°.-El hallazgo de carbón y productos nitrados en los tejidos interiores del orificio de entrada, como la mucosa de la lengua y en una esquirla ósea de la base del cráneo, justifica la apreciación de que el disparo ha podido ser hecho con el cañón del arma directamente apoyado sobre los tegumentos.

6°.-El disparo ha podido ser hecho por la propia persona.

Saludan atte. a US.

Dr. José L. Vásquez B.        Dr. Tomás Tobar Pinochet

AL SEÑOR
FISCAL DE LA PRIMERA FISCALIA MILITAR
P R E S E N T E .- /

— 494 —

REPUBLICA DE CHILE = 1 =
DIRECCION GENERAL DE INVESTIGACIONES
LABORATORIO DE POLICIA TECNICA
SECCION QUIMICA Y FISICA

## A C T A  D E  A N Á L I S I S

                     Hoy once de septiembre de mil novecientos setenta y tres a las diecinueve horas, en la Sección Química y Física Forense del Laboratorio de Policía Técnica y ante la presencia de los Peritos Balísticos Srs. JORGE QUIROGA MARDONES (Jefe de Sección), CARLOS DAVIDSON LETELIER y JORGE ALMAZABAL MARDONES, de los Armeros Artificieros Srs. ALBERTO VALDEBENITO COFRE y LUIS QUEZADA VALENZUELA, los Peritos Químicos Srs. CARLOS GARCIA GALLARDO (Jefe Subrogante de la Sección), LEOPOLDO DUSSERT LEON, OMAR LABRA CORREA y RICARDO ROSAS HOHMANN, practicaron un análisis pericial a cuatro muestras recogidas por los Peritos Balísticos Srs. DAVIDSON y ALMAZABAL en el Palacio Presidencial.
                     En la inspección ocular efectuada en dicho lugar al cadáver del Sr. SALVADOR ALLENDE GOSSENS por los Peritos antes mencionados, éstos apreciaron una coloración negruzca en la zona comprendida en el lado interior y entre los dedos índices y pulgar de la mano izquierda, y una más leve en la misma zona de la mano derecha.
                     Con papel filtro N° 616, específico para residuos nitrados, se frotó las zonas de ambas manos, constituyendo así las muestras que fueron numeradas 1 y 2, las correspondientes a la mano derecha y 3 y 4 las de la mano izquierda.
                     Para el examen de las muestras antes citadas, se procedió de la siguiente manera:
                     1.-Pruebas en blanco con papel filtro y difenilamina sulfúrica para determinar la neutralidad de ellos, obteniéndose resultados negativos.
                     2.-Prueba a una hoja de afeitar, previamente limpiada con alcohol y enseguida frotada con papel filtro para utilizarla en cortar cada una de las muestras recogidas en el sitio del suceso y guardar las contramuestras respectivas en bolsas de polietileno: el resultado fue negativo.
                     3.-El análisis químico para identificar los residuos nitrados con el reactivo de difenilamina sulfúrica en las muestras de referencia, acusó los siguientes resultados:
                     Muestra N° 1 (mano derecha): indicios puntuales positivo débil.
                     Muestra N° 2 (mano derecha): positivo débil.
                     Muestra N° 3 (mano izquierda): indicios puntuales positivo débil.
                     Muestra N° 4 (mano izquierda): indicios puntuales positivo intenso.
                     Siendo las diecinueve horas treinta minutos se da por finalizado el análisis y firman para constancia los Peritos participantes de la Sección Química.

_____      _____
CARLOS GARCIA GALLARDO         LEOPOLDO DUSSERT LEON
Jefe Sección Subrogante             Perito Químico
Química y Física

_____      _____
OMAR LABRA CORREA               RICARDO ROSAS HOHMANN
Perito Químico                    Perito Químico

JAEB
11973

= dos =

## 2.- TRABAJOS REALIZADOS.

2.1. Inspección Ocular.
2.1.1. Posición del cadáver y el arma.
El cadáver se encuentra semi-tendido en un sofá, con la espalda apoyada en el respaldo de dicho sofá y su tronco inclinado hacia el lado derecho.

Sobre su abdomen y antebrazo derecho, se encuentra colocada un arma automática, con el cañón dirigido hacia la derecha.- (Ver fotografías N°s 1416/73-A; B y C, y Croquis N° 15.255).

Al lado izquierdo del cadáver y sobre el sofá se encontraba un cargador de arma automática sin munición y un casco con las iniciales J.M.F., en una de las cintas interiores de suspensión (Fotos C y H).-

Próximo al cargador antes citado, y sobre el sofá, hay una porción de masa encefálica (Foto G).- Otra porción se encuentra sobre una alfombra próxima al sofá (Foto I y L). Pequeños restos de la misma materia dispersos en diferentes lugares del salón.

En diversos lugares del piso, se observan disgregados, fragmentos óseos de la caja craneana. (Fotos M; N; Ñ; O; P y Q).

2.1.2. Posiciones según versión del Doctor Gijón.-
Expresa que, siendo el último de un grupo de personas que abandonaba el salón, al trasponer la puerta Oeste, miró hacia atrás y vio que el Señor Allende en ese momento se reclinaba hacia el respaldo del sofá. Acto seguido, se acercó para tomarle el pulso y en esos momentos constató una lesión por estallido en el cráneo, observando a la vez, que entre ambas piernas se encontraba un arma automática apoyada con su culata en piso, como lo ilustra la foto I y el Croquis 15.254.

Agrega el Dr. Gijón que tomó el arma de esta posición y la colocó sobre el cuerpo del Sr. Allende, tal como la encontraran los Peritos, según se informó precedentemente.

2.1.3. Impactos en el muro.-
El gobelino colocado en el muro detrás del sofá, presenta dos orificios correspondientes a perforaciones por paso de proyectiles de armas de fuego que finalmente inciden en el muro, causando dos impactos. Tales impactos quedan acotados en los Croquis N°s 14.256 y 15.255.

2.1.4. Proyectiles y vainillas.-
El croquis N° 15.255 y Foto S, señalan la posición en que los Peritos ubicaron diversas vainillas y proyectiles. Además, la Foto R, muestra un cartucho para pistola.

No se pueden proporcionar mayores antecedentes sobre estos elementos, por cuanto fueron entregados a personal militar a las órdenes del Señor General Javier Palacios R., conjuntamente con el arma antes citada.

2.1.5. Trayectoria Interna.-
En mérito de las observaciones practicadas por el Señor Inspector de Investigaciones Don Pedro Espinoza y los Peritos informantes, se podría indicar como una primera aproximación de base razonable que la trayectoria interna de el o los proyectiles que ocasionaron la muerte del Señor Allende, ha sido presumiblemente de abajo hacia arriba, de delante hacia atrás, con entrada en la región mentoniana inmediatamente a la izquierda de la línea media, y salida de el o ellos, con

= tres =

= tres =

estallido de la zona parietal izquierda. Ver croquis N°s 15.253 y 15.254, y Fotos A; B; C; D; E; V y W.-
La hipótesis con respecto a la herida de entrada, se ve reforzada por la presencia de, al parecer, un halo carbonoso en la zona mentoniana. (Fotos V y W).-

2.1.6. Toma de muestras.-
Durante la inspección, los Peritos observaron manchas de aspecto carbonoso, en el arco formado por los dedos índice y pulgar de ambas manos, siendo más acentuada la de la mano izquierda. Empleando papel filtro neutro, se tomó dos muestras de cada mano, dándose la numeración 1, 2, 3 y 4.-

2.1.7. Análisis químico.-
Las muestras citadas fueron entregadas para análisis a la Sección Química y Física del Laboratorio de Policía Técnica, trabajo que se efectuó en presencia de los Peritos Balísticos.
El resultado de este análisis, queda consignado en un Acta que se adjunta.-

2.1.8. Posición de disparo.-
Después de analizar e interpretar:
a) La posición en que fue encontrado el cadáver;
b) La versión proporcionada por el Doctor Sr. GIJON con respecto a lo que vio instantes después de producido el o los disparos y la descripción que hace sobre la forma en que se encontraba el arma;
c) La localización de restos de masa encefálica y el escurrimiento de sangre hacia el costado derecho de su ropa, inmediatamente debajo del cuello;
d) Las manchas carbonosas registradas en el arco índice-pulgar de cada mano, más acentuada en la izquierda y en la parte inferior de la región mentoniana;
e) La zona desprendida de la caja craneana;
f) Los impactos que se registran en el muro,
Estimamos que la posición más probable que pudo haber para el cuerpo y el arma en el momento del disparo, ha podido ser una semejante a la que, en forma esquemática, está representada gráficamente en el croquis N° 14.256, en la cual la persona ha estado sentada en el sofá, con cierta inclinación hacia adelante, sosteniendo el extremo superior del cañón con la mano izquierda, la boca del arma casi en contacto con el mentón y accionando el disparador con la mano derecha. Es posible, en consideración a los dos impactos de la pared y la apreciación superficial de la herida de entrada, que haya existido una sucesión rápida de disparos.
Aceptada esta hipótesis, es posible que la trayectoria interna ya descrita continúe con una trayectoria externa que hace impacto en el muro. En el caso de ser dos disparos, con muy pequeña variación, se cumpliría también para otra trayectoria externa que produce un segundo impacto en la pared. Los dos impactos de la pared se corresponden con dos orificios constatados en el gobelino.

3.-CONCLUSIONES.

Tal como se dijo en un principio y durante el desarrollo del presente estudio, la falta de algunos antecedentes importantes no permite enunciar conclusiones definitivas.
3.1. La muerte del Señor ALLENDE GOSSENS, se produjo como consecuencia de una herida a bala que tiene su entrada en la región mentoniana, y su salida en la región parietal izquierda.

= cuatro =

= cuatro =

No se descarta la posibilidad de que se trate de dos trayectorias correspondientes a dos disparos de rápida sucesión.

3.2. El hecho acaecido, por las condiciones de la herida de entrada, de la trayectoria interna, herida de salida y otros antecedentes obtenidos en el Sitio del Suceso (manchas en las manos, posición del cuerpo y el arma, etc.), tiene las características de un suicidio. En consecuencia, se descarta la posibilidad de homicidio.-

3.3. Se acompañan:
Fotografías N°s 1416/73 desde A a Z.-
Croquis N°s 15.253; 15.254; 15.255 y 14.256.-

Saludan atentamente a USÍA,

JORGE QUIROGA MARDONES
Ingeniero Jefe Secc.
Balística
Colegio de Ingenieros N° 1344.

CARLOS DAVIDSON LETELIER
Perito-Balístico

JORGE ALMAZÁBAL MARDONES
Perito-Balístico

REF:
Bal.437-73         V° B°
CDL/JAM.
cwpl.-

LUIS RAUL CAVADA EBEL
Jefe del Laboratorio
de Policía Técnica.

– 498 –

## ACTA DE CONSTITUCION
## DE LA JUNTA DE GOBIERNO

En Santiago de Chile, a 11 de Septiembre de 1973, el Comandante en Jefe del Ejército, General de Ejército don Augusto Pinochet Ugarte; el Comandante en Jefe de la Armada, Almirante don José Toribio Merino Castro; el Comandante en Jefe de la Fuerza Aérea, General del Aire don Gustavo Leigh Guzmán y el Director General de Carabineros, General de Carabineros don César Mendoza Durán, reunidos en esta fecha y,
CONSIDERANDO:

1) Que la fuerza pública, formada constitucionalmente por el Ejército, Armada, Fuerza Aérea y Carabineros de Chile representan la organización que el Estado se ha dado para el resguardo y defensa de su integridad física, moral e identidad histórico-cultural;

2) Que, de consiguiente, su misión suprema es la de asegurar por sobre toda otra consideración, la supervivencia de dichas realidades y valores, que son los superiores y permanentes de la nacionalidad chilena, y

3) Que Chile se encuentra en un proceso de destrucción sistemático e integral de estos elementos constitutivos de su ser, por efecto de la intromisión de una ideología dogmática y excluyente, inspirada en los principios foráneos del marxismo-leninismo;

POR TANTO,

y en cumplimiento del impostergable deber que tal misión impone a los organismos defensores del Estado, se declara:

- Que con esta fecha esta Junta asume el Mando Supremo de la Nación con el patriótico compromiso de restaurar la chilenidad, la justicia y la institucionalidad quebrantada, conscientes de que esta es la única forma de ser fieles a nuestras tradiciones, al legado que los Padres de la Patria nos dejaron y que la Historia de Chile nos impone y de permitir que la evolución y el progreso del país se encaucen vigorosamente por los caminos que la dinámica de los tiempos actuales exigen a Chile en el concierto de la Comunidad Internacional de que forma parte.

Y se acuerda:

Designar al General de Ejército don AUGUSTO PINOCHET UGARTE,

//.

como Presidente de la Junta, quien asume con esta fecha dicho cargo.

———————————————
CESAR MENDOZA DURAN
General
Director General de Carabineros

———————————————
GUSTAVO LEIGH GUZMAN
General del Aire
Comandante en Jefe de la
Fuerza Aérea de Chile

———————————————
JOSE T. MERINO CASTRO
Almirante
Comandante en Jefe de la Armada

———————————————
AUGUSTO PINOCHET UGARTE
General de Ejército
Comandante en Jefe del Ejército

MEMORÁNDUM
1º DE JULIO DE 1973, SANTIAGO
ESTRICTAMENTE SECRETO

(El Memorándum elaborado por el «Comité de los 15», formado por integrantes de las tres ramas de las FF.AA. en julio de 1973 y que marcó el momento de la decisión de derrocar el gobierno de Salvador Allende. Nunca ha sido publicado.)

I. Introducción

A. Las FF.AA., han hecho honor a la Constitución Política que las define como esencialmente profesionales, jerarquizadas, obedientes, disciplinadas y no deliberantes. Por esta razón se han colocado en una posición independiente de partidos e ideologías, posición que desean mantener cualquiera que sea el curso de los acontecimientos.
B. Como fuerzas vivas y dinámicas por excelencia no pueden sustraerse, sin embargo, a la inquietud ambiente y aspiran a que Chile encuentre el camino de la normalidad y progreso en un plano de absoluta justicia social.
C. Como máxima expresión de soberanía, ven con inquietud la debilidad que ofrece la Seguridad Nacional al quebrantarse los cuatro frentes.
D. Su independencia de posiciones ideológicas hace que las FF.AA. anhelen una dirección y administración eficaz en manos de profesionales y técnicos de probada y reconocida capacidad.
E. Las FF.AA. tienen cabal comprensión de la influencia que han llegado a alcanzar sin buscarla y en su elevado sentido de colaboración al Gobierno estiman su deber representar su preocupación ante aspectos esenciales que están afectando la Seguridad Nacional.

## II.

### A. Situación de inteligencia

1. Informaciones de la Cancillería chilena, y de las Agencias de Inteligencia y el Estado Mayor de la Defensa Nacional y de las tres instituciones de la Defensa Nacional, permiten asegurar que Perú y Bolivia se preparan para una guerra revanchista, a objetivo no limitado, contra Chile a corto plazo.

De acuerdo a los medios bélicos ya adquiridos y a los Planes de Adquisiciones actualmente en ejecución, por parte de Perú en particular, se puede concluir que éste alcanzará su máximo grado de alistamiento en el curso del año 1976. Entonces dispondrá de la Fuerza Aérea más poderosa de Latinoamérica; una Armada de gran capacidad operativa y de un Ejército mecanizado y bien adiestrado para una guerra relámpago.

A lo anterior debe sumarse la creciente y decisiva influencia de Brasil sobre Bolivia, la que, en parte, se está traduciendo en ayuda material para sus FF.AA. Asimismo, Venezuela estaría por entregar gratuitamente aviones de entrenamiento, a reacción, a este país.

Además, no puede desestimarse la actitud que podría asumir Argentina.

### B. De las fuerzas Armadas de Chile

Las Fuerzas Armadas de Chile se encuentran en un grado de inferioridad crítica en relación a sus congéneres peruanas. A pesar de tener planes de reequipamiento aprobados por el Supremo Gobierno, se han visto impedidas de realizarlos por dificultades crediticias externas y a la inflación que corroe sus presupuestos ordinarios. Además, la dificultad en la obtención de repuestos y el éxodo de personal técnico, por razones de orden salarial, están haciendo estragos en su capacidad operativa y logística. Su material de combate es insuficiente y en su mayoría anticuado.

Esta situación, sumada a la expuesta en el párrafo anterior, determina un plazo crítico de recuperación de nuestro potencial bélico a la mayor brevedad para cumplir con la misión fundamental de garantizar la integridad y soberanía nacional.

## C. Economía

1. La inflación, lejos de disminuir, ha adquirido caracteres que se estiman catastróficos y se ha hecho incontrolable.
2. La producción, en general, es incapaz de satisfacer las necesidades nacionales. Esto incide directamente en la disminución de las exportaciones con la consecuente crisis de divisas, y exige ingentes gastos de moneda extranjera en importaciones vitales, constituyéndose en un estancamiento del desarrollo.
3. La Producción agrícola ha disminuido en forma aguda como consecuencia de la inseguridad en los campos y la falta de coordinación y efectividad de los múltiples organismos estatales para proporcionar adecuado apoyo, tanto a los sectores privados, como reformado de la agricultura.
4. El sectarismo político ha influido negativamente en la producción y administración de la minería. La anarquía en este valioso rubro nacional ha traído no sólo la baja en su producción sino también y en forma muy importante en la pérdida de tecnología.
5. La CORFO, herramienta vital para el desarrollo nacional, se ha transformado en una organización destinada a adquirir y administrar empresas ya existentes, sin haber, hasta ahora, estimulado efectivamente el indispensable desarrollo de nuestras fuentes de producción.
6. El estudio del deterioro del Sistema Nacional de Transporte influye críticamente en la Economía. La declinación acelerada de su eficiencia puede producir, a corto plazo, un colapso de serias consecuencias.
7. La imprevisión y desorganización en el área de combustibles y lubricantes ha llevado a este sector a un peligroso nivel de eficiencia.

8. La falta de una política económica y financiera claramente definida, ha influenciado negativamente todos los aspectos de la economía analizados anteriormente.

## D. Política

1. La posición intransigente de los partidos políticos y la ausencia de esfuerzos por alcanzar puntos de coincidencia que beneficien al país, ahondan cada día más la separación de los chilenos en dos bandos irreconciliables que los empujan hacia un desenlace fratricida.
2. El enfrentamiento del Poder Ejecutivo con los otros Poderes del Estado está haciendo peligrar el libre juego democrático y la supervivencia del Estado de Derecho.
3. La excesiva politización del sector laboral, en todos sus niveles, se ha traducido en indisciplina laboral y deterioro del principio de autoridad, lo que agudiza la crisis de la producción.
4. La campaña de desprestigio y procacidad por radio, prensa y televisión contra los organismos y las personas se traduce en un clima de violencia, odio e incomprensión que lleva a los chilenos a peligrosas posiciones.
5. Es evidente la existencia de organizaciones y grupos armados paramilitares y extremistas que agravan la situación interna con actos de violencia claramente ilegales. La cuantía de los armamentos en poder de los grupos sería significativa.

## E. Social

Las dificultades para cumplir los objetivos sociales contemplados en los programas de Gobierno, en las áreas de la habitación, educación, sanidad humana y ambiental y de remuneraciones - entre otras- han provocado un estado de agitación social que debilita peligrosamente la cohesión interna del país, indispensable para la Seguridad Nacional.

## III. Medidas inmediatas que sería necesario adoptar

## A. En lo económico

1. Dar primera prioridad a la promulgación de la Ley que define las áreas de la propiedad privada, mixta y estatal.
2. Establecer una política económica y financiera que consolide lo alcanzado hasta la fecha en el área social de la economía, e inspire la confianza indispensable a las áreas mixtas y privada para elevar los niveles de producción.
3. Promover decididamente la disciplina laboral en la industria y en la agricultura para asegurar el aumento de la producción.
4. Frenar el éxodo de profesionales asegurándoles igualdad de oportunidades sin distinción de ninguna índole e incentivar el regreso a Chile de los profesionales altamente calificados que han abandonado el país.
5. Propender al autofinanciamiento de las empresas del área social y estatal.
6. Designar los administradores e interventores con criterio eminentemente técnico, considerando su capacidad y eficiencia, terminando con el sistema de cuoteos.
7. Estructurar una política de precios y tarifas que permita el desarrollo y normal desenvolvimiento de las empresas del área social y privada.
8. Racionalizar y coordinar la labor de organismos que participan en actividades de la misma índole (agro, construcción, etc.).
9. Formular y ejecutar una política realista de transporte en todos sus aspectos considerándolo como un elemento vital en nuestro medio geográfico, terminando de paso con el deterioro de las empresas marítimas privadas existentes.
10. Dar una alta prioridad a la importación de los repuestos necesarios para recuperar la capacidad de transporte e industrial en general del país.
11. Establecer a nivel nacional un sistema de prioridades para el otorgamiento de divisas y utilización de los créditos en moneda extranjera disponible o que puedan obtenerse, con el objeto de que se empleen sólo en adquisiciones vitales para el país.
12. Asegurar por ley el libre acceso al crédito y asistencia técnica a las industrias privadas y mixtas.

13. Aplicar un criterio equitativo en la distribución de artículos de subsistencia por la vía de los organismos legales existentes, restableciendo los canales y entidades especializadas de probada experiencia.
14. Mantener la inexpropiabilidad de las 40 hectáreas básicas y regularizar la propiedad privada de aquellas que hayan sido asignadas.
15. Uniformar la política de remuneraciones en el sector estatal y empresas del área social.
16. Circunscribir las actividades de la CORFO a las funciones para la cual fue creada.
17. Evitar el estancamiento de la tecnología en las empresas del Estado, del área social y privada, como consecuencia de la falta de repuestos e inversiones de capital.
18. Evitar los vicios existentes en ciertas empresas del área social que entregan parte de la producción a sus trabajadores lo que dificulta el abastecimiento y fomenta el mercado negro.
19. Garantizar la confianza y estimular la inversión, en especial para los pequeños y medianos inversionistas.

### B. En lo interno

1. Garantizar la constitucionalidad representada por la coexistencia independiente y autónoma de los Poderes Ejecutivo, Legislativo y Judicial, y el cumplimiento irrestricto de las garantías constitucionales restableciendo el equilibrio y temperancia en sus relaciones.
2. Buscar una apertura política a nivel Gobierno que permita un entendimiento entre los chilenos, postergando o aplazando metas políticas, si es necesario.
3. Robustecer y mantener el principio de autoridad en todos los campos de la vida nacional.
4. Ir a un inmediato ordenamiento de las actividades laborales poniendo término a las interrupciones en el trabajo y al ausentismo que afecta seriamente la producción.
5. Aplicación irrestricta e indiscriminada de la Ley de Control de Armas, para terminar en forma definitiva con los grupos armados o paramilitares ilegales.
6. Aplicar medidas conducentes a terminar con las campañas de prensa, radio y televisión contra las organizaciones y las personas, dentro del debido respeto a la libertad de expresión.

7. Velar porque las autoridades político- administrativas que se designe en Intendencias y Gobernaciones sean personas que garanticen la aplicación ecuánime de la ley.
8. Aplicar estrictamente las disposiciones legales que reglamentan el uso del pabellón nacional.
9. Evitar que las Fuerzas Armadas o sus miembros sean aprovechados con fines políticos por sectores interesados que tratan de hacerlos aparecer políticamente comprometidos, ignorando que sólo están inspirados por los superiores intereses de la Patria por sobre las contingencias políticas y diferencias ideológicas.
10. Descartar el procedimiento de designar a ministros, autoridades y funcionarios en puestos representativos después de haber sido legalmente destituidos.
11. Depurar cualitativa y cuantitativamente la Administración Pública.
12. Prohibir terminantemente el uso de vehículos fiscales y de utilidad pública en actividades ajenas a las que están destinadas.
13. Permitir que el Cuerpo de Carabineros, de acuerdo a la reglamentación vigente, cumpla libre y estrictamente sus funciones específicas sin discriminación política en su empleo.

## C. En lo externo

1. Reafirmar la política exterior de libertad ideológica buscando en el campo hemisférico el acercamiento con los países limítrofes; además vigorizar las relaciones económicas con los países proveedores de materias primas, repuestos, maquinarias y material bélico y créditos.
2. Evitar los desbordes de la prensa contra los Gobiernos de otros países, como una forma de reforzar el principio de la libre determinación de los pueblos.
3. Desarrollar una política exterior respecto a Perú y Bolivia, que contribuya dentro del Pacto Andino a crear cierta complementación o dependencia entre las economías de Chile y de estos países como una forma de ayudar a la Seguridad Nacional.

## Índice

El principio del fin     9

**Primera Parte**

I: Elecciones en campo minado     19
II: La conspiración en marcha     31
III: Democracia Cristiana: un terremoto en ciernes     45
IV: Disparen contra la Democracia Cristiana     57
V: ¡Desatar el caos!     73
VI: Todos los caminos llevan a Nixon     83
VII: El blanco preciso     97

**Segunda Parte**

VIII: ¡Y comenzó la guerra!     105
IX: La ascensión de Pinochet     121
X: Mentiras verdaderas     129
XI: El «Gap intelectual» de Allende     147
XII: La cofradía de Lo Curro     159
XIII: Una sublevación inesperada     171
XIV: Nacido el 4 de julio     181
XV: El Comité de los 15     195
XVI: «La guerra está declarada»     209
XVII: La cabeza de Prats     231
XVIII: Las dos caras de la lealtad     255
XIX: Viernes 7: la fecha está resuelta     269

**Tercera Parte**

XX: Mañana ya es tarde     285
XXI: «¡Descanse, Presidente!»     297
XXII: ¿De qué lado está Pinochet?     303
XXIII: La última noche de Allende     317
XXIV: El día 11     327
XXV: Bombas sobre La Moneda     351

XXVI: Vencedores vencidos 373
XXVII: El primer desaparecido 383

**Epílogo**

XXVIII: Las bombas de racimo 401
XXIX: Contreras, el puño de la depuración 423
XXX: Pinochet, Dios y la DINA 439
XXXI: Los nuevos dueños del Golpe 463

**Anexos**

Informe oficial de la autopsia del Presidente
Salvador Allende 489

Acta de constitución de la Junta Militar 495

Memorándum secreto del «Comité de los
15» elaborado por las Fuerzas Armadas
en julio de 1973 501

## Indice Onomástico

«Aníbal», 334
«Benigno», 148, 150
"Darío», 149
«Dipi», 150
«El Salvaje», 384
«Eugenio», 78
«Felipe», 148, 152, 153, 234, 334, 340
«Frank», 363, 364
«Joaquín», 363, 364
«Mauricio», 364
«Pombo», 194
«Trini», 362
«Urbano», 149
Abarzúa Gustavo, 410, 434
Acevedo Hugo, 473
Acuña Teobaldo, 65
Aguirre Vásquez Antonio, 377
Ahumada Verónica, 379
Alessandri Jorge, 19, 20, 24, 27, 29, 37, 57, 60, 63, 93, 99
Allamand Andrés, 28, 29, 449
Allamand Miguel, 449
Allende Beatriz, 355
Allende Isabel, 353, 355, 379, 384, 415, 416
Allende Laura, 396
Allende Salvador, 10, 11, 12, 13, 19, 20, 24, 24, 27, 28, 30, 31, 32, 33, 34, 35, 36, 38, 39, 40, 41, 42, 43, 45, 46, 47, 49, 50, 51, 53, 55, 58, 59, 60, 63, 64, 65, 66, 67, 68, 70, 71, 72, 73, 74, 75, 79, 80, 81, 82, 84, 85, 86, 87, 88, 89, 91, 93, 94, 98, 105, 106, 108, 109, 110, 111, 112, 113, 114, 115, 116, 117, 119, 121, 122, 125, 127, 132, 133, 134,, 135, 137, 139, 141, 142, 144, 147, 149, 150, 151, 152, 153, 155, 156, 157, 159, 162, 172, 173, 178, 179, 183, 188, 189, 190, 191, 192, 193, 194, 195, 197, 198, 199, 200, 202, 206, 207, 209, 210, 211, 213, 216, 217, 218, 219, 220, 221, 226, 227, 228, 231, 232, 233, 234, 235, 238, 244, 247, 250, 251, 252, 255, 257, 258, 260, 264, 266, 267, 270, 271, 272, 273, 274, 275, 277, 278,

280, 287, 289, 292, 293, 294, 295, 297, 298, 300, 301, 311, 312, 313, 314, 319, 321, 322, 324, 325, 326
Almeyda Clodomiro, 36, 46, 198, 217, 376, 385, 386, 387, 402, 413
Almirante Cabezas, 270
Almirante Gotuzzo, 458
Almirante Weber, 308
Altamirano Carlos, 46, 151, 204, 206, 221, 222, 277, 281, 305, 306, 324, 327, 339, 340, 386, 440, 370
Alvarez Gustavo, 131, 240, 250
Alvarez Rubén, 347
Ambrosio Rodrigo, 55
Angélica María, 181
Araya Arturo, 193, 210, 215, 226, 335
Araya Carlos, 131
Arellano Daniel, 182, 267, 270
Arellano Sergio, 109, 131, 218, 220, 228, 234, 237, 261, 264, 288, 315, 329, 405, 408, 427, 442, 446, 476, 477, 479, 481.
Arellano Stark Sergio, 29, 43, 133, 167, 311, 468
Argandoña "Mariano", 363, 364
Armas Francisco, 263
Arnello Mario, 248
Arredondo Sergio, 264, 323, 409, 410, 425, 434, 435, 437
Arroyo Gonzalo, 276
Arroyo Patricio, 379
Auger Iván, 326
Aylwin Andrés, 387, 454
Aylwin Patricio, 31, 33, 47, 50, 54, 66, 73, 236, 250, 293, 386, 410
Bachelet Alberto, 340
Badiola Sergio, 209, 343, 373, 395
Baeza Ernesto, 131, 237, 354, 364, 382, 390
Balbontín Ignacio, 387
Balladares Oscar, 334, 383
Ballas Fuentealba Renán, 237
Ballas Siglic Renán, 356
Baltra Alberto, 144
Bánzer Hugo, 441
Baraona Pablo, 60, 459, 472
Bardón Alvaro, 139
Barrios Jaime, 352, 379, 383, 384
Bartulín Danilo, 334, 351, 352, 357, 358, 360, 379, 380
Bazán Raúl, 138
Benavides César Raúl, 330

Benditt René, 152, 272
Berlinguer Enrico, 411
Bitar Sergio, 55, 70, 72, 321, 413
Blanco Domingo "Bruno", 209, 212, 213, 334, 342, 343
Blasset Pedro Pablo, 222
Bonilla Oscar, 124, 131, 162, 167, 188, 191, 237, 238, 261, 335, 405, 407, 446, 466
Bórquez Montero Mario, 10
Brady Herman, 240, 247, 250, 260, 289, 318, 323, 327, 331, 408, 470
Bravo Carlos, 366
Bravo Héctor, 123, 136, 288, 470
Briones Carlos, 195, 217, 232, 236, 293, 325, 387, 402
Briones Marcela, 46
Bruhn Amelia, 466
Bruzzone Mónica, 417
Bulnes Francisco, 65
Bunster Guillermo, 214
Burgos de Beer Alejandro, 473
Bussi Hortensia, 324, 325, 334, 396
Bustos Manuel, 387, 388
Cabrera José, 84
Cademartori José, 231
Calderón Rodolfo, 409
Calderón Rolando, 141, 149, 157, 189, 206, 341
Cámpora Héctor, 162
Campos Sergio, 339
Camú Arnoldo, 149, 341, 361, 362, 365, 386
Canales "Macho", 325
Canales Alfredo, 124, 134, 237
Canessa Julio, 174, 262, 418, 440, 448
Cano Eduardo, 237, 250
Cantuarias G. Renato, 327, 428
Capitán Langer, 445
Cárdenas Juan, 222, 228
Cárdenas Lázaro, 143
Carey Guillermo, 106
Carmona Juan de Dios, 21, 53, 63, 64, 73, 316, 408
Carrasco Baldemar, 248
Carrasco René, 366
Carrasco Washington, 131, 167, 261, 288, 328
Carvajal Patricio, 10, 118, 133, 167, 174, 178, 181, 182, 183, 188,

197, 220, 235, 251, 265, 270, 274, 279, 280, 291, 299, 301, 305, 306, 307, 309, 331, 333, 334, 336, 343, 344, 347, 352, 356, 360, 370, 371, 373, 376, 396, 405, 425, 440, 452, 458
Cash Jorge, 387
Castillo Sergio, 21
Castillo Velasco Fernando, 293
Castillo Velasco Jaime, 51, 54, 67, 75, 454
Castro Fidel, 34, 43, 50, 85, 114, 121, 122, 334, 373, 382
Castro Germán, 142
Castro Jiménez Hugo, 161
Cauas Jorge, 70, 458, 460, 470, 472
Cavada Luis Raúl, 10, 381
Cavallo Ascanio, 457
Ceballos Edgar, 340, 472
Ceballos Florencio, 387
Cerda Eduardo, 250
Cheyre Emilio, 21, 106
Chiminelli Juan, 264
Chonchol Jacques, 29, 53, 55
Church Frank, 84
Claro Ricardo, 405
Claverie Bartet Guillermo, 213
Coddou Oscar, 264, 409, 425, 434, 460
Contreras Manuel, 123, 152, 169, 234, 272, 341, 423, 425, 434, 436, 437, 439, 450, 453, 455, 459, 463, 465, 471, 472, 473, 475, 478
Contreras Miria "Payita", 342, 343, 394
Contreras Mitzi, 394
Contreras Raúl, 237, 238, 240, 247
Contreras Sepúlveda Manuel, 107, 242, 410, 446
Córdoba Lucho, 20
Cornejo Romo Mario, 12, 382
Coronel Fleming, 263
Coronel Fornet, 286
Coronel Johow, 389
Coronel White, 88
Correa Raquel, 38
Corsen Olga, 380
Cortés Villa Luis, 331
Corvalán Luis, 39, 54, 313, 414
Covarrubias Sergio, 471
Cox Valdivieso Alexandrina, 172, 173
Crespo Sergio, 405

Cruz Coke Carlos, 173
Cubillos Sallato Hernán, 118, 119, 139, 429, 430
Cuevas Alejandro, 379
Cuevas Alfaro Luis, 409
Cummings Eldon L., 435
Cumsille Rafael, 138
Darrigrandi Héctor, 410
Davis Nathaniel, 119, 313, 359
De Arellano Quela, 237
De Baeza Mireya, 237
De Bonilla Mary, 237
De Cano Carmen, 237
De Castro Sergio, 182, 406, 470, 472
De Contreras Fedora, 237
De Nuño Choly, 237
De Palacios Maruja, 237
De Palacios Silvia, 237
De Vivero María Teresa, 237
Del Canto Hernán, 65, 341, 342, 352
Delle Chiaie Stephano, 476
Delon Alain, 72
Díaz Andrade Luis, 460
Díaz Estrada Nicanor, 167, 181, 182, 187, 211, 331, 234, 405, 425, 452, 464, 335
Díaz Víctor, 313
Diez Sergio, 425
Doerner Walter, 434
Donoso Jorge, 250, 387
Dorticós Osvaldo, 162
Dungan Ralph, 50
Dussert L. Leopoldo, 382
Earlbaum Joaquín, 212
Echaurren F. Roberto, 445
Echeñique Jorge, 354
Echeverría Luis, 324, 417
Edwards Agustin, 49, 86, 118
Ehlers Jorge, 214
Ellis Alejandro, 214
Enríquez Edgardo, 414
Enríquez Miguel, 33, 155, 202, 204, 222
Enríquez Pedro, 223
Escalona Camilo, 385

Escauriaza René, 413
Escobar Daniel, 383
Espejo Patricia, 353
Espinoza Pedro, 161, 211, 212, 264, 376, 433, 473
Esquivel Germán, 211, 215
Estuardo René, 38
Ewing H. Pedro, 408
Fernández Larios Armando, 371, 433, 435, 465, 371
Fernández Luis, 150, 384, 415
Fernández Manuel, 64, 470
Fernández Sergio, 53
Figueroa Carlos, 72, 75
Figueroa Luis, 65, 111, 141, 189, 203
Floody Nilo, 136, 180, 197, 263, 264
Flores Fernando, 189, 244, 297, 311, 315, 364, 376, 413, 414
Fontaine A. Jorge, 316
Fontaine Aldunate Arturo, 139, 154, 323, 376, 395, 472
Forestier Carlos, 131, 167
Fornet Eduardo, 409
Foxley Alejandro, 55
Franco Francisco, 109
Frei Arturo, 248
Frei Montalva Eduardo, 19, 20, 32, 45, 49, 50, 52, 60, 114, 201, 273
French Davis Ricardo, 55
Fuchs Hubert, 460
Fuentealba Renán, 67, 75, 80, 207, 250
Fuentes Morrison Roberto, 473
Fuenzalida Samuel, 445
Galaz Héctor, 64, 65
Gallardo Enrique, 427
Gallardo Luis, 37, 89, 90
Gallegos Douglas, 368
Gamboa Correa Jorge, 167, 168, 197, 277, 322
Gamboa Horacio, 78
Garay Rolando, 470
Garcés Joan, 109, 153, 234, 272, 311, 321, 325, 334, 353
García Gallardo Carlos, 382
García Joaquín, 106
García Mario, 384
Garretón Oscar Guillermo, 204, 222, 223, 277, 281, 294, 324, 327, 229
Garrido David, 351, 358, 368, 369, 377, 390

Gasset Jose, 176
Gatica Lucho, 142
Gazmuri Jaime, 294
Geiger Stahr Felipe, 122, 176, 264, 318
Geneen Harold, 94
General Cadiz, 288
General Contador, 287
General Cushman, 88
General Mahn, 242
General Otto, 242
General Stuardo, 248
General Yáñez, 288
Godoy Jorge, 141
Gómez Carreño, 42
Gómez Millas Juan, 293
Gonzáles Rafael, 303
González Ariel, 308
González Rolando, 250, 267, 406, 429, 459
González Samohod Alejandro, 410
González Sergio, 335
Gotuzzo Lorenzo, 405, 407
Goulart Joao, 23
Grez Jorge, 343
Grove A. Eduardo, 396
Grove A. Patricio, 396
Grove Kimber Jaime, 396
Guastavino Luis, 39
Guerraty Carlos, 79
Guevara "Che" Ernesto, 107, 148, 149, 150, 151, 157
Guijón Patricio, 379, 414
Guillard Roberto, 330, 339, 361, 374, 409
Guimpert Daniel, 215
Gumucio Rafael Agustin, 50, 53
Gutiérrez Bravo Orlando, 160, 340
Gutiérrez Manuel, 332
Guzmán Cruchaga Juan, 275
Guzmán Jaime, 138, 277, 425, 447
Guzmán José Florencio, 326
Guzmán Juan, 275, 482
Haig Alexander, 117
Hasbún Raúl, 269, 276
Heckched Henry, 89

Heiremans Eugenio, 110, 119
Helms Richard, 30, 87, 94
Henríquez C. Héctor, 376
Henríquez Luis, 346, 357, 358, 364, 369, 377, 392, 393
Hensel Charly, 409
Herrera Felipe, 380, 416
Herrera Latoja Francisco, 167, 182
Herrera López Iván, 371
Hersh Seymour, 78, 91
Hewitt Ashkey, 117
Hidalgo Sergio, 264
Hinricksen Carlos, 266
Hiriart de Pinochet Lucía, 198, 253, 327
Hitler Adolfo, 116
Huepe Claudio, 387
Huerta Enrique, 361, 369, 384
Huerta Félix, 157,
Huerta Ismael, 133, 137, 161, 167, 182, 204, 275, 405
Huerta Vicente, 90, 97, 106
Huidobro Ramón, 464
Huidobro Sergio, 270, 280, 307, 310
Illia Arturo, 23
Isabel, 324
Iturriaga Dante, 426
Iturriaga Neumann Raúl, 410, 434
Izquierdo Menéndez Julio, 109
Jaña Efraín, 427
Jara Atiliano, 264, 409
Jara Víctor, 390
Jiménez Fernando, 223
Jimeno Claudio, 147, 148, 151, 153, 157, 234, 272, 301, 334, 383, 393, 483
Joignant Alfredo, 210, 292, 325, 332, 335, 365
Jorquera Carlos, 354, 364
Joyce James, 148
Justiniano Horacio, 134
Kandell Jonathan, 278
Kast Miguel, 471
Kelly Roberto, 118, 139, 162, 406, 471
Kendall Don, 87
Kennedy John, 50
Kennedy Robert, 50

Kirberg Enrique, 331, 388, 414
Klein Jorge, 147, 148, 152, 234, 335, 365, 379, 393, 483
Korry Edward, 30, 49, 79
Labarca Eduardo, 155
Labbé Alberto, 303, 316
Labra Correa Omar, 382
Lagos Carrasco Pedro, 224
Lagos Joaquín, 433, 131
Landau George, 455
Landerretche Oscar, 377
Lanusse Alejandro, 162
Largo Farías René, 327, 353
Laureani Fernando, 465
Lawner Miguel, 414
Lazo Carlos, 341, 414
Leigh Gustavo, 132, 134, 167, 174, 178, 182, 204, 217, 226, 227, 228, 233, 234, 235, 238, 251, 257, 265, 285, 286, 289, 291, 292, 298, 299, 304, 305, 306, 308, 309, 310, 311, 312, 319, 320, 321, 332, 333, 339, 344, 355, 356, 358, 370, 372, 403, 404, 405, 407, 424, 425, 430, 440, 451, 452, 457, 458, 464, 476, 478
Leighton Bernardo, 53, 80, 250, 387, 402, 475
Léniz Fernando, 429, 470, 472
León Puelma Hugo, 472, 481
León Ricardo, 182
Letelier Orlando, 227, 251, 257, 261, 266, 270, 288, 313, 325, 333, 390, 413
Leturia Javier, 277
Lira Juan Enrique, 376
Lira Pedro, 110
Lobos Luis Claudio, 238
López Germán, 413
López Rega José, 444
López Silva Raúl, 161
López T. Carlos, 264, 427
López Tobar Mario, 330, 333
Lorca Carlos, 148, 157, 385, 386, 394, 483
Lutz Augusto, 250, 303, 433, 443
Lyon Fernando, 105
Machado Antonio, 114
Magliochetti Humberto, 234, 267
Maira Luis, 32, 51, 63, 106, 117
Manríquez Manuel, 446

Marambio Joel, 34
Marambio Max, 33
Marambio Tulio, 21
Marras Sergio, 355
Martínez Amaro Héctor, 84
Martínez José, 182
Matte Luis, 414
Mayor Zabala, 335, 413
Meirelles Carlos, 409
Melgoza Jaime, 106
Méndez Juan Carlos, 472
Mendoza César, 265, 287, 300, 304, 318, 324, 427, 478
Mercado Edgardo, 441
Mercado Manuel, 334, 377
Merino José Toribio, 38, 118, 124, 133, 143, 167, 178, 204, 223, 251, 275, 304, 318
Meyer Charles, 49
Meyer Cord, 88
Meza Luis Abelardo, 77
Millas Orlando, 292, 293, 313, 314
Minoletti Carlos, 445
Miqueles Luis, 21
Miranda Carrington Sergio, 106
Modak Frida, 379, 416
Molina Carlos, 148
Molina Sergio, 70, 72, 232
Monares José, 248
Monckeberg María Olivia,
Montecinos, 213
Montero Raúl, 39, 105, 179, 182, 184, 190, 203, 215, 221, 227, 263, 269, 274, 329
Montiglio Juan José, 334
Morales Alejandro, 377
Morales Salgado Juan, 473
Morel Enrique, 264, 323, 408, 410
Moreno Rafael, 51, 53, 73
Morgado Hugo, 142
Morris Roger, 85
Muñoz José, 334
Muñoz Regina, 224
Musante Hugo, 459
Mydt David, 38

Nalegach Samuel, 447
Navarro José, 407, 430
Navarro L. Julio, 376
Neruda Pablo, 436
Nixon Richard, 30, 49, 61, 84, 86, 87, 88, 115, 116, 218, 313
Nuñez C. Jaime, 264
Nuño Sergio, 131, 167, 191, 205, 237 263, 316, 331, 376, 406, 440, 448, 459
Oficial Labbé, 446
O'Higgins Bernardo, 121, 251, 367
Olavarría Humberto, 439, 463
Olguín Osvaldo, 217
Olivares Augusto, 272, 325, 334, 354, 364, 380
Olivares Juan Ricardo, 303
Oñate Víctor, 379
Ortiz Adrián, 263
Ortiz Rafael, 318
Ortúzar Enrique, 425
Ossa Pretot Sergio, 41, 74, 75
Ossandón Alejandro, 376
Ossandón Carlos, 443, 448
Otaíza Horacio, 472
Otto Juan, 390
Ovalle Jorge, 425
Oviedo Carlos , 77
Oyarzún María Eugenia, 309
Pablo Tomás, 64, 98
Pablo VI, 162
Palacios Javier, 131, 161, 167, 237, 241, 251, 259, 263, 264, 318, 345, 367, 370, 371, 382
Palacios Pedro, 132, 237, 241, 250
Palma Ignacio, 66, 387
Palma Ramírez Adolfo, 215
Parada Fabián, 212
Paredes Eduardo, 43, 341, 361, 365, 377
Parera Carlos, 410
Pareto Luis, 273
Paris Enrique, 314, 361
Parra Bosco, 50, 53, 294, 295
Penaglia Carlos, 460
Peredo Inti, 149
Pereira Santiago, 65

Pérez Zujovic Edmundo, 66, 114, 117
Perón Juan Domingo, 412, 444
Pey Víctor, 232
Pickering Guillermo, 26, 27, 32, 61, 99, 108, 111, 113, 123, 125, 130, 131, 136, 143, 164, 175, 176, 177, 180, 190, 195, 200, 206, 219, 221, 227, 238, 239, 240, 241, 243, 245, 247, 248, 250, 251, 259, 262, 263, 426, 432
Piedrabuena Guillermo, 80
Pincheira Ricardo "Máximo", 157, 334, 341, 352, 362, 365, 379, 394, 483, 484
Pinochet Augusto, 10, 29, 30, 47, 80, 100, 106, 107, 108, 113, 115, 121, 122, 123, 129, 130, 131, 132, 139, 143, 159, 160, 162, 164, 168, 169, 170, 172, 175, 176, 177, 180, 182, 184, 187, 189, 190, 192, 196, 198, 199, 200, 202, 206, 209, 221, 228, 235, 236, 238, 239, 240, 241, 242, 243, 244, 247, 250, 251, 252, 253, 255, 256, 257, 258, 259, 260, 261, 263, 285, 286, 289, 290 291, 292, 298, 299, 303, 304, 305, 306, 308, 309, 310, 311, 312, 314, 315, 317, 318, 319, 320, 321, 324, 327, 328, 333, 335, 339, 344, 345, 347, 355, 360, 367, 372, 373, 376, 380, 381, 404, 406, 407, 408, 409, 410, 412, 413, 423, 424, 425, 426, 427, 430, 431, 432, 433, 437, 439, 440, 441, 442, 443, 445, 447, 452, 453, 454, 456, 457, 458, 469, 470, 471, 474, 475, 476, 477, 478, 479, 480, 481, 482, 483
Pinochet Manuel, 106, 122
Pinto Silvia, 76
Planes Ciro Santiago, 390
Poblete Francisco, 270
Poli Garay Guido, 77
Polloni Julio, 444, 448
Polloni Sergio, 325, 329
Ponce Exequiel, 157, 394, 483
Ponce Sócrates, 347
Porta Fernando, 39, 40
Poupin Arsenio, 272, 273, 301, 352, 361, 369, 383
Powers Thomas, 30
Prado Benjamín, 51, 67, 75
Prat Jorge, 93
Prats González Carlos, 21, 26, 57, 75, 92, 100, 123, 124, 137, 164, 171, 174, 179, 191, 219, 221, 228, 234, 236, 237, 256, 260, 263, 264, 289, 311, 315, 412, 442, 443, 448, 464
Prefecto Bustos, 332
Prieto Gonzalo, 407, 414, 454, 459
Puccio Osvaldo, 40, 336, 353, 364, 414

Puga Alvaro, 330
Queirolo Arturo, 84
Quezada Rigo, 386
Quiroga Jorge, 10, 376
Quiroga José, 379
Rada, 213, 319
Raddord Charles, 91
Radice, 81
Ramírez Gustavo, 248
Ramírez Juan, 266
Ramírez Migliassi Francisco, 237, 264
Ramírez Pedro Felipe, 51, 53, 414
Ramírez Zepeda Gonzalo, 460
Ramos José Domingo, 239, 262, 330, 419, 428
Ríos Mario, 248
Ríos Valdivia Alejandro, 108, 112, 122, 123
Riquelme José Luis, 211
Riquelme Samuel, 365
Rivera Ronald, 115
Robertson Rodríguez Erwin, 77
Robinson Rembrandt, 91
Rocha Aros Sergio, 171
Rockefeller Nelson, 84
Rodríguez "Polaco" Manuel, 393
Rodríguez Aniceto, 414
Rodríguez Ervaldo, 336
Rodríguez Gerardo, 468
Rodríguez Pablo, 76, 117, 138, 140, 142, 154, 155, 176
Rodríguez Silvio, 248
Rodríguez Véliz José, 10
Rojas Patricio, 35
Rojas Zegers Mario, 213
Romero Hernán, 210, 212, 213, 319
Romero Quintín, 352, 357, 359, 383, 392
Ropert Enrique, 342, 394
Ropert Gallet Enrique, 395
Rosas Hohmann Ricardo, 382
Rossi Valente, 255
Rubio Rigoberto, 426
Ruiz Danyau César, 105, 203, 205, 221, 233, 182, 184, 190, 238
Ruiz Hernán, 379
Saavedra Sergio, 387

Sáenz Orlando, 58, 110, 119, 137, 139, 168, 405, 475
Salas, 241
Salazar Jéldrez Juan, 222
Salazar Manuel, 457
Salinas Wagner , 142
Sánchez Roberto, 209, 343, 395, 401
Sanfuentes Emilio, 139
Sanhueza Fernando, 387
Santos José Manuel, 77
Schilling Enrique, 77
Schindler Rubén, 266
Schnacke Erick, 40, 339
Schneider Chereau René, 21, 26, 27, 57, 58, 61, 74, 75, 76, 79, 83, 84, 89, 90, 91, 107, 108, 109, 125, 127, 135, 160, 163, 169, 172, 212, 216, 252, 273, 322, 349
Schweitzer J. R., 435
Schweitzer S. Miguel, 472
Seoane Juan, 335, 351, 361, 366, 367, 368, 369, 376, 383, 391
Sepúlveda Adonis, 294, 295, 341
Sepúlveda Claudio, 137, 182
Sepúlveda Eduardo, 248
Sepúlveda Galindo José, 105
Sepúlveda Mario, 130, 164, 169, 171, 174, 219, 245, 409
Sepúlveda Oscar, 457
Serrat Joan Manuel, 113
Servini de Cubría María, 444
Sierra Malú, 404
Silbermann David, 465
Siles Salinas Luis A., 23
Silva Celis Mauricio, 460
Silva Ernesto, 471
Silva Espejo René, 118, 323, 395
Silva Henríquez Raúl, 207, 232, 428
Silva Solar Julio, 53
Sinclair Santiago, 83
Solari Ricardo, 385
Soler Manfredini Juan, 160, 292
Sotelo Jaime, 334
Soto Mackeney Roberto, 338, 440
Soto Oscar, 353, 368, 379
Sotomayor José, 359
Sotta Vicente, 391

Souper Onfray Roberto, 171, 173
Soza Cousiño Francisco, 472
Stroessner Alfredo, 430, 443
Stuardo Julio, 414
Suboficial Jorquera, 345
Suboficial Rojo, 445
Sule Anselmo, 294
Swett Jorge, 429
Tapia Jorge, 161, 414
Tapia Salazar Mario, 77
Tarud Rafael, 294
Tavolari Raúl, 214
Teitelboim Volodia, 39
Tirado Barros Hugo, 79, 89, 90, 97
Tobar Pinochet Tomás, 12
Tohá Jaime, 413
Tohá José, 123, 174, 188, 198, 220, 321, 356, 376, 409, 413, 450
Tomic Radomiro, 19, 20, 25, 26, 28, 31, 33, 45, 47, 50, 51, 54, 55, 64, 273, 277, 387
Tormo Cecilia, 379
Toro Dávila Agustín, 142, 458
Toro Horacio, 22, 440, 474
Torres de la Cruz Manuel, 31, 167, 206, 261, 288, 444, 459
Torres Juan José, 82, 117
Townley Michael, 411
Trepper Renato, 222, 223
Troncoso Arturo, 118, 216, 286, 459
Ulloa Ariel, 188, 341
Undurraga Sergio, 138, 139
Urbina Orlando, 105, 131, 164, 173, 291, 311, 320, 193, 196, 200, 206, 221, 239, 241, 250, 258, 259, 311, 315, 320
Urrutia Manzano Enrique, 402, 429, 457
Urrutia Q. Jorge, 287
Valdebenito Luis, 460
Valdivieso Vianel, 473
Valech Sergio, 447, 465
Valenzuela Camilo, 35, 89, 90, 93, 97, 99, 106, 241
Valenzuela Enrique, 472
Vallejos Tucapel, 460
Vanzetti, 235
Vargas Raúl, 340
Vásquez José Luis, 12, 308

Vásquez Juan Andrés, 447
Velasco Alvarado Juan, 23, 82, 441
Velasco Belisario, 387
Velasco Eugenio, 454
Veloso Luis, 10
Verdi Giuseppe, 72
Vergara Daniel, 364, 376, 414, 415
Vergara Lautaro, 248
Versin Castellón Miguel, 10
Vial Javier, 119
Viaux Roberto, 22, 38, 49, 58, 75, 79, 84, 89, 90, 91, 92, 93, 97, 99, 100, 106, 163, 279, 443
Videla Ernesto, 331, 337
Videla Julio, 339
Villanueva Silverio, 78
Villarín León, 35, 137, 188
Vío Valdivieso Rodolfo, 161, 277, 381
Visconti Luchino, 72
Vivero Arturo, 131, 167, 238, 257, 262, 264, 265, 316, 459, 259, 406
Vogel Ernesto, 141, 272
Vuskovic Pedro, 72
Wenderoth Rolf, 410
Willoughby Federico, 330
Wimert Paul, 79, 89, 91
Yockum Pedro, 375
Yovane Zuñiga Arturo, 124, 133, 265, 266, 285, 286, 288, 299, 300, 304, 312, 315, 321, 324, 329, 331, 336, 346, 347, 405, 407, 425, 427, 458
Zabala Osvaldo, 335
Zerega Víctor, 157, 483
Zúñiga Ernesto, 222
Zúñiga René, 329

Salvador Allende y Eduardo "Coco" Paredes en la residencia "El Cañaveral". El segundo dispara con la metralleta que le regalara Fidel Castro a Allende y que éste utilizará para su último combate en La Moneda. Con ella, además, se quitó la vida.

La segunda toma es la foto que se tomó del arma en el palacio presidencial al momento en que los peritos de Investigaciones concurrieron para certificar la muerte del Presidente. El arma nunca fue entregada a sus familiares. Se ignora su paradero.

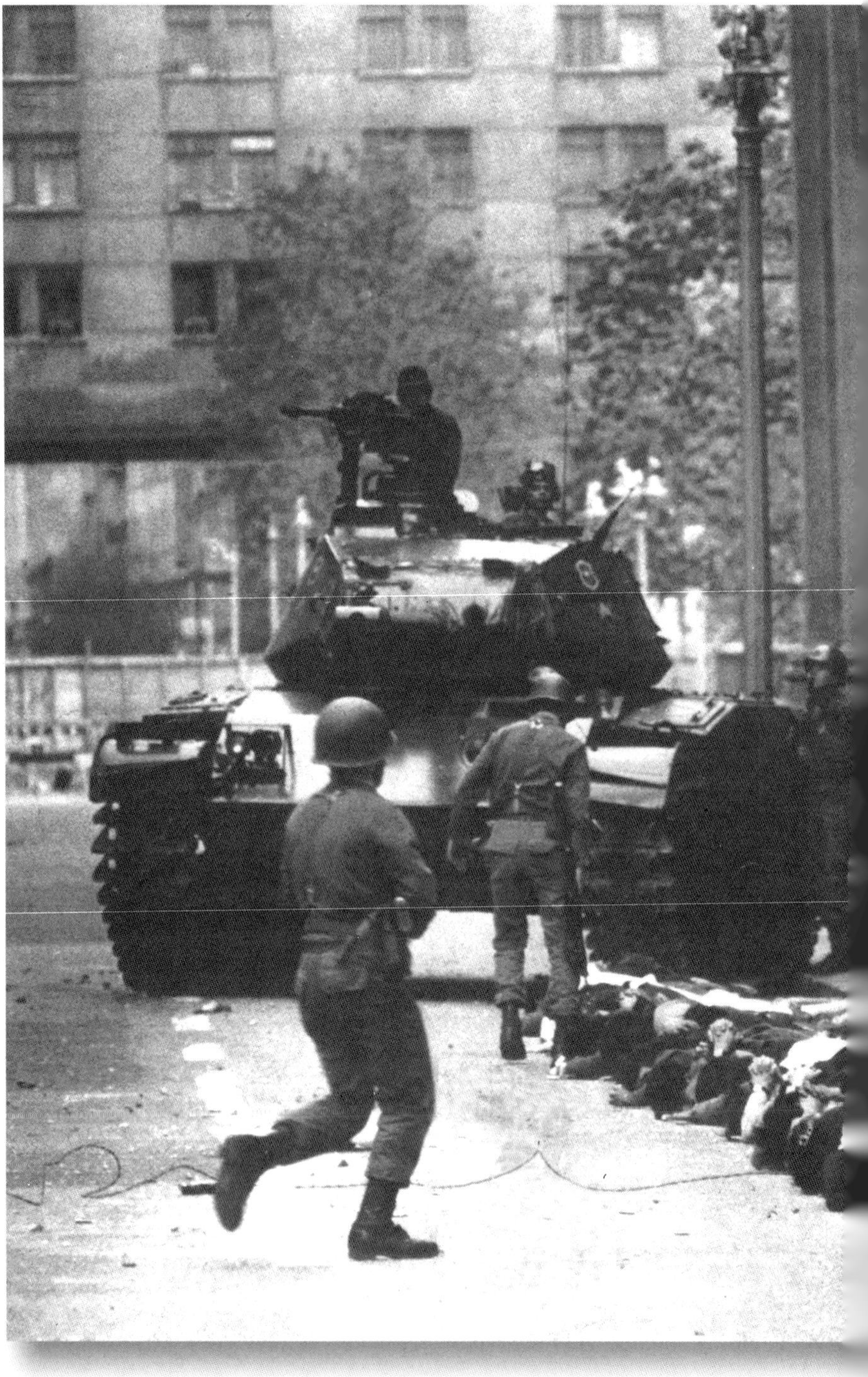

Los hombres que permanecieron junto a Salvador Allende
el 11 de septiembre convertidos en "prisioneros de La Moneda"
después del bombardeo y de la ocupación del palacio presidencial.
De allí fueron trasladados al Regimiento Tacna donde
se perdió su rastro con la sola excepción de
los detectives que integraban la escolta presidencial.

Cuatro días después del Golpe de Estado mil efectivos militares y policiales, encabezados por el coronel Julio Canessa, director de la Escuela de Suboficiales del Ejército, allanaron casa por casa el perímetro de Santiago que rodea las Torres del San Borja y procedieron a quemar libros y revistas incautadas.

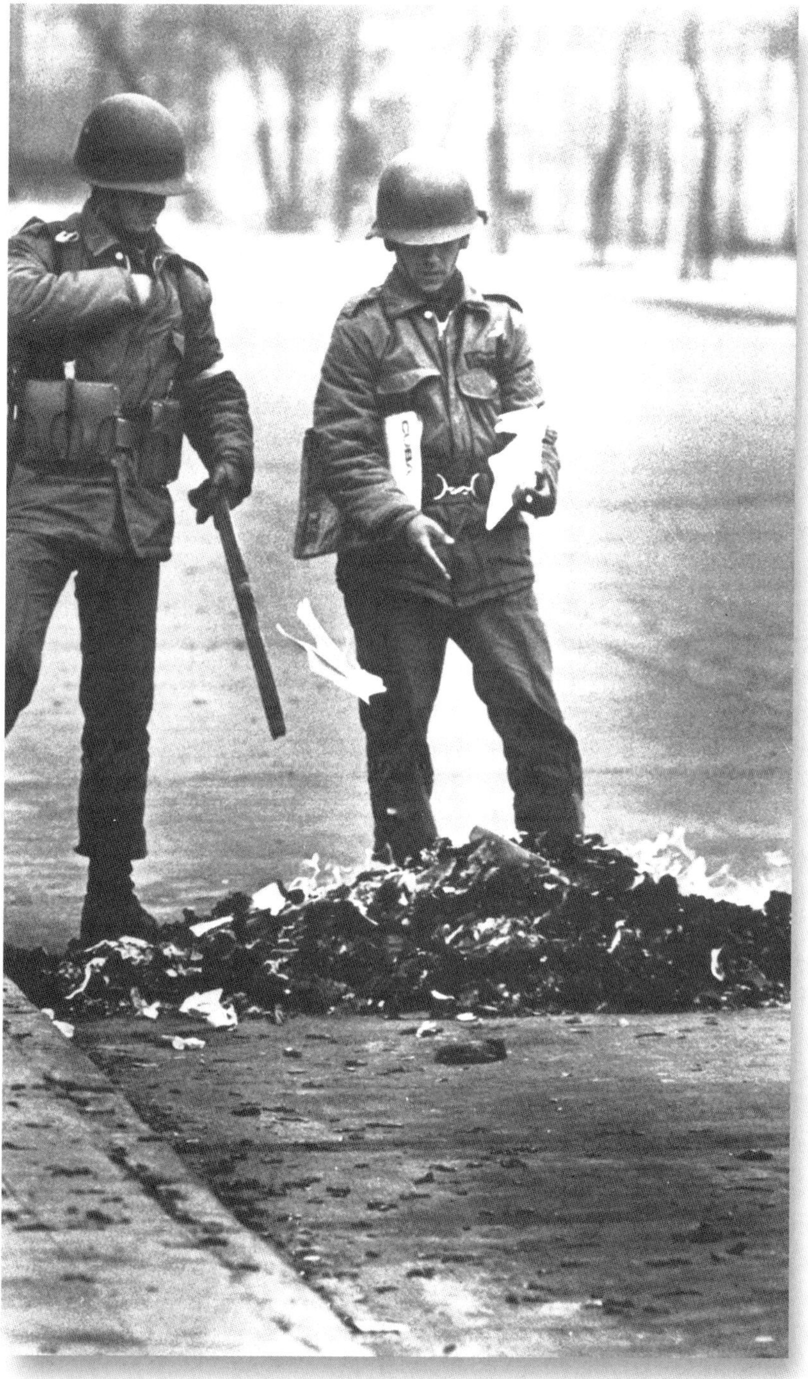

La foto fue tomada en el Salón Independencia de La Moneda donde el Presidente Salvador Allende se quitó la vida en los momentos en que los peritos policiales concurrieron para constatar la muerte del mandatario. Tanto las fotos como los informes del peritaje y la autopsia fueron guardados como "secreto de Estado".

Salvador Allende es saludado por el candidato presidencial de la Democracia Cristiana, Radomiro Tomic, poco después de informarse que el primero obtuvo la primera mayoría relativa en la elección presidencial del 4 de septiembre de 1970.

El Presidente Salvador Allende preside un masivo acto de la Unidad Popular. A su lado izquierdo se distingue a los presidentes del Partido Comunista, Luis Corvalán y del Partido Socialista, Carlos Altamirano. Y a su derecha, a los dirigentes de la Izquierda Cristiana, Rafael Agustín Gumucio y Bosco Parra.

El general Augusto Pinochet, entonces comandante de la Guarnición de Santiago, le susurra algunas palabras al oído a Fidel Castro en los días en que éste visitó Chile en 1971.

La "Casa de la Conjura": Vía Amarilla Nº 9501, de Lo Curro; de propiedad del abogado Jorge Gamboa.